ལྷ་ས་པོ་ཏ་ལ།
拉薩布達拉宮

ལྷ་ས་འི་ཇོ་ཁང་གི་གསེར་གྱི་རྒྱ་ཕིབས།

拉薩大昭寺金頂

國家民委創新團隊（[2016]57號）計劃資助項目

རྒྱལ་ཁབ་མི་རིགས་ལས་དོན་ཨུ་ཡོན་ལྷན་ཁང་གི་གསར་བཏོད་ཚོགས་པའི་[2016]ཨང་57ཚན་དངུལ་གཏོང་ལས་གཞི།

西北民族大學西北民族文獻研究基地資助項目

ནུབ་བྱང་མི་རིགས་སློབ་ཆེན་གྱི་ནུབ་བྱང་མི་རིགས་ཡིག་ཚགས་ཞིབ་འཇུག་ལྟེ་གནས་ཀྱི་དངུལ་གཏོང་ལས་གཞི།

英國國家圖書館藏
敦煌西域藏文文獻

⑬
IOL.Tib.J.VOL.59—67

主 編

才 讓　沙 木

編 纂

西北民族大學

上海古籍出版社

英國國家圖書館

上海古籍出版社

上海　2020

監 製

馬景泉 高克勤

學術顧問

王堯 多識 陳踐 華侃（中國）

吳芳思　Burkhard Quessel（英國）

主 編

才讓（中國）

沙木（英國）

副主編

扎西當知 嘎藏陀美 束錫紅 府憲展

責任編輯

盛潔

裝幀設計

李曄芳

དབྱིན་ཇིའི་རྒྱལ་གཞིར་དཔེ་མཛོད་ཁང་དུ་ཉར་བའི་
ཏུན་ཧོང་དང་ཁྲབ་སྟོངས་ཀྱི་བོད་ཡིག་ཡིག་ཚགས།

⑬

IOL.Tib.J.VOL.59—67

གཙོ་སྒྲིག་པ།
ཚེ་རིང་། ཇེམ་བན་སི་ཀེ་ལྱ།

སྒྲིག་སྒྱུར་བྱེད་མཁན།
ཞུབ་བྱང་ཨི་རེགས་སྒྲོབ་གྱུ་ཆེན་མོ།
ཧྲང་ཧེ་དཔེ་རྙིང་དཔེ་སྐྲུན་ཁང་།
དབྱིན་ཇིའི་རྒྱལ་གཞིར་དཔེ་མཛོད་ཁང་།

ཧྲང་ཧེ་དཔེ་རྙིང་དཔེ་སྐྲུན་ཁང་།
2020 ལོར་ཧྲང་ཧེ་ནས།

སྒྲ་ཞིབ་པ།
སྨ་ཅིན་ཚོན། ཀོ་ལུ་ཆིན།
བློ་འདྲི་ས།
དབང་རྒྱལ། དོར་ཞི་གདོང་དྲུག་སྙེམས་བློ། བསོད་ནམས་སྐྱིད། དུ་ཁག (ཀྱང་གོ)
བའུ་ཇེ་སྲུང་། ཕུར་ལྷུ་ཏུར་སྐྱེ་ · ཞིའུ་ཟེ་རོ། (དཔྱིན་དེ)

གཙོ་སྒྲིག་པ།
ཚེ་རིང་། (ཀྱང་གོ)
ཟེམ་བན་ཡི་ཀེ་ལུ། (དཔྱིན་དེ)
གཙོ་སྒྲིག་པ་གཞོན་པ།
མཐའ་བ་བཀྲ་ཤིས་དོན་འགྲུབ། ཚ་རིས་སྐྱལ་བཟང་ཐོགས་མེད། ཧའུ་ཞི་ཧུང་། སྲུའུ་ཞན་ཁག

ཚོམ་སྒྲིག་འགན་འཁུར་བ།
ཕྲིན་ཇེ།
མཛོས་རིས་ཧྲས་འགོད་པ།
ཨི་དབྱེ་སྲུང་།

TIBETAN DOCUMENTS FROM
DUNHUANG AND OTHER CENTRAL ASIAN
IN
THE BRITISH LIBRARY

IOL.Tib.J.VOL.59—67

EDITORS IN CHIEF

Tshering   Sam van Schaik

PARTICIPATING INSTITUTION

The British Library

Northwest University for Nationalities

Shanghai Chinese Classics Publishing House

SHANGHAI CHINESE CLASSICS PUBLISHING HOUSE

Shanghai 2020

SUPERVISORS

Ma Jingquan Gao Keqin

CONSULTANTS

Wang Yao Dorzhigdongdrugsnyemsblo Chen Jian Hua Kan (China)

Frances Wood   Burkhard Quessel (British)

EDITORS IN CHIEF

Tshering (China)

Sam van Schaik (British)

VICE EDITORS IN CHIEF

Mthababkrashisdonvgrub Charisskalbzangthogsmed Shu Xihong   Fu Xianzhan

EDITOR IN CHARGE

Sheng Jie

COVER DESIGNER

Li Yefang

第十三册目錄

IOL.Tib.J.VOL.59—67

དཀར་ཆག

IOL.Tib.J.VOL.59—67

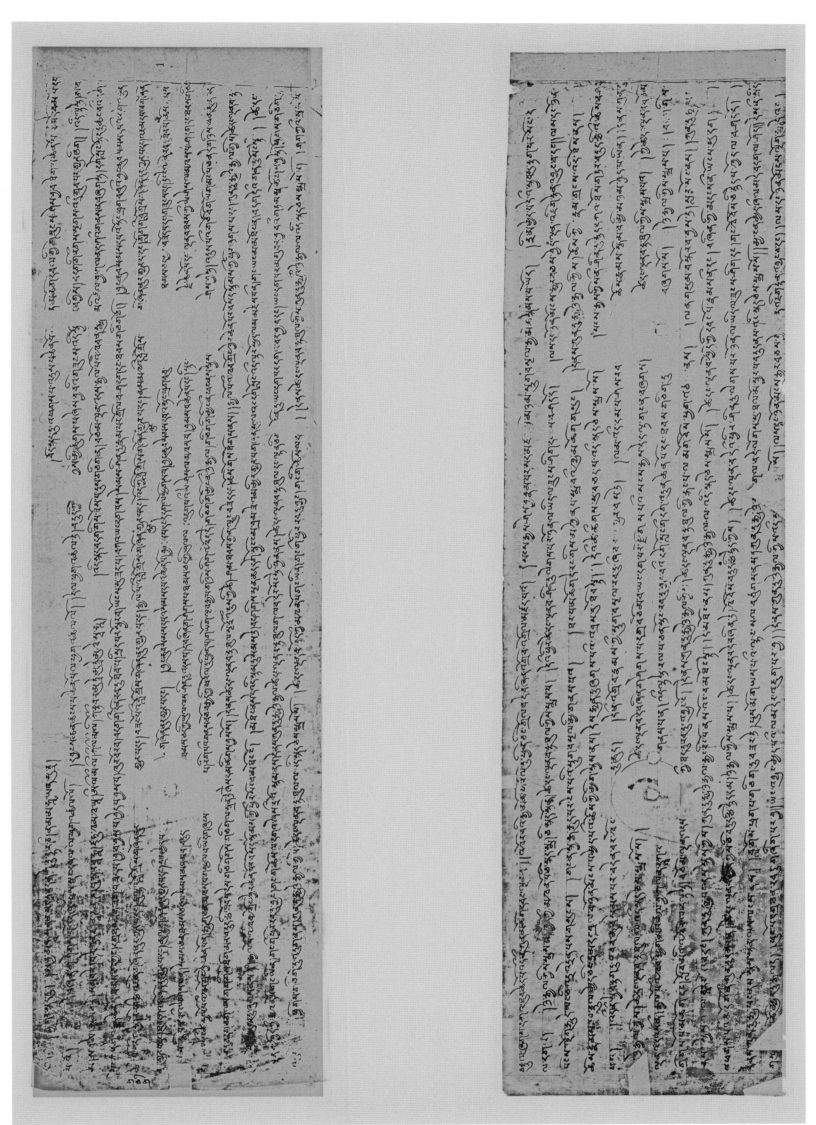

英 IOL.Tib.J.VOL.59　　འཕགས་པ་འདུས་པ་ཆེན་པོ་རིན་པོ་ཆེ་ཏོག་གི་གཟུངས་ཞེས་བྱ་བ་ཐེག་པ་ཆེན་པོའི་མདོ།

聖大集寶頂陀羅尼大乘經　　(49-1)

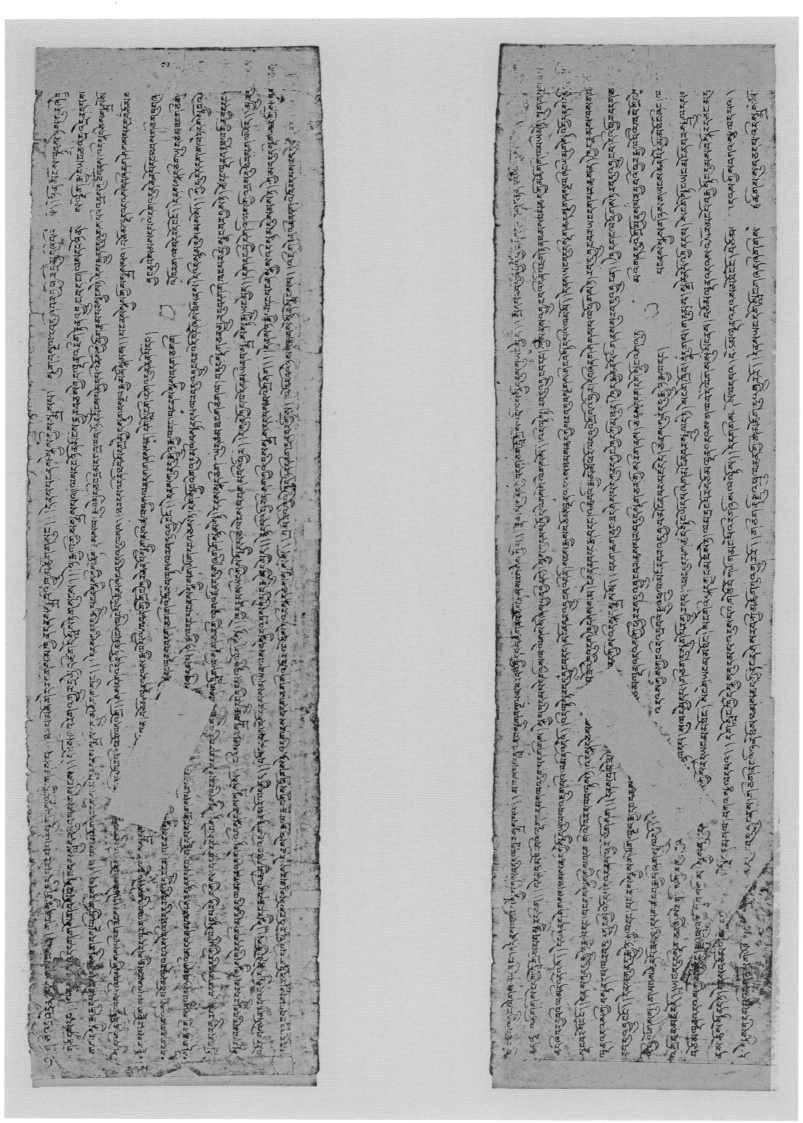

འཕགས་པ་འདུས་པ་ཆེན་པོ་རིན་པོ་ཆེ་ཏོག་གི་གཟུངས་ཞེས་བྱ་བ་ཐེག་པ་ཆེན་པོའི་མདོ།

英 IOL.Tib.J.VOL.59　　འཕགས་པ་འདུས་པ་ཆེན་པོ་རིན་པོ་ཆེ་ཏོག་གི་གཟུངས་ཞེས་བྱ་བ་ཐེག་པ་ཆེན་པོའི་མདོ།
聖大集寶頂陀羅尼大乘經　　(49–6)

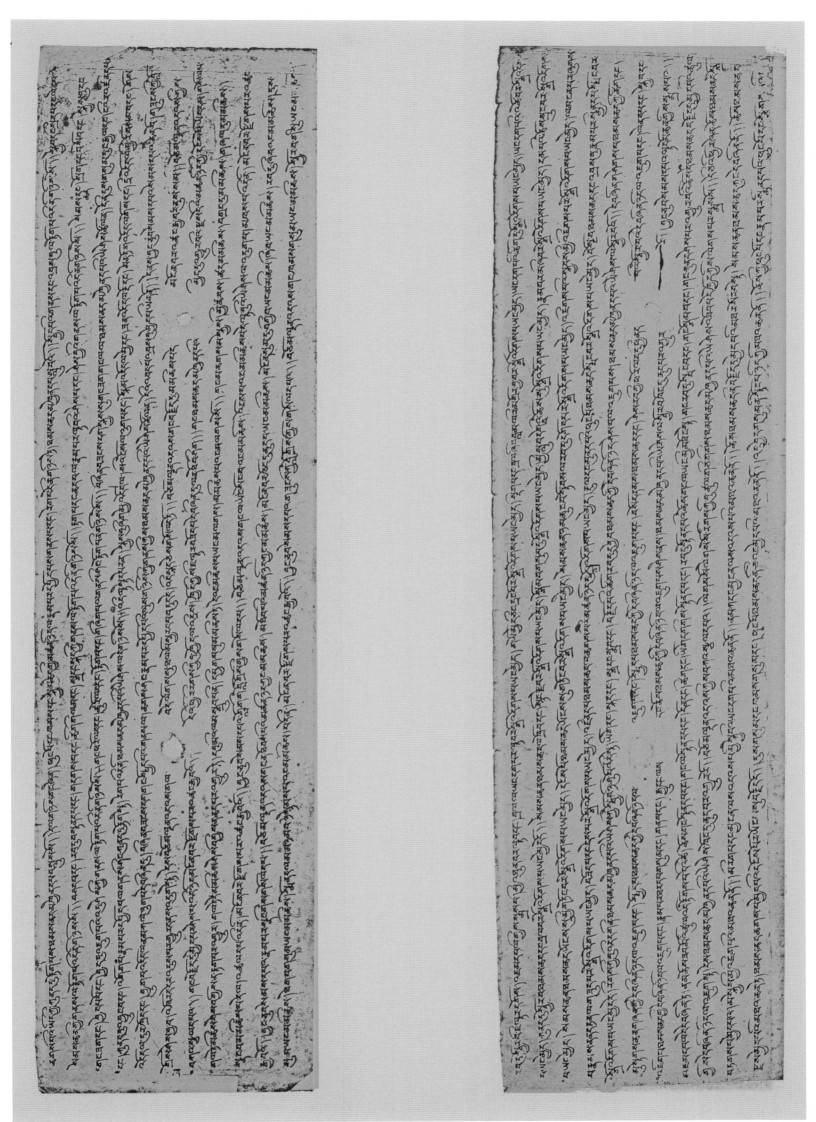

英 IOL.Tib.J.VOL.59　　འཕགས་པ་འདུས་པ་ཆེན་པོ་རིན་པོ་ཆེ་ཏོག་གི་གཟུངས་ཞེས་བྱ་བ་ཐེག་པ་ཆེན་པོའི་མདོ།

聖大集寶頂陀羅尼大乘經　　(49–7)

英 IOL.Tib.J.VOL.59　　འཕགས་པ་འདུས་པ་ཆེན་པོ་རིན་པོ་ཆེ་ཏོག་གི་གཟུངས་ཞེས་བྱ་བ་ཐེག་པ་ཆེན་པོའི་མདོ།

聖大集寶頂陀羅尼大乘經　　　(49–8)

英 IOL.Tib.J.VOL.59　འཕགས་པ་འདུས་པ་ཆེན་པོ་རིན་པོ་ཆེ་ཏོག་གི་གཟུངས་ཞེས་བྱ་བ་ཐེག་པ་ཆེན་པོའི་མདོ།
聖大集寶頂陀羅尼大乘經　(49–9)

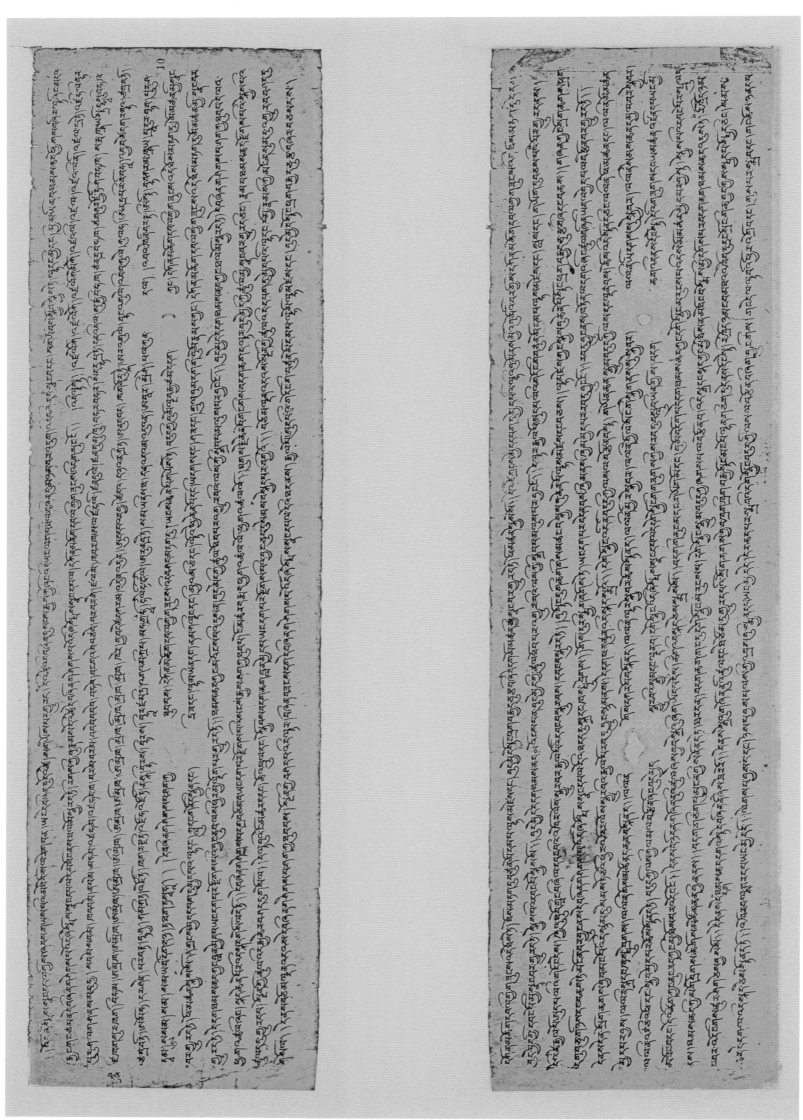

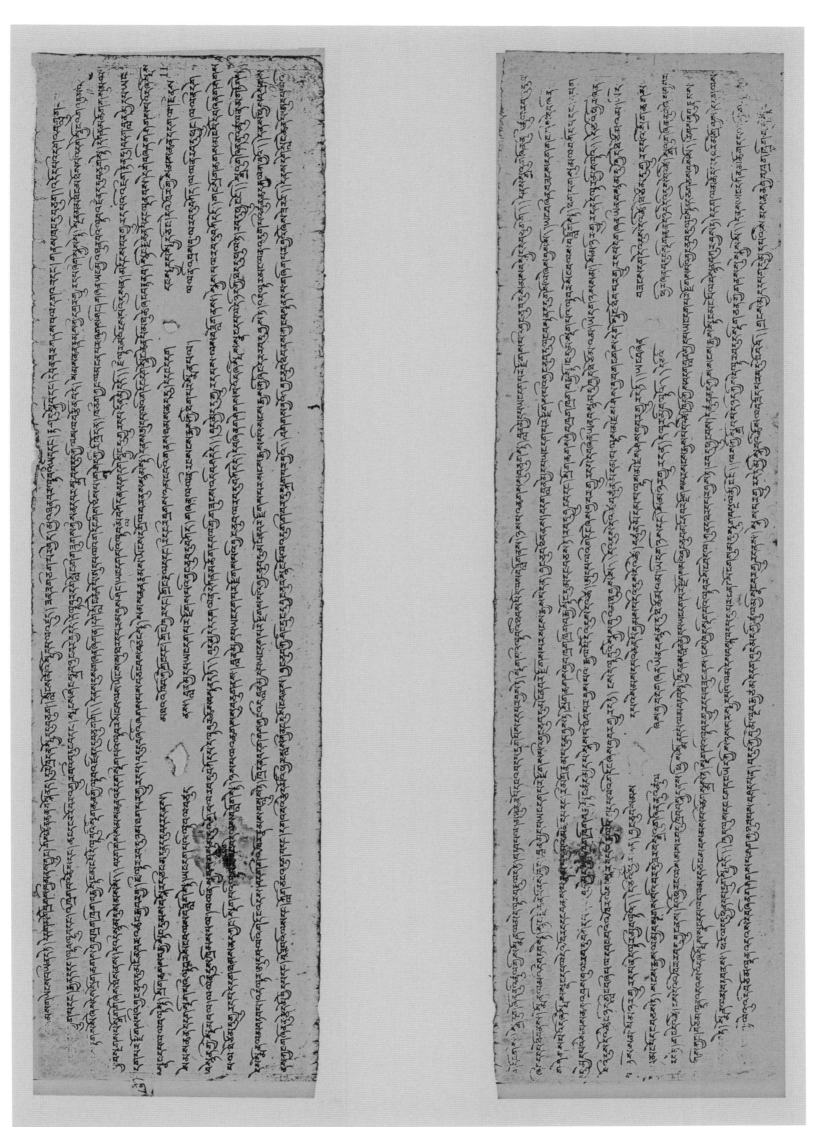

英 IOL.Tib.J.VOL.59　འཕགས་པ་འདུས་པ་ཆེན་པོ་རིན་པོ་ཆེ་ཏོག་གི་གཟུངས་ཞེས་བྱ་བ་ཐེག་པ་ཆེན་པོའི་མདོ།

聖大集寶頂陀羅尼大乘經　　(49–11)

英 IOL.Tib.J.VOL.59　　འཕགས་པ་འདུས་པ་ཆེན་པོ་རིན་པོ་ཆེ་ཏོག་གི་གཟུངས་ཞེས་བྱ་བ་ཐེག་པ་ཆེན་པོའི་མདོ།

聖大集寶頂陀羅尼大乘經　　（49–13）

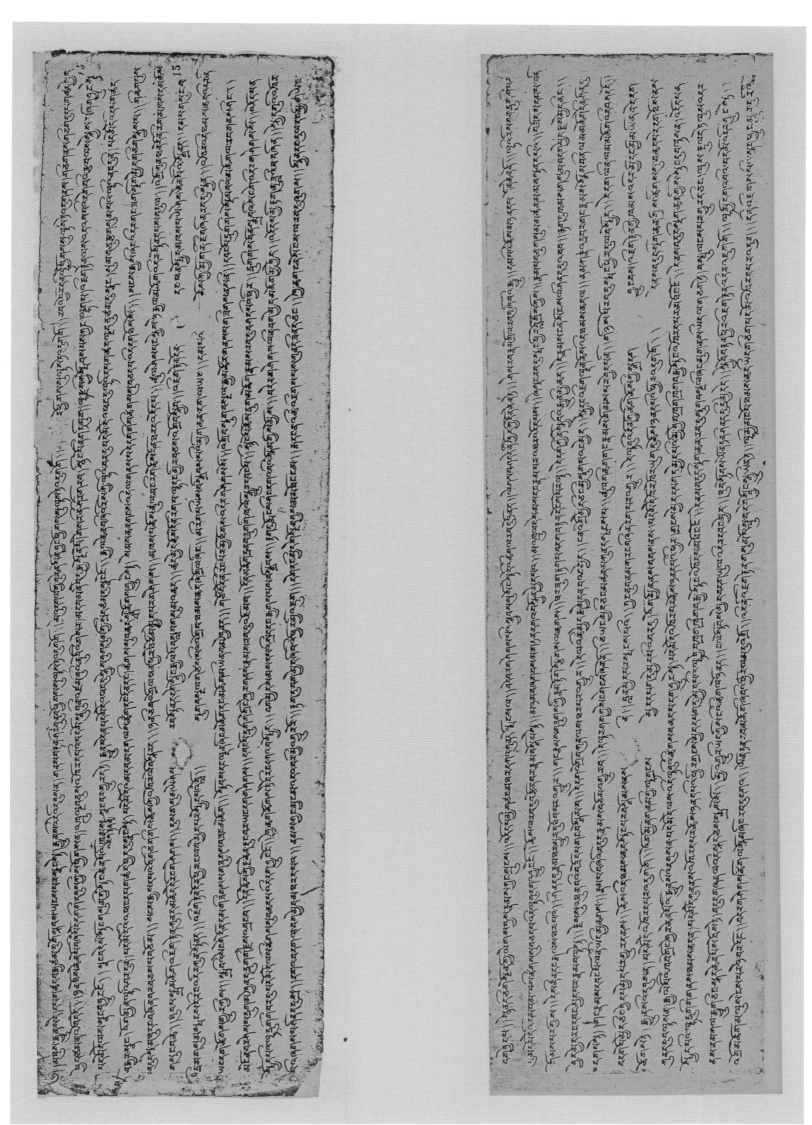

英 IOL.Tib.J.VOL.59　　འཕགས་པ་འདུས་པ་ཆེན་པོ་རིན་པོ་ཆེ་ཏོག་གི་གཟུངས་ཞེས་བྱ་བ་ཐེག་པ་ཆེན་པོའི་མདོ།

聖大集寶頂陀羅尼大乘經　　(49–15)

英 IOL.Tib.J.VOL.59　　འཕགས་པ་འདུས་པ་ཆེན་པོ་རིན་པོ་ཆེ་ཏོག་གི་གཟུངས་ཞེས་བྱ་བ་ཐེག་པ་ཆེན་པོའི་མདོ།

聖大集寶頂陀羅尼大乘經　　(49–16)

英 IOL.Tib.J.VOL.59　འཕགས་པ་འདུས་པ་ཆེན་པོ་རིན་པོ་ཆེ་ཏོག་གི་གཟུངས་ཞེས་བྱ་བ་ཐེག་པ་ཆེན་པོའི་མདོ།

聖大集寶頂陀羅尼大乘經　　(49-17)

འཕགས་པ་འདུས་པ་ཆེན་པོ་རིན་པོ་ཆེ་ཏོག་གི་གཟུངས་ཞེས་བྱ་བ་ཐེག་པ་ཆེན་པོའི་མདོ།

聖大集寶頂陀羅尼大乘經　　(49-19)

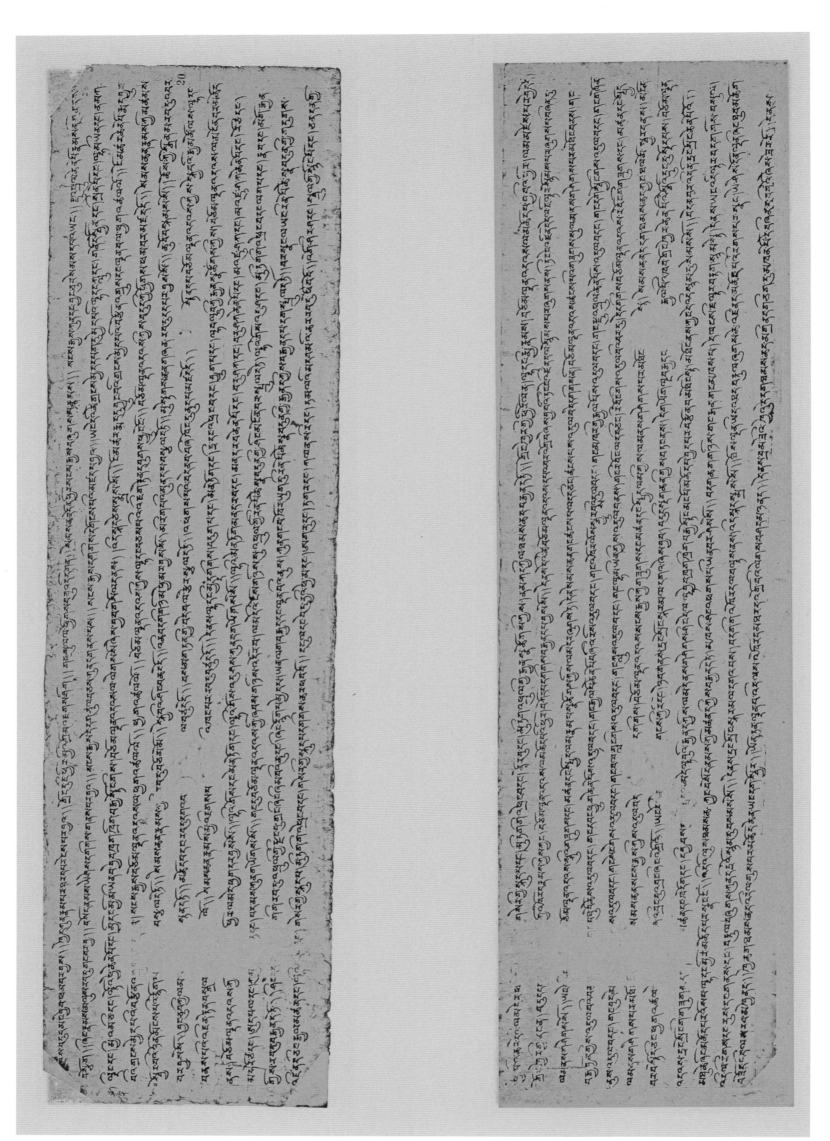

英 IOL.Tib.J.VOL.59　　འཕགས་པ་འདུས་པ་ཆེན་པོ་རིན་པོ་ཆེ་ཏོག་གི་གཟུངས་ཞེས་བྱ་བ་ཐེག་པ་ཆེན་པོའི་མདོ།

聖大集寶頂陀羅尼大乘經　　(49-20)

英 IOL.Tib.J.VOL.59　　འཕགས་པ་འདུས་པ་ཆེན་པོ་རིན་པོ་ཆེ་ཏོག་གི་གཟུངས་ཞེས་བྱ་བ་ཐེག་པ་ཆེན་པོའི་མདོ།
聖大集寶頂陀羅尼大乘經　　(49–21)

འཕགས་པ་འདུས་པ་ཆེན་པོ་རིན་པོ་ཆེ་ཏོག་གི་གཟུངས་ཞེས་བྱ་བ་ཐེག་པ་ཆེན་པོའི་མདོ།

聖大集寶頂陀羅尼大乘經　　(49–22)

英 IOL.Tib.J.VOL.59　　འཕགས་པ་འདུས་པ་ཆེན་པོ་རིན་པོ་ཆེ་ཏོག་གི་གཟུངས་ཞེས་བྱ་བ་ཐེག་པ་ཆེན་པོའི་མདོ།

聖大集寶頂陀羅尼大乘經　　(49–23)

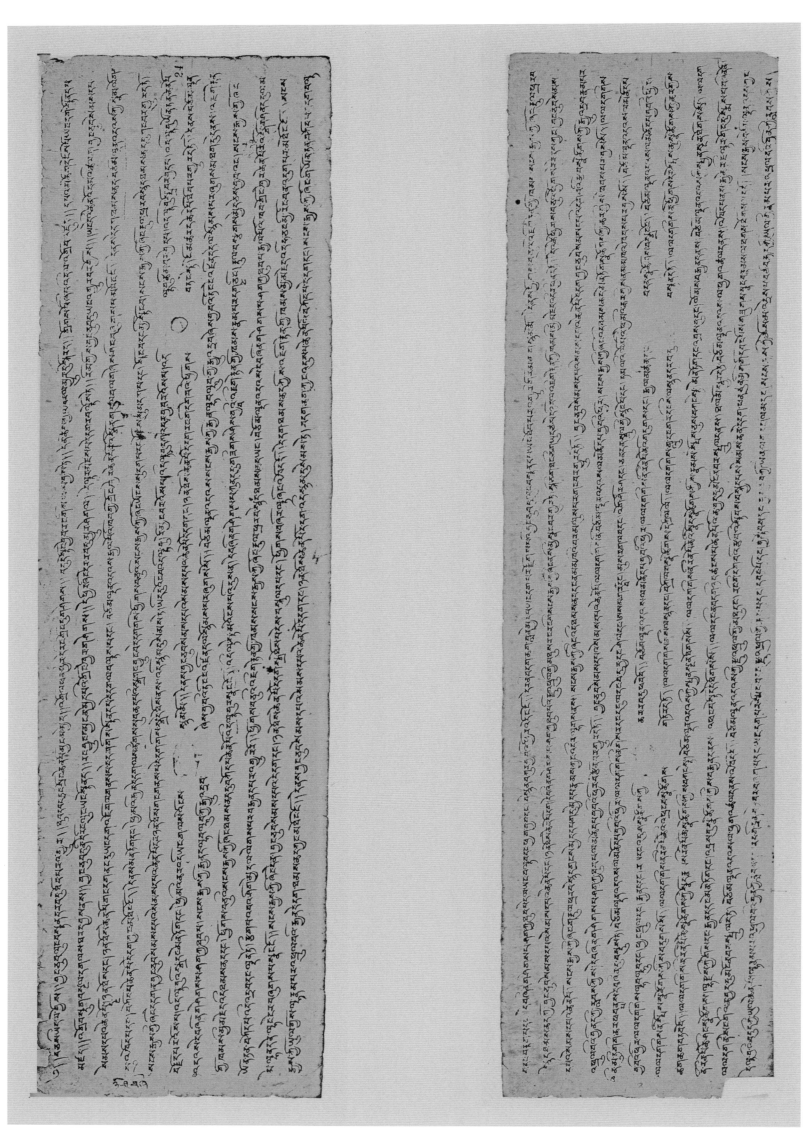

英 IOL.Tib.J.VOL.59　　འཕགས་པ་འདུས་པ་ཆེན་པོ་རིན་པོ་ཆེ་ཏོག་གི་གཟུངས་ཞེས་བྱ་བ་ཐེག་པ་ཆེན་པོའི་མདོ།
聖大集寶頂陀羅尼大乘經　　(49-24)

24

英 IOL.Tib.J.VOL.59　འཕགས་པ་འདུས་པ་ཆེན་པོ་རིན་པོ་ཆེ་ཏོག་གི་གཟུངས་ཞེས་བྱ་བ་ཐེག་པ་ཆེན་པོའི་མདོ།

聖大集寶頂陀羅尼大乘經　　　(49–25)

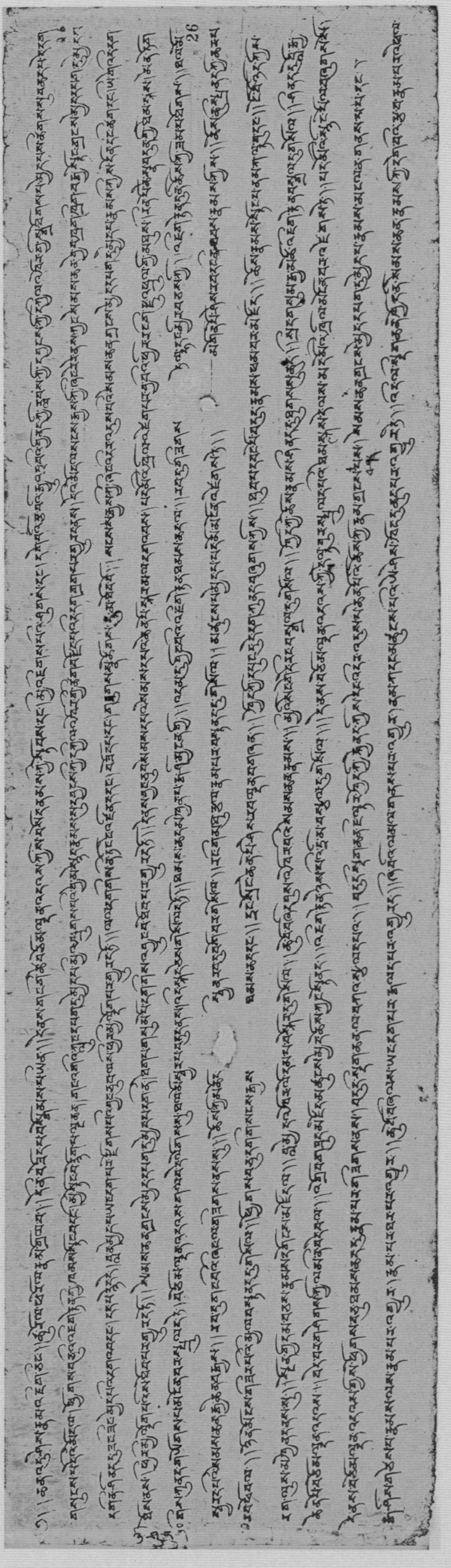

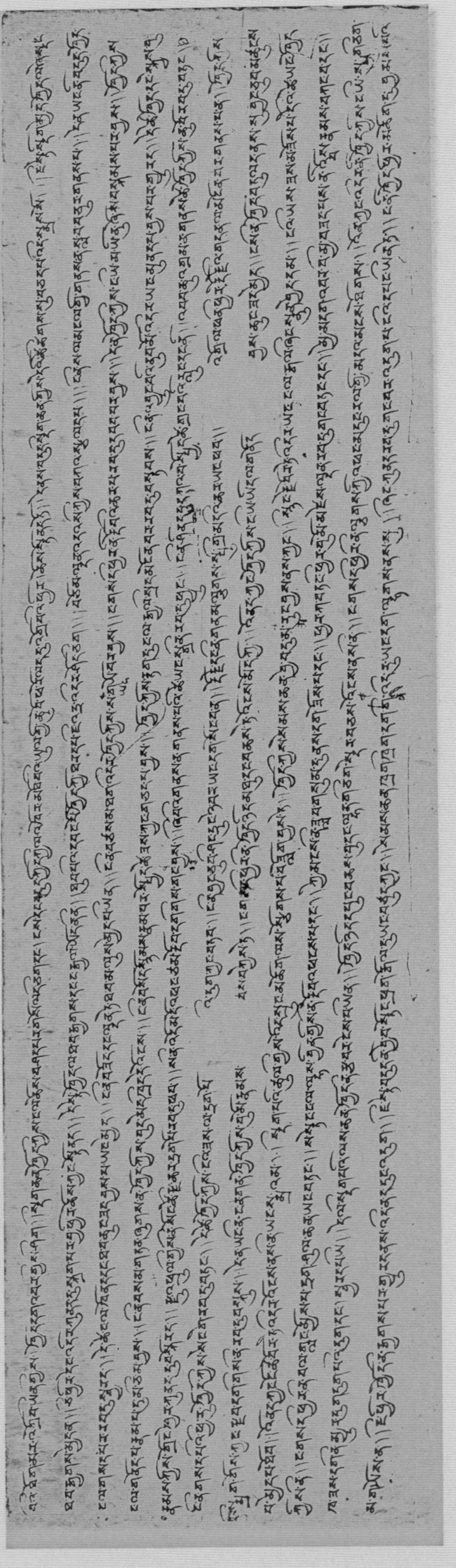

英 IOL.Tib.J.VOL.59 འཕགས་པ་འདུས་པ་ཆེན་པོ་རིན་པོ་ཆེ་ཏོག་གི་གཟུངས་ཞེས་བྱ་བ་ཐེག་པ་ཆེན་པོའི་མདོ།
聖大集寶頂陀羅尼大乘經 (49–26)

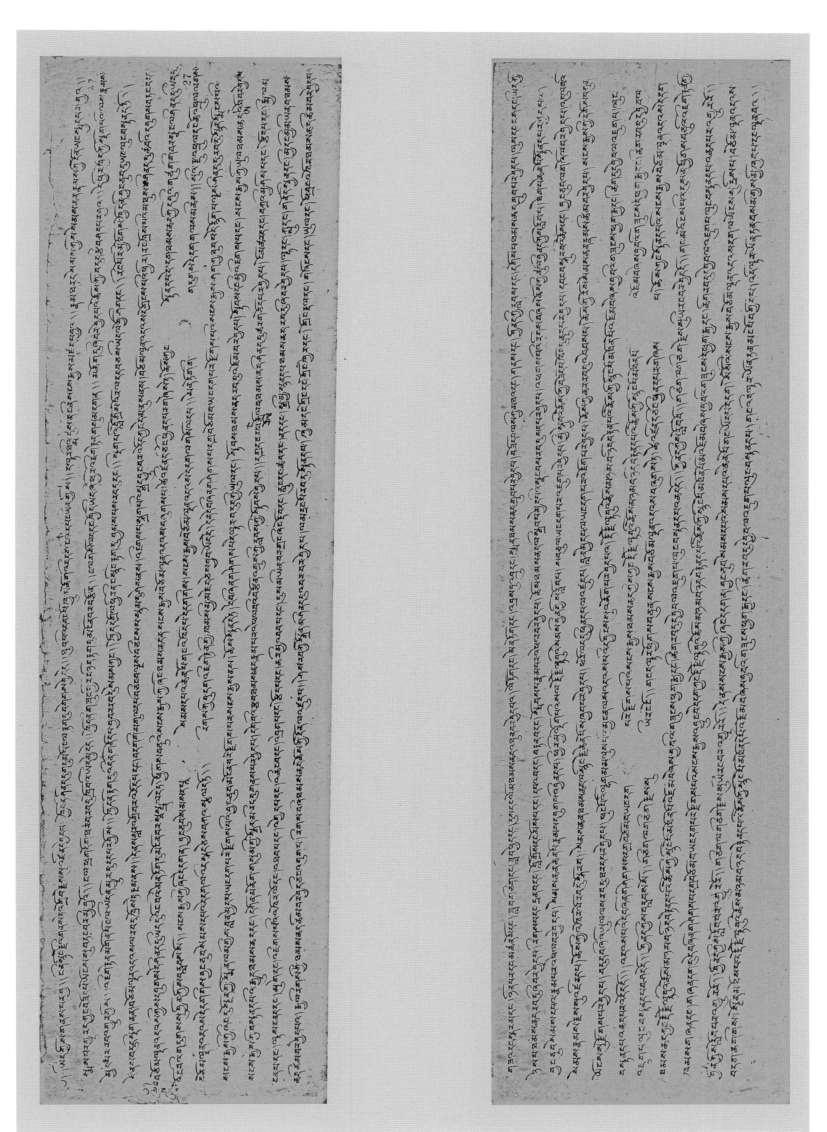

英 IOL.Tib.J.VOL.59 འཕགས་པ་འདུས་པ་ཆེན་པོ་རིན་པོ་ཆེ་ཏོག་གི་གཟུངས་ཞེས་བྱ་བ་ཐེག་པ་ཆེན་པོའི་མདོ།
聖大集寶頂陀羅尼大乘經 (49–28)

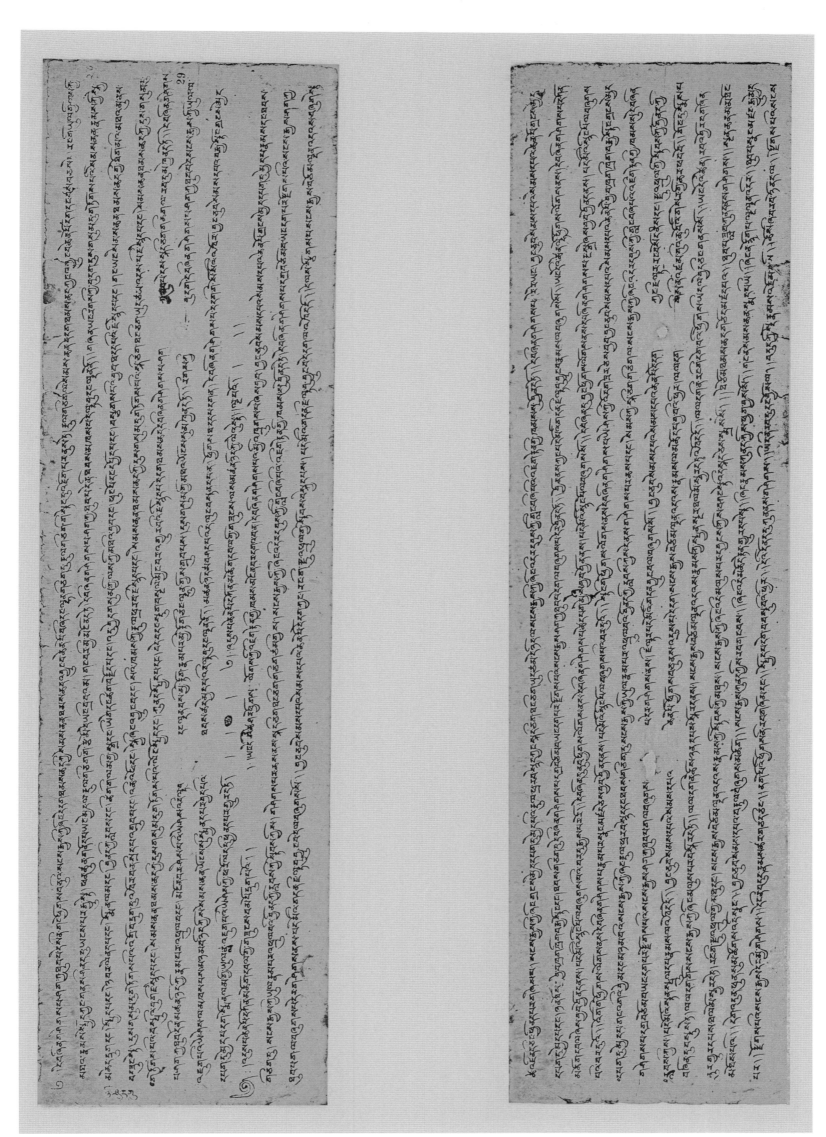

英 IOL.Tib.J.VOL.59　　འཕགས་པ་འདུས་པ་ཆེན་པོ་རིན་པོ་ཆེ་ཏོག་གི་གཟུངས་ཞེས་བྱ་བ་ཐེག་པ་ཆེན་པོའི་མདོ།

聖大集寶頂陀羅尼大乘經　　(49-29)

英 IOL.Tib.J.VOL.59 འཕགས་པ་འདུས་པ་ཆེན་པོ་རིན་པོ་ཆེ་ཏོག་གི་གཟུངས་ཞེས་བྱ་བ་ཐེག་པ་ཆེན་པོའི་མདོ།
聖大集寶頂陀羅尼大乘經 (49–30)

英 IOL.Tib.J.VOL.59　　འཕགས་པ་འདུས་པ་ཆེན་པོ་རིན་པོ་ཆེ་ཏོག་གི་གཟུངས་ཞེས་བྱ་བ་ཐེག་པ་ཆེན་པོའི་མདོ།
聖大集寶頂陀羅尼大乘經　　　(49-31)

英 IOL.Tib.J.VOL.59　　འཕགས་པ་འདུས་པ་ཆེན་པོ་རིན་པོ་ཆེ་ཏོག་གི་གཟུངས་ཞེས་བྱ་བ་ཐེག་པ་ཆེན་པོའི་མདོ།
聖大集寶頂陀羅尼大乘經　　(49-32)

32

英 IOL.Tib.J.VOL.59　　འཕགས་པ་འདུས་པ་ཆེན་པོ་རིན་པོ་ཆེ་ཏོག་གི་གཟུངས་ཞེས་བྱ་བ་ཐེག་པ་ཆེན་པོའི་མདོ།

聖大集寶頂陀羅尼大乘經　　　(49–33)

英 IOL.Tib.J.VOL.59 འཕགས་པ་འདུས་པ་ཆེན་པོ་རིན་པོ་ཆེ་ཏོག་གི་གཟུངས་ཞེས་བྱ་བ་ཐེག་པ་ཆེན་པོའི་མདོ།

聖大集寶頂陀羅尼大乘經 (49–34)

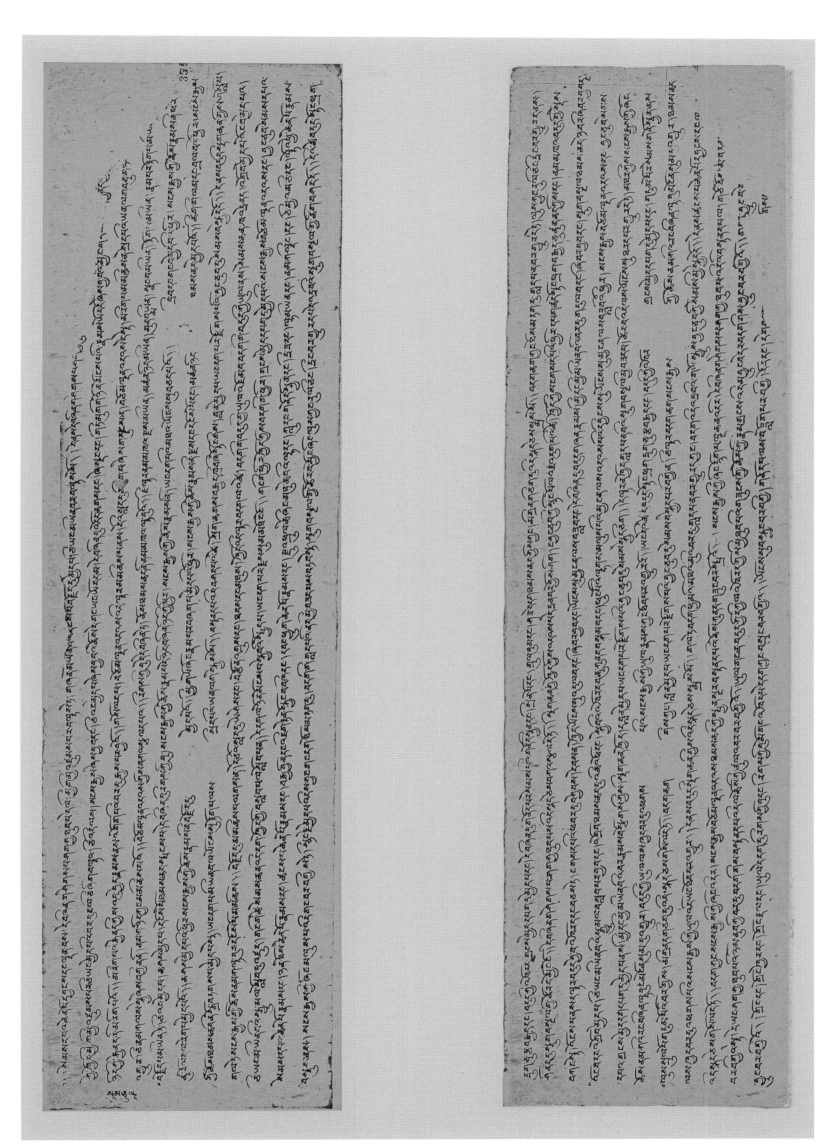

英 IOL.Tib.J.VOL.59　　འཕགས་པ་འདུས་པ་ཆེན་པོ་རིན་པོ་ཆེ་ཏོག་གི་གཟུངས་ཞེས་བྱ་བ་ཐེག་པ་ཆེན་པོའི་མདོ།

聖大集寶頂陀羅尼大乘經　　　(49-35)

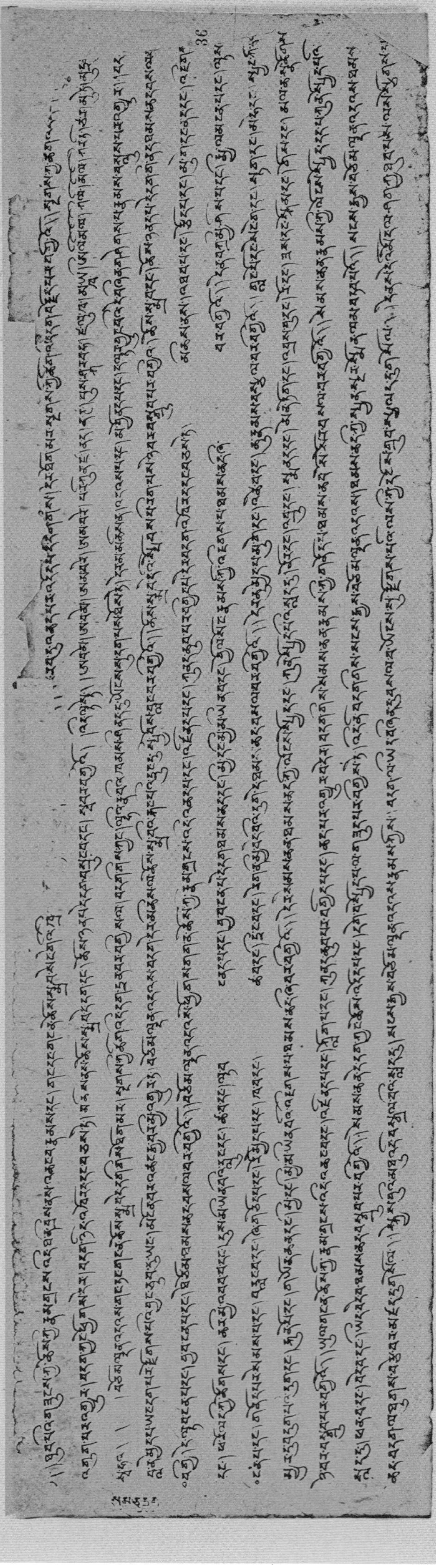

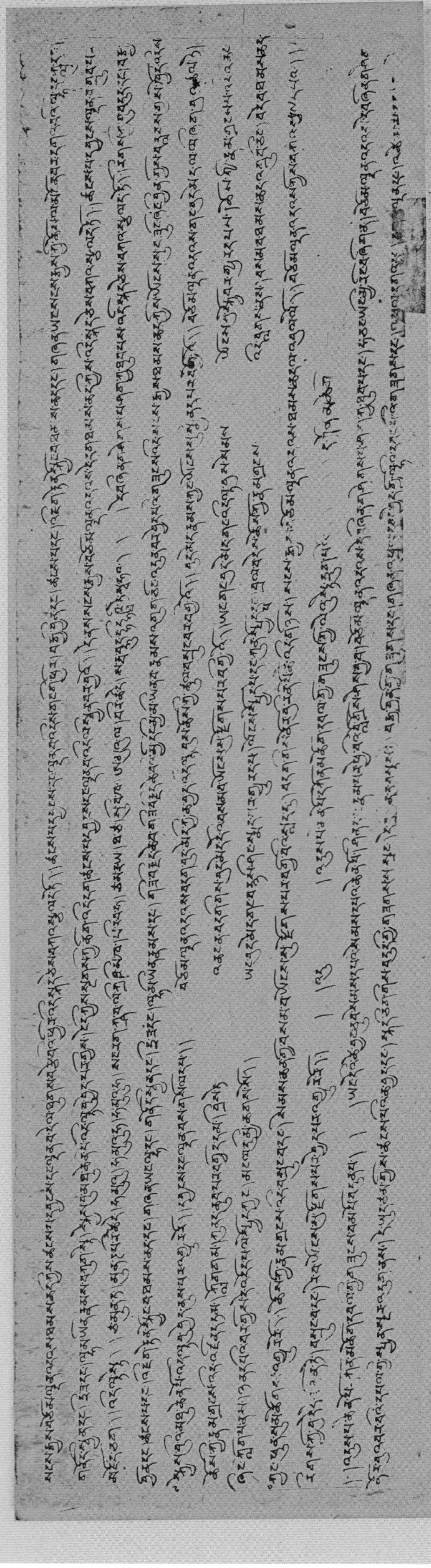

英 IOL.Tib.J.VOL.59 འཕགས་པ་འདུས་པ་ཆེན་པོ་རིན་པོ་ཆེ་ཏོག་གི་གཟུངས་ཞེས་བྱ་བ་ཐེག་པ་ཆེན་པོའི་མདོ།
聖大集寶頂陀羅尼大乘經 (49–36)

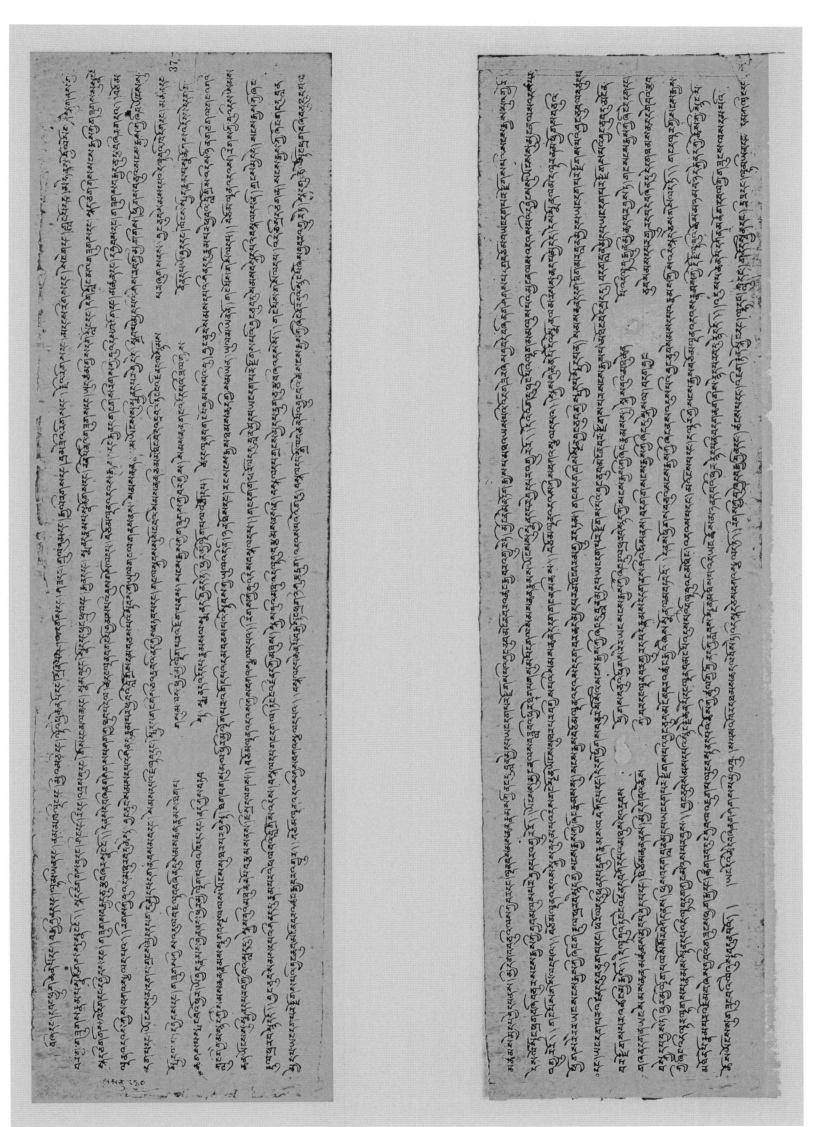

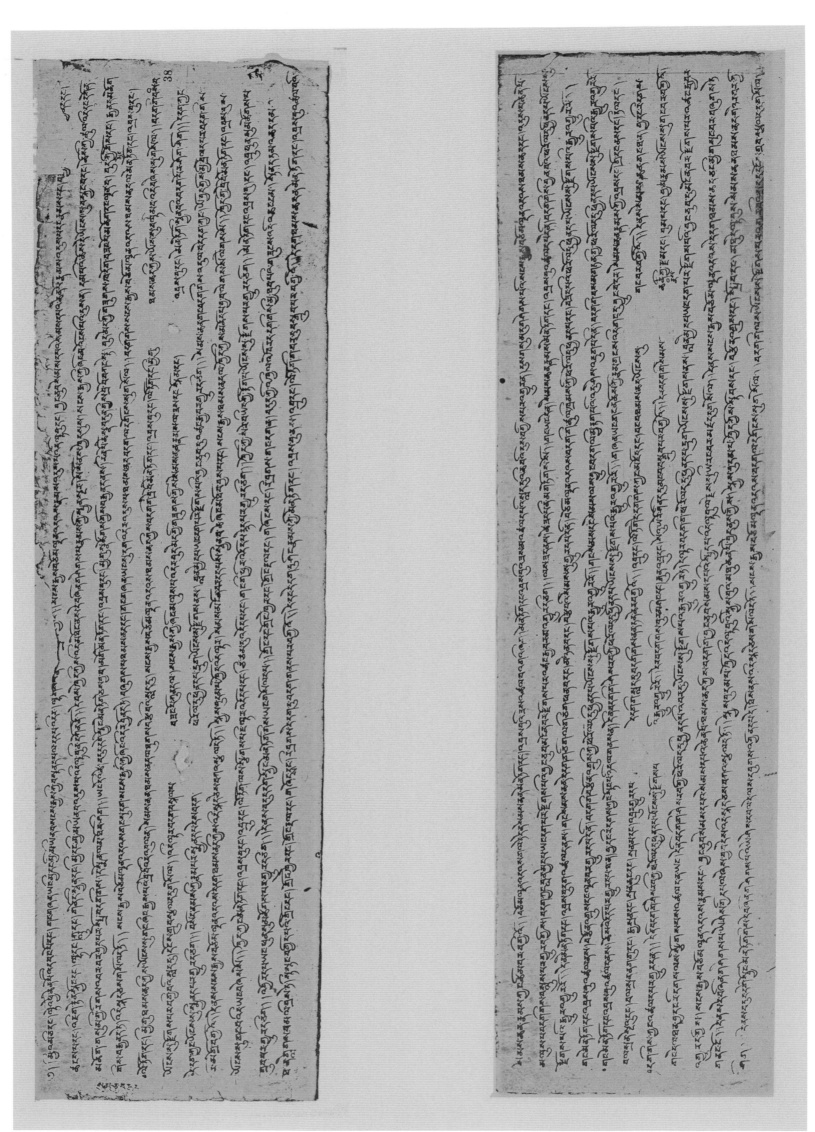

英 IOL.Tib.J.VOL.59　འཕགས་པ་འདུས་པ་ཆེན་པོ་རིན་པོ་ཆེ་ཏོག་གི་གཟུངས་ཞེས་བྱ་བ་ཐེག་པ་ཆེན་པོའི་མདོ།
聖大集寶頂陀羅尼大乘經　　　(49-39)

英 IOL.Tib.J.VOL.59　　འཕགས་པ་འདུས་པ་ཆེན་པོ་རིན་པོ་ཆེ་ཏོག་གི་གཟུངས་ཞེས་བྱ་བ་ཐེག་པ་ཆེན་པོའི་མདོ།
　　　　　　　　聖大集寶頂陀羅尼大乘經　　　(49-40)

40

英 IOL.Tib.J.VOL.59　　འཕགས་པ་འདུས་པ་ཆེན་པོ་རིན་པོ་ཆེ་ཏོག་གི་གཟུངས་ཞེས་བྱ་བ་ཐེག་པ་ཆེན་པོའི་མདོ།

聖大集寶頂陀羅尼大乘經　　　(49-41)

英 IOL.Tib.J.VOL.59　འཕགས་པ་འདུས་པ་ཆེན་པོ་རིན་པོ་ཆེ་ཏོག་གི་གཟུངས་ཞེས་བྱ་བ་ཐེག་པ་ཆེན་པོའི་མདོ།

聖大集寶頂陀羅尼大乘經　　　(49–42)

英 IOL.Tib.J.VOL.59　འཕགས་པ་འདུས་པ་ཆེན་པོ་རིན་པོ་ཆེ་ཏོག་གི་གཟུངས་ཞེས་བྱ་བ་ཐེག་པ་ཆེན་པོའི་མདོ།

聖大集寶頂陀羅尼大乘經　　(49-43)

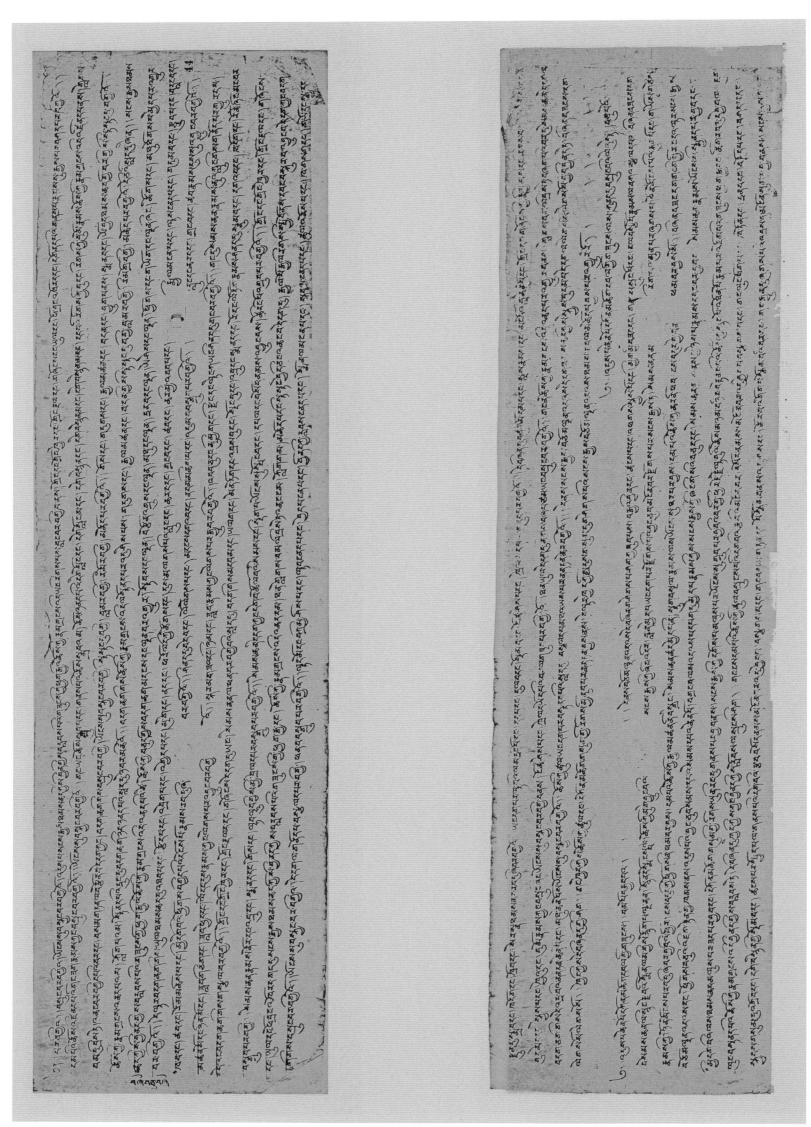

英 IOL.Tib.J.VOL.59　　འཕགས་པ་འདུས་པ་ཆེན་པོ་རིན་པོ་ཆེ་ཏོག་གི་གཟུངས་ཞེས་བྱ་བ་ཐེག་པ་ཆེན་པོའི་མདོ༎

聖大集寶頂陀羅尼大乘經　　(49–44)

英 IOL.Tib.J.VOL.59　　འཕགས་པ་འདུས་པ་ཆེན་པོ་རིན་པོ་ཆེ་ཏོག་གི་གཟུངས་ཞེས་བྱ་བ་ཐེག་པ་ཆེན་པོའི་མདོ།
聖大集寶頂陀羅尼大乘經　　(49–45)

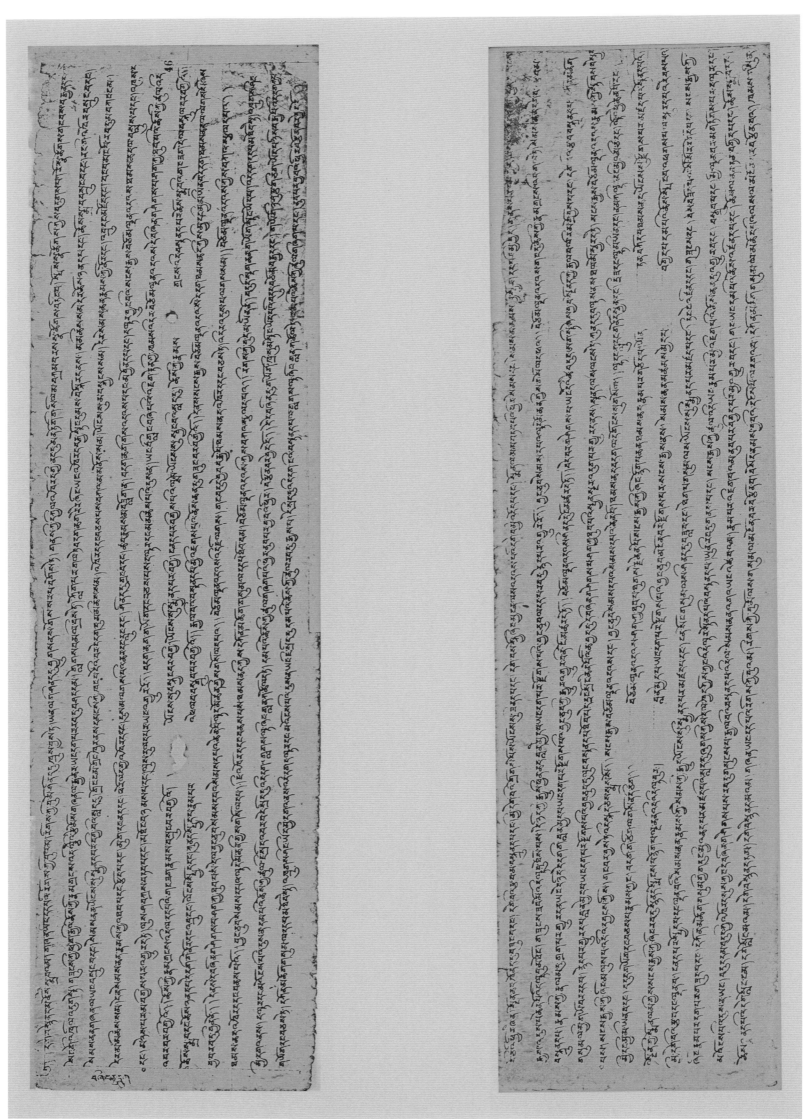

英 IOL.Tib.J.VOL.59　　འཕགས་པ་འདུས་པ་ཆེན་པོ་རིན་པོ་ཆེ་ཏོག་གི་གཟུངས་ཞེས་བྱ་བ་ཐེག་པ་ཆེན་པོའི་མདོ།

聖大集寶頂陀羅尼大乘經　　(49–47)

英 IOL.Tib.J.VOL.59　　འཕགས་པ་འདུས་པ་ཆེན་པོ་རིན་པོ་ཆེ་ཏོག་གི་གཟུངས་ཞེས་བྱ་བ་ཐེག་པ་ཆེན་པོའི་མདོ།
聖大集寶頂陀羅尼大乘經　　(49–48)

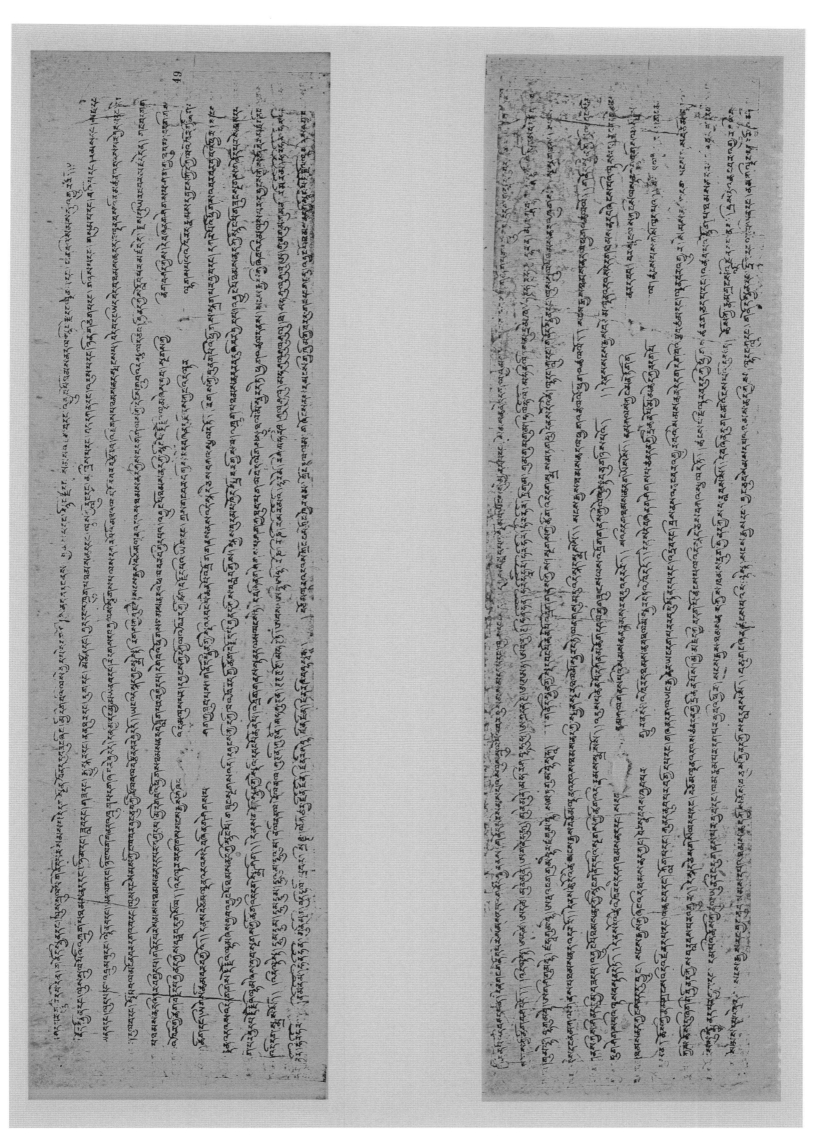

英 IOL.Tib.J.VOL.59　　འཕགས་པ་འདུས་པ་ཆེན་པོ་རིན་པོ་ཆེ་ཏོག་གི་གཟུངས་ཞེས་བྱ་བ་ཐེག་པ་ཆེན་པོའི་མདོ།

聖大集寶頂陀羅尼大乘經　　(49–49)

1.དེ་བཞིན་གཤེགས་པའི་གཙུག་ཏོར་ནས་བྱུང་བའི་གདུགས་དཀར་པོ།   2.སྨོན་ལམ་དུ་གསོལ་བ།
3.འཕགས་པ་མངགས་ཕྱིར་འབྱོག་པ་ཞེས་བྱ་བའི་མདོ།

1.如來頂髻中出白傘蓋陀羅尼經   2.祈願文   3.聖奪容澤經   (25–1)

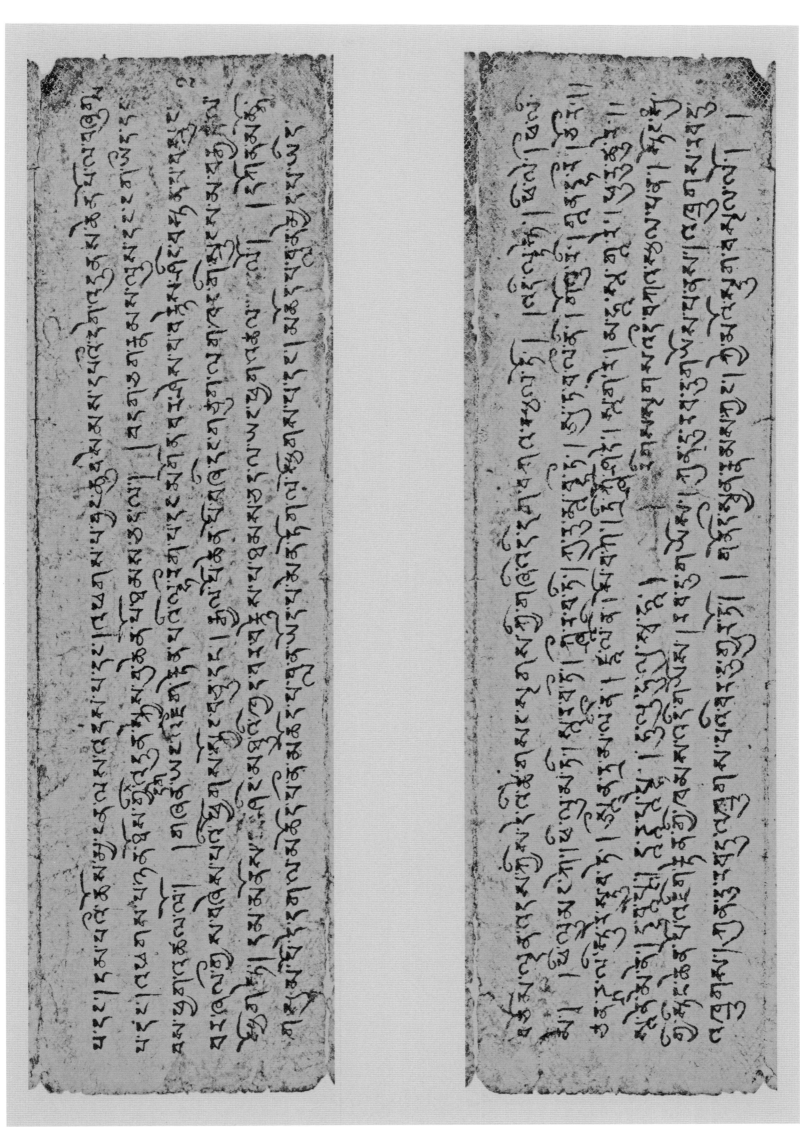

英 IOL.Tib.J.VOL.60　　2.སྨོན་ལམ་དུ་གསོལ་བ།　　3.འཕགས་པ་མ་དྲངས་ཕྱིར་འཕྲོག་པ་ཞེས་བྱ་བའི་མདོ།

2.祈願文　　　3.聖奪容澤經　　　(25-2)

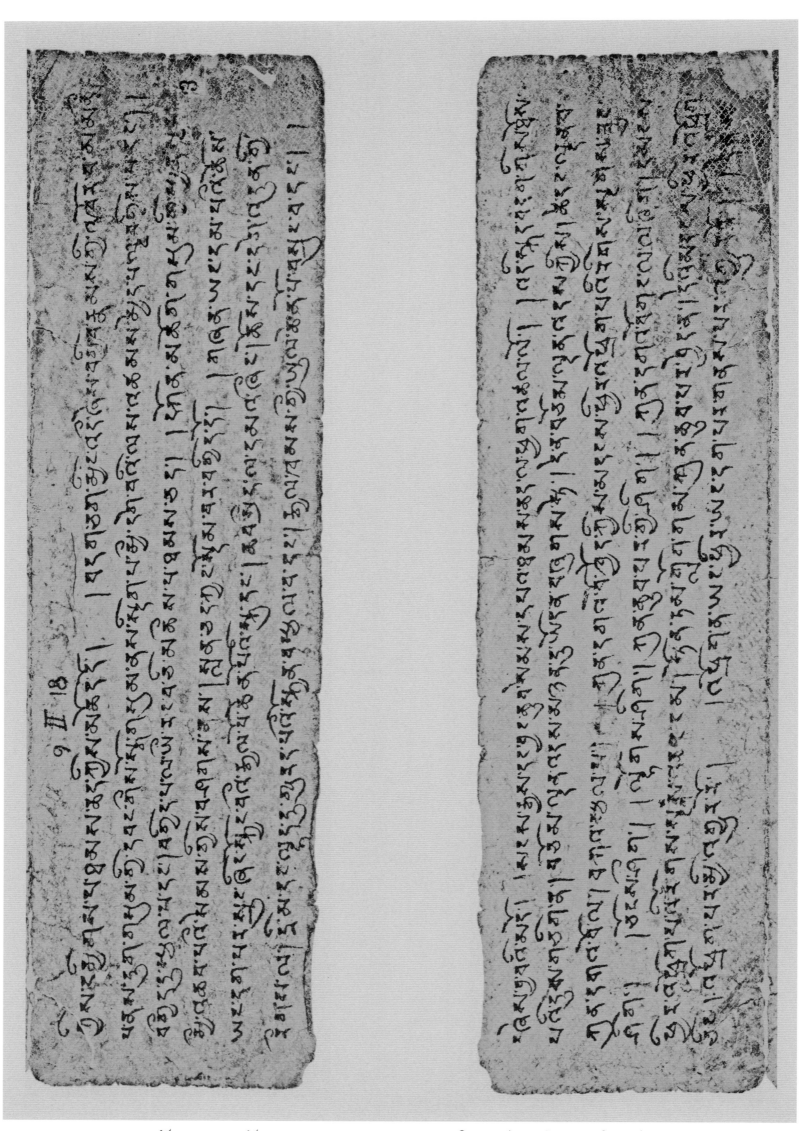

英 IOL.Tib.J.VOL.60　　2.སྨོན་ལམ་དུ་གསོལ་བ།　　3.འཕགས་པ་མདངས་ཕྱིར་འབྱུག་པ་ཞེས་བྱ་བའི་མདོ།

2.祈願文　　　3.聖奪容澤經　　(25-3)

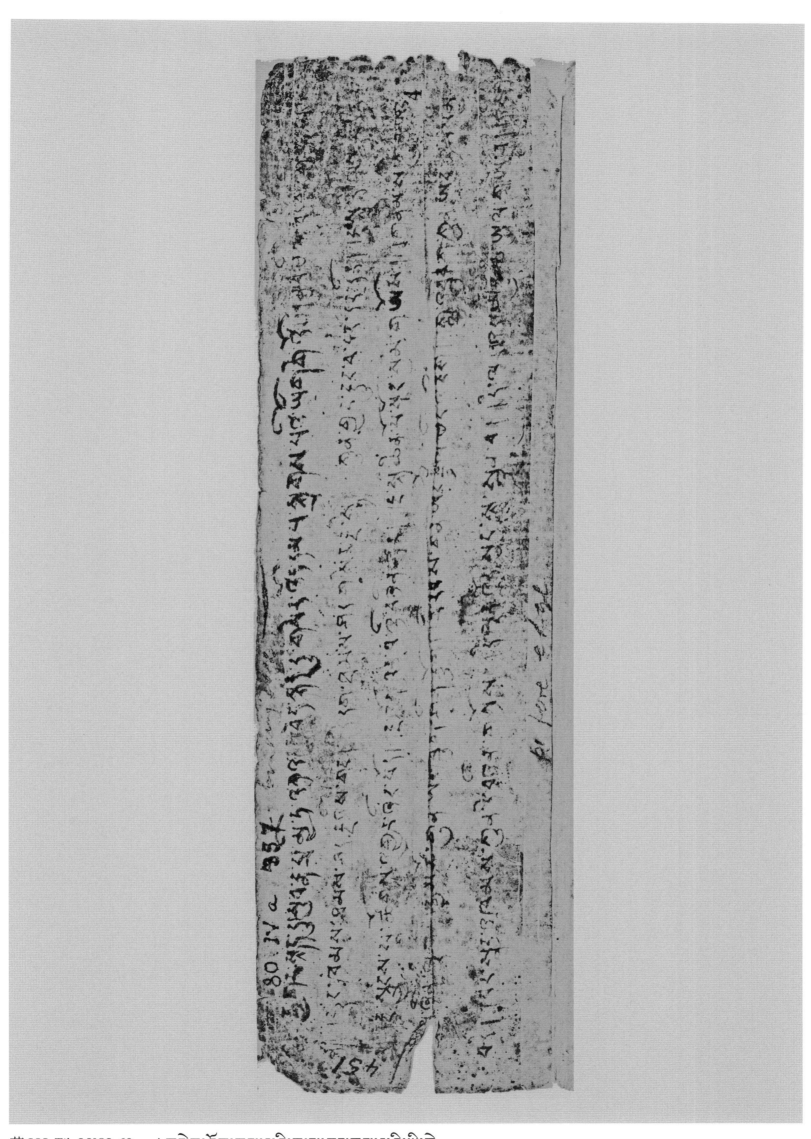

英 IOL.Tib.J.VOL.60   4.གསེར་འོད་དམ་པའི་ཇ་སྐུ་བསྔགས་པའི་ཡི་གེ

4.金光明祈願文　　(25-4)

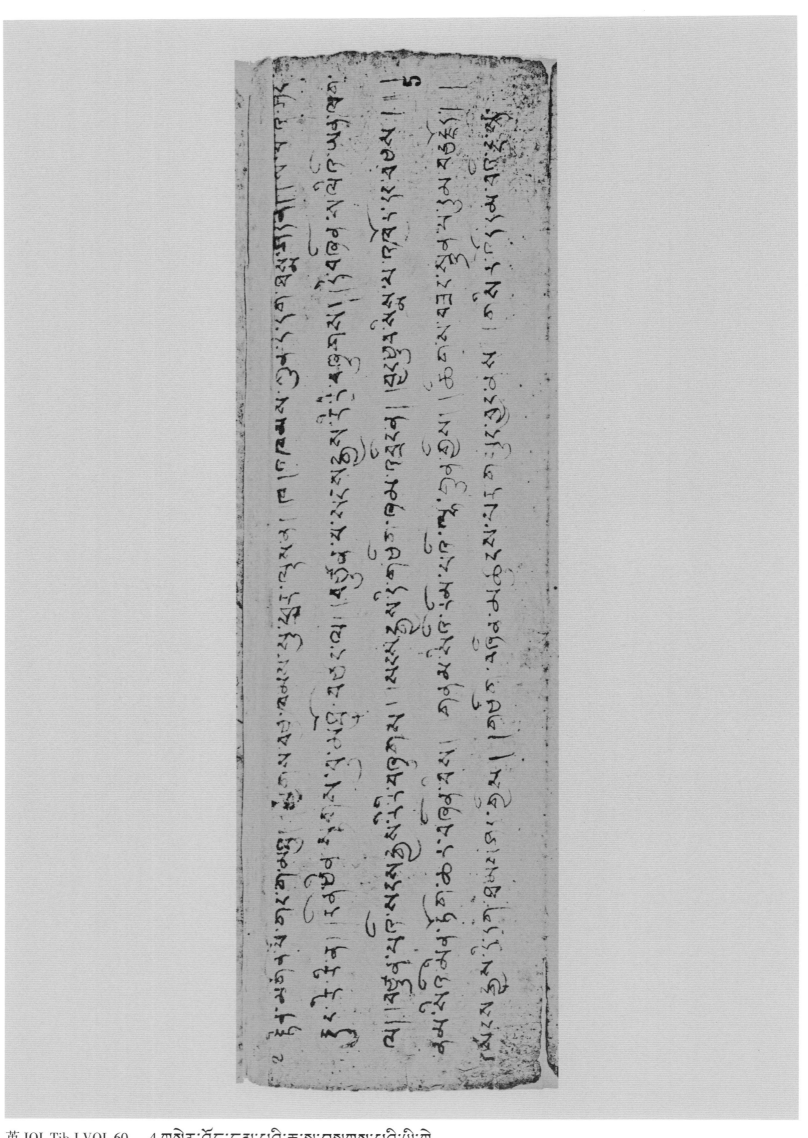

英 IOL.Tib.J.VOL.60　　4.གསེར་འོད་དམ་པའི་ཏིང་སྒྲ་བསྔགས་པའི་ཡི་གེ

4.金光明祈願文　　(25-5)

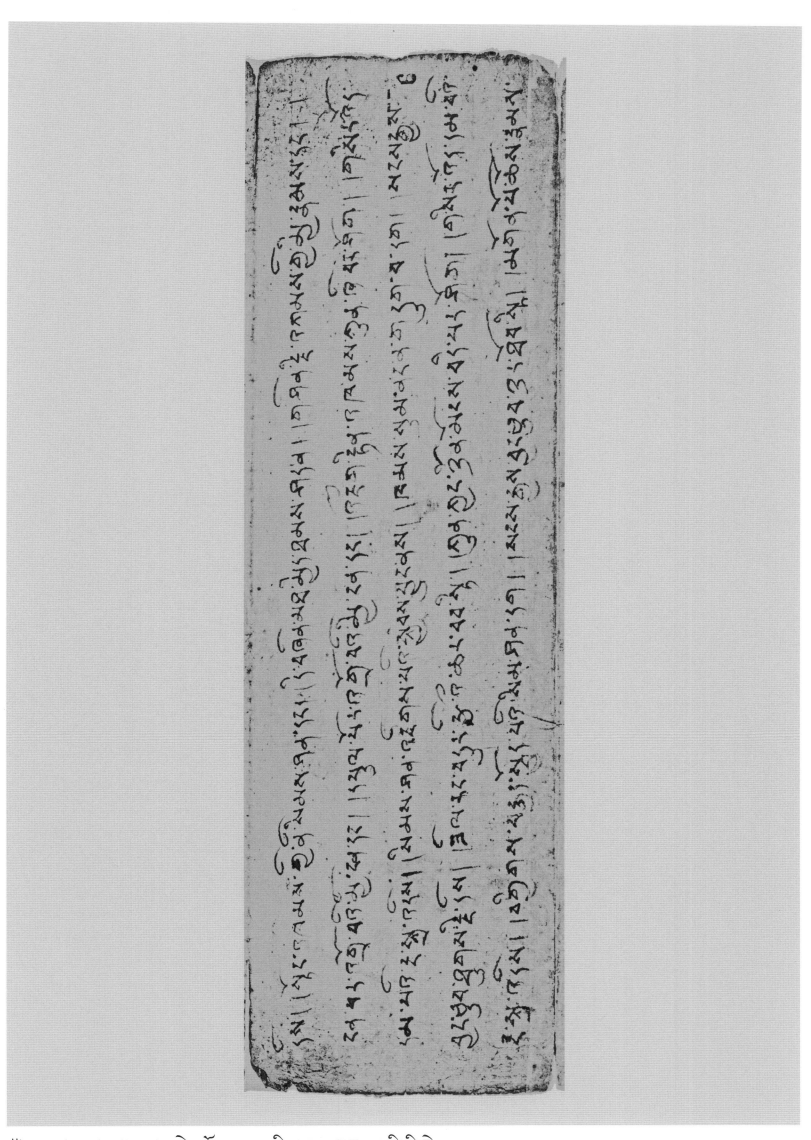

英 IOL.Tib.J.VOL.60　　4.གསེར་འོད་དམ་པའི་ཏ་སྨྲ་བསྐྱགས་པའི་ཡི་གེ

4.金光明祈願文　　(25-6)

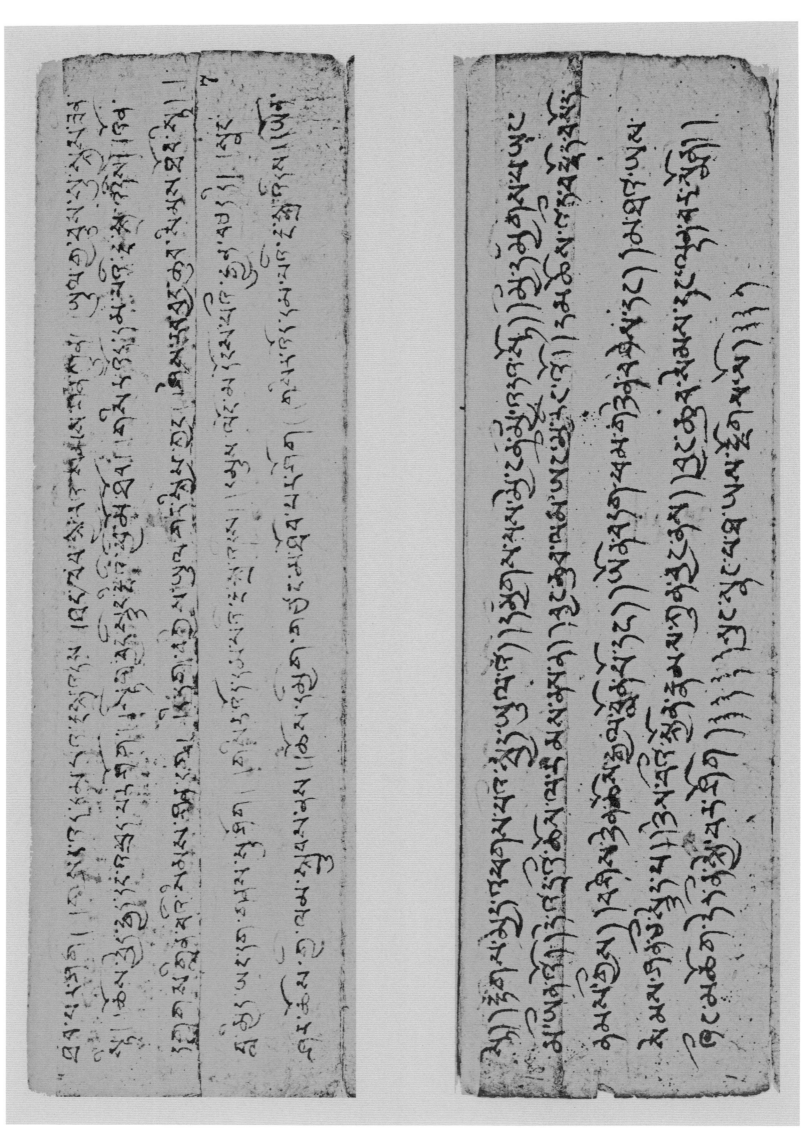

　　4.གཟེར་འོད་དམ་པའི་རྫ་སྐྱ་བསྔགས་པའི་ཡི་གེ

4.金光明祈願文　　(25-7)

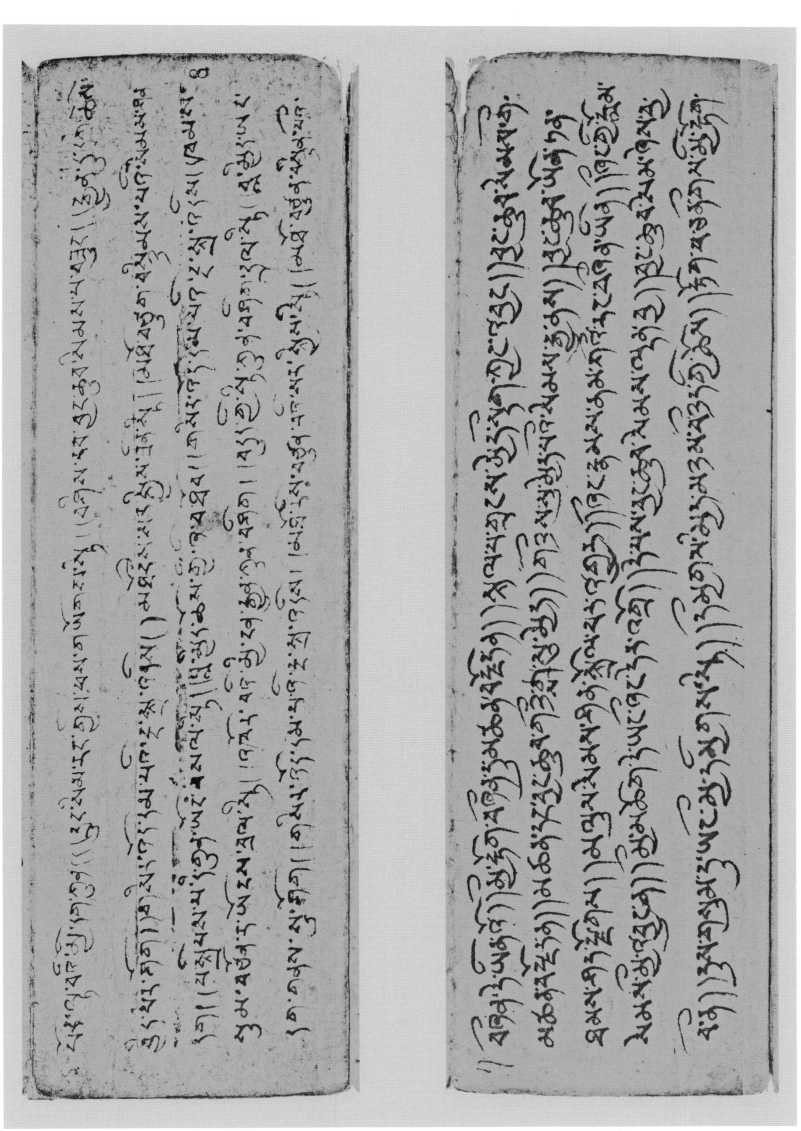

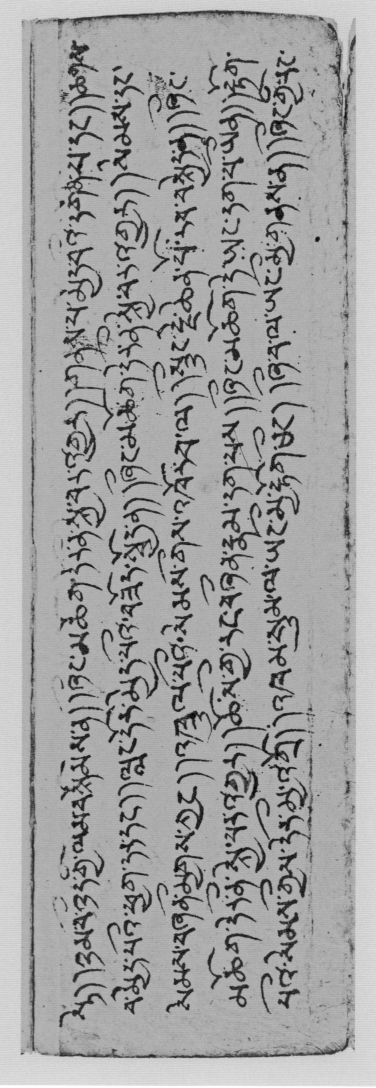

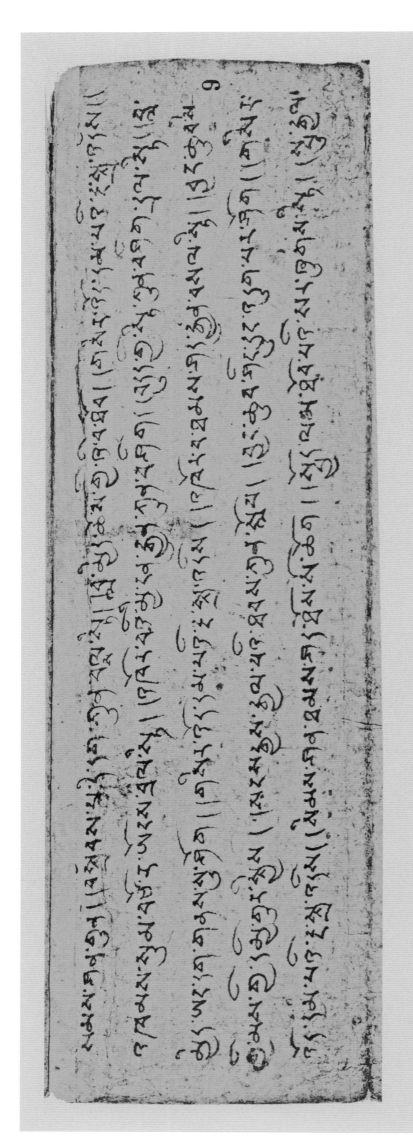

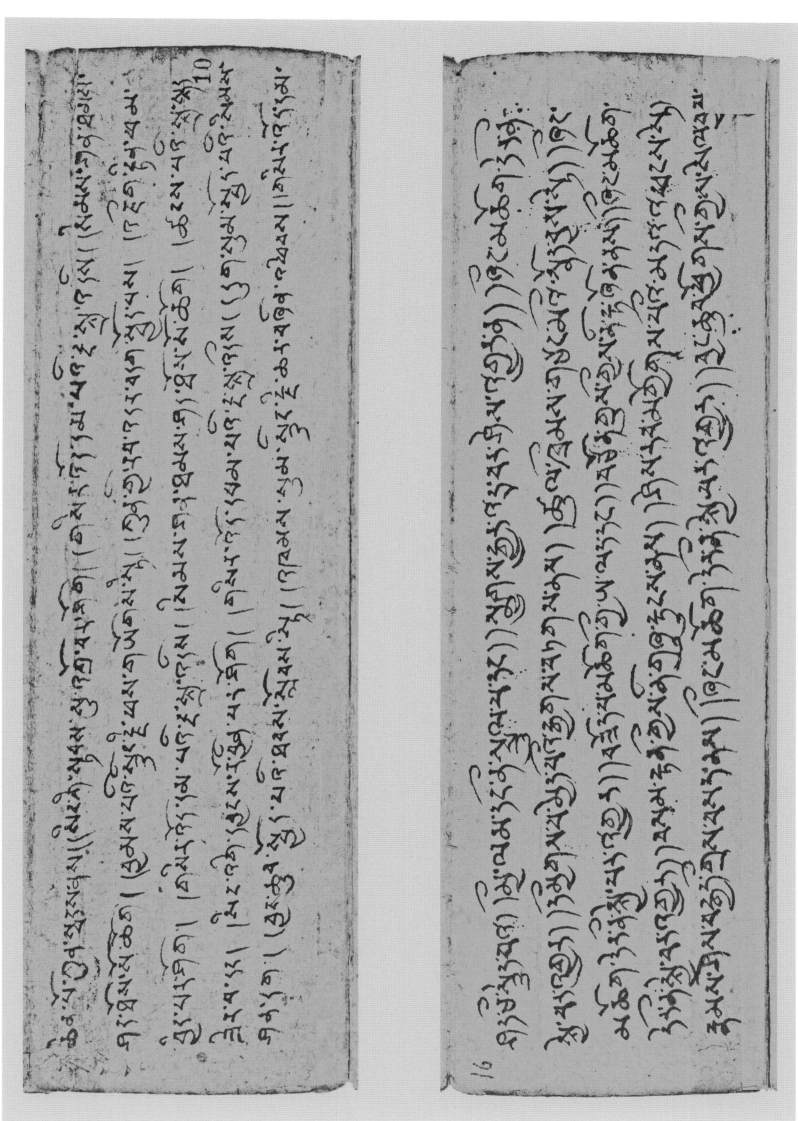

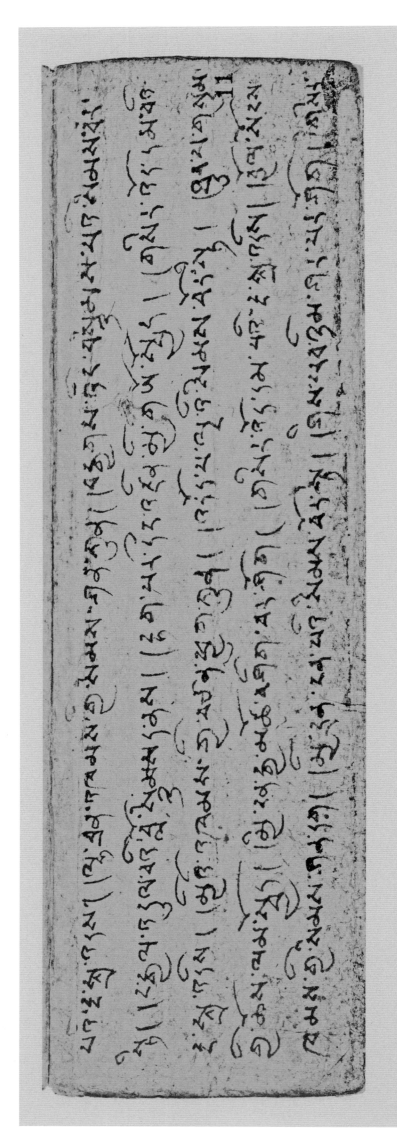

英 IOL.Tib.J.VOL.60　　4.གསེར་འོད་དམ་པའི་ཞ་སྔ་བསྔགས་པའི་ཡི་གེ

4.金光明祈願文　　(25—11)

60

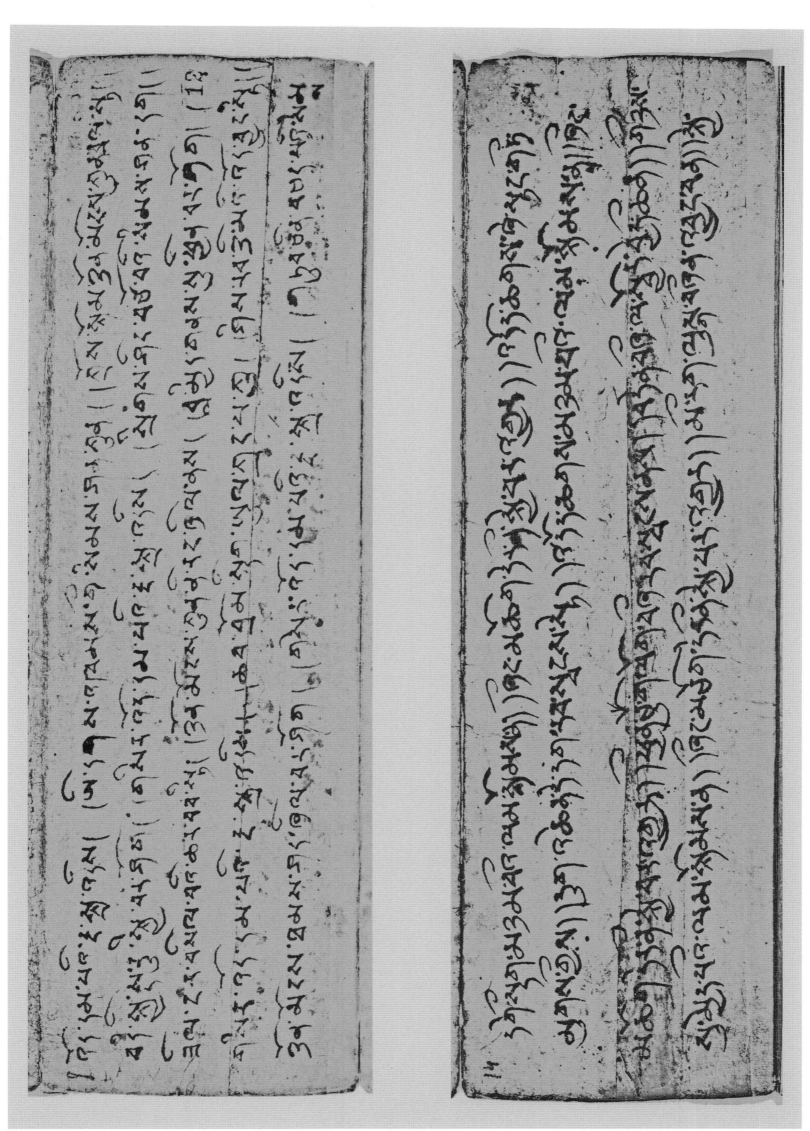

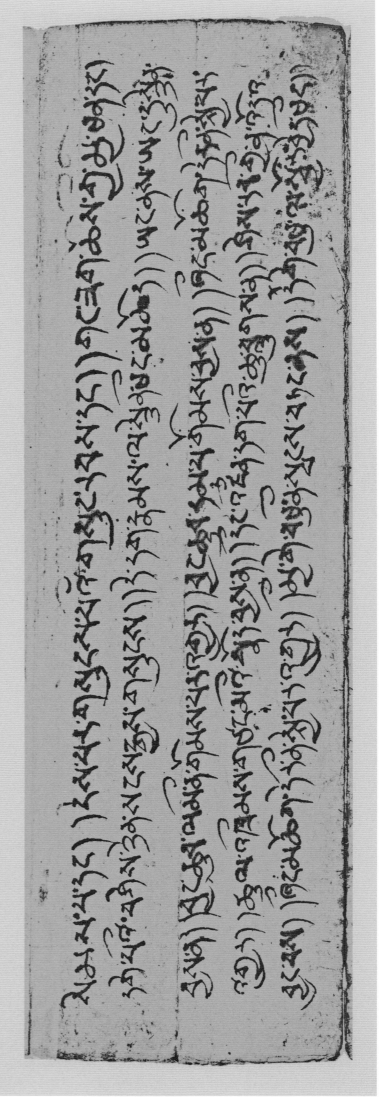

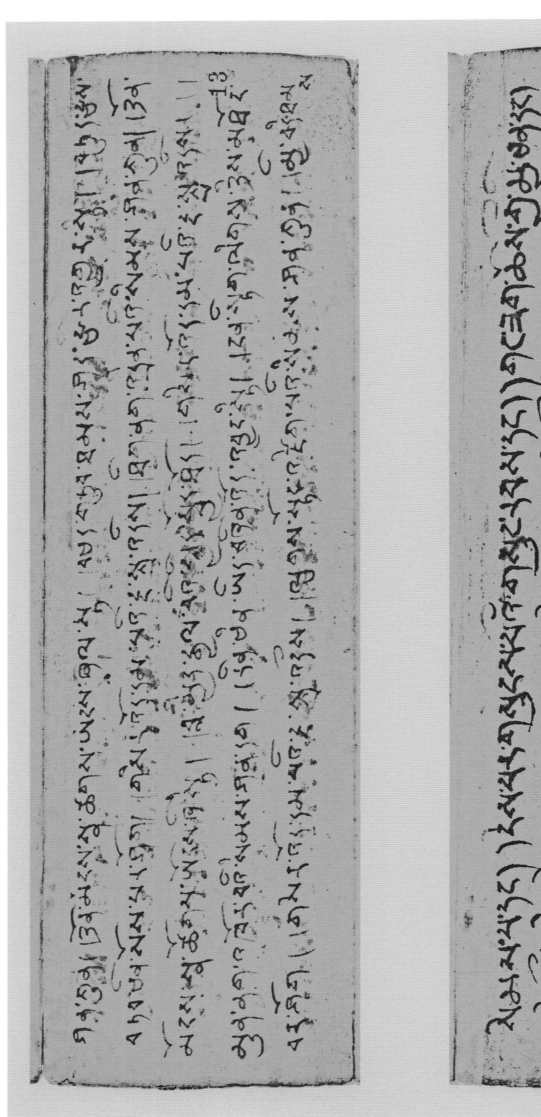

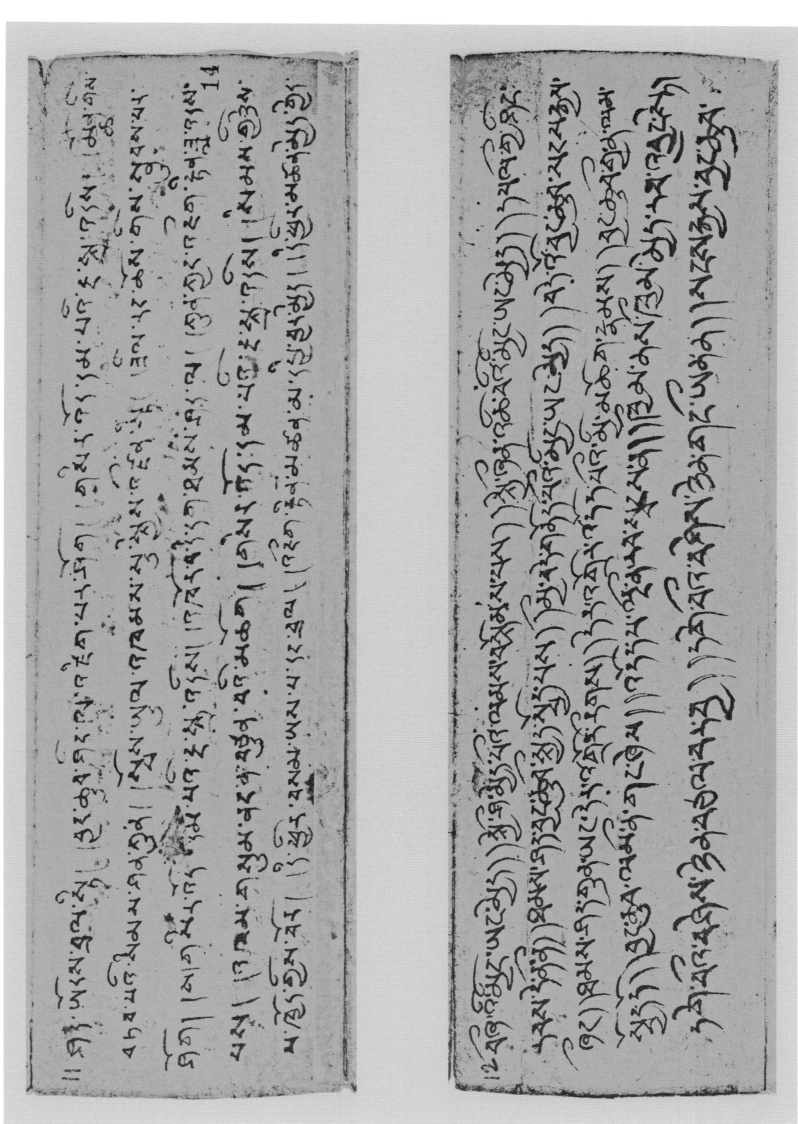

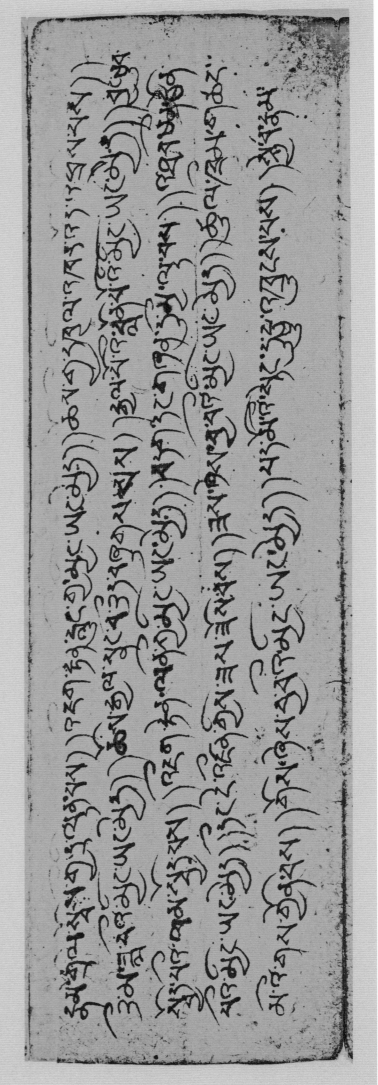

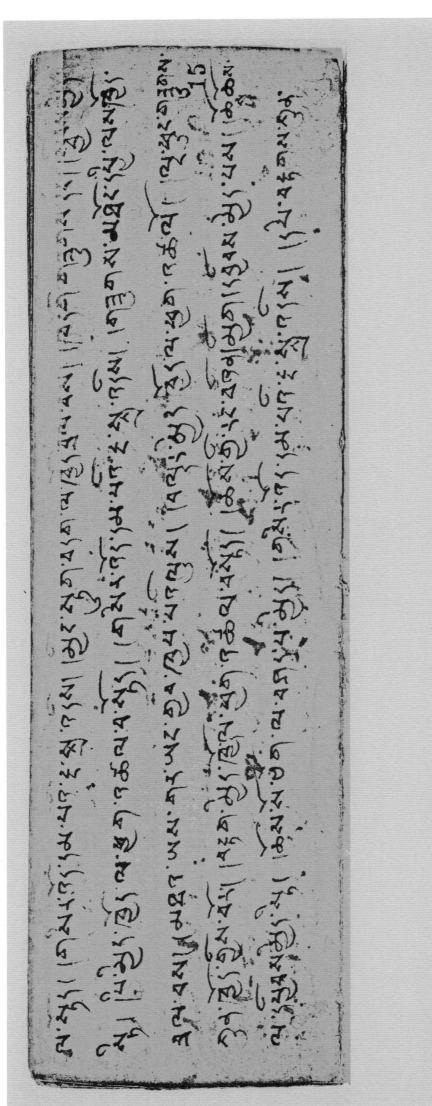

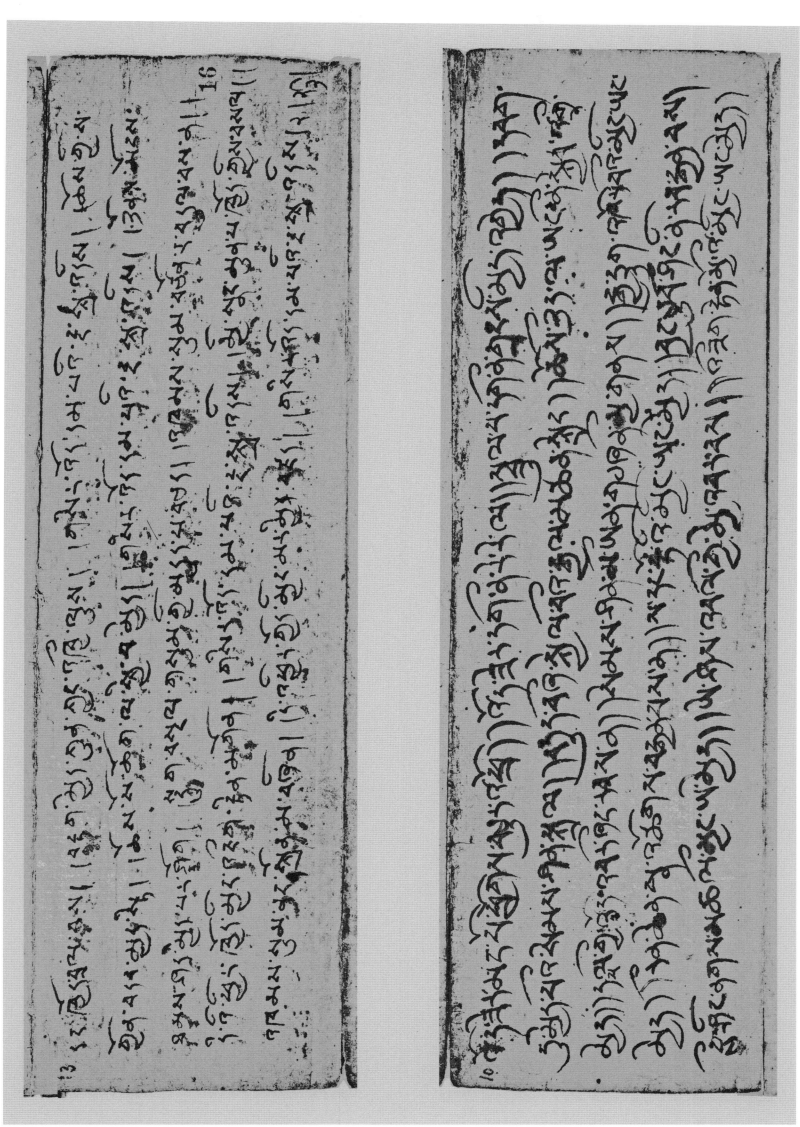

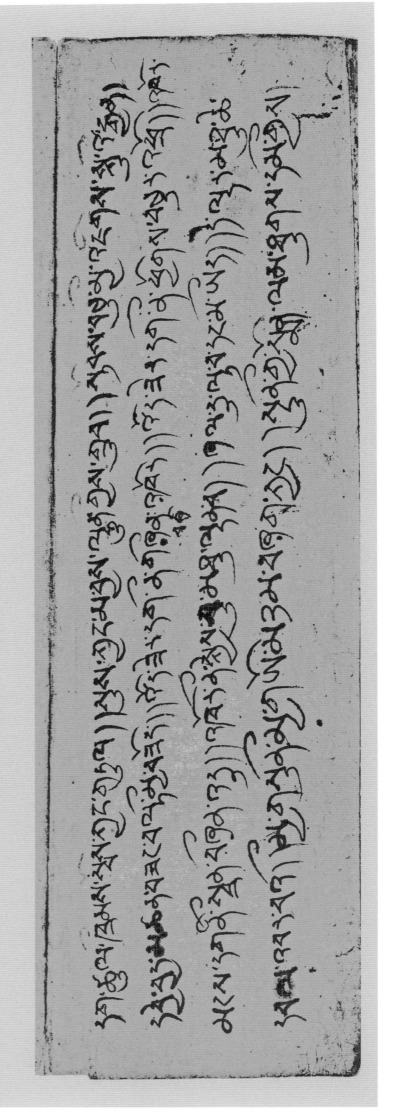

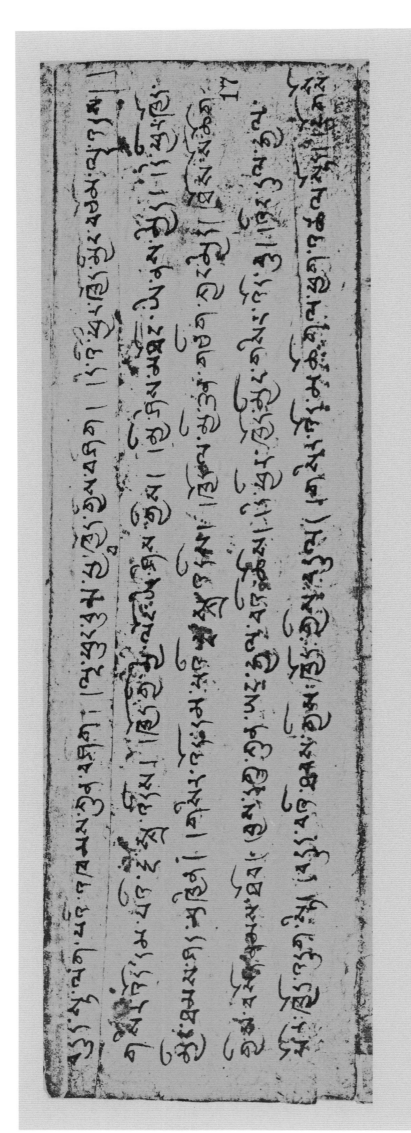

英 IOL.Tib.J.VOL.60　　4.གསེར་འོད་དམ་པའི་ཏ་སྨྲ་བསྔགས་པའི་ཡི་གེ
4.金光明祈願文　　(25-17)

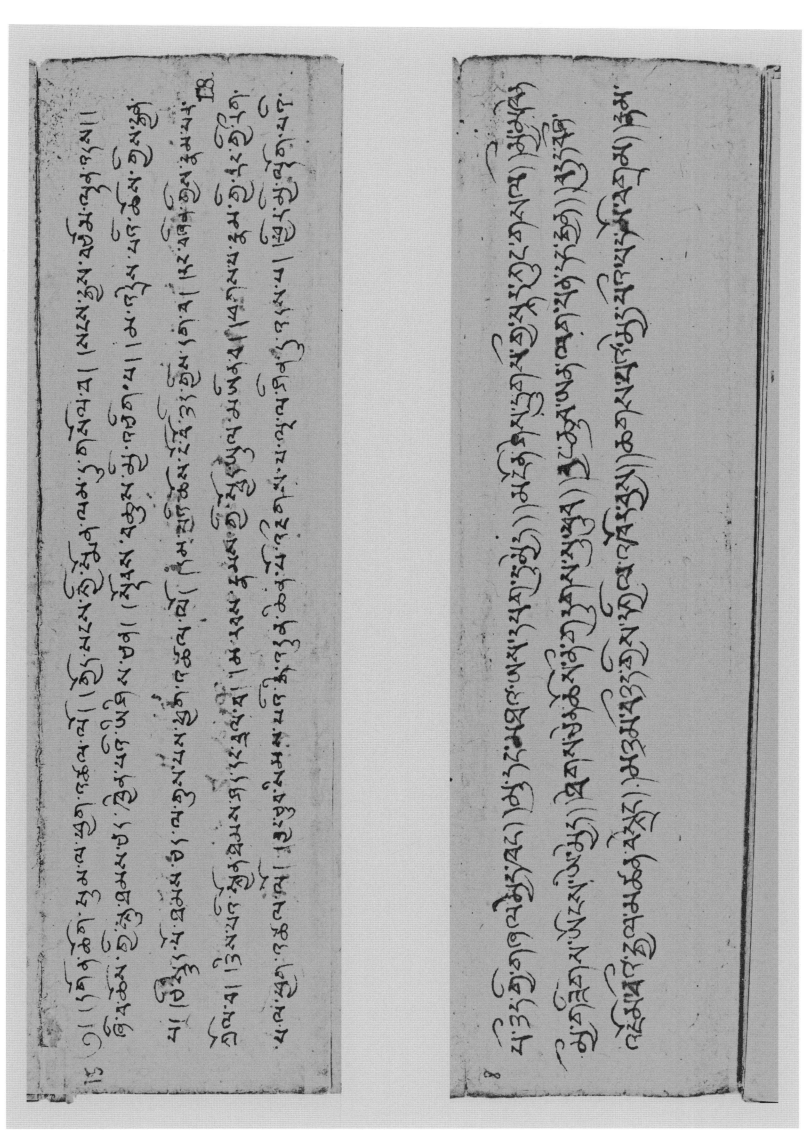

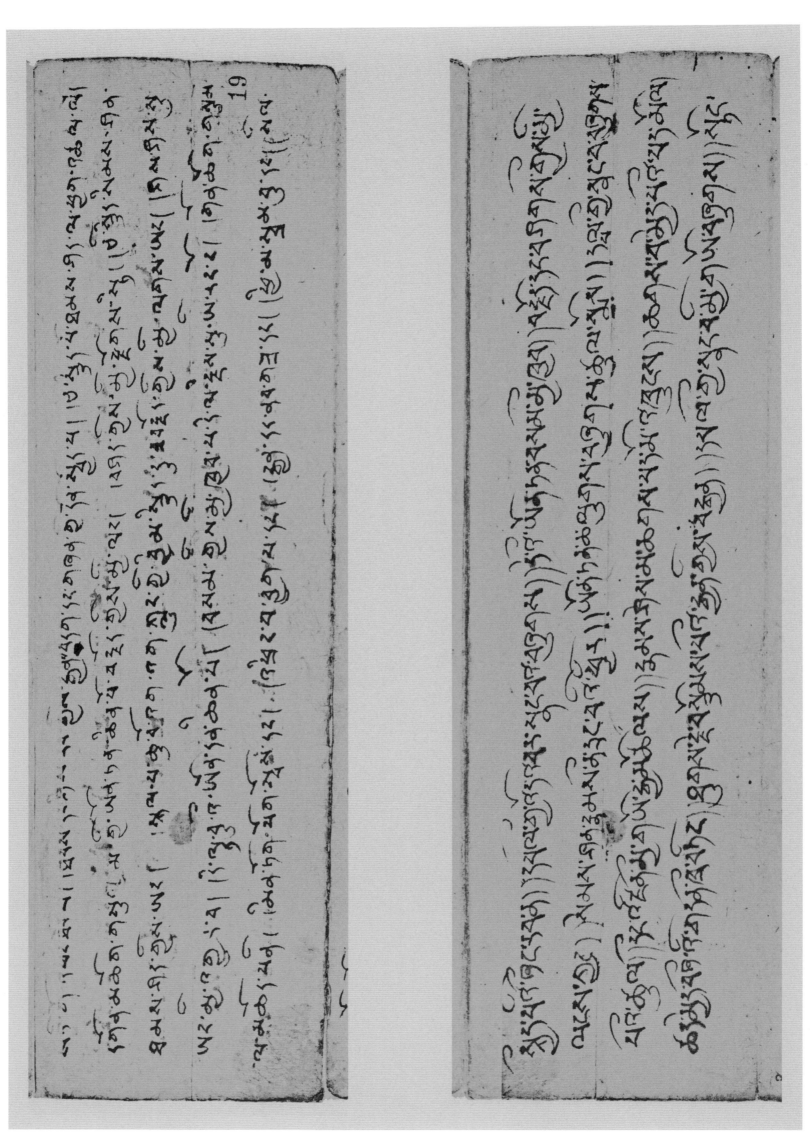

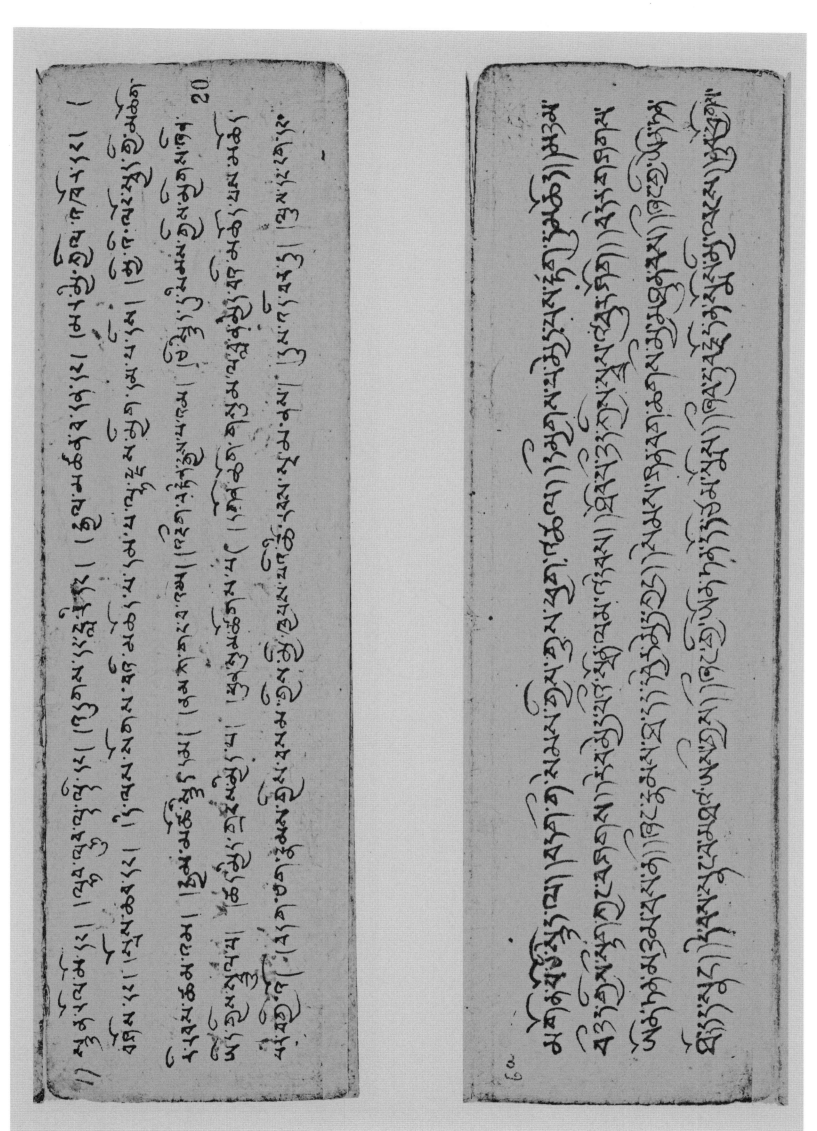

英 IOL.Tib.J.VOL.60　　5.འགྱོད་ཚངས་སྨོན་ལམ༎　　6.སྣང་བ་མཐའ་ཡས་ཀྱི་ཡོན་ཏན་ལ་རྣལ་འབྱོར་བས་བསྟོད་པ།

5.懺悔净罪祈願文　　6.瑜伽師贊無量光佛净土功德　　（25-20）

69

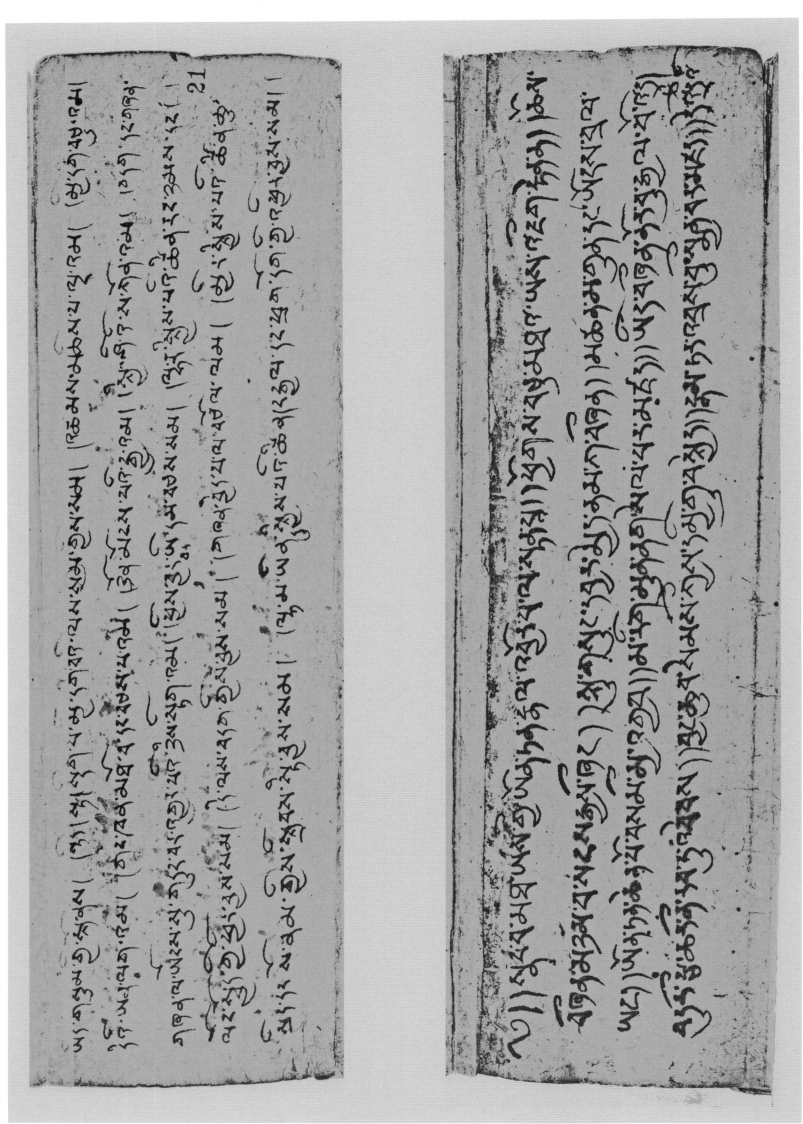

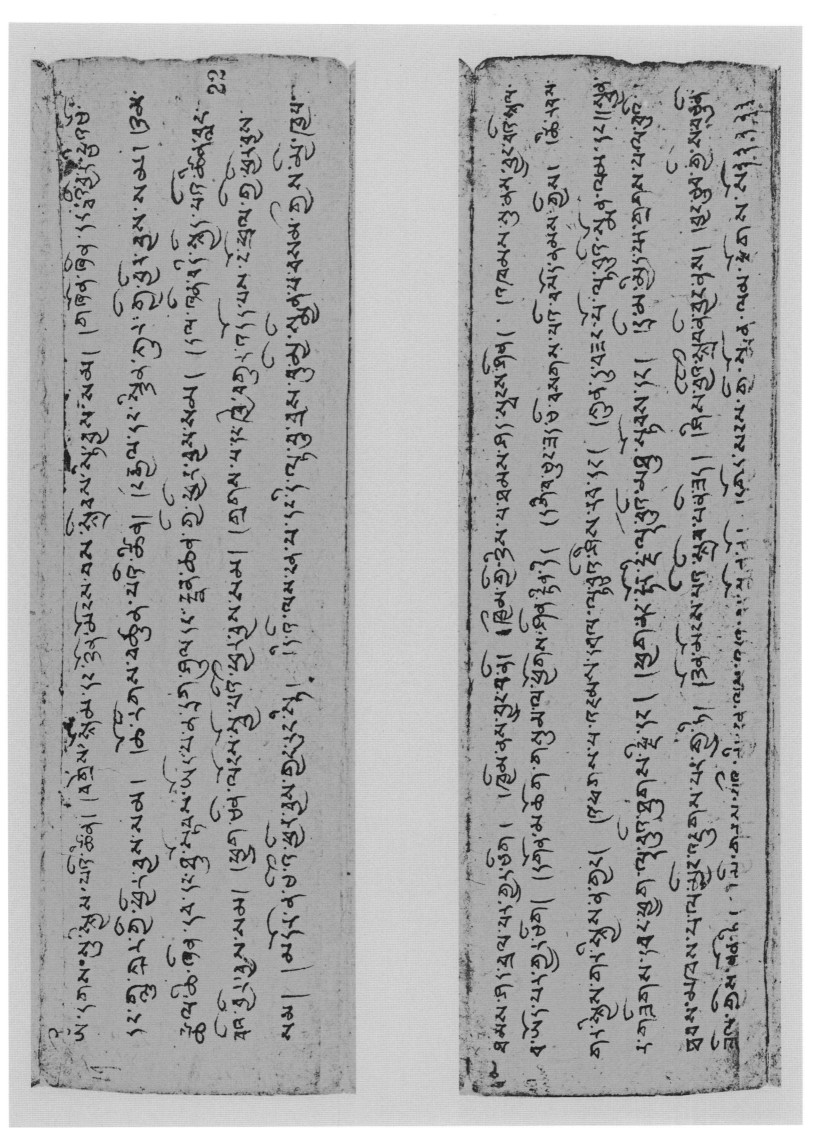

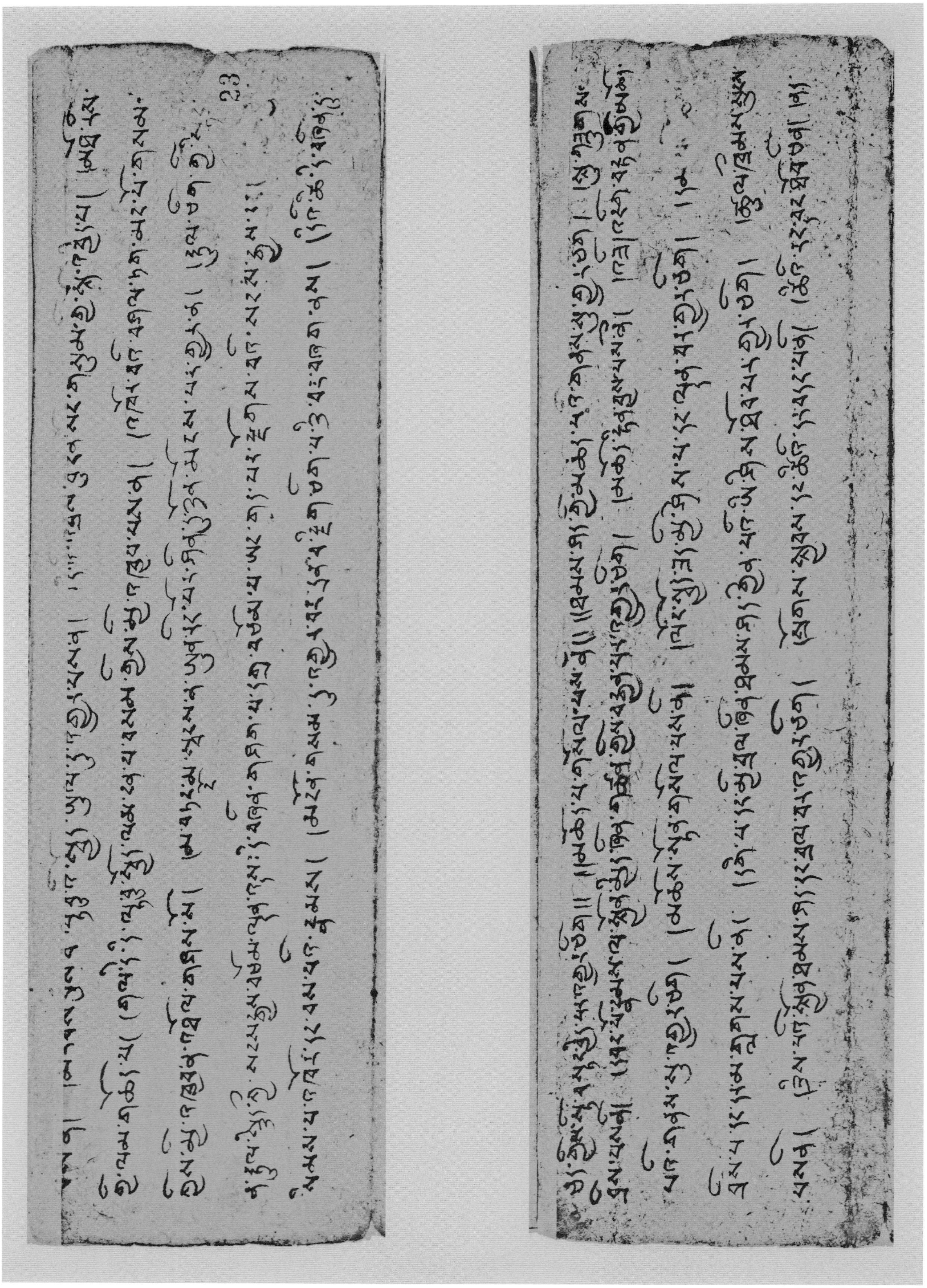

英 IOL.Tib.J.VOL.60　5.འགྱོད་ཚངས་སྨོན་ལམ།
5.懺悔净罪祈願文　(25–23)

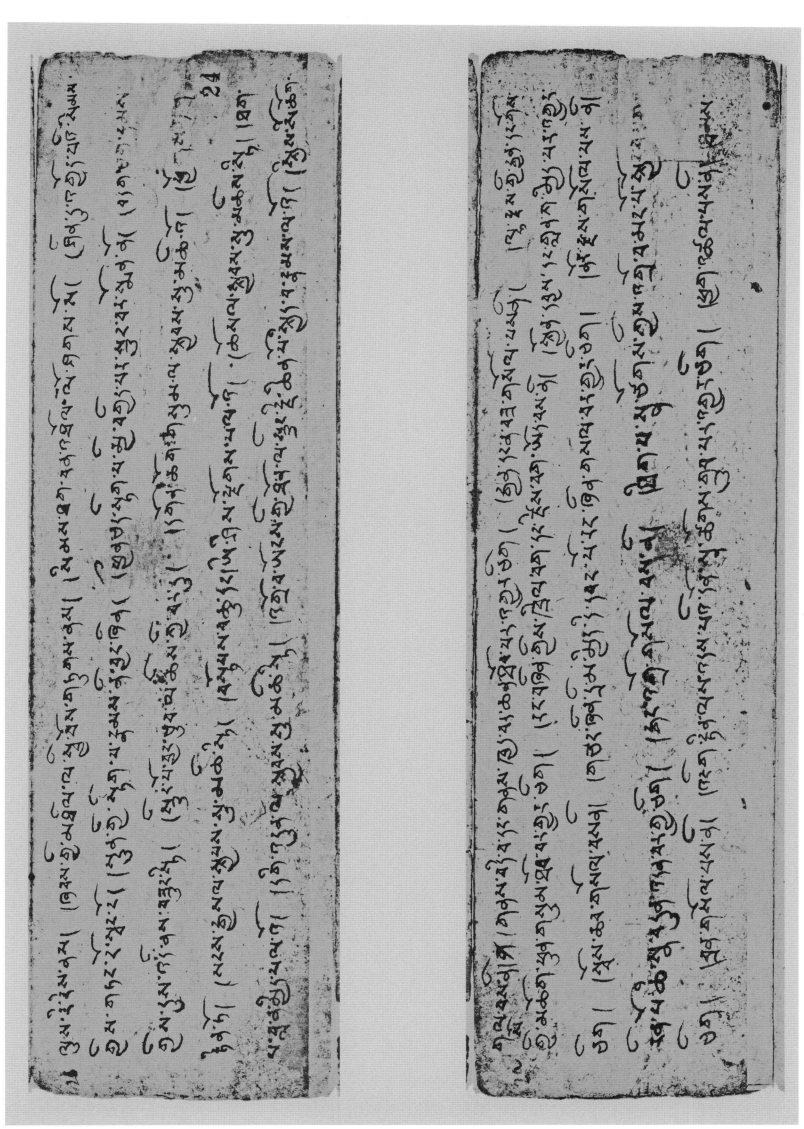

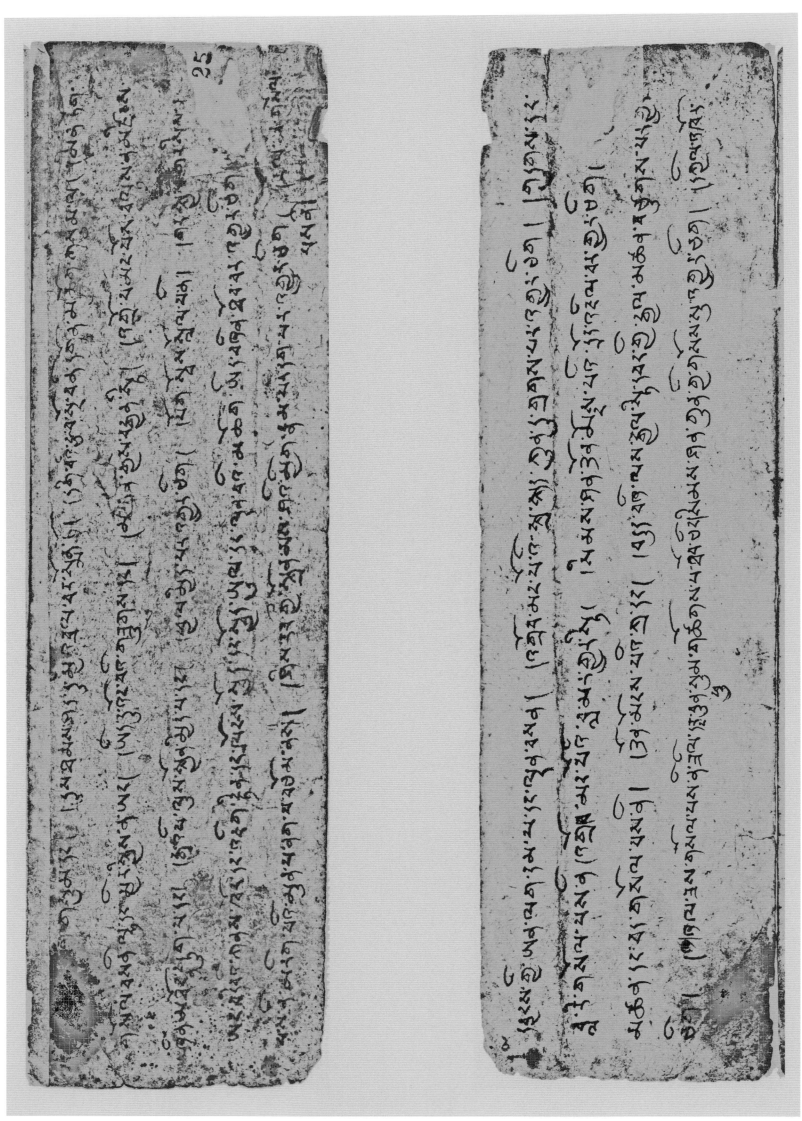

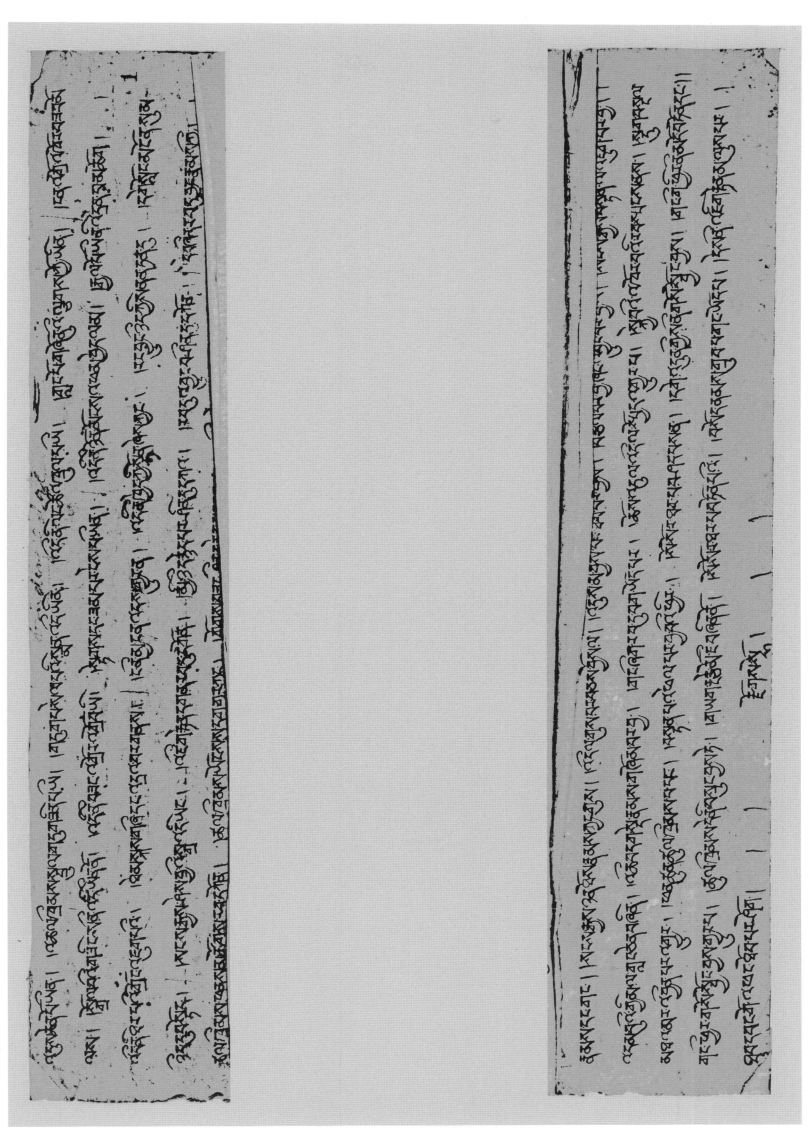

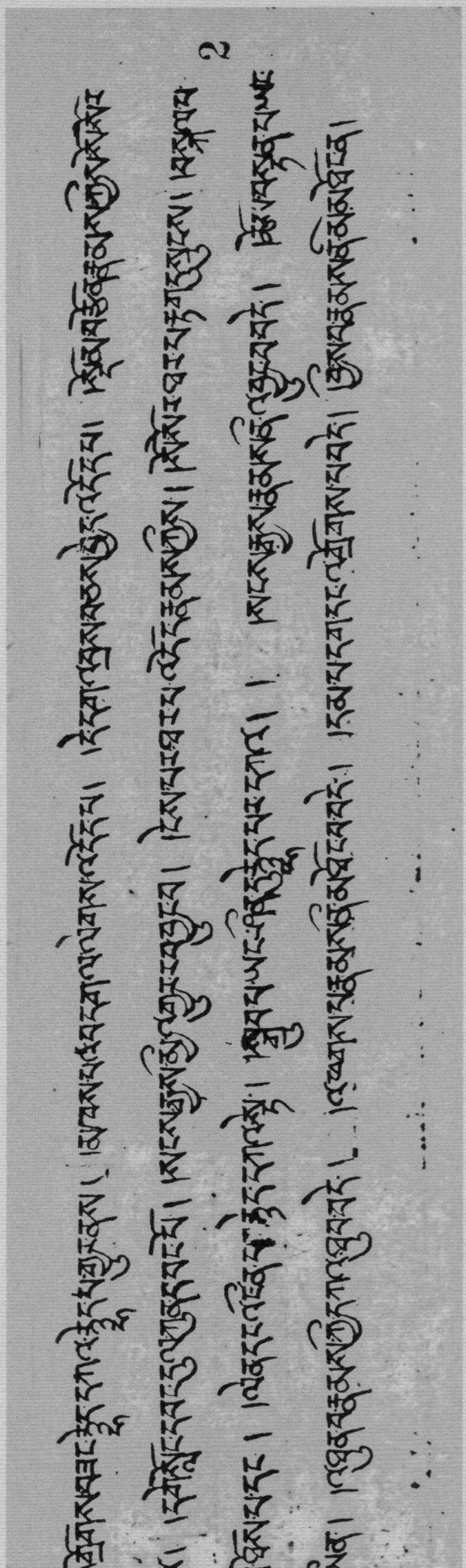

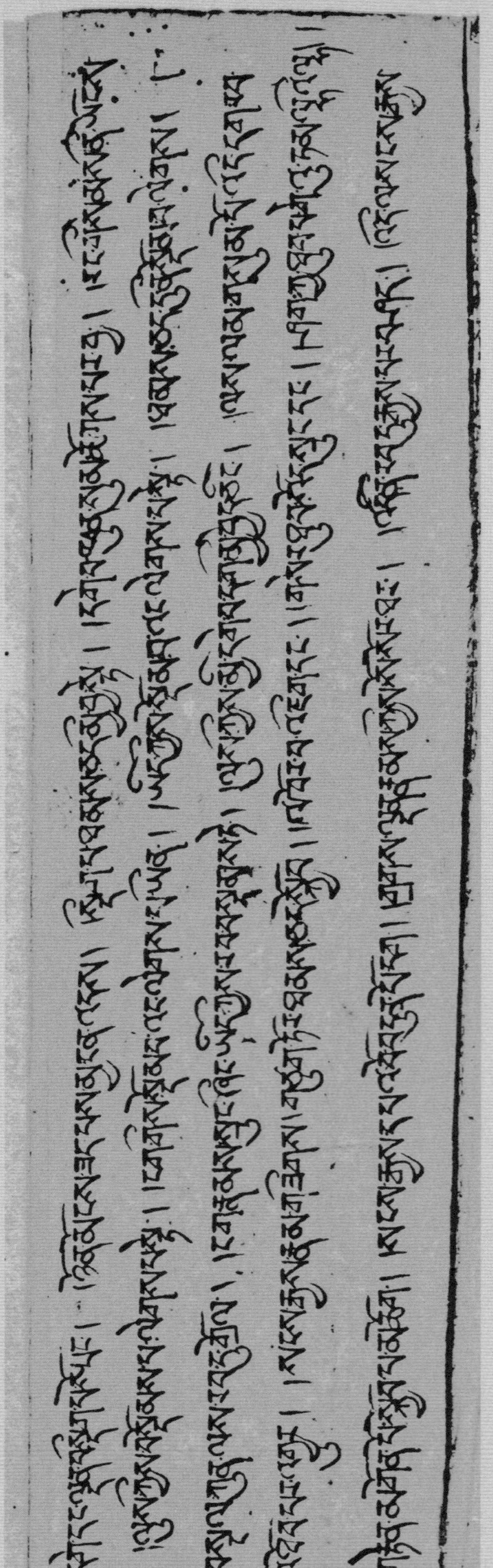

英 IOL.Tib.J.VOL.61　སོ་སོར་ཐར་པའི་མདོ།
分别解脱戒經　(35–2)

英 IOL.Tib.J.VOL.61　སོ་སོར་ཐར་པའི་མདོ།

分別解脱戒經　　(35-3)

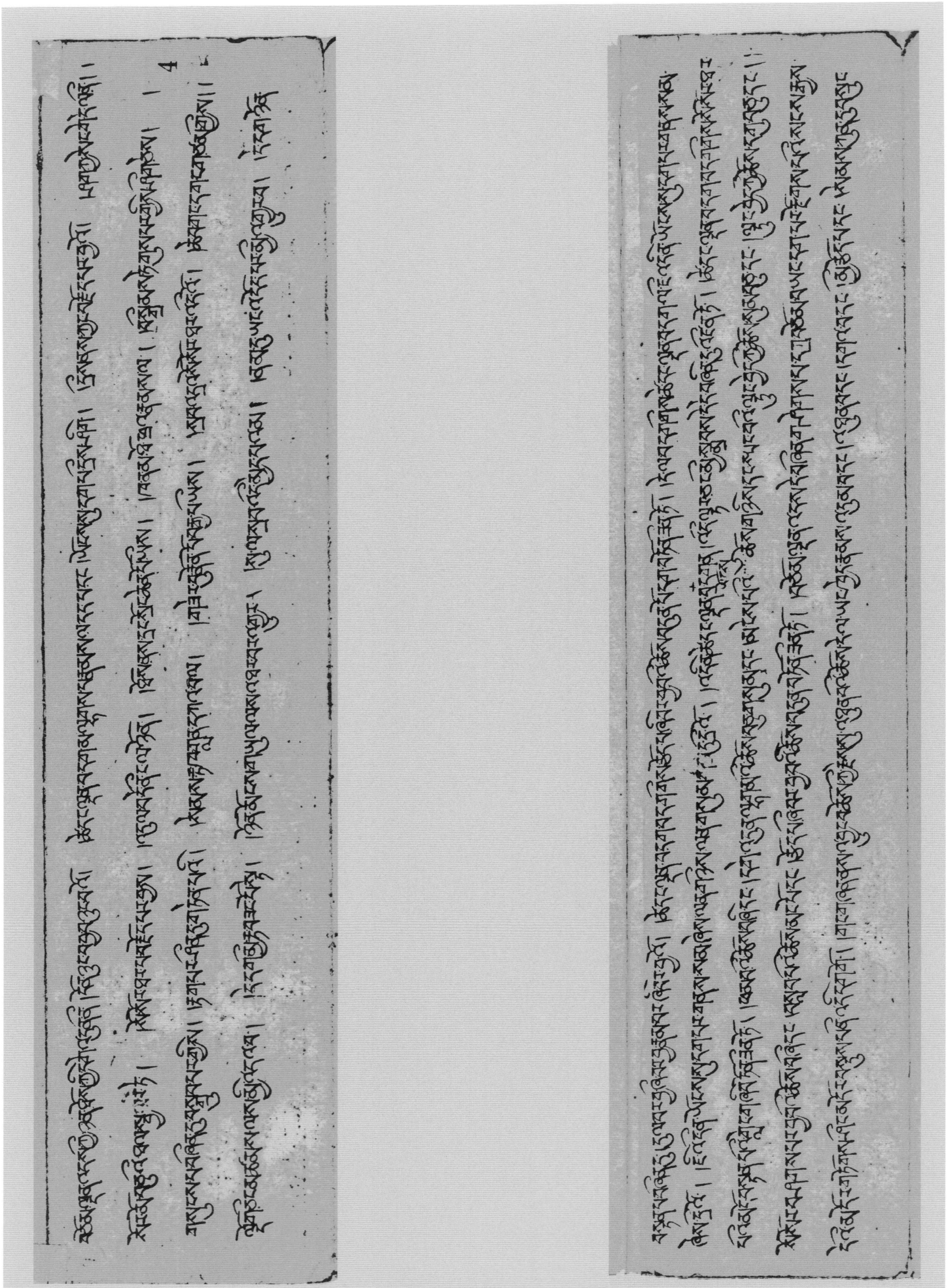

英 IOL.Tib.J.VOL.61　སོ་སོར་ཐར་པའི་མདོ།
分别解脱戒經　(35–4)

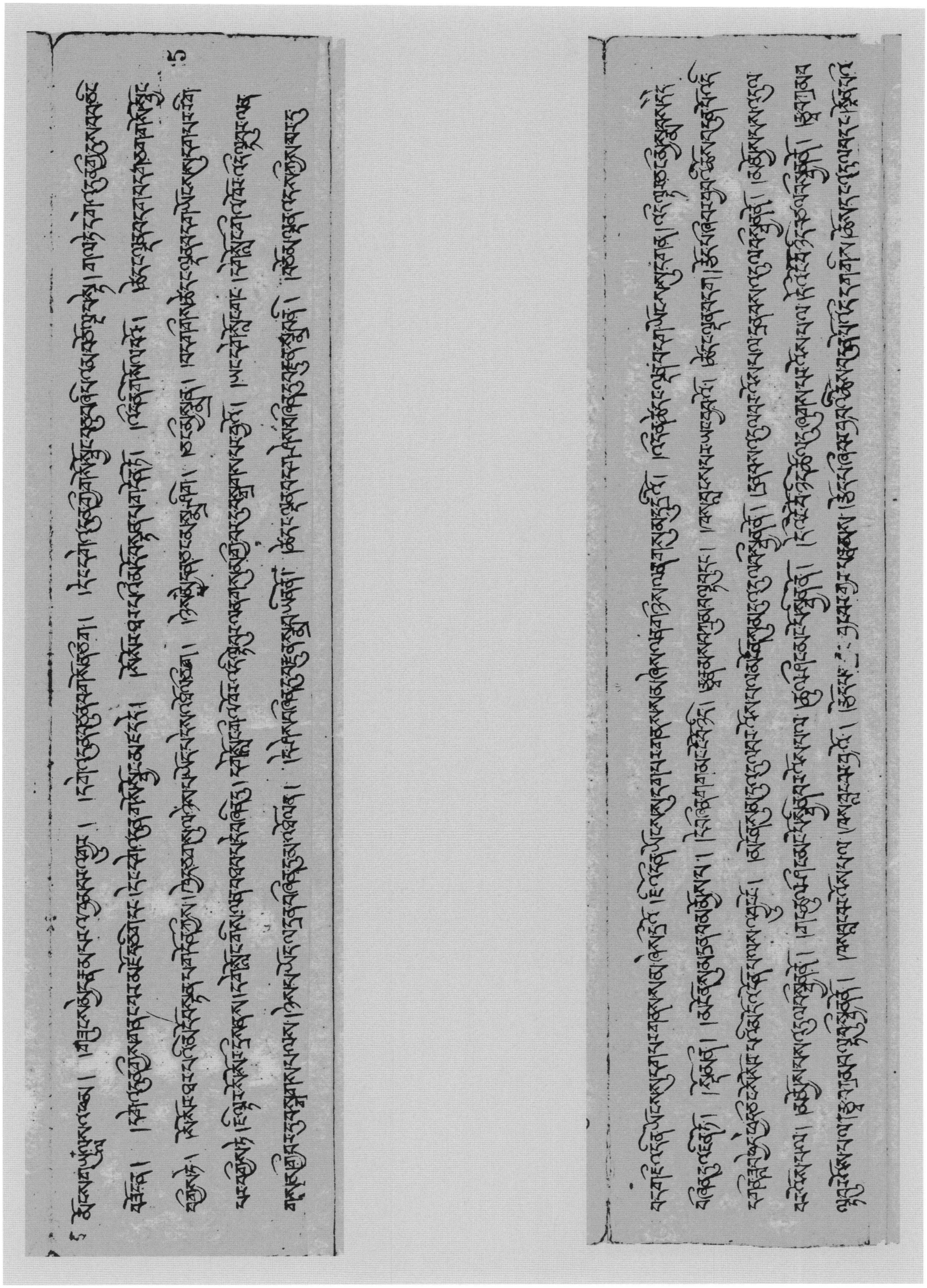

英 IOL.Tib.J.VOL.61 སོ་སོར་ཐར་པའི་མདོ།
分别解脱戒經 (35–5)

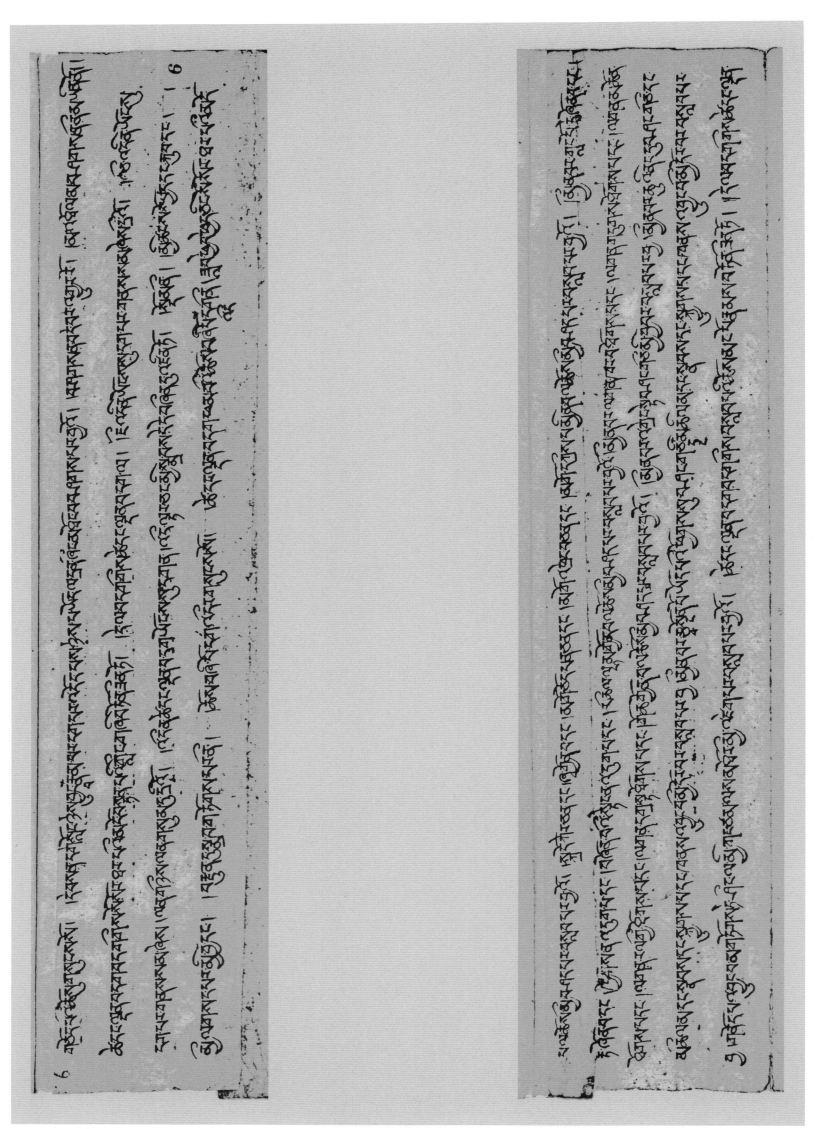

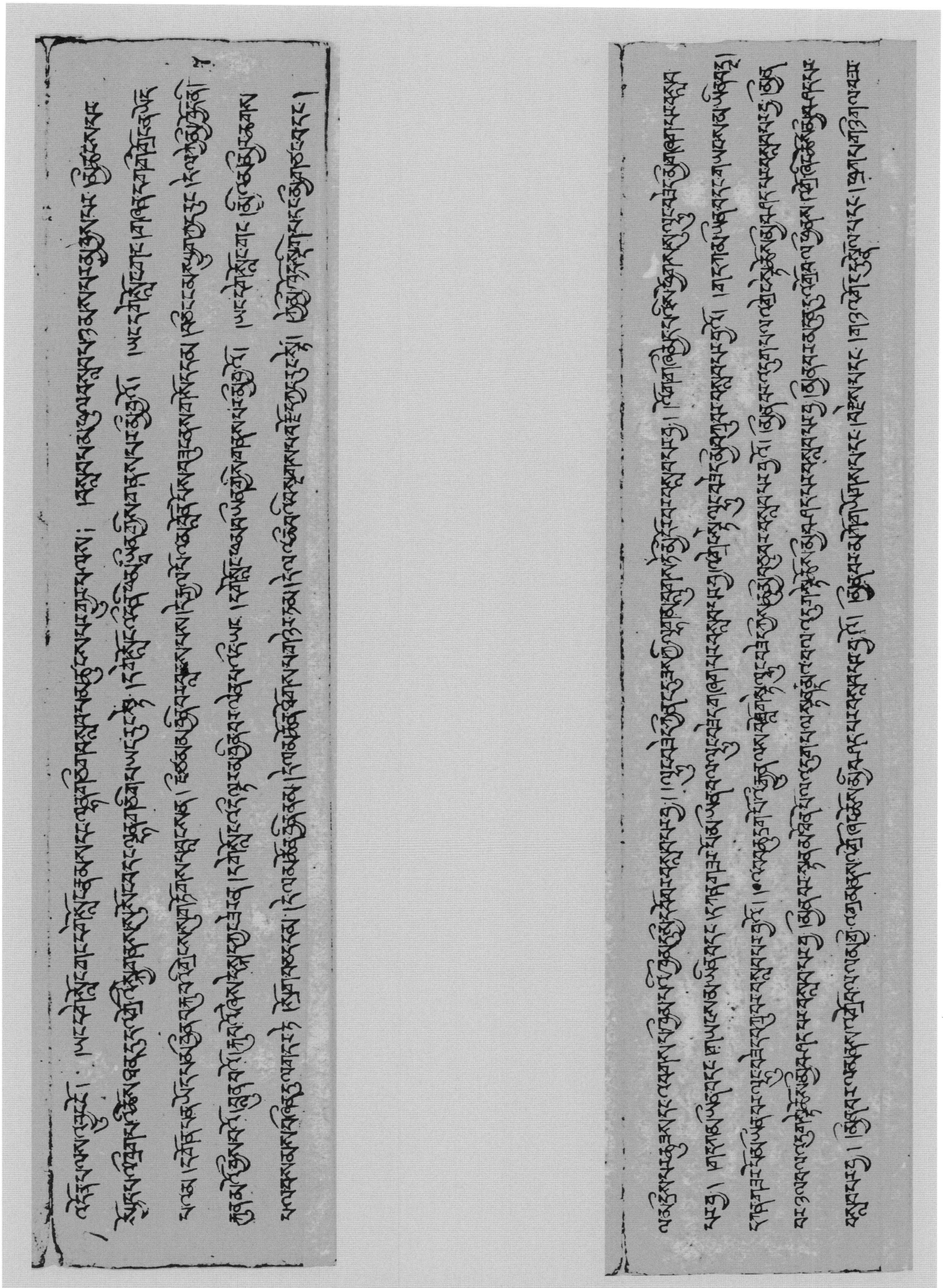

英 IOL.Tib.J.VOL.61　སོ་སོར་ཐར་པའི་མདོ།
分别解脱戒經　(35–7)

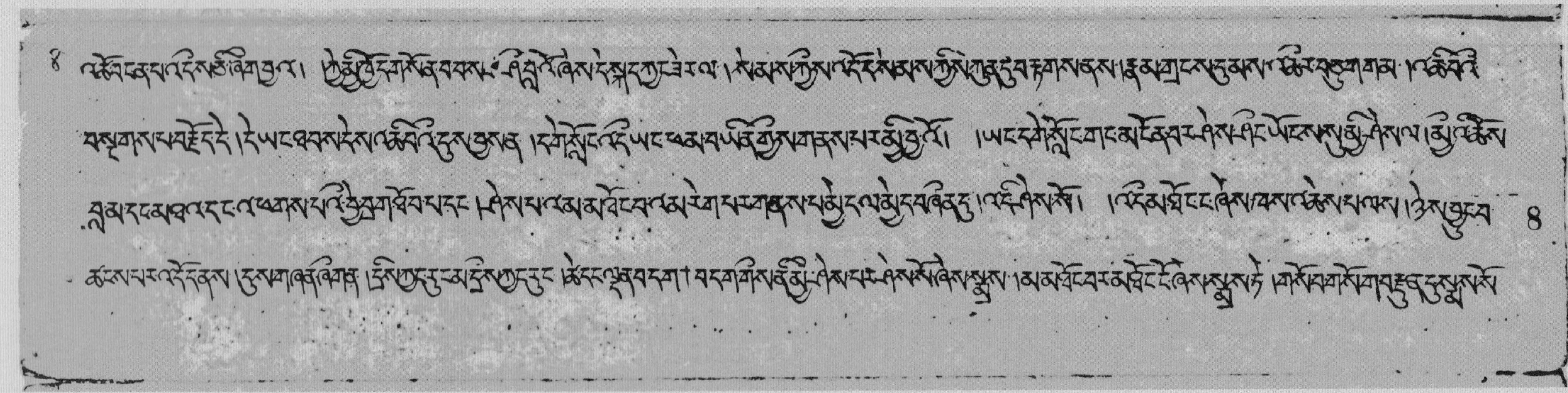

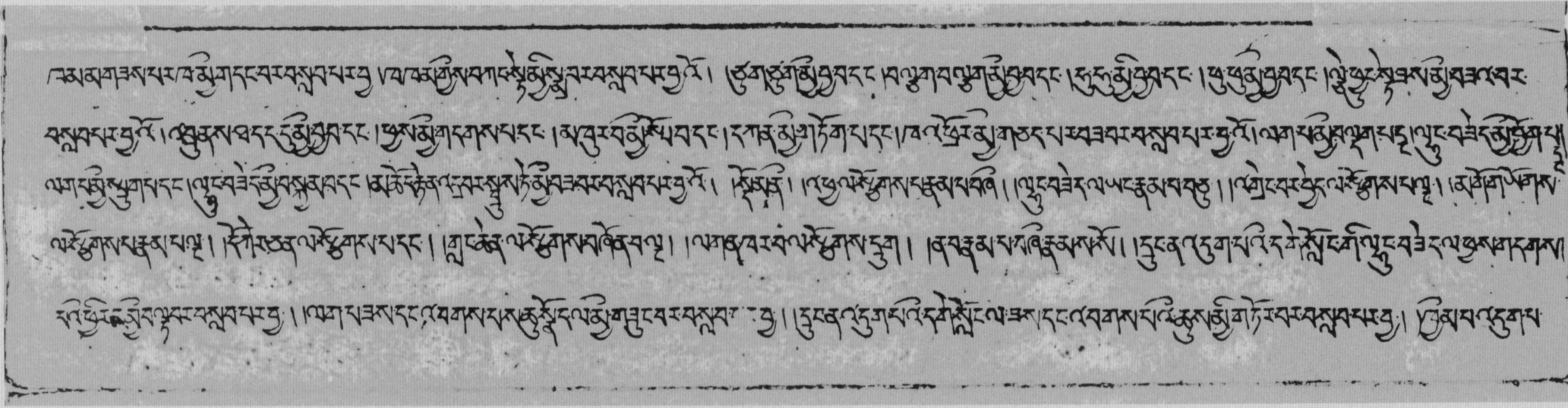

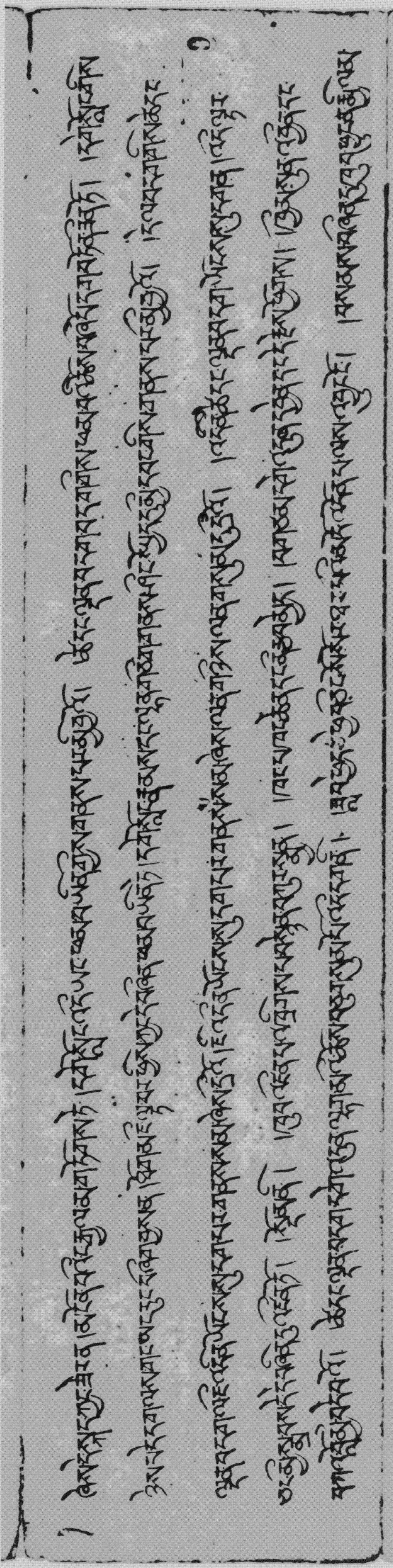

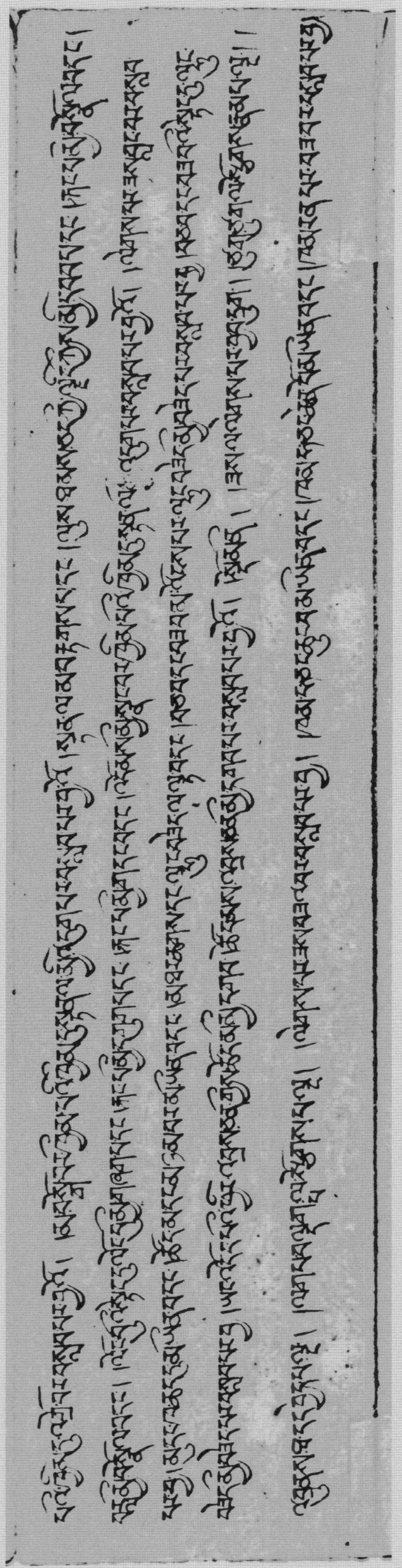

英 IOL.Tib.J.VOL.61　སོ་སོར་ཐར་པའི་མདོ།
分別解脱戒經　(35–9)

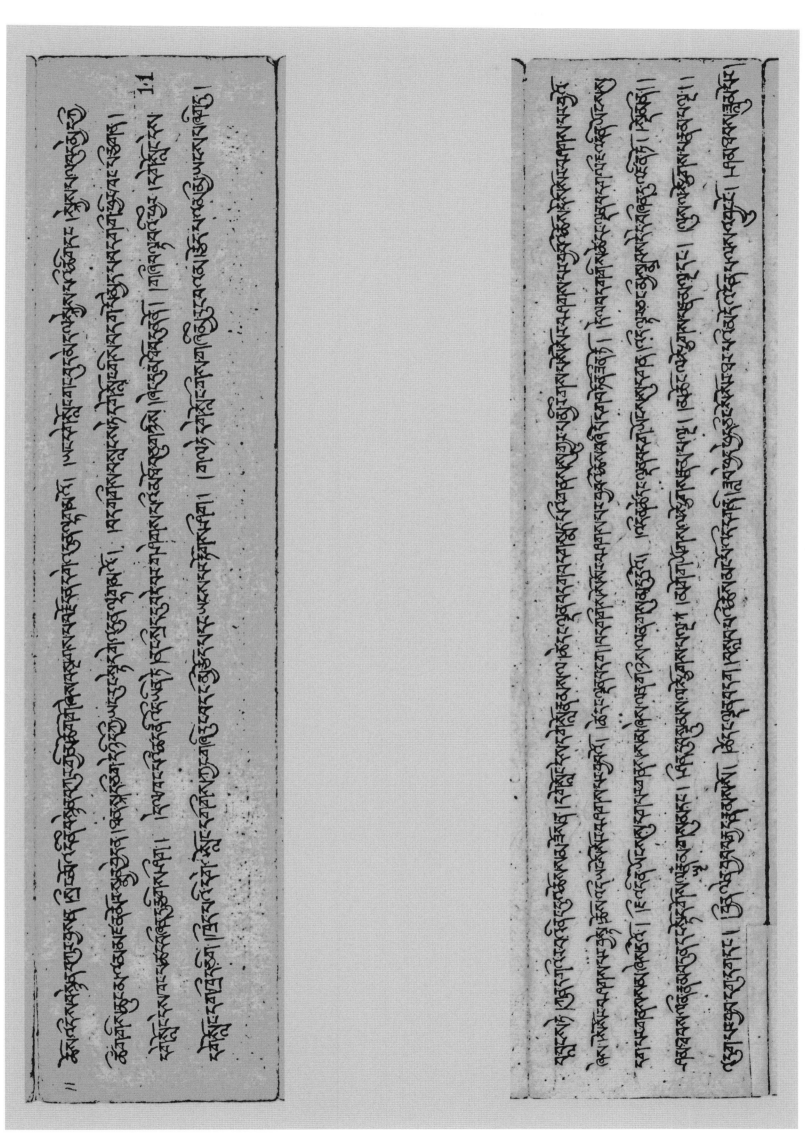

英 IOL.Tib.J.VOL.61　ས་སོར་ཐར་པའི་མདོ།
分別解脱戒經　　(35–12)

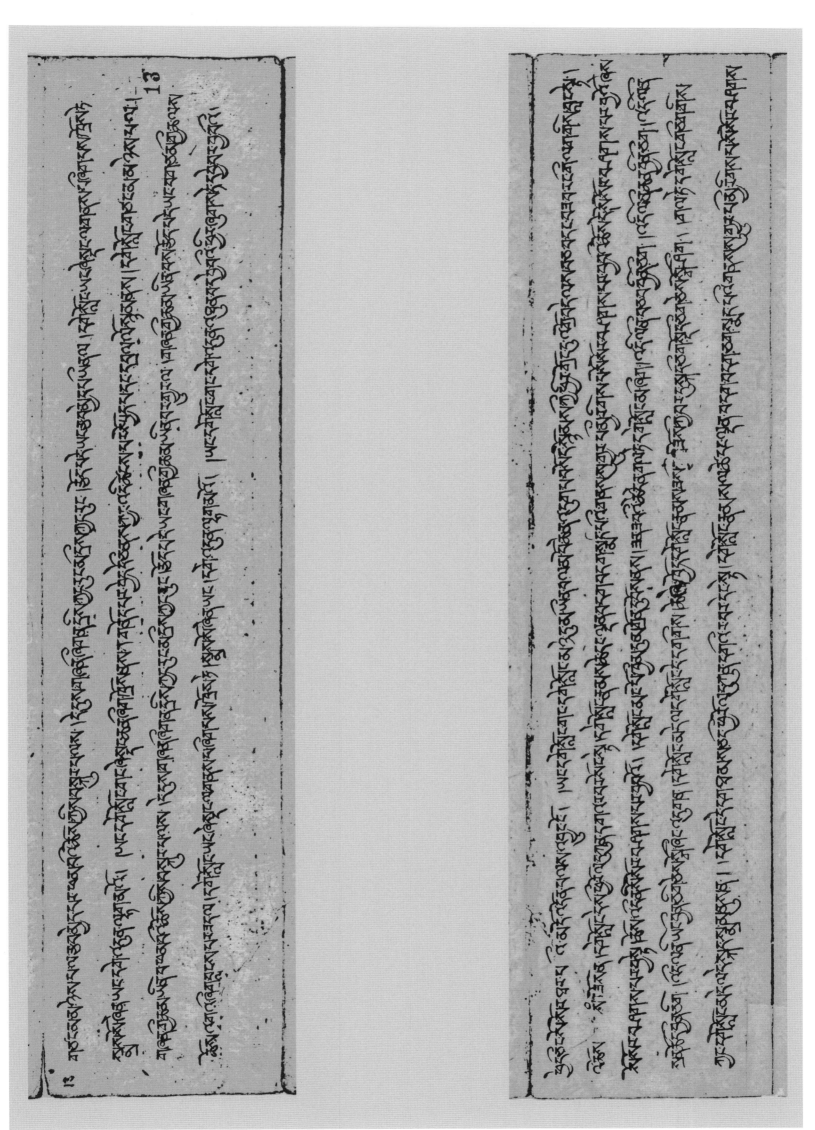

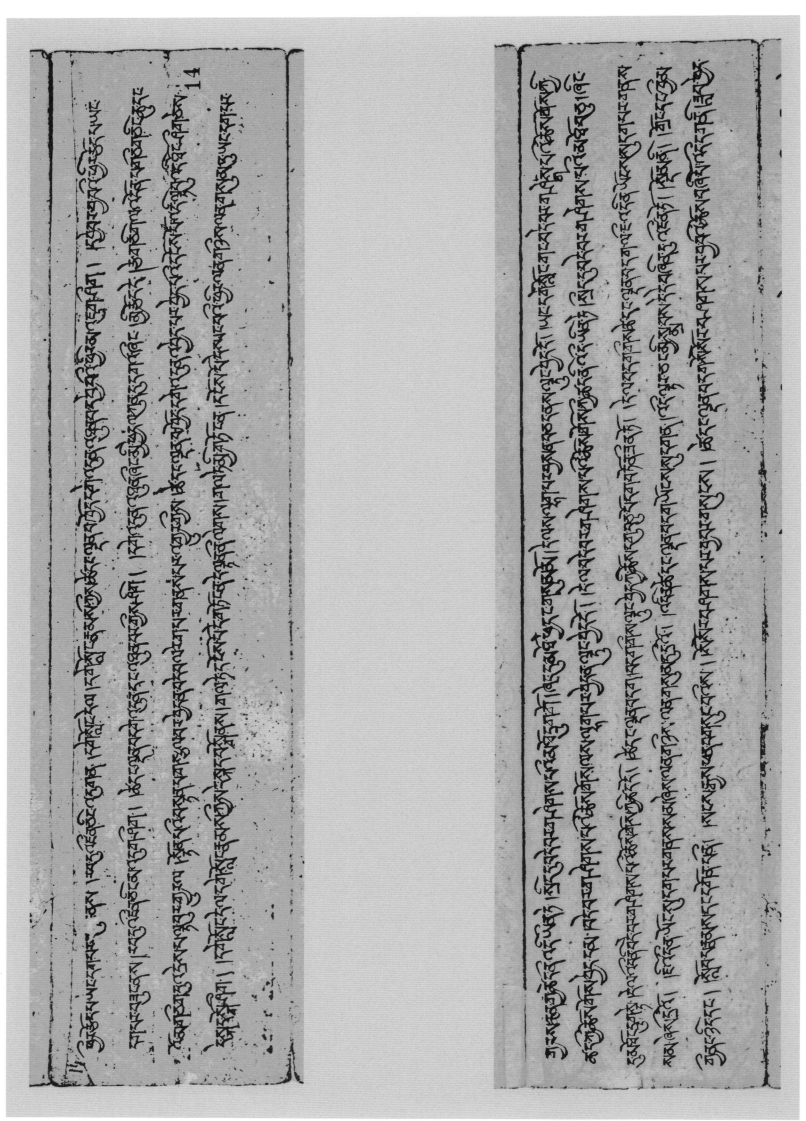

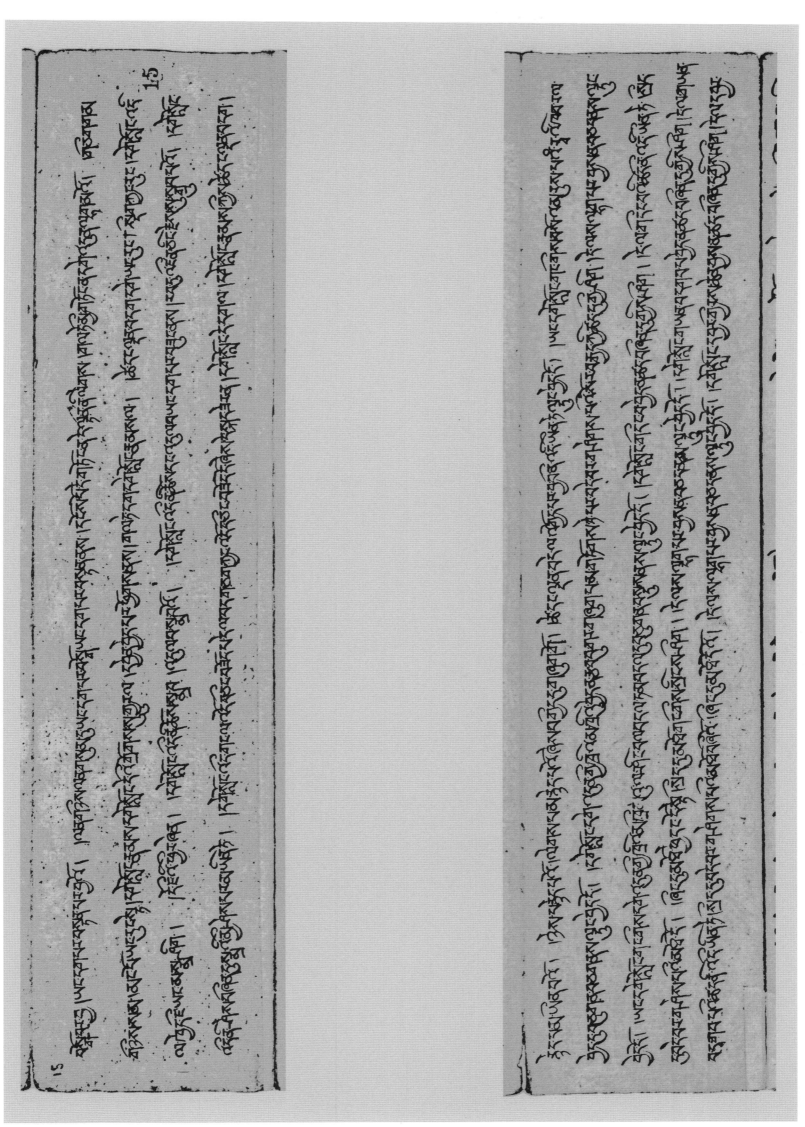

英 IOL.Tib.J.VOL.61　སོ་སོར་ཐར་པའི་མདོ།

分別解脱戒經　　(35-15)

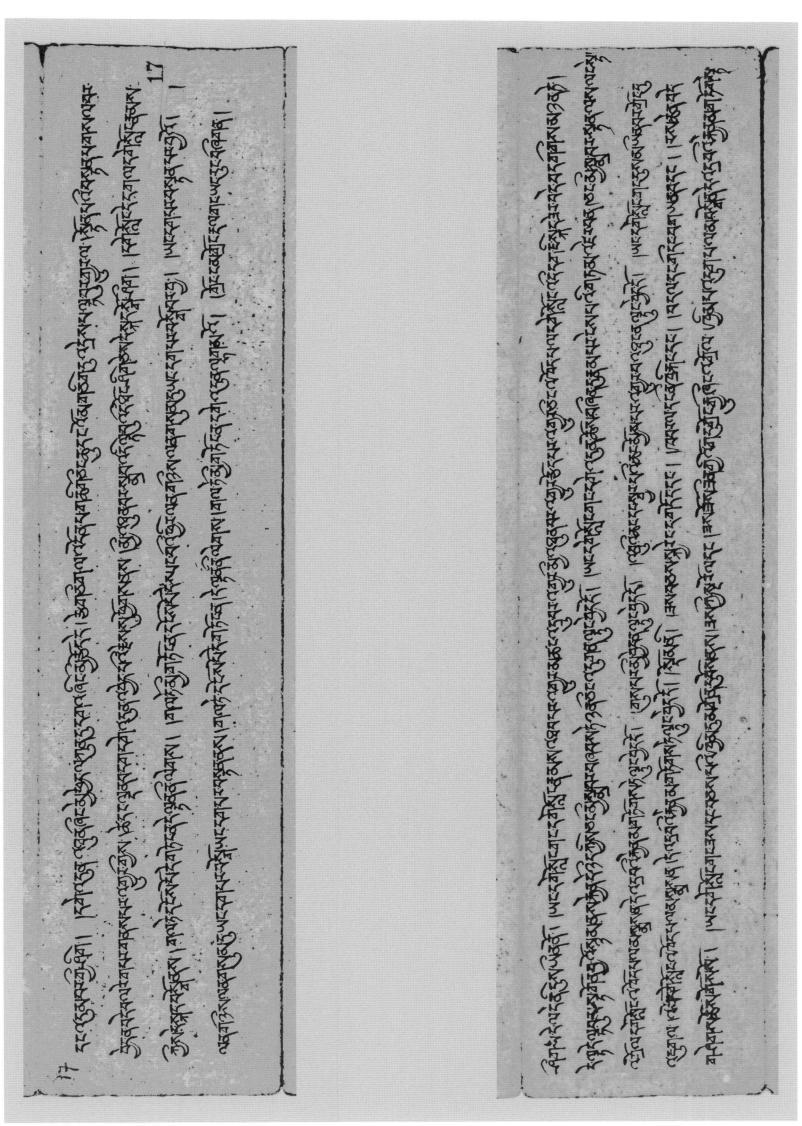

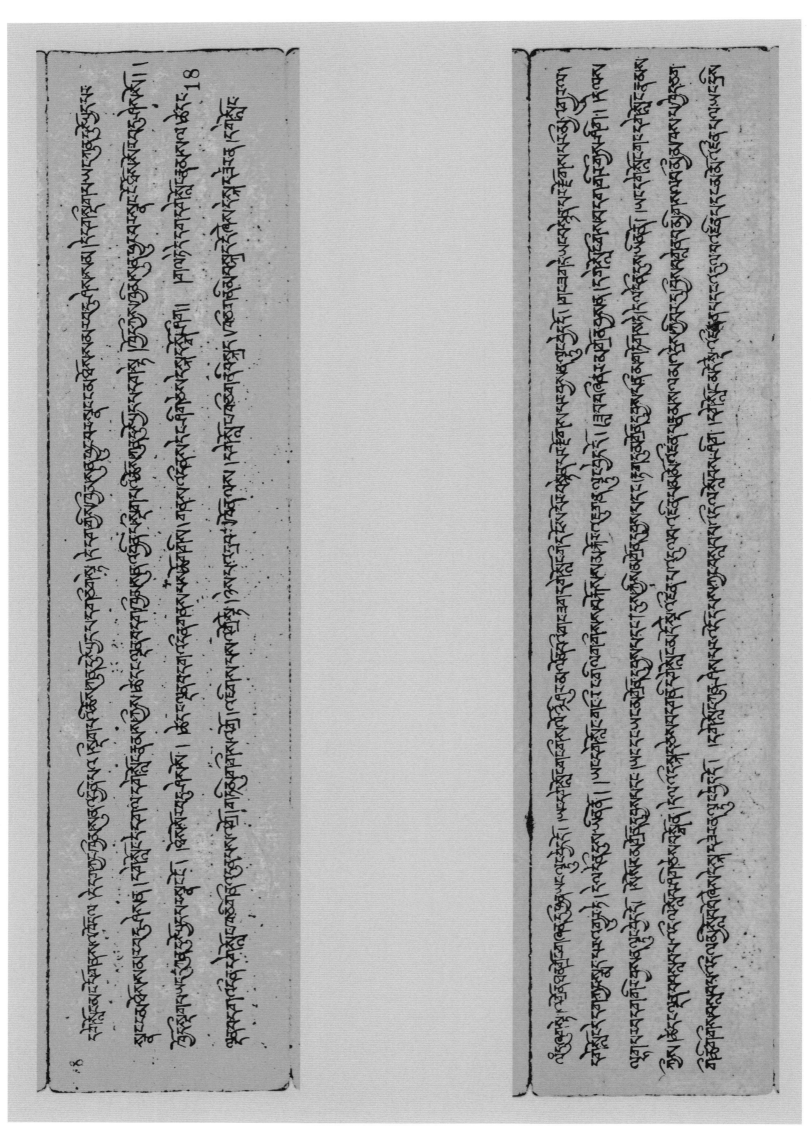

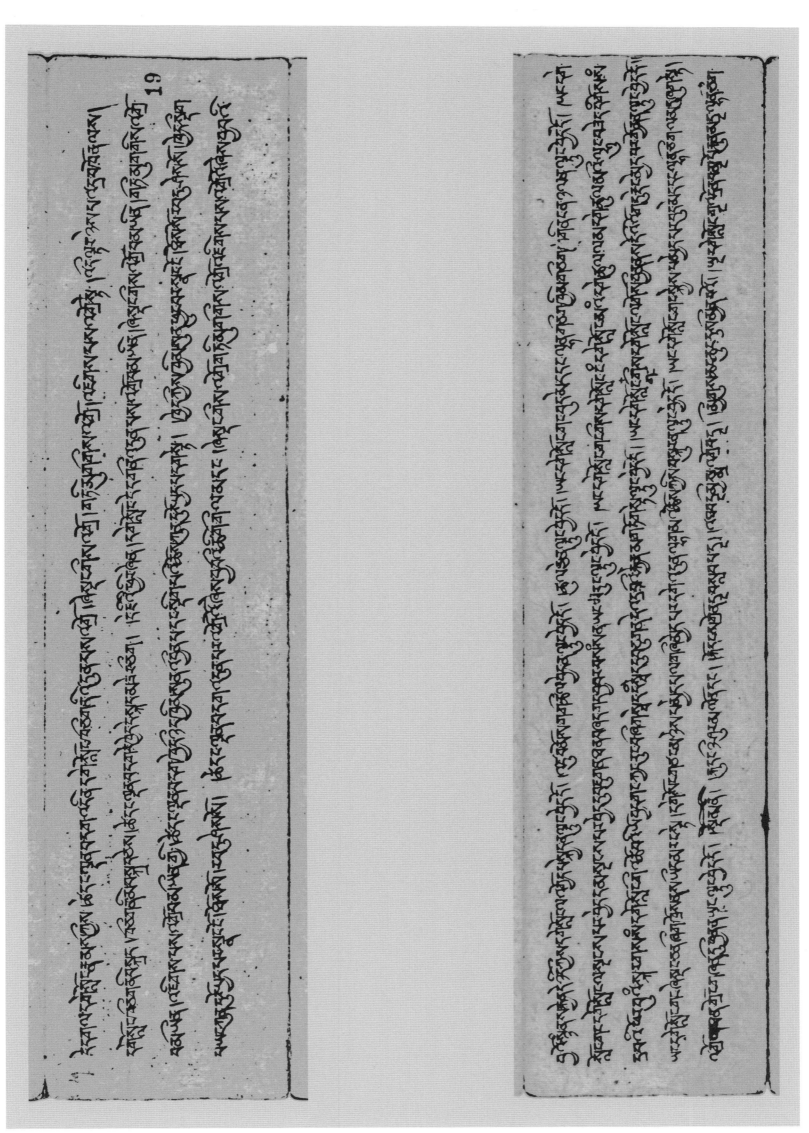

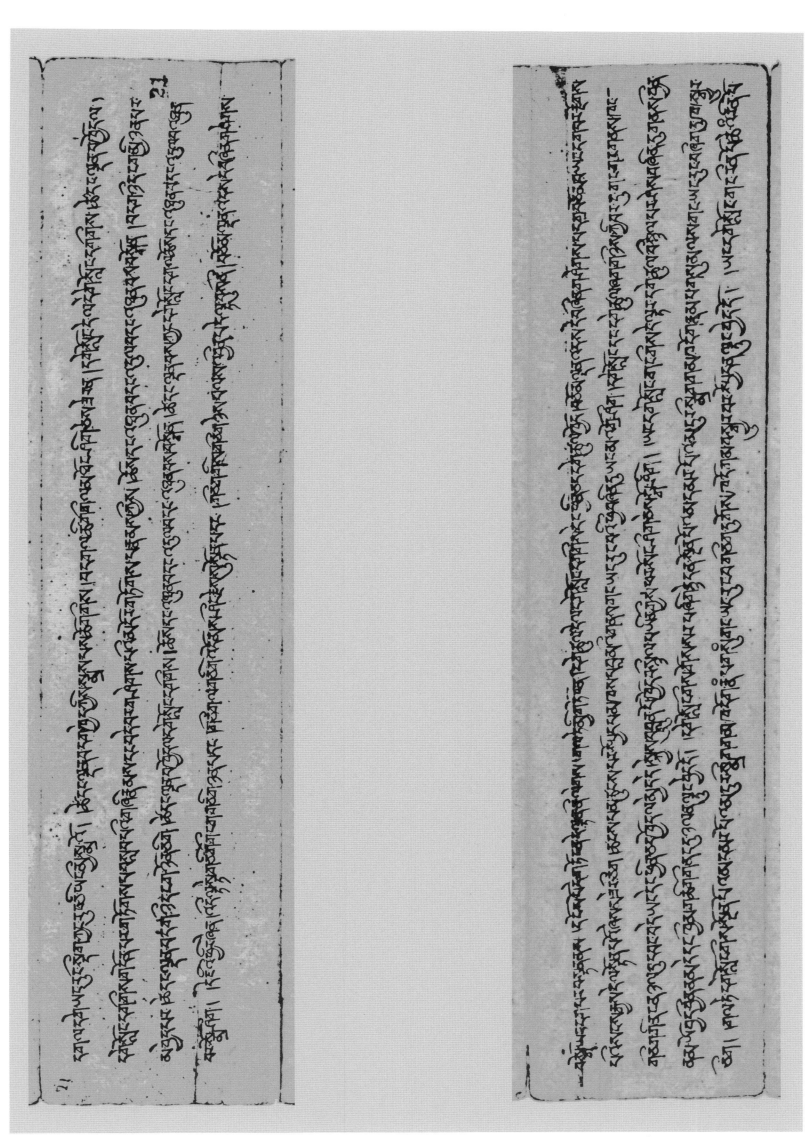

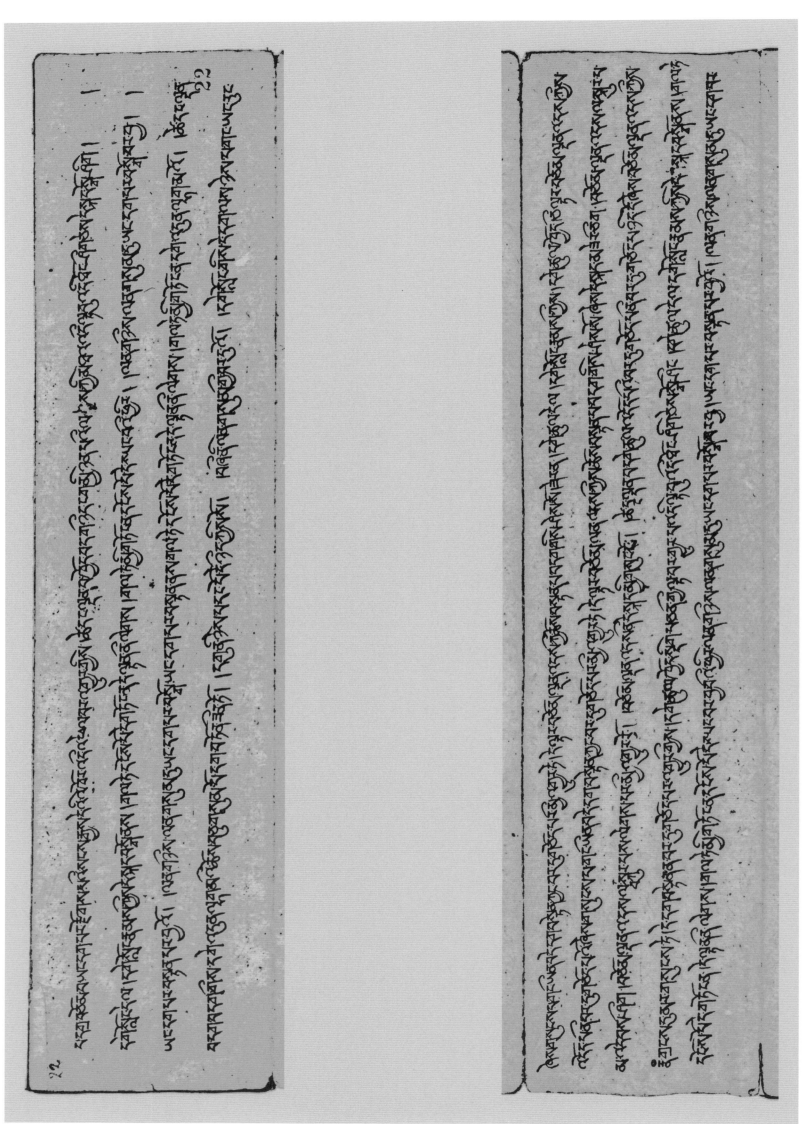

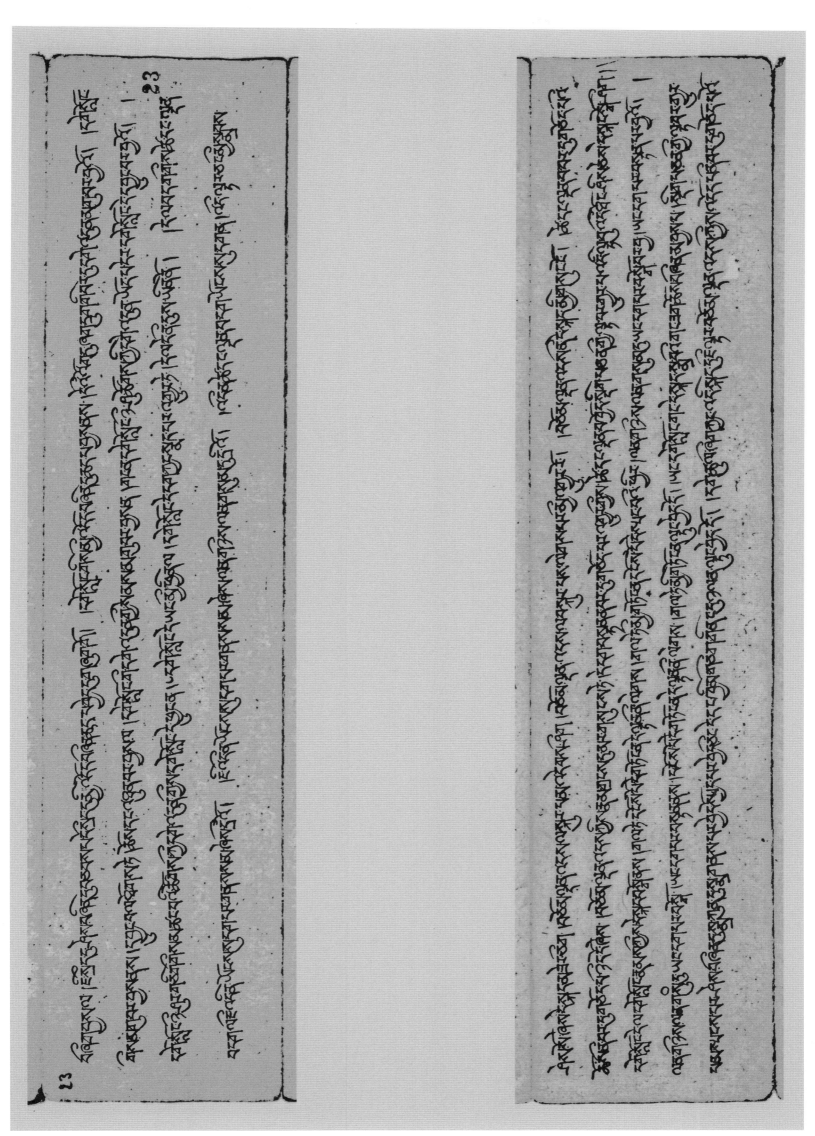

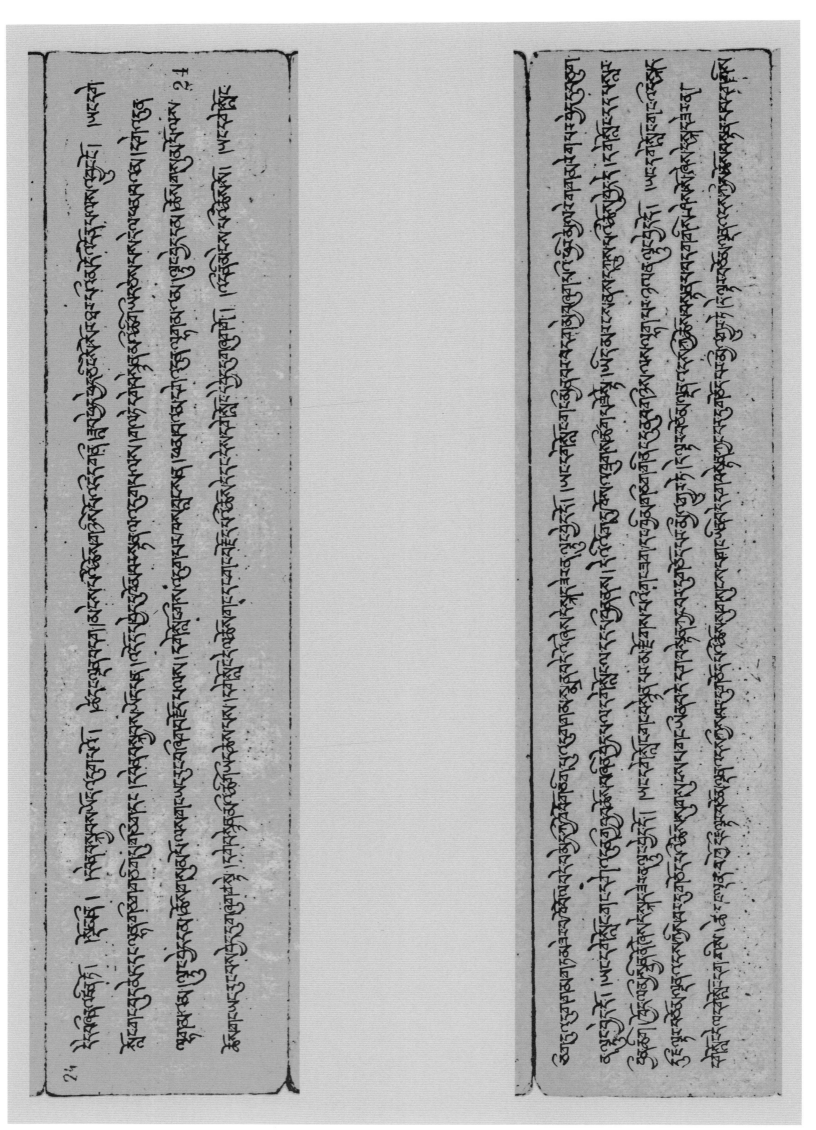

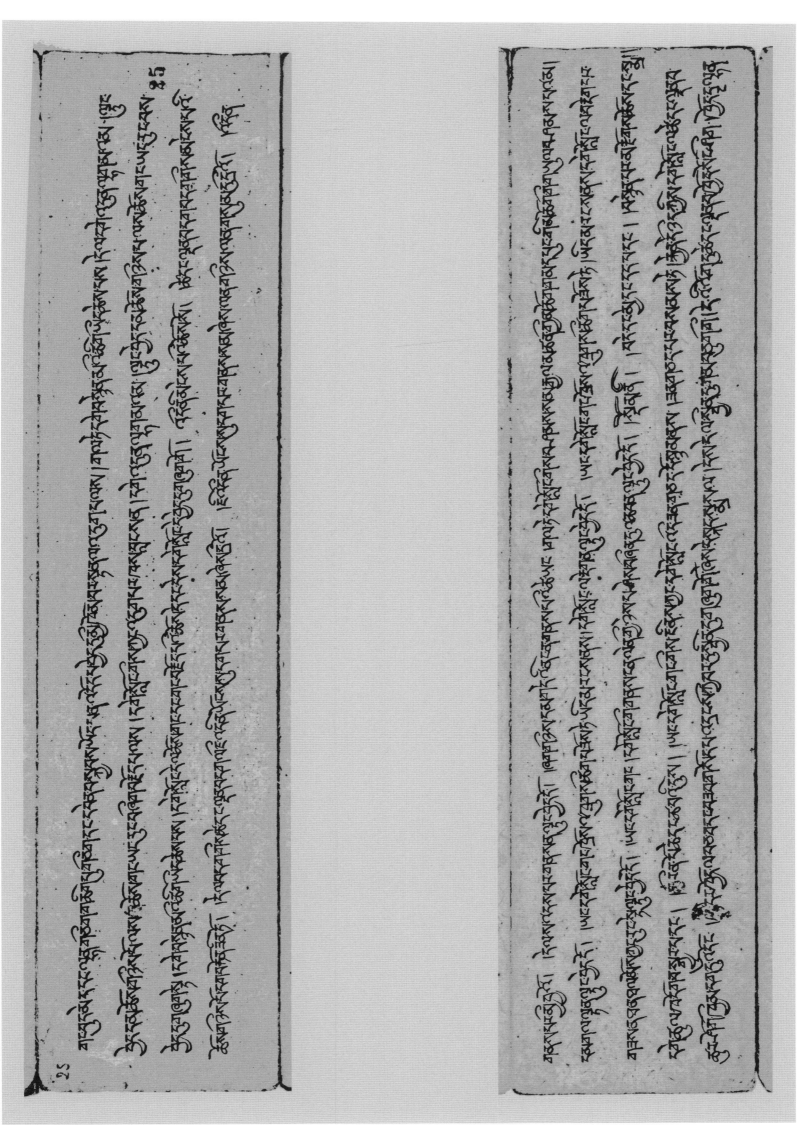

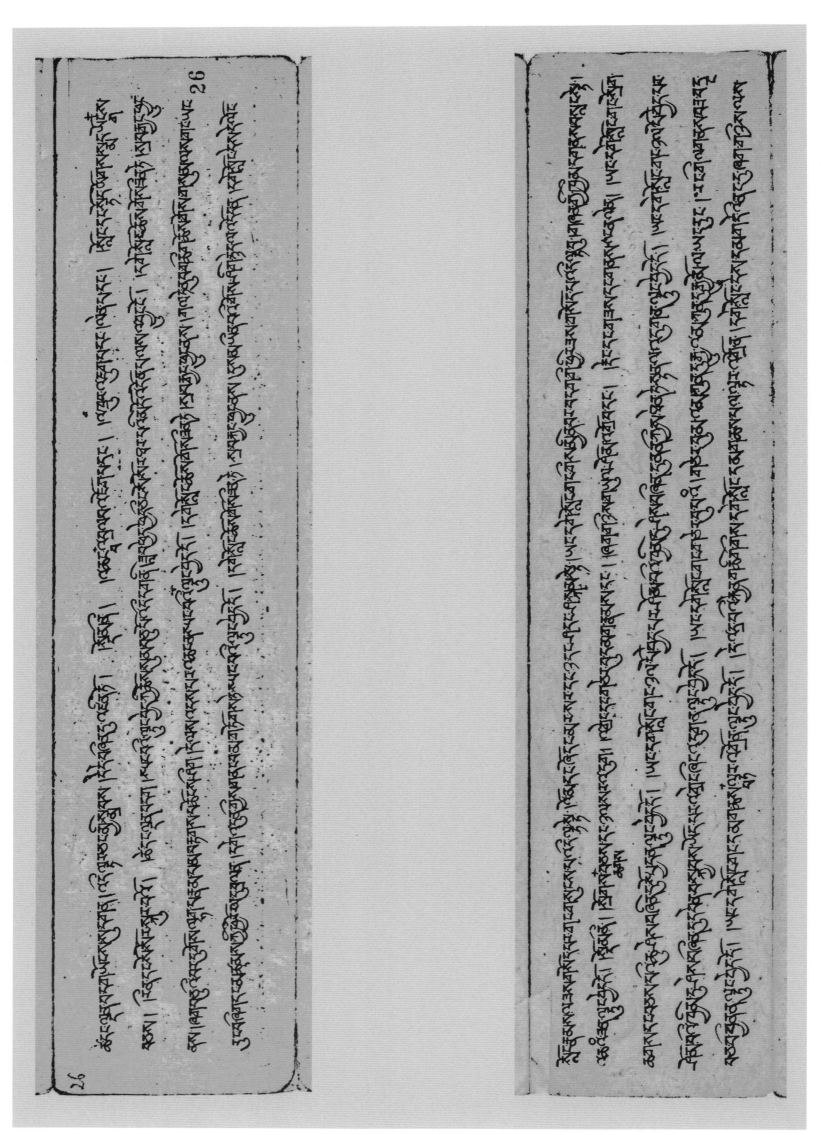

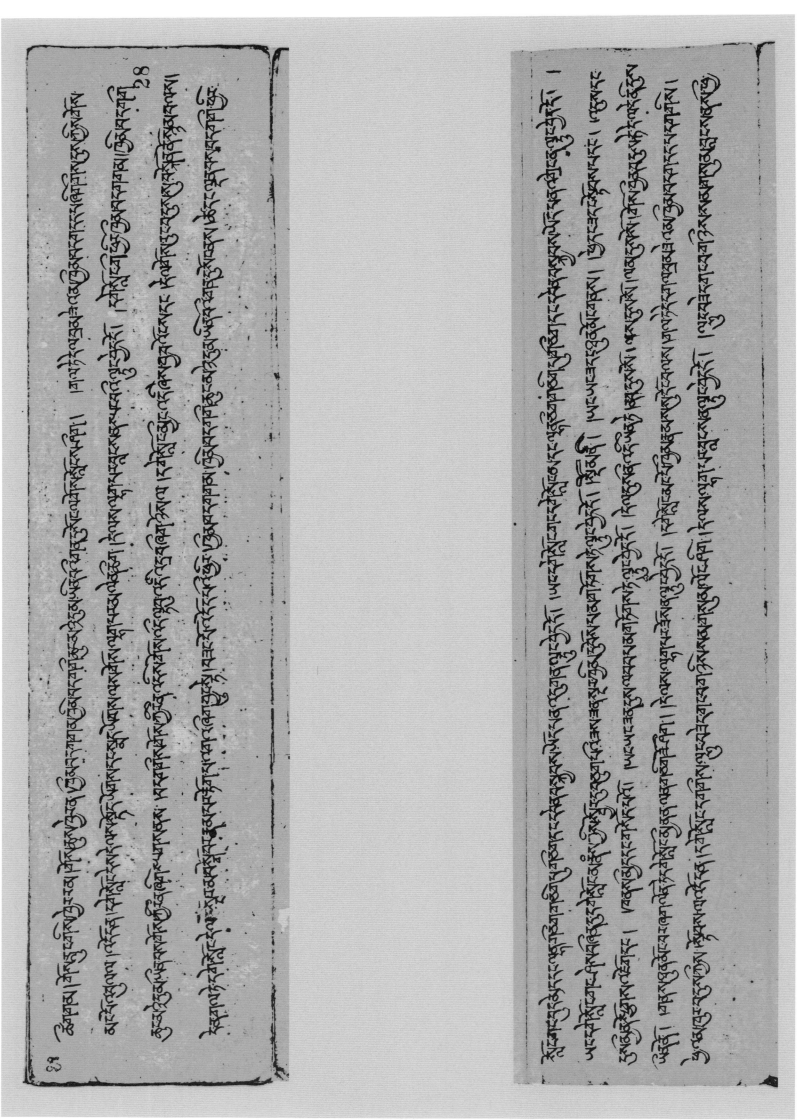

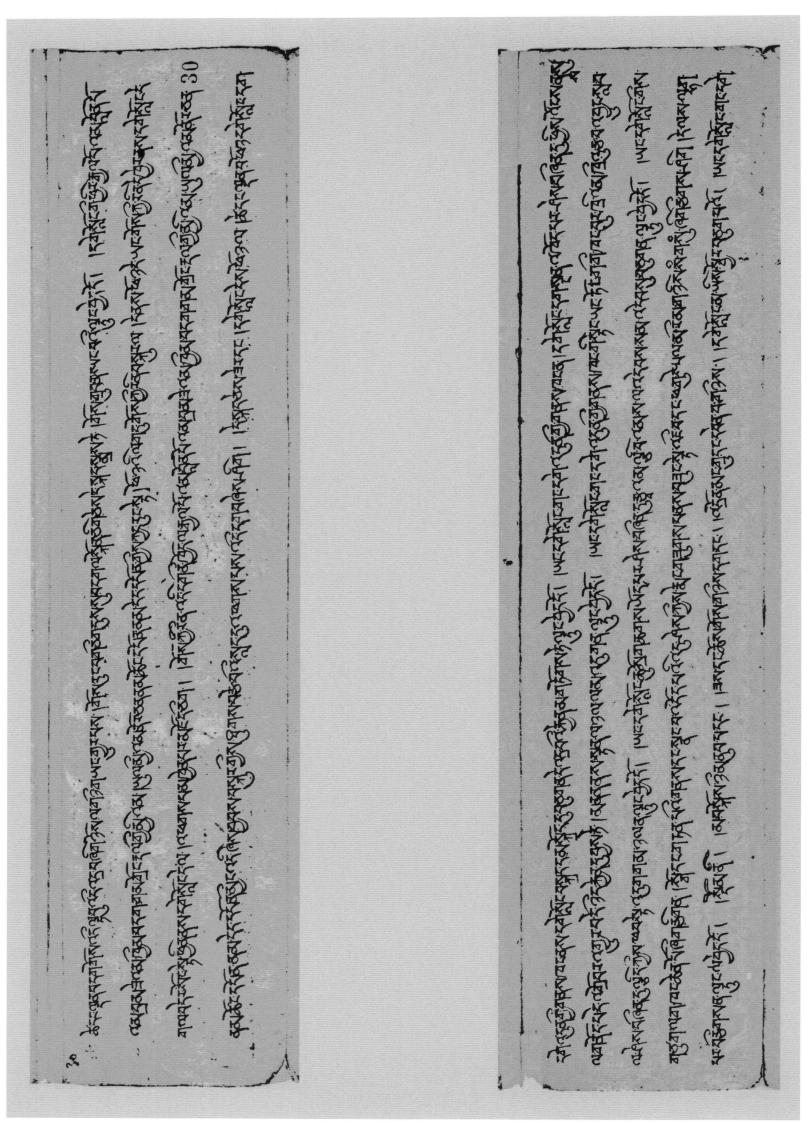

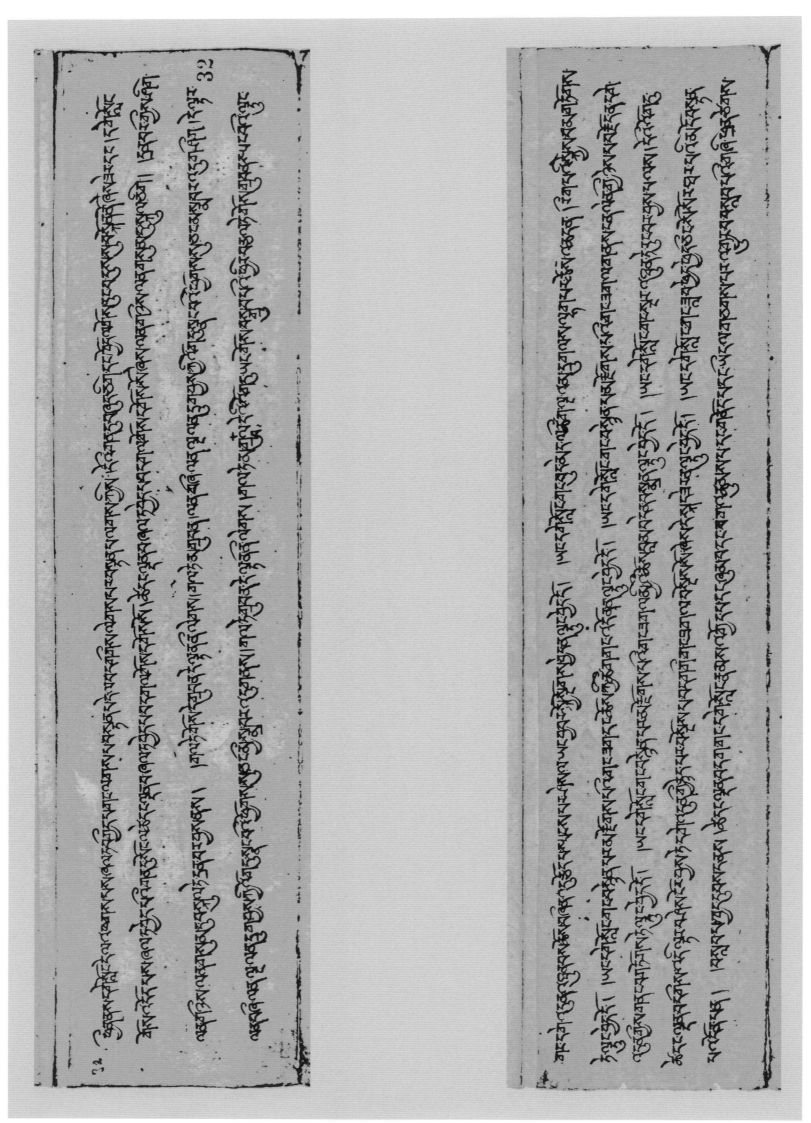

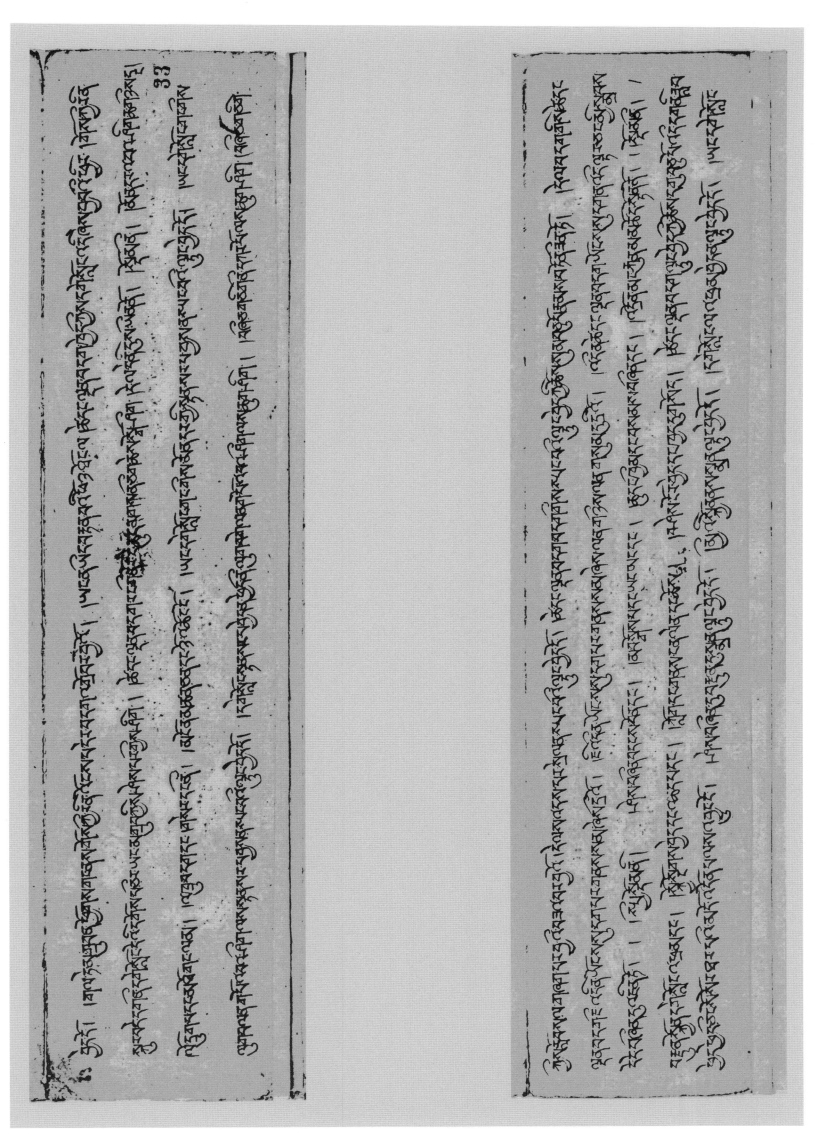

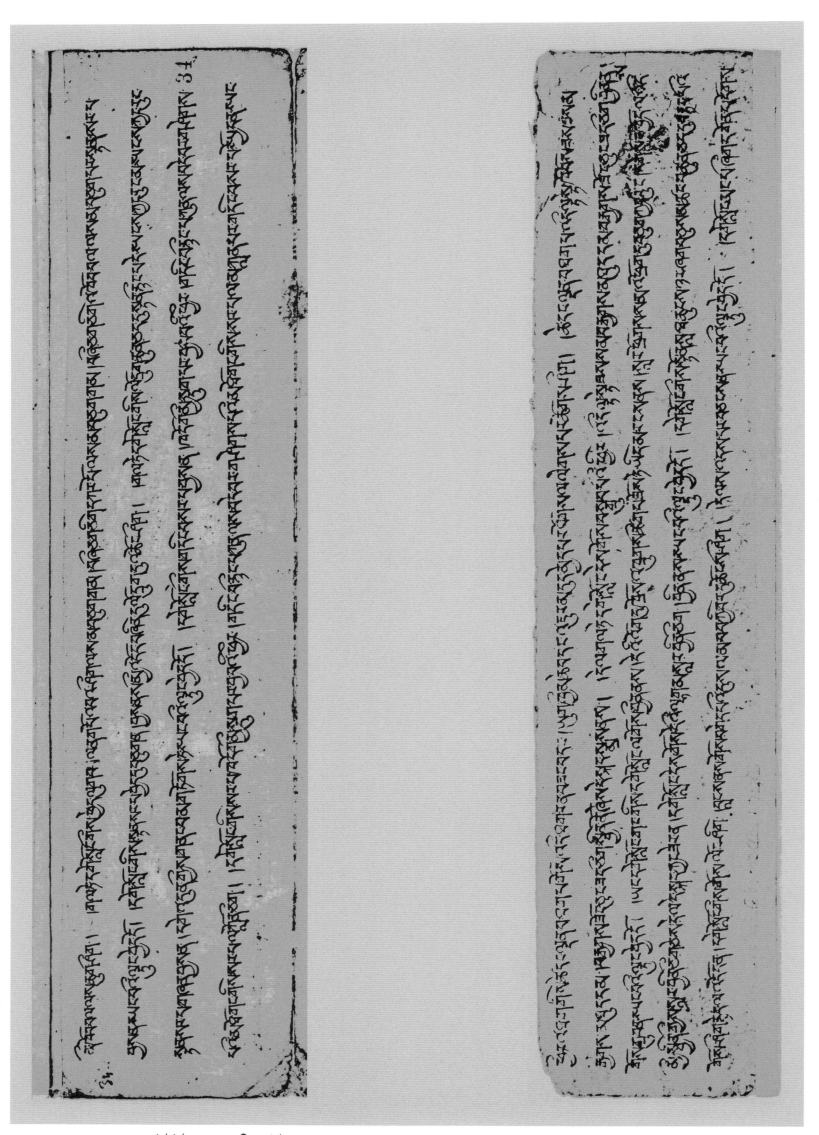

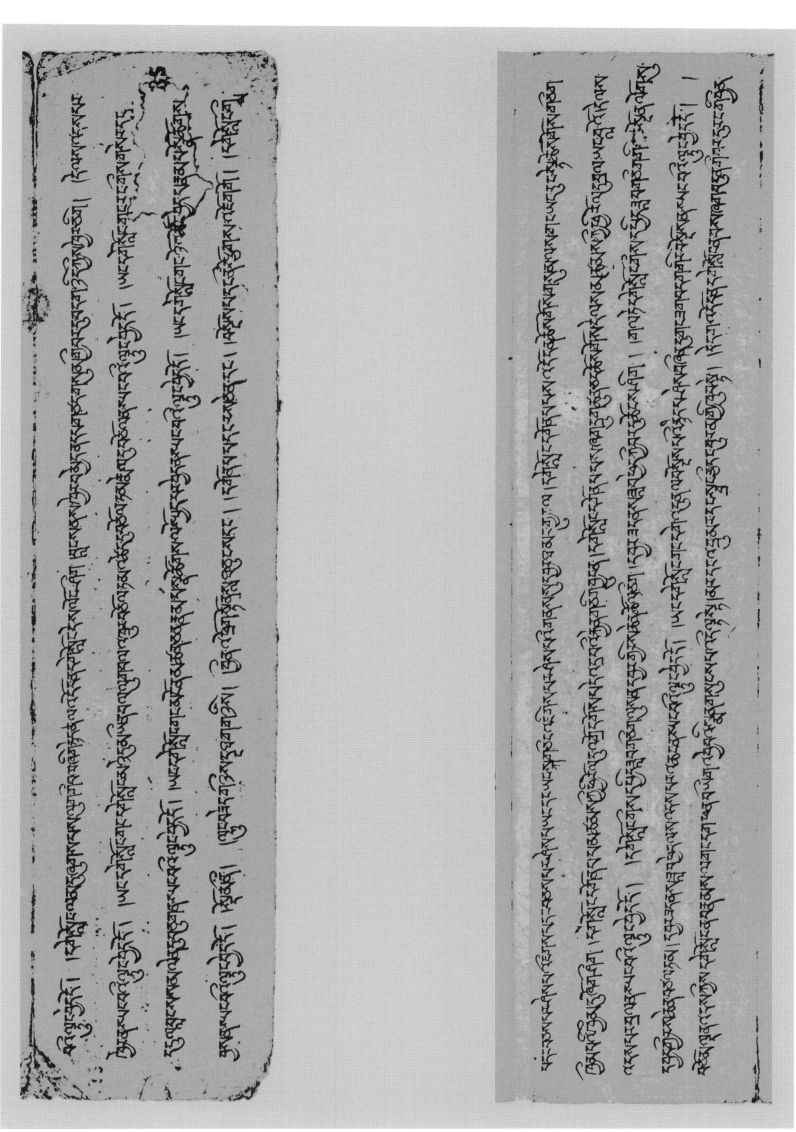

英 IOL.Tib.J.VOL.61　　སོ་སོར་ཐར་བའི་མདོ།
分別解脱戒經　　(35–35)

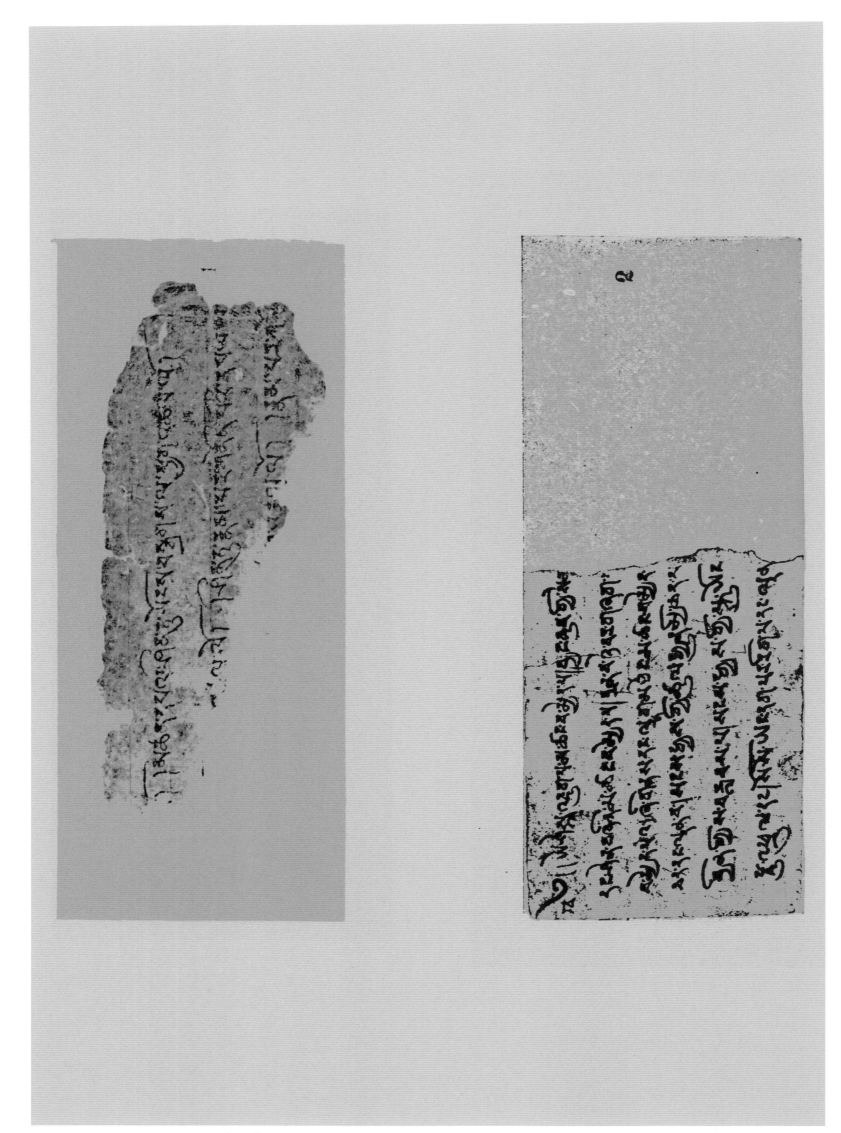

英 IOL.Tib.J.VOL.62   1.དག་ཚས་བཏར་བུ།
1.佛經   (27-1)

英 IOL.Tib.J.VOL.62   1.དམ་ཆོས་ཐོར་བུ།
1.佛經   (27-2)

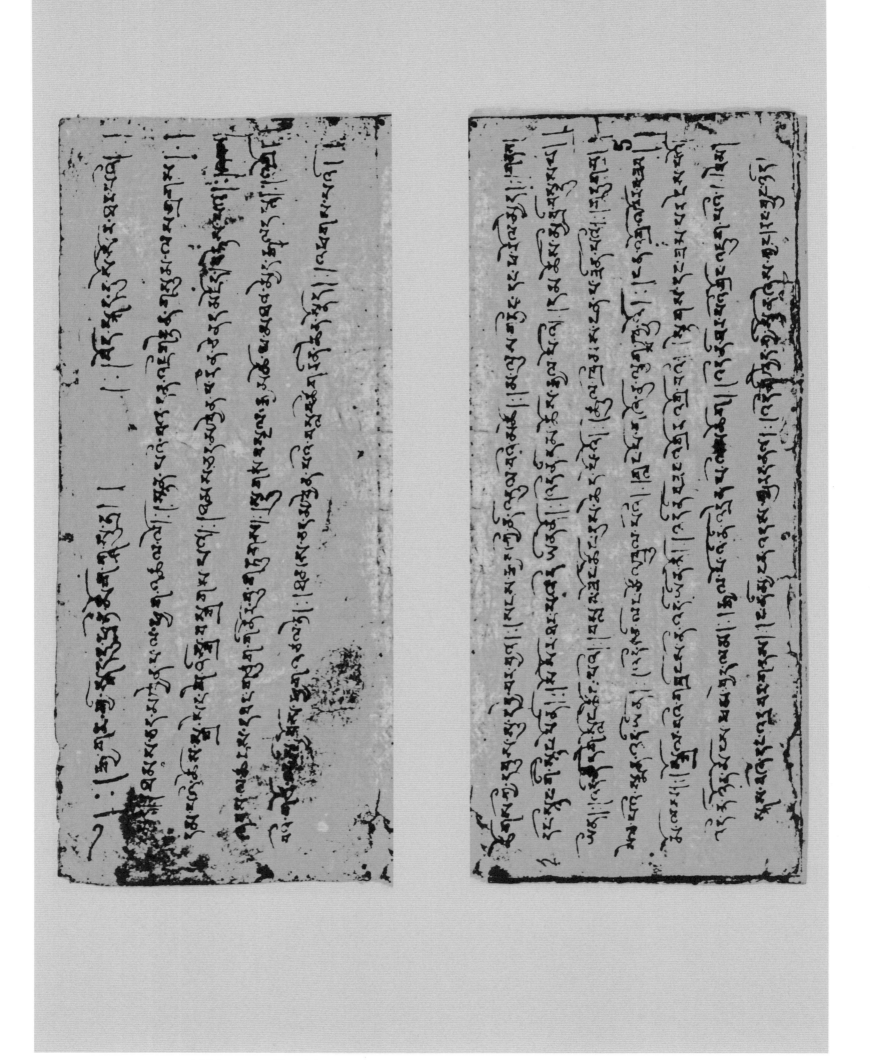

英 IOL.Tib.J.VOL.62　　2.སོ་སོར་ཐར་བའི་མདོ།

2.分別解脱戒經　　(27-4)

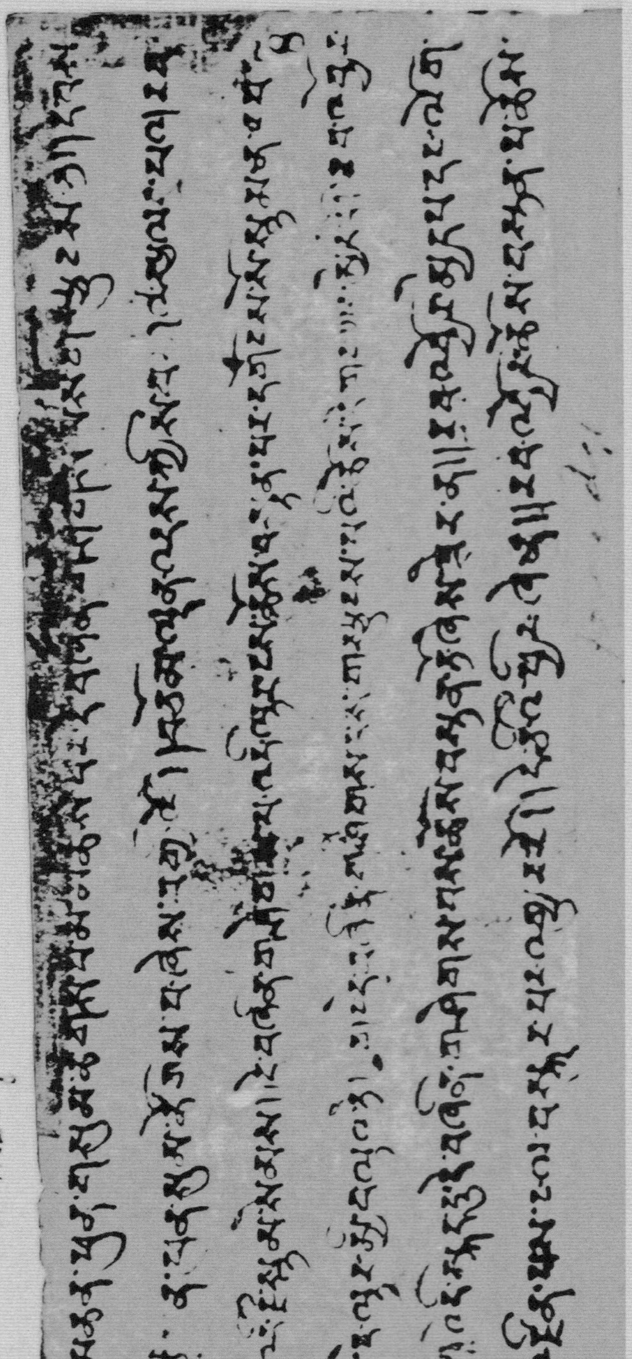

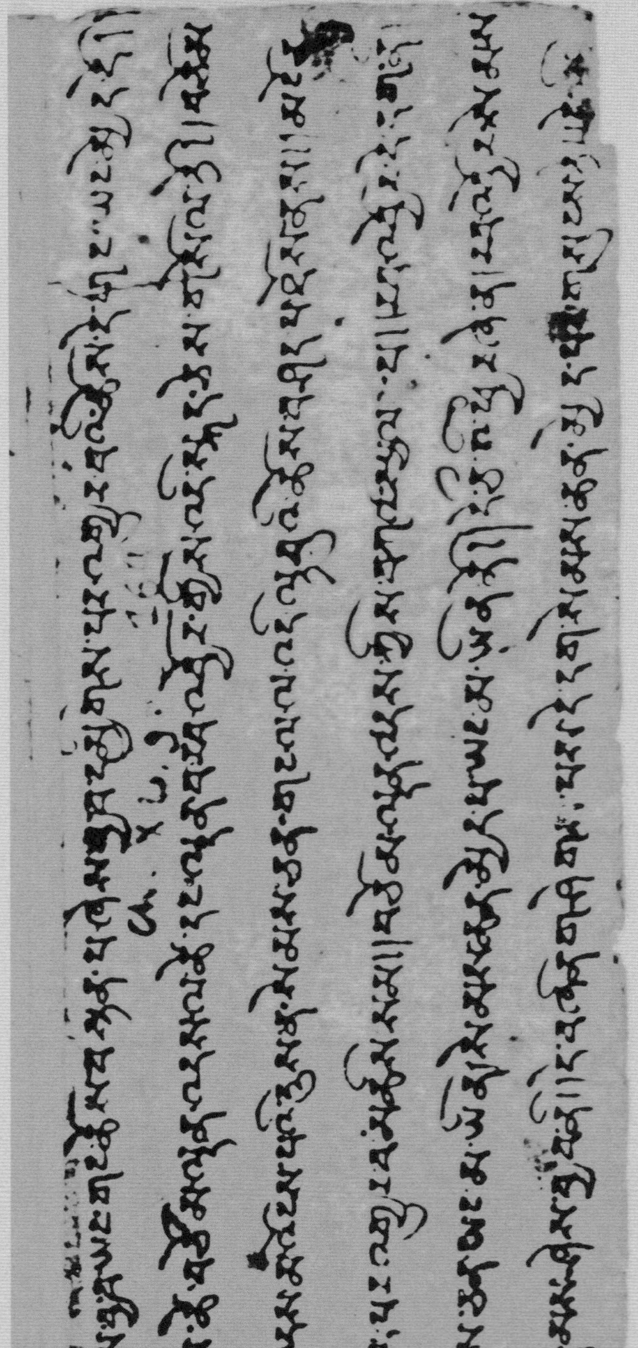

英 IOL.Tib.J.VOL.62　3.ཤེར་ཕྱིན་ཐོར་བུ།
3.般若波羅蜜多經　(27–5)

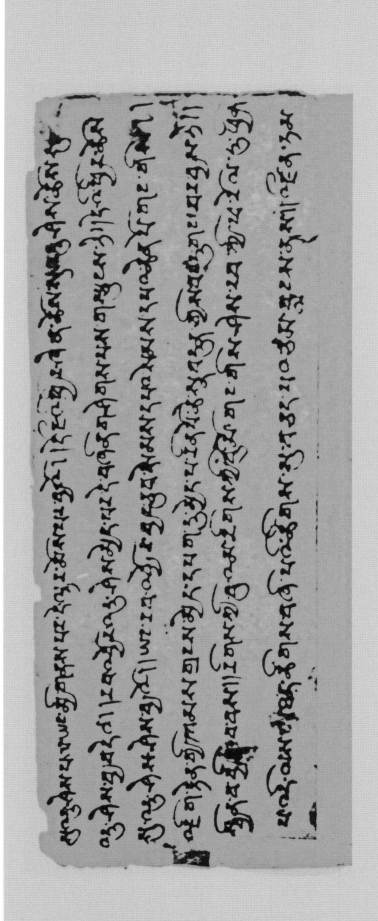

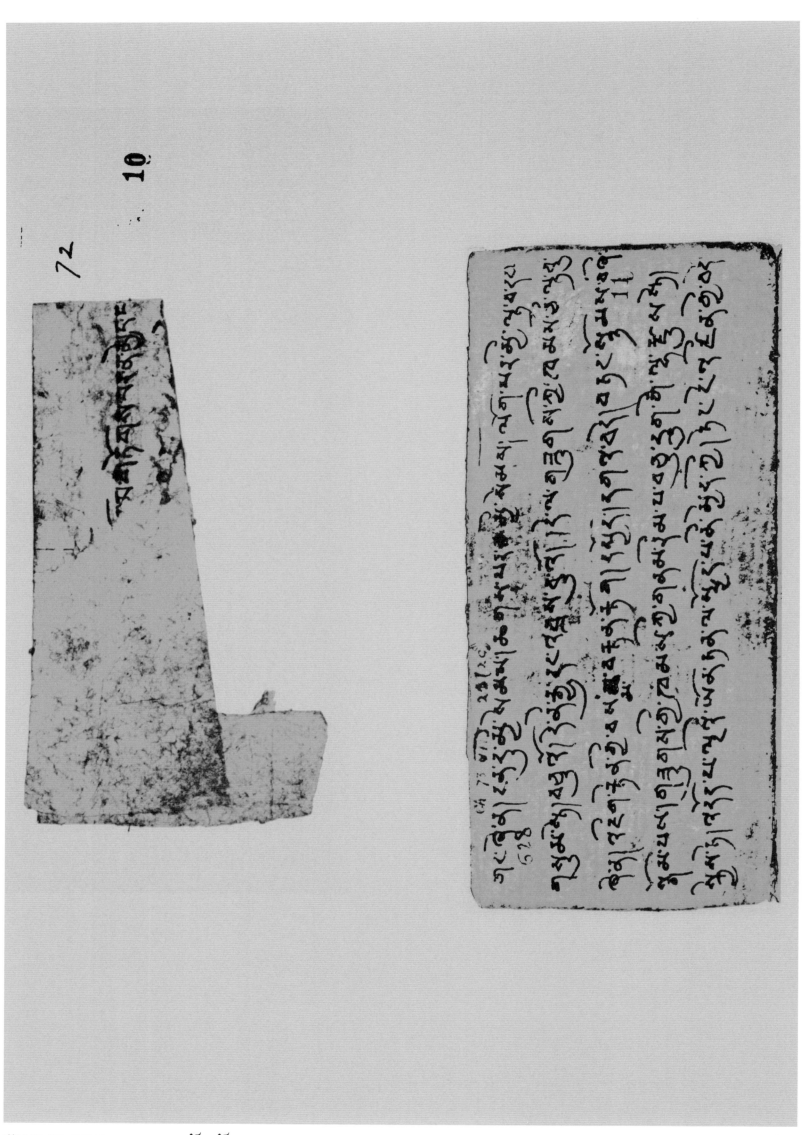

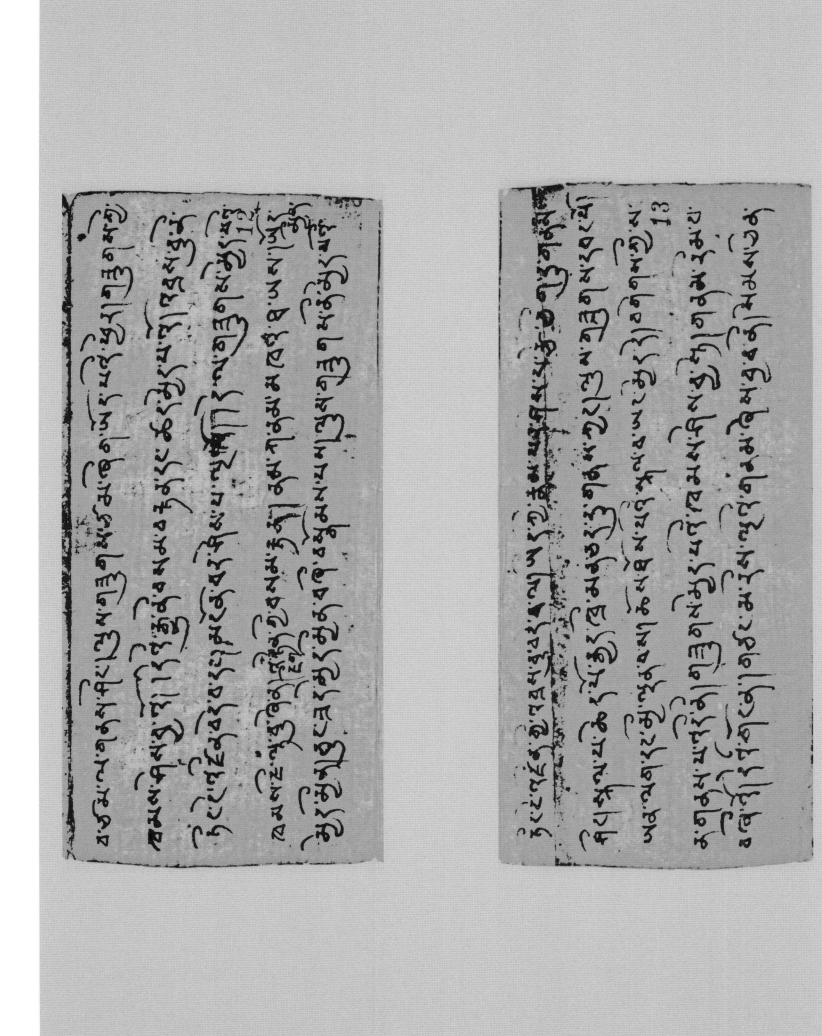

英 IOL.Tib.J.VOL.62   1.དག་ཆོས་ཐོར་བུ།
1.佛經   (27–8)

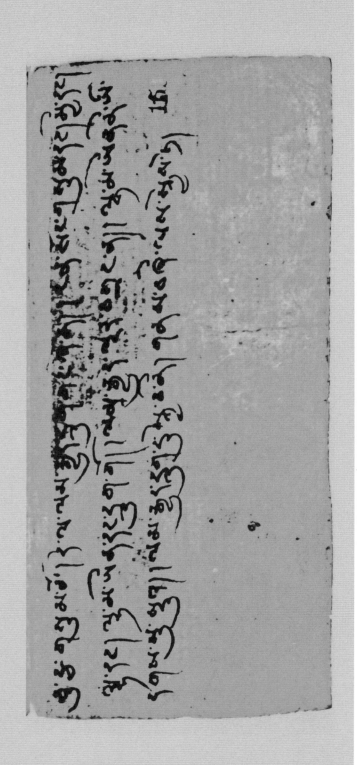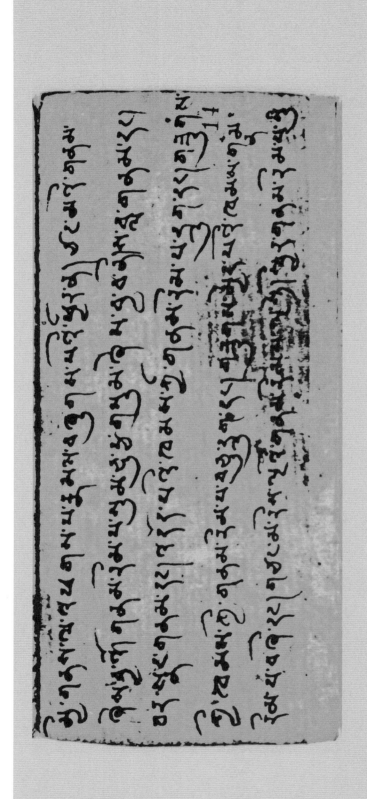

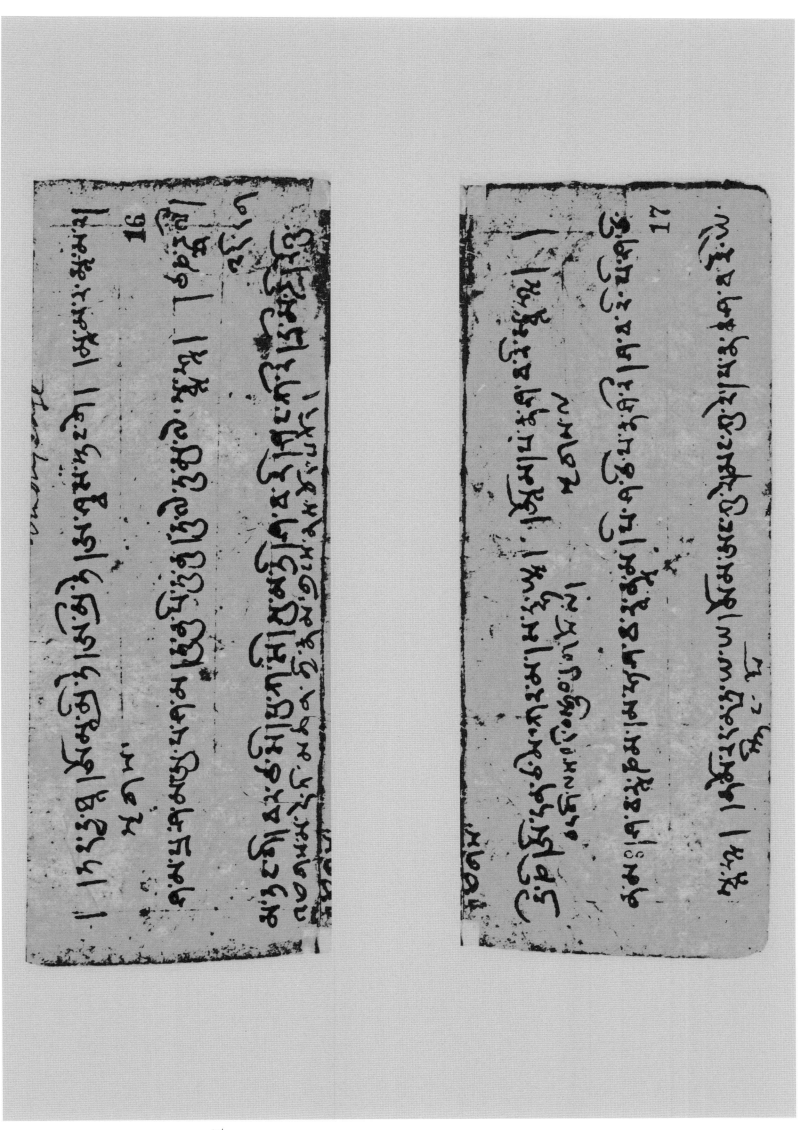

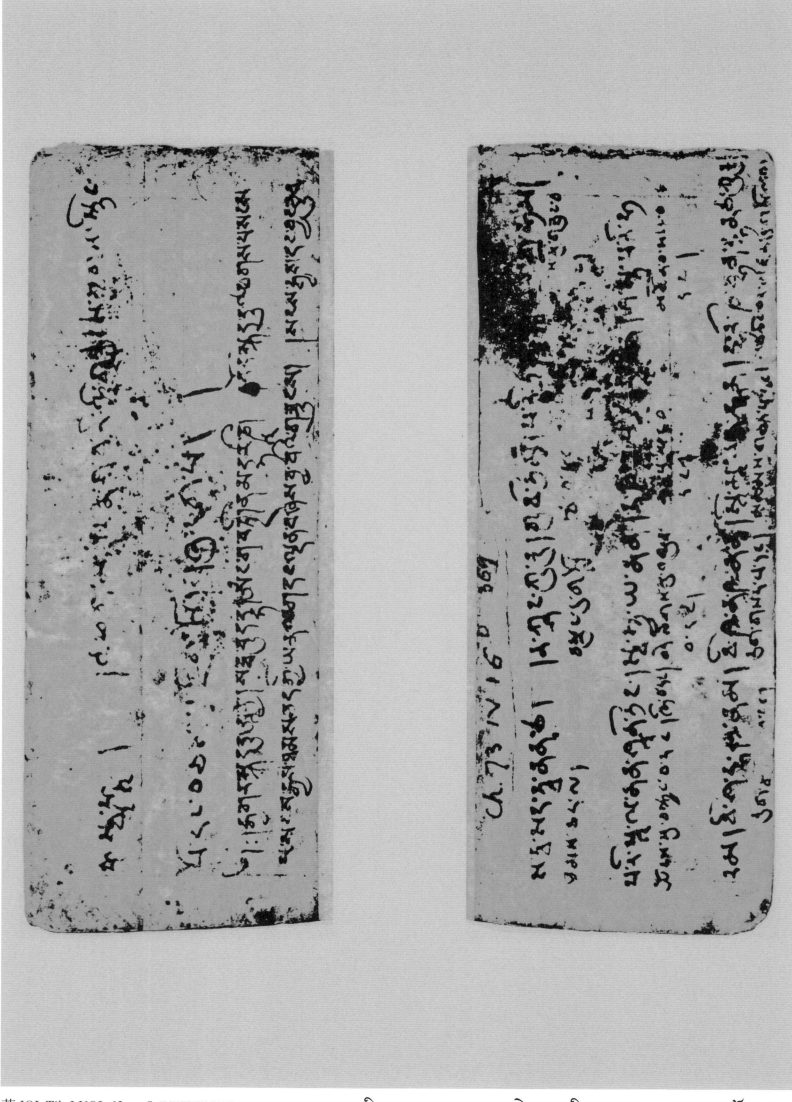

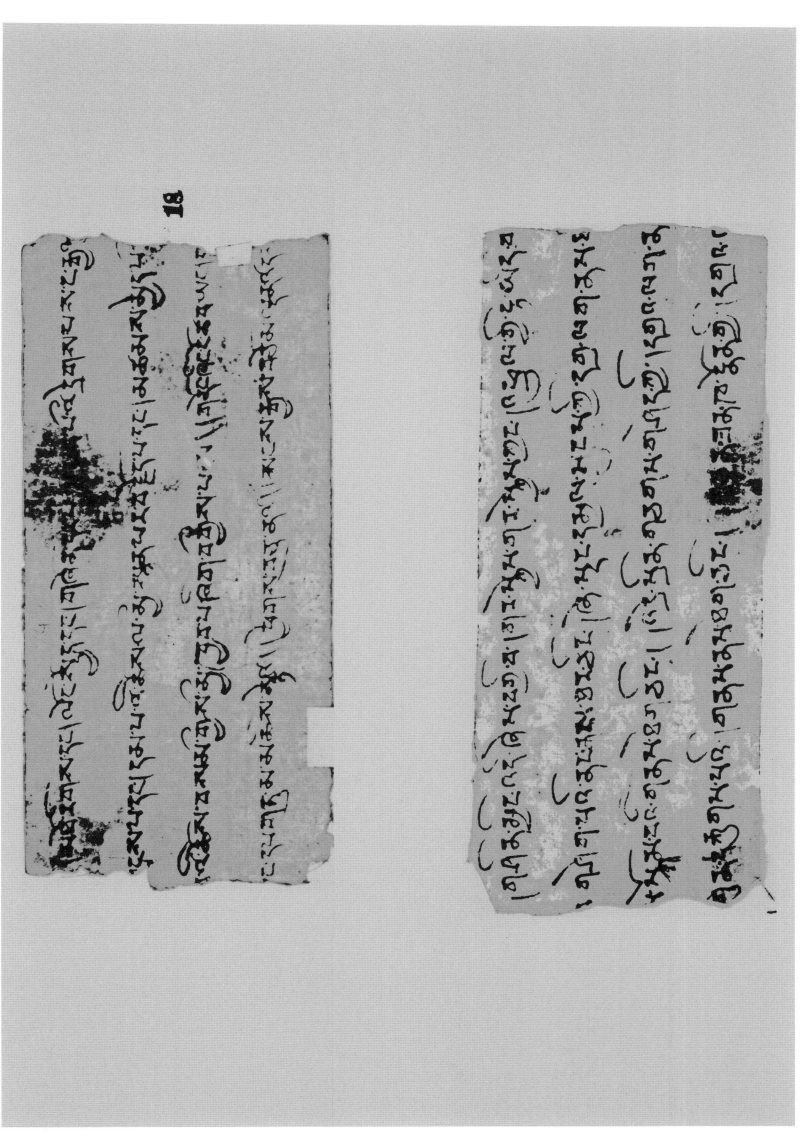

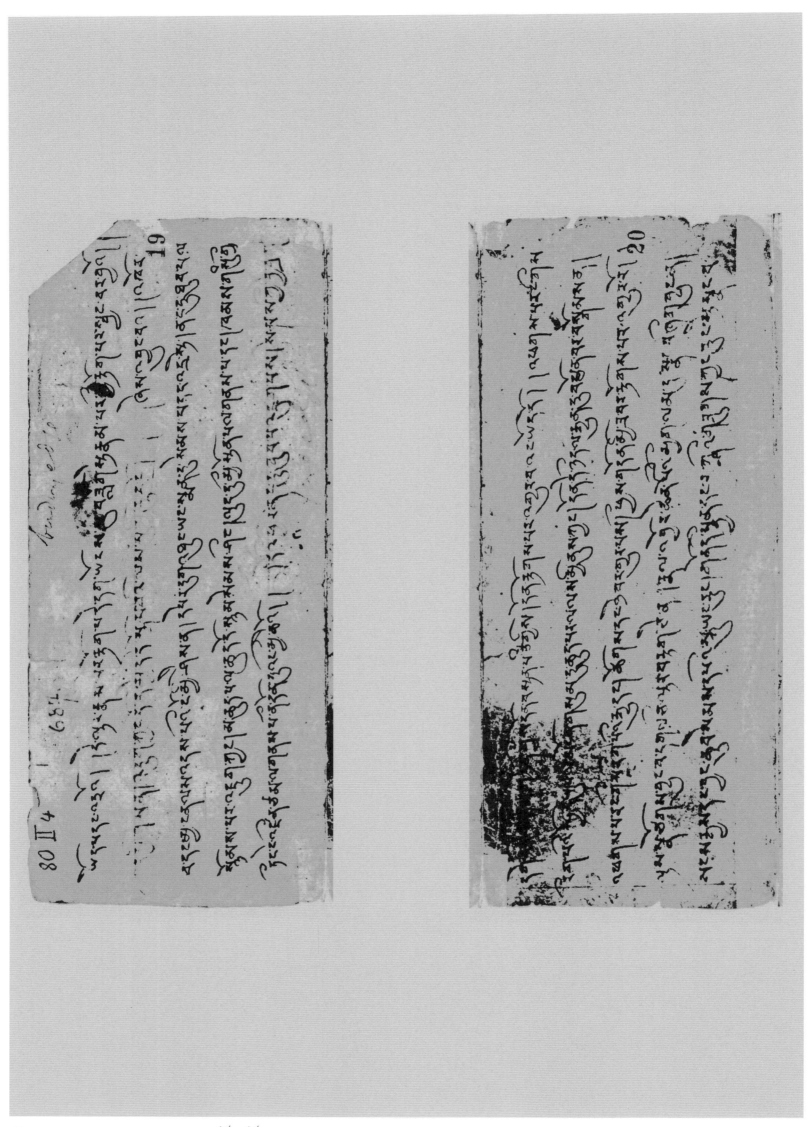

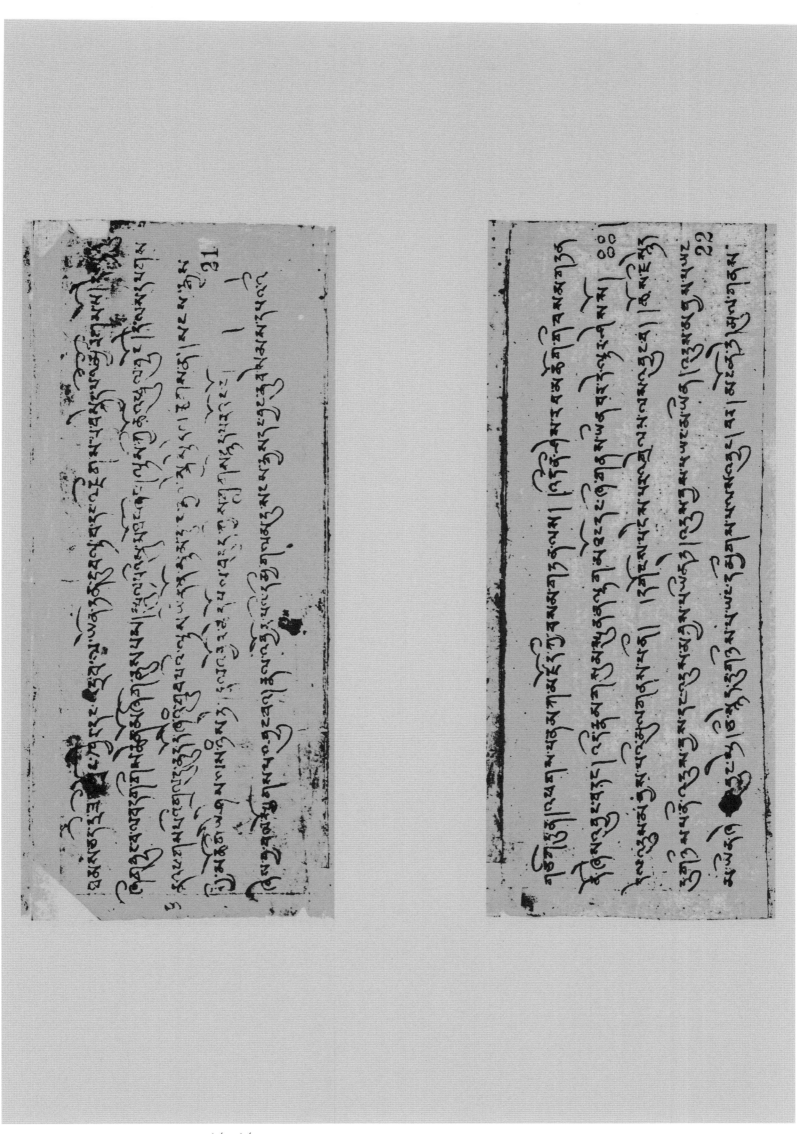

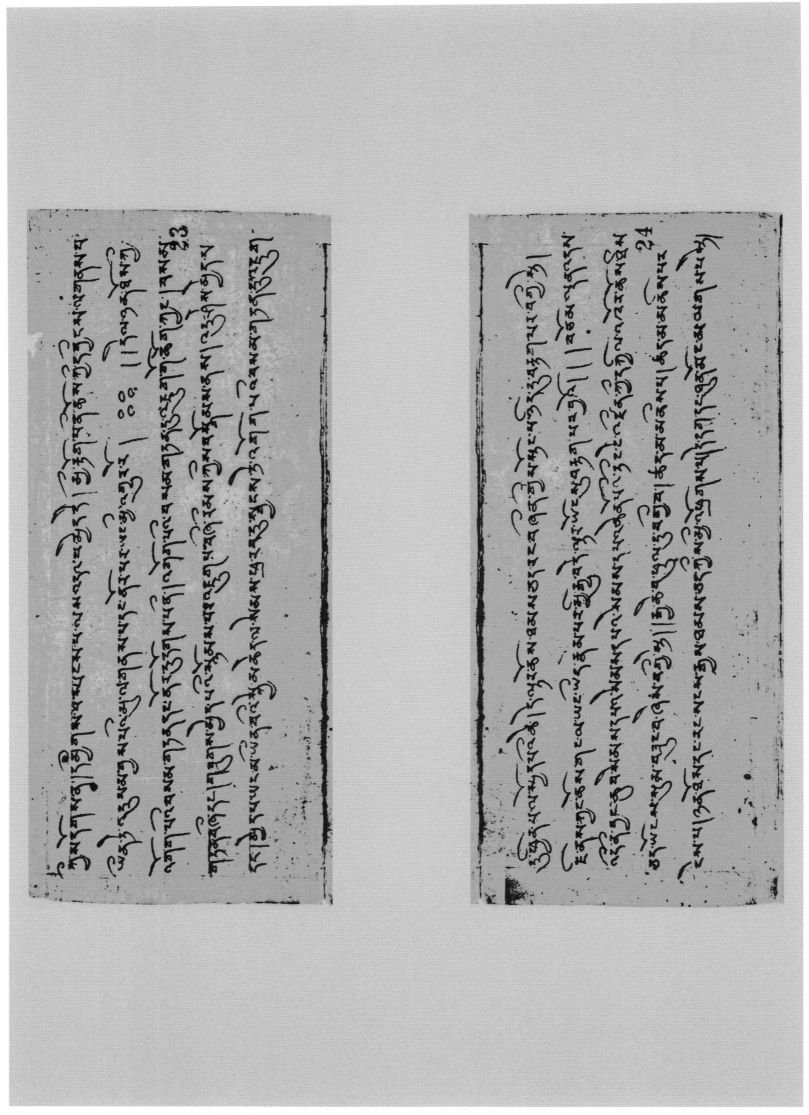

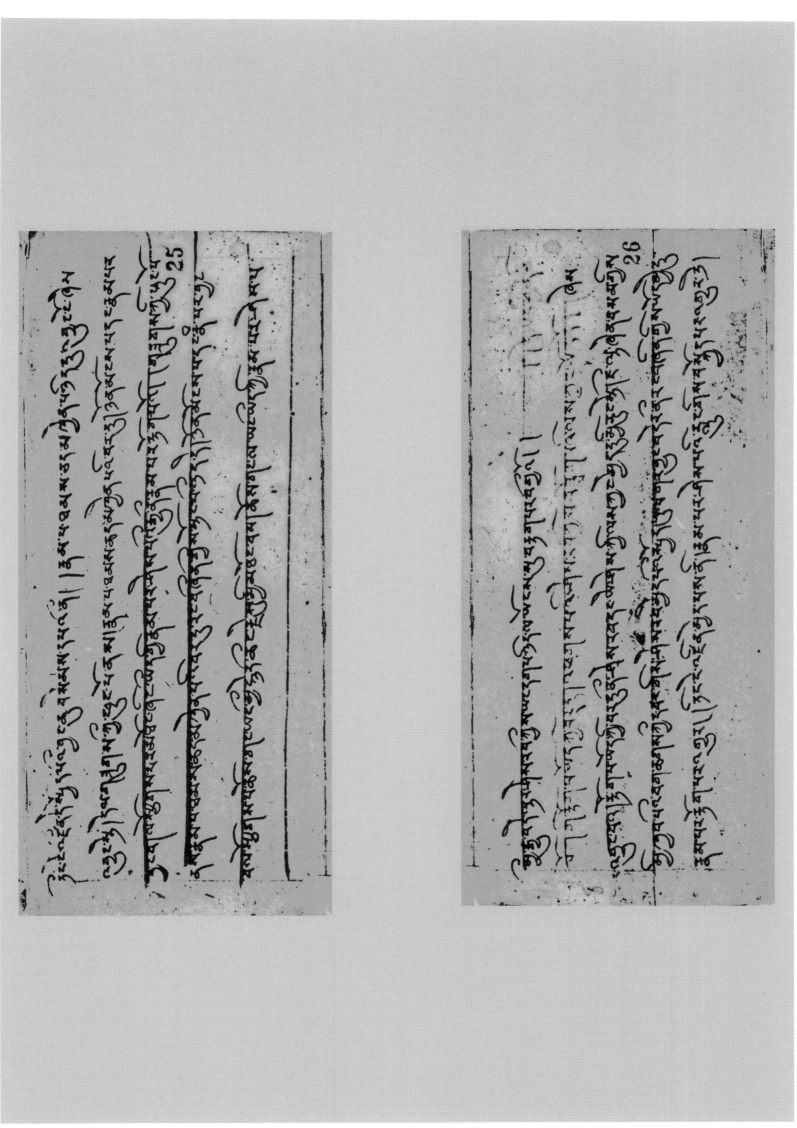

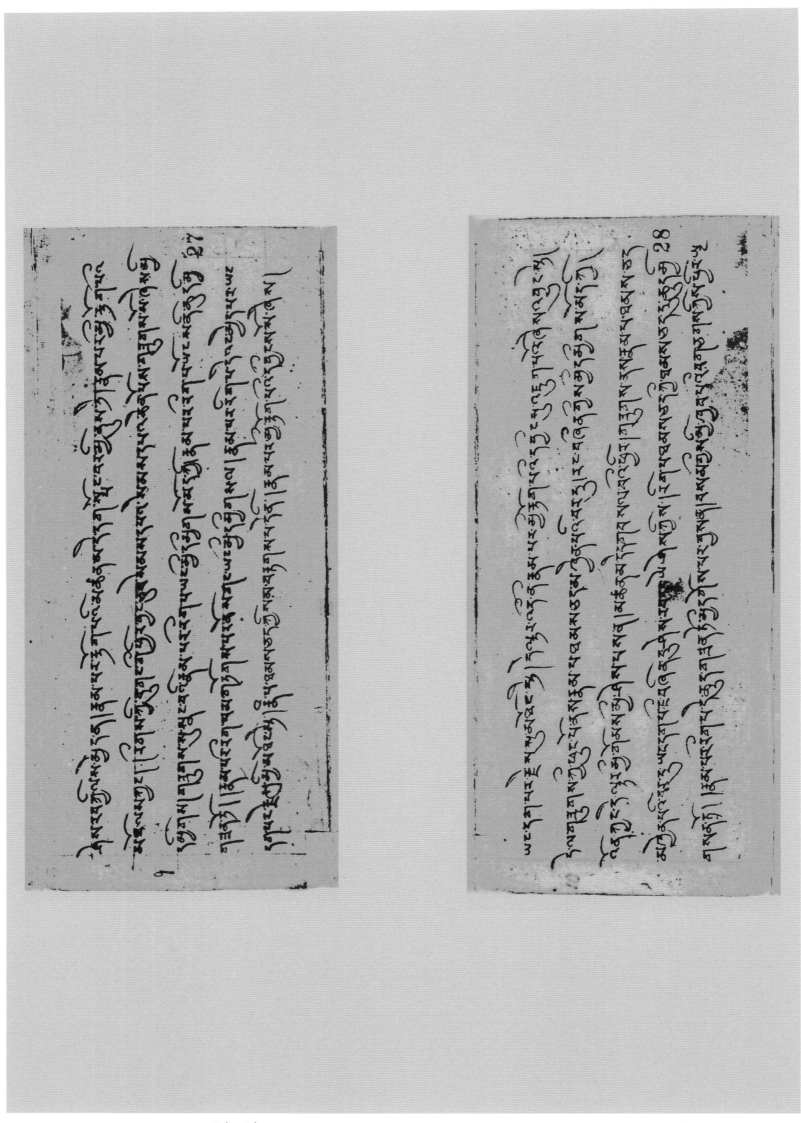

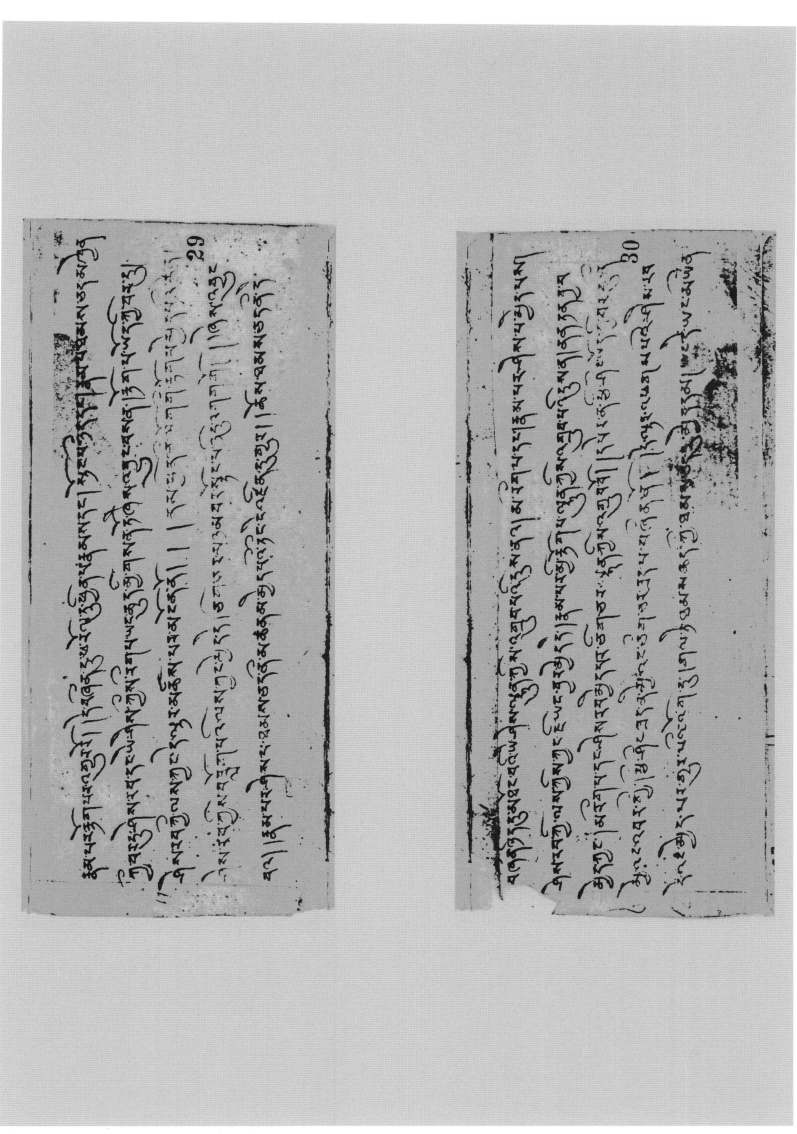

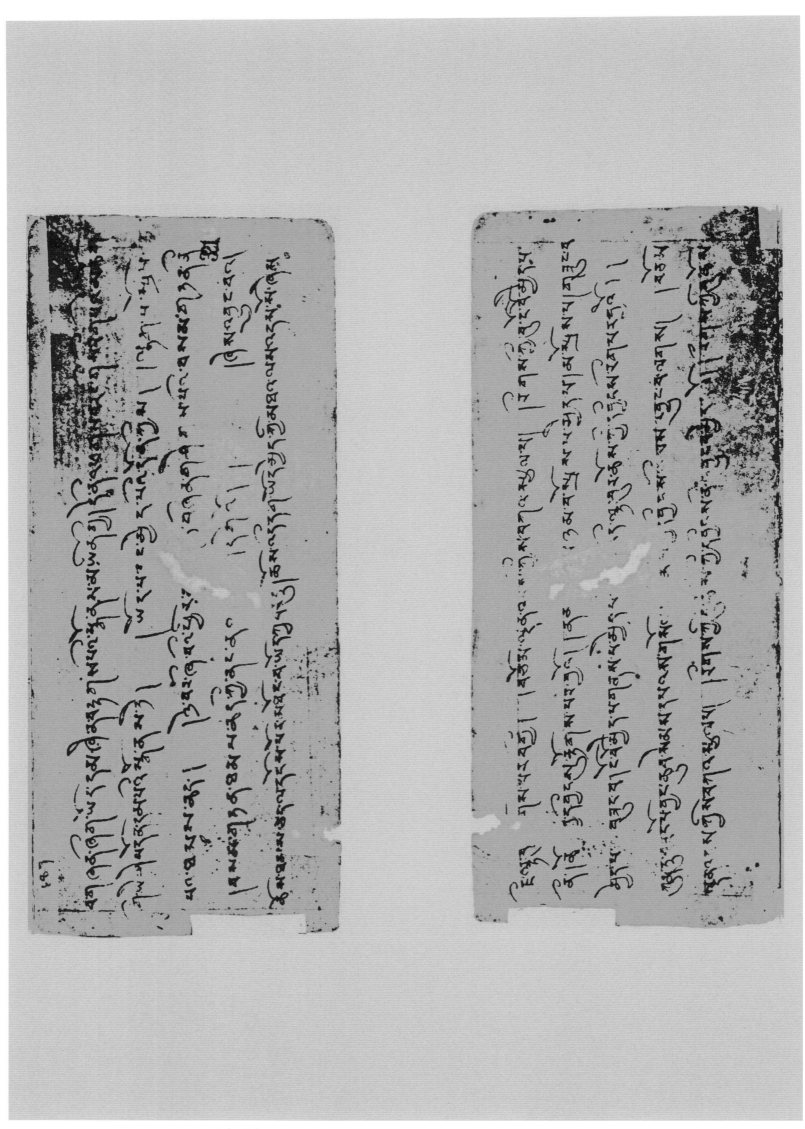

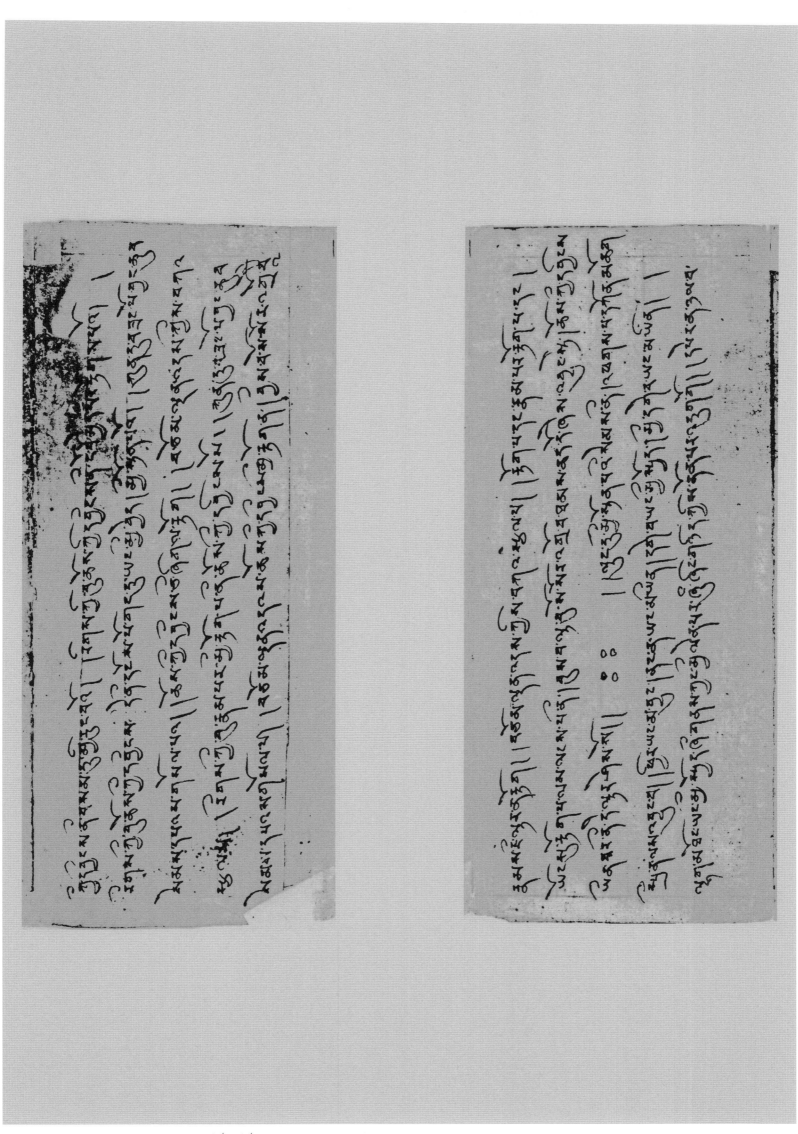

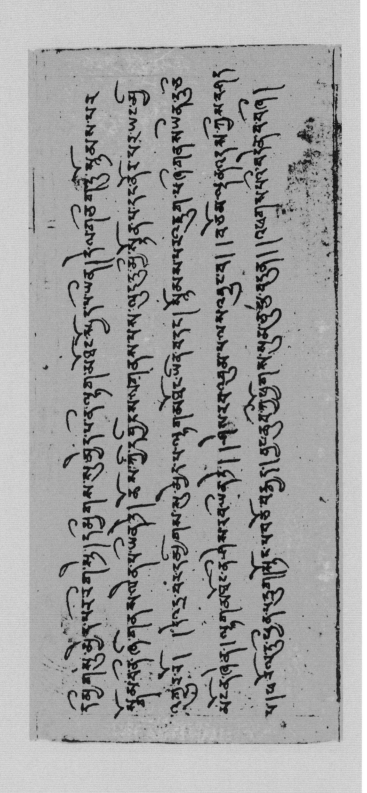

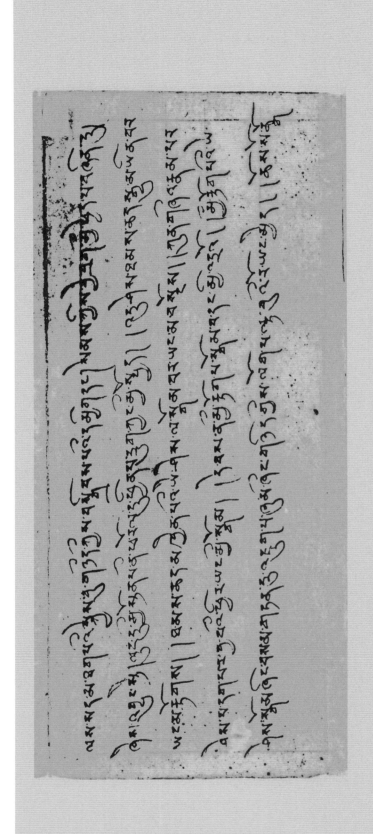

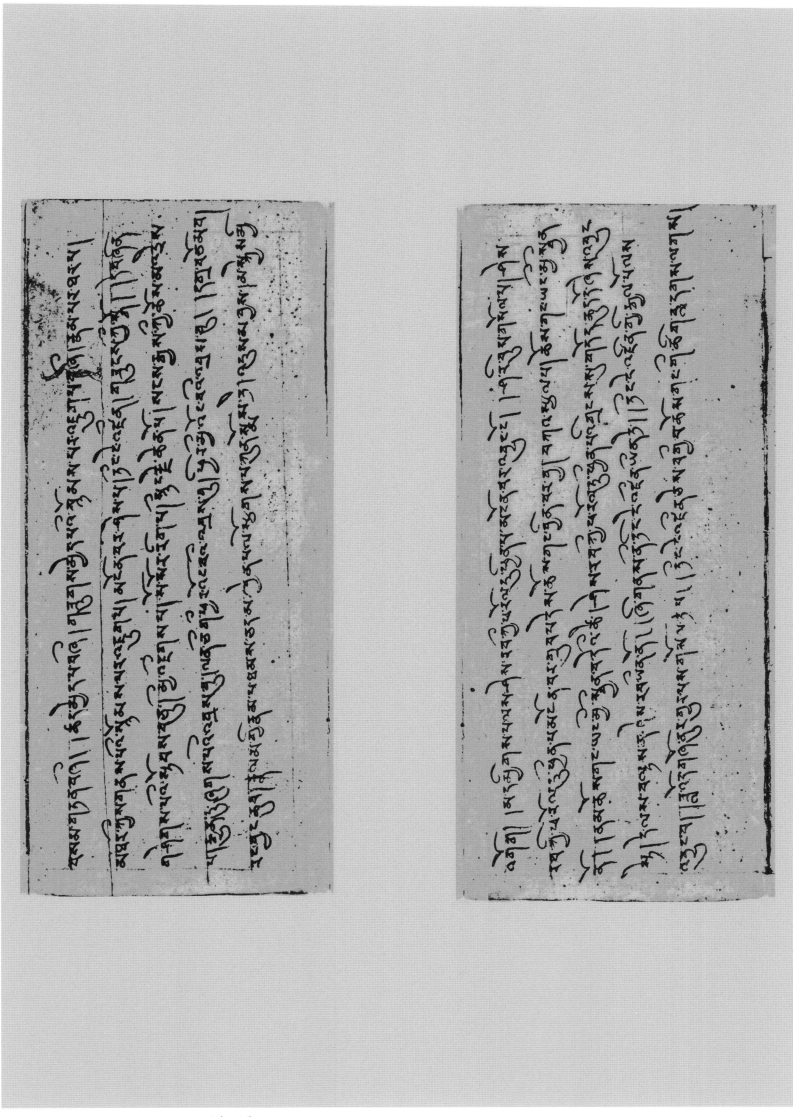

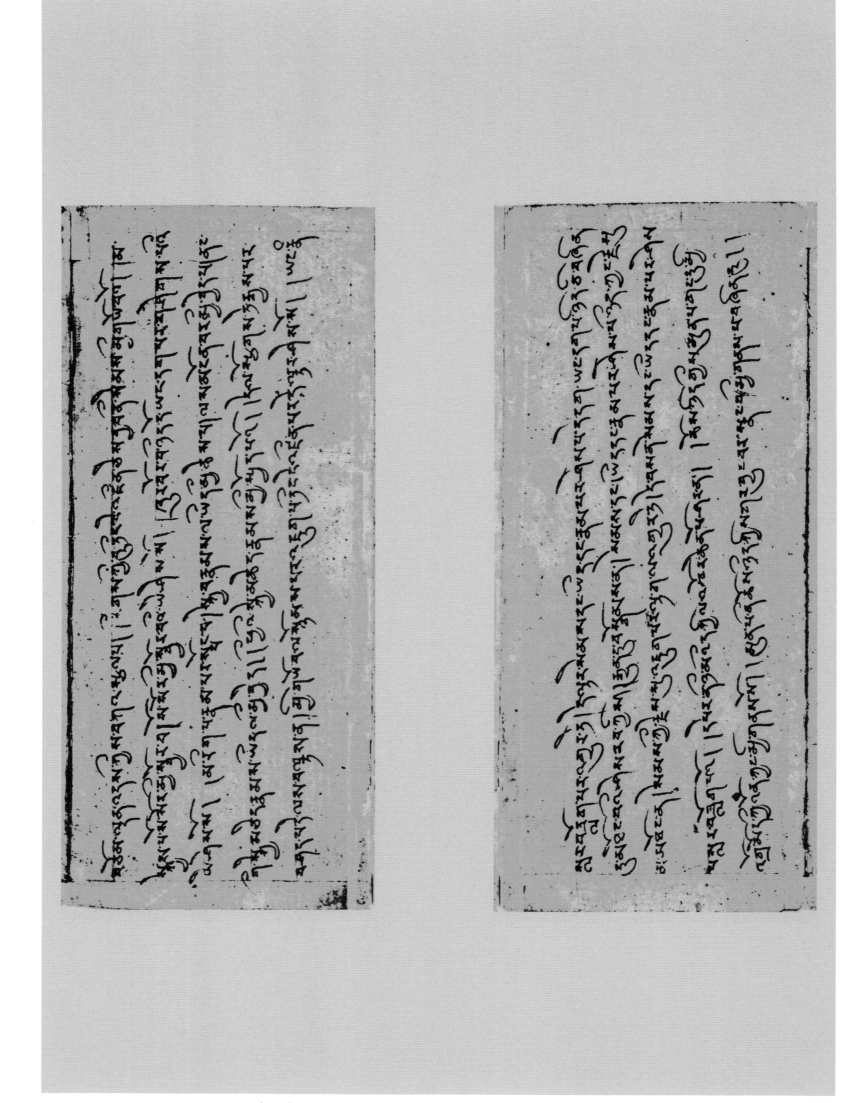

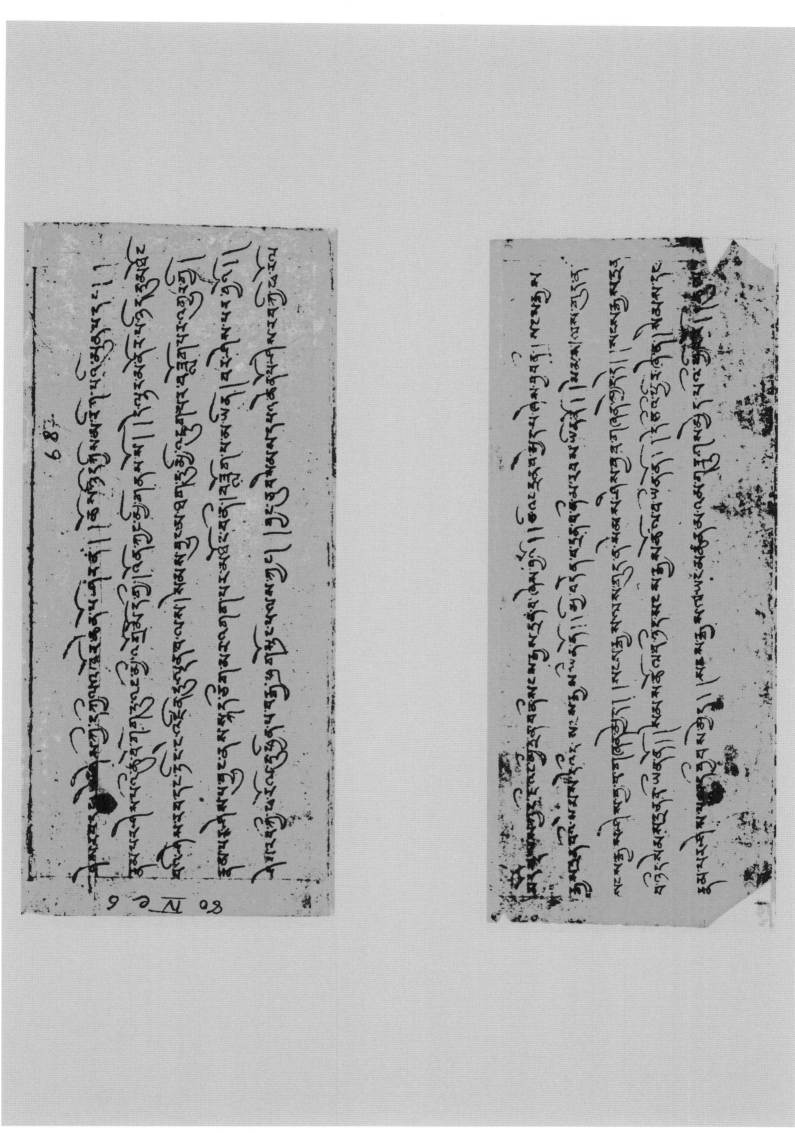

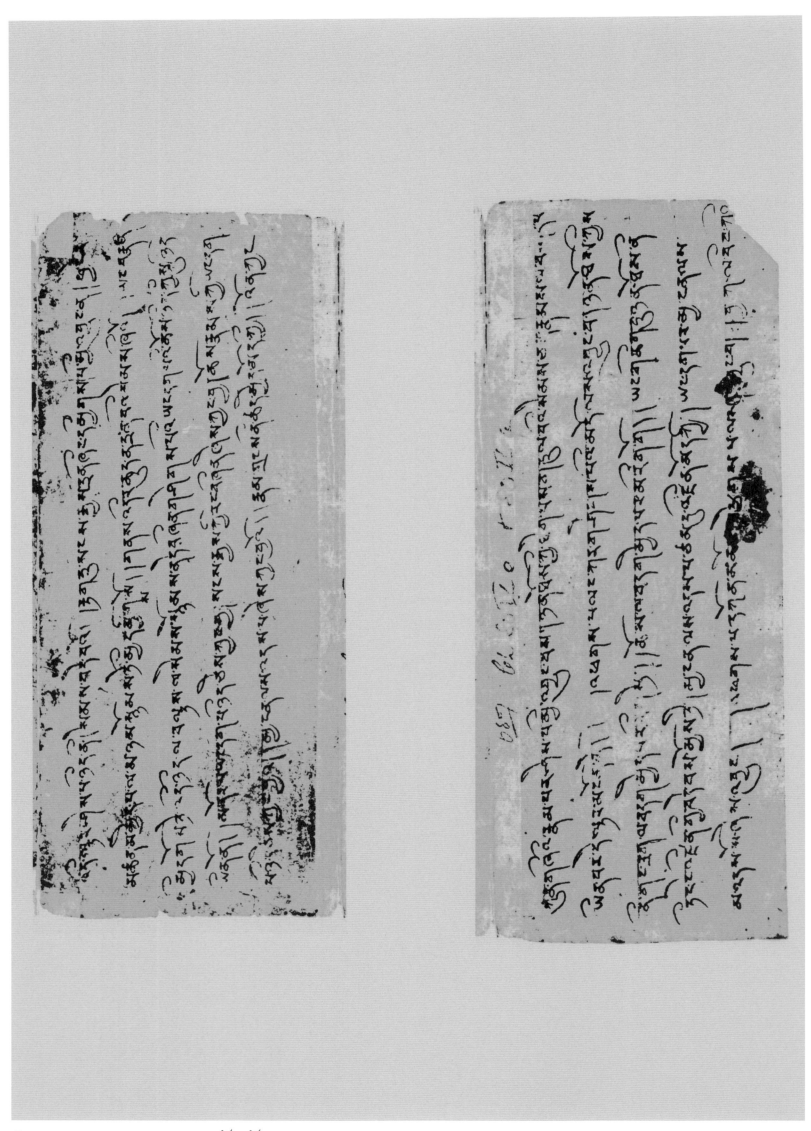

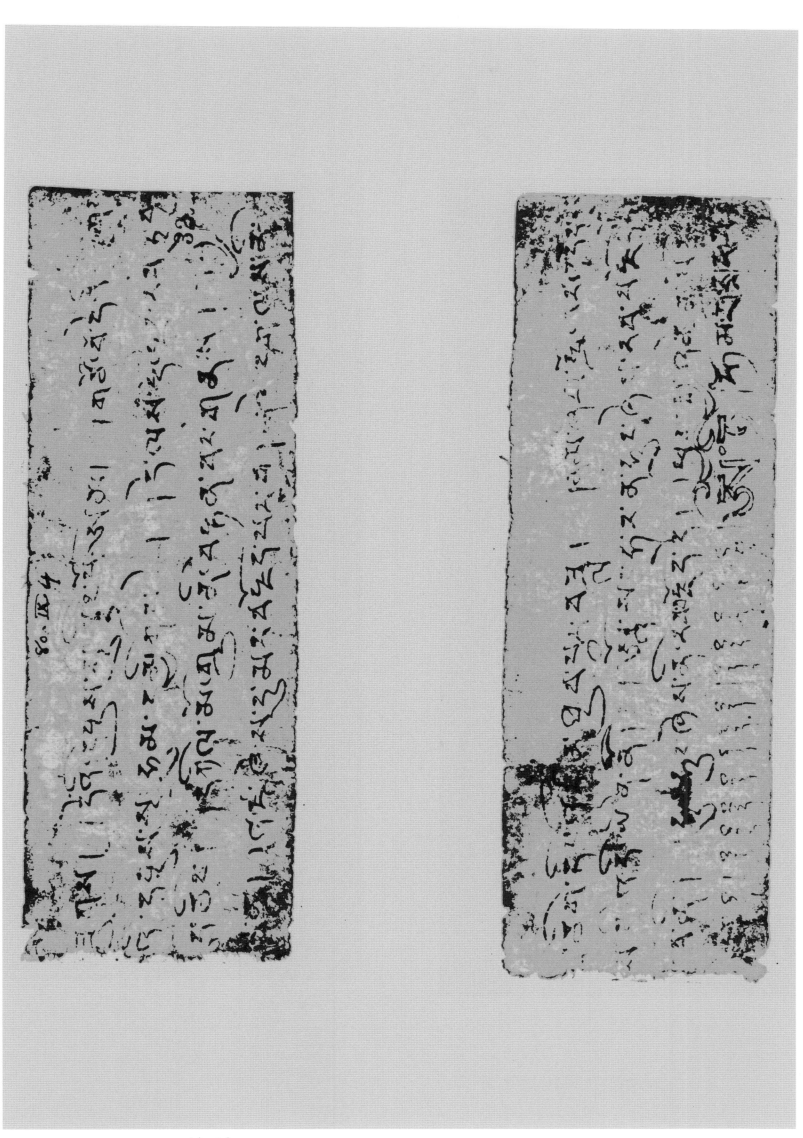

英 IOL.Tib.J.VOL.62　　1.དག་ཚོས་ཐོར་བུ།
　　　　1.佛經　　　(27-26)

英 IOL.Tib.J.VOL.62　　1.དག་ཆོས་ཐོར་བུ།
1.佛經　　(27–27)

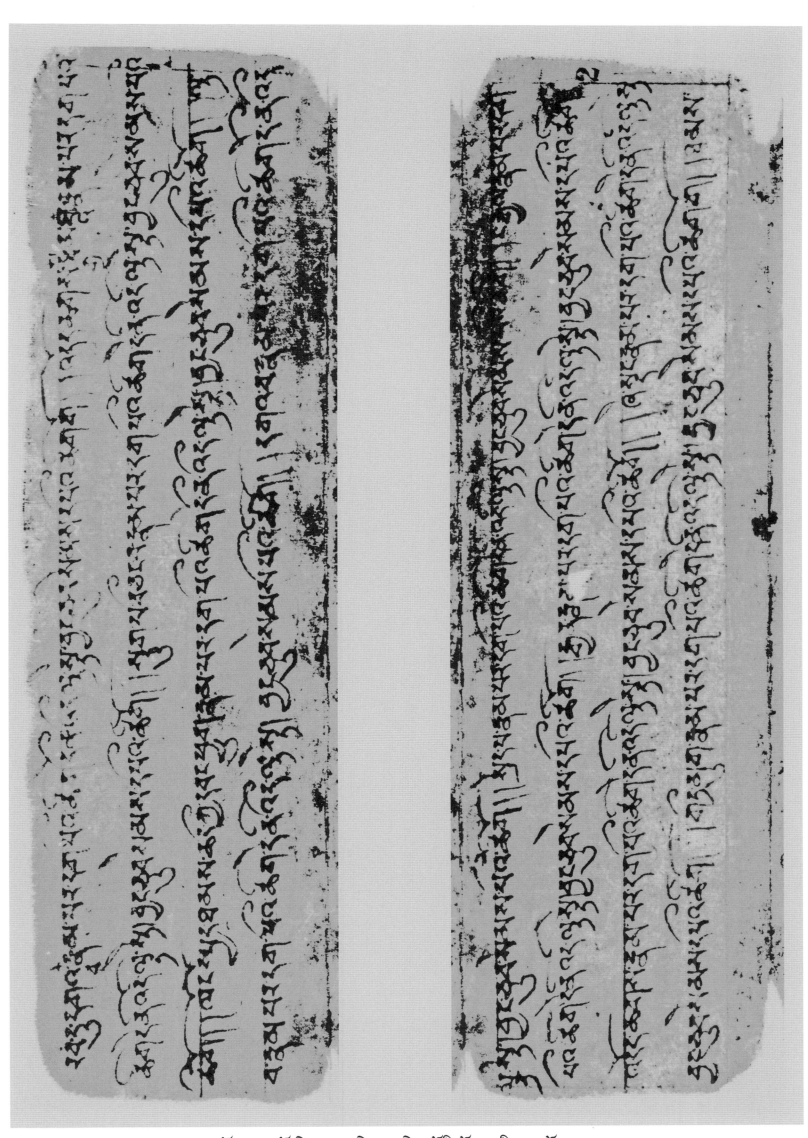

英 IOL.Tib.J.VOL.63　　1.དཔལ་མཆོག་དང་པོ་ཞེས་བྱ་བ་ཐེག་པ་ཆེན་པོའི་རྟོག་པའི་རྒྱལ་པོ།

1.吉祥最上大乘教王經　　(73-1)

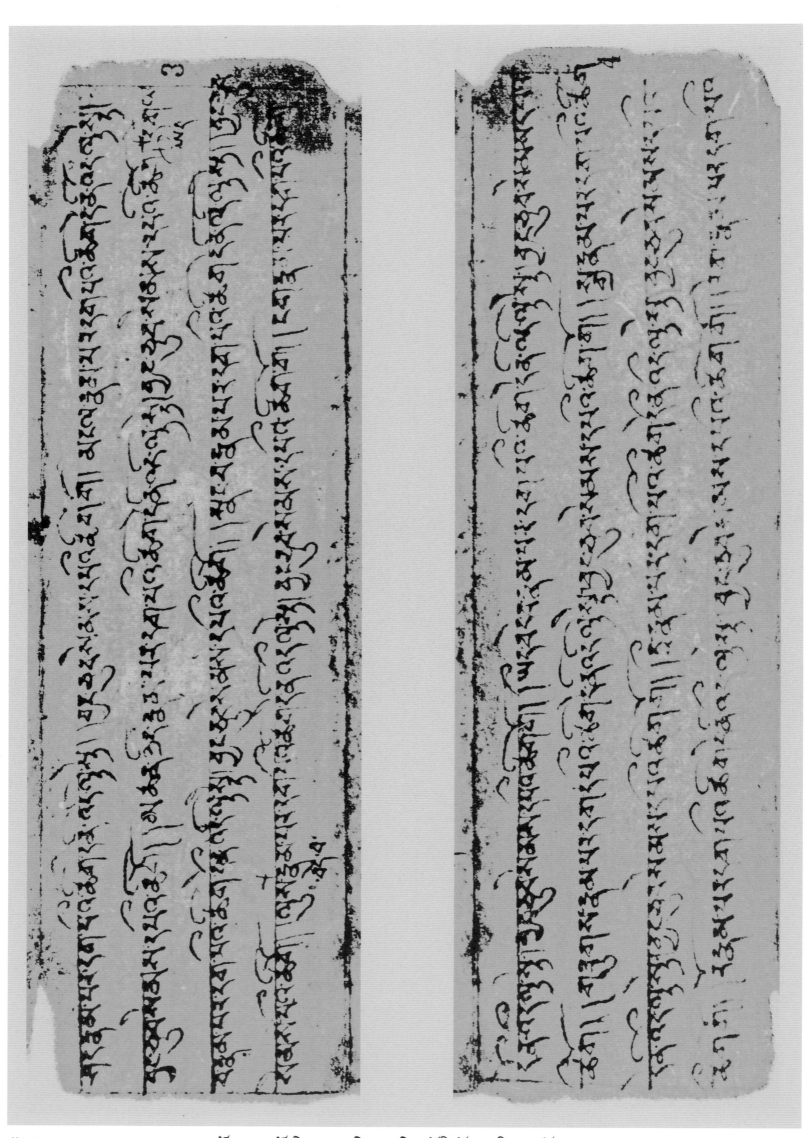

英 IOL.Tib.J.VOL.63　1.དཔལ་མཆོག་དང་པོ་ཞེས་བུ་བ་ཐེག་པ་ཆེན་པོའི་རྟོག་པའི་རྒྱལ་པོ།

1.吉祥最上大乘教王經　　(73-2)

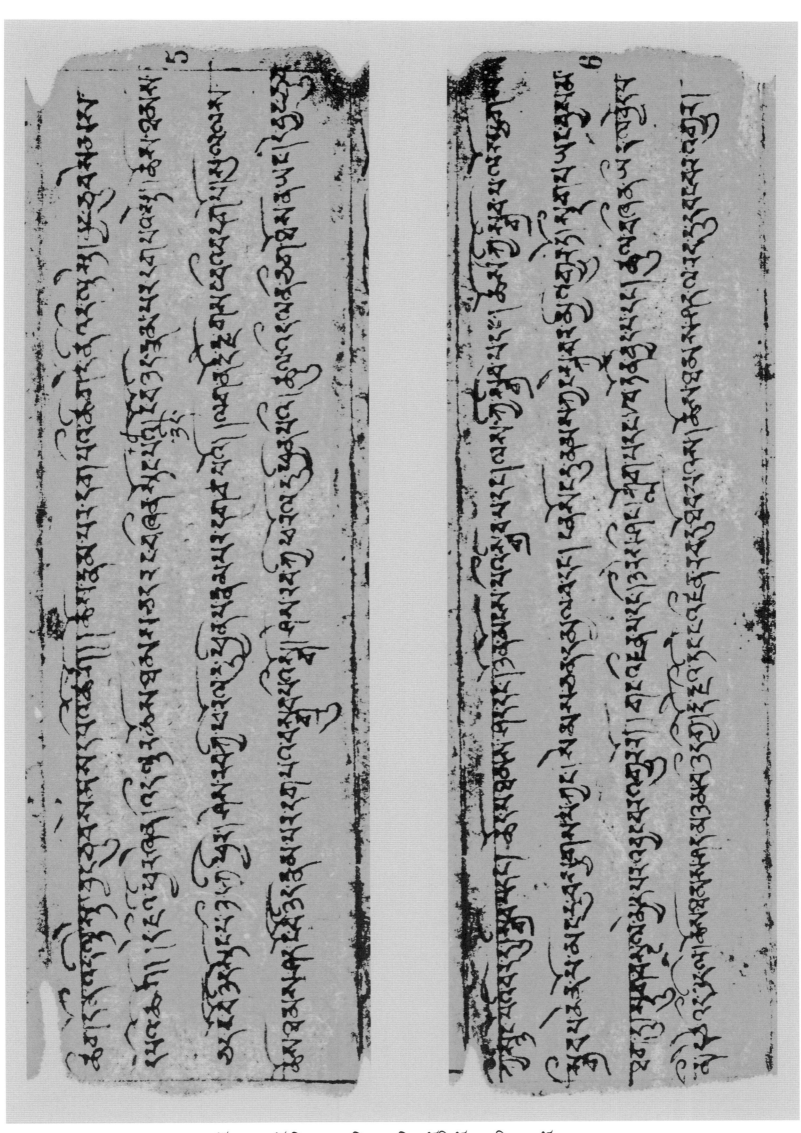

英 IOL.Tib.J.VOL.63　　1.དཔལ་མཆོག་དང་པོ་ཞེས་བྱ་བ་ཐེག་པ་ཆེན་པོའི་རྟོག་པའི་རྒྱལ་པོ།

1.吉祥最上大乘教王經　　(73-3)

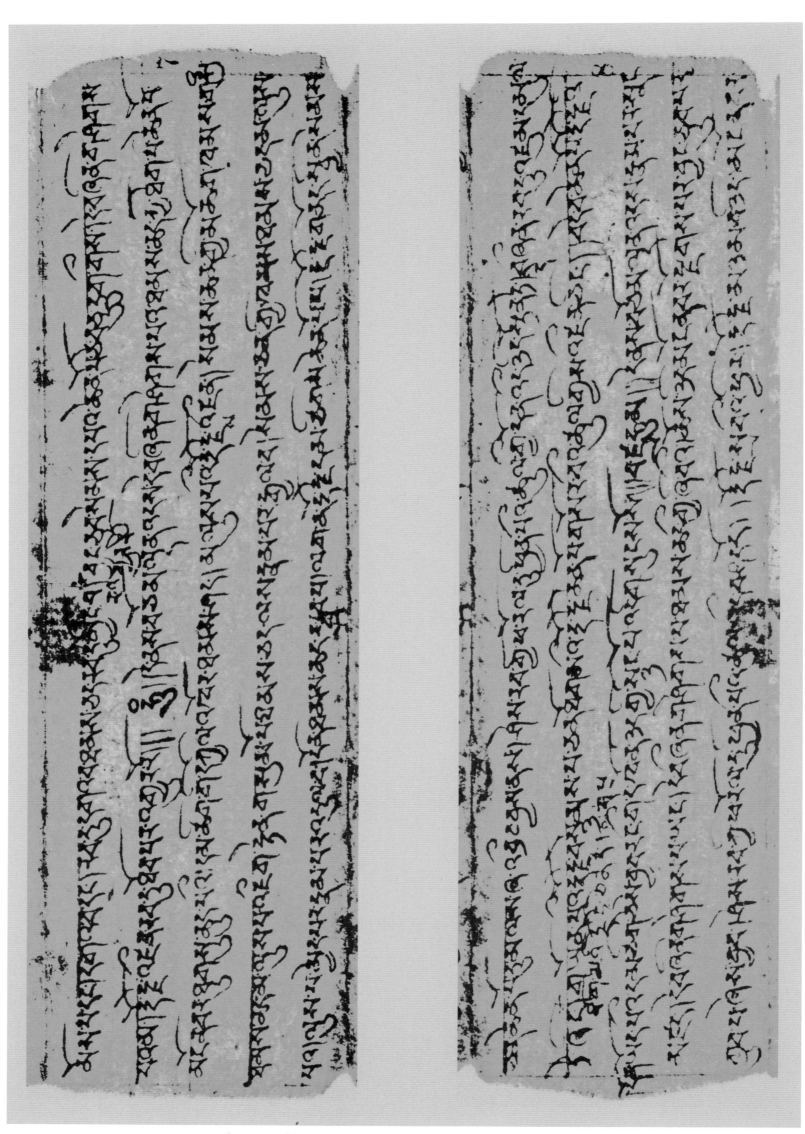

英 IOL.Tib.J.VOL.63   1.དཔལ་མཆོག་དང་པོ་ཞེས་བྱ་བ་ཐེག་པ་ཆེན་པོའི་རྟོག་པའི་རྒྱལ་པོ།

1.吉祥最上大乘教王經   (73-4)

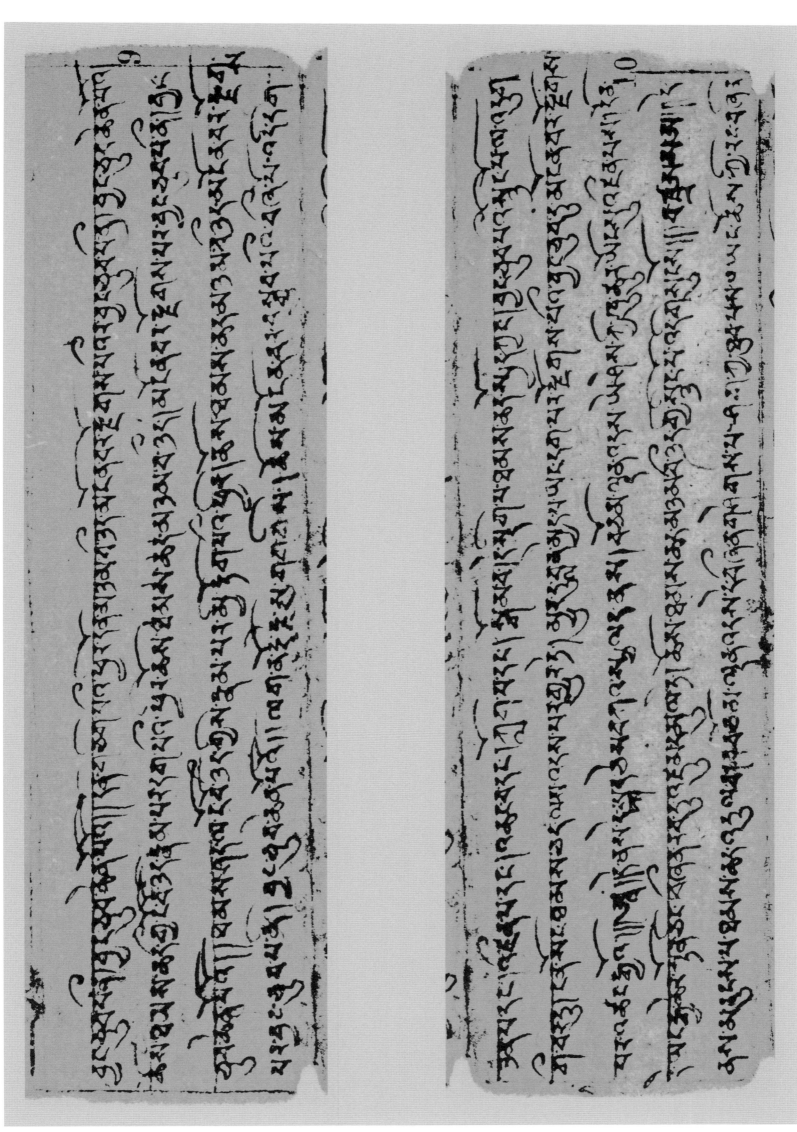

英 IOL.Tib.J.VOL.63 1.དཔལ་མཆོག་དང་པོ་ཞེས་བྱ་བ་ཐེག་པ་ཆེན་པོའི་རྟོག་པའི་རྒྱལ་པོ།
1.吉祥最上大乘教王經 　　(73-5)

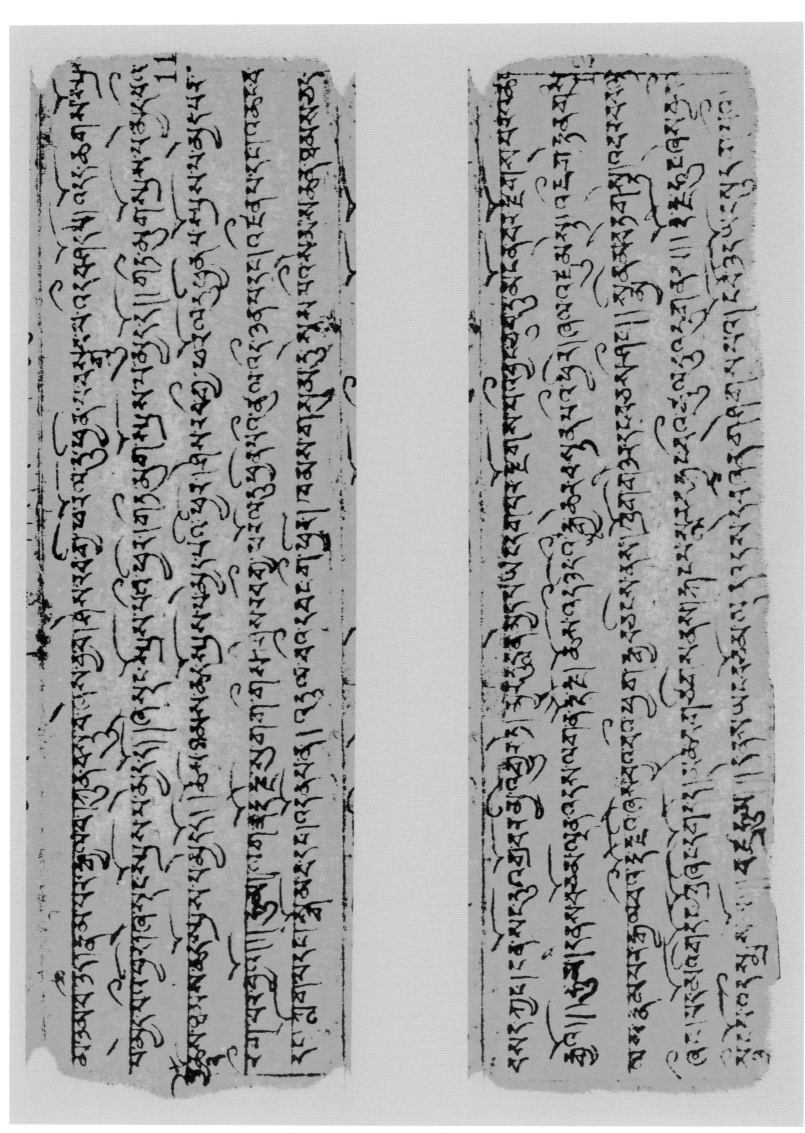

英 IOL.Tib.J.VOL.63　　1.དཔལ་མཆོག་དང་པོ་ཞེས་བྱ་བ་ཐེག་པ་ཆེན་པོའི་རྟོག་པའི་རྒྱལ་པོ།

1.吉祥最上大乘教王經　　（73-6）

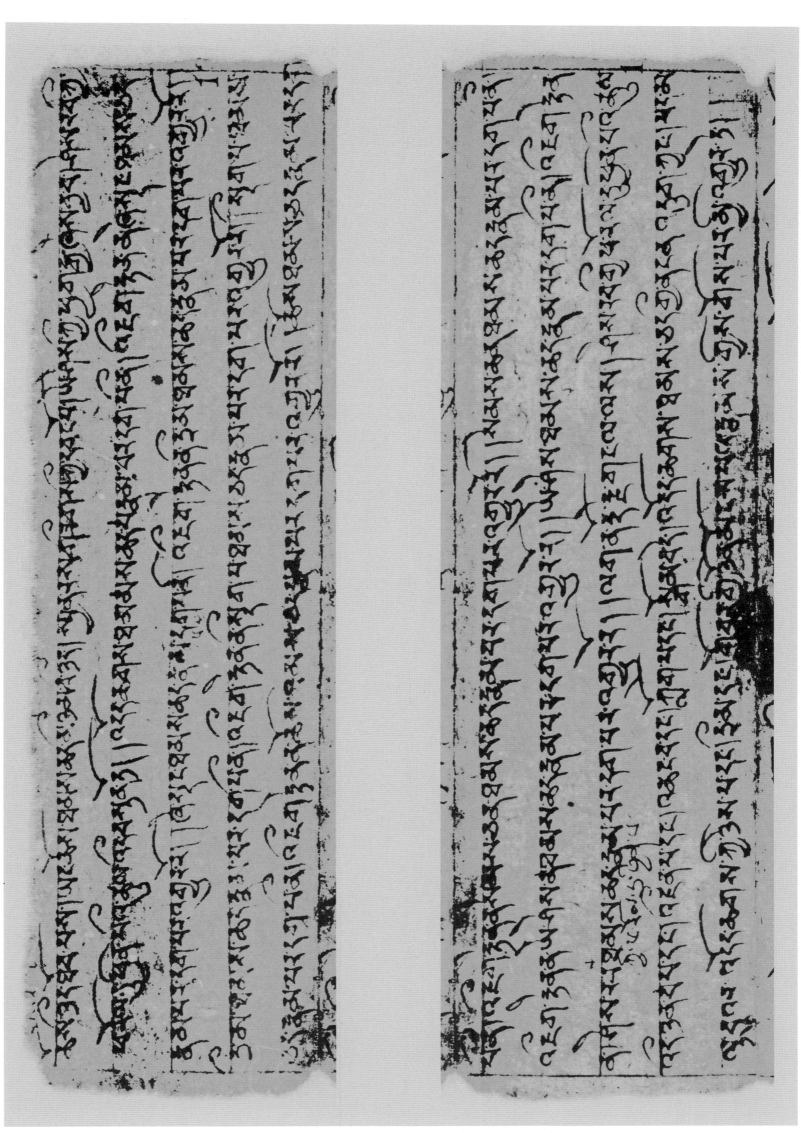

英 IOL.Tib.J.VOL.63 1.དཔལ་མཆོག་དང་པོ་ཞེས་བྱ་བ་ཐེག་པ་ཆེན་པོའི་རྟོག་པའི་རྒྱལ་པོ།

1.吉祥最上大乘教王經 (73-7)

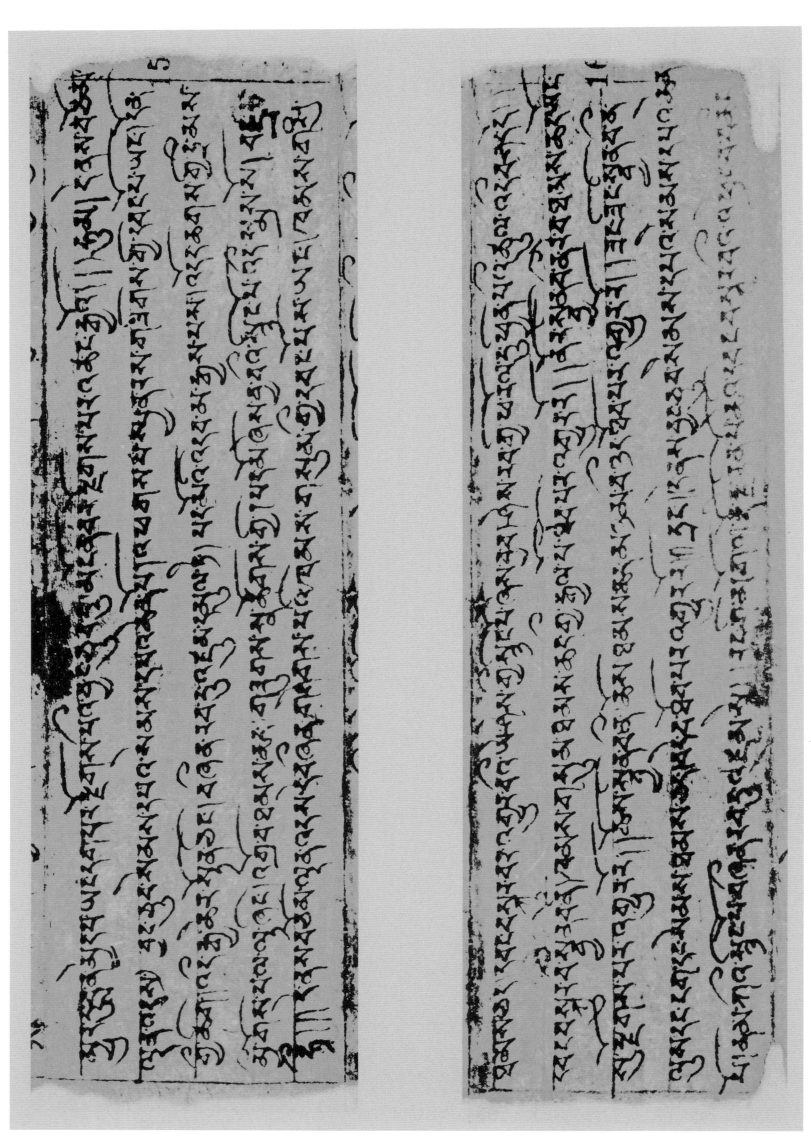

英 IOL.Tib.J.VOL.63　　1.དཔལ་མཆོག་དང་པོ་ཞེས་བྱ་བ་ཐེག་པ་ཆེན་པོའི་རྟོག་པའི་རྒྱལ་པོ།
　　　　　　　　　　　1.吉祥最上大乘教王經　　(73-8)

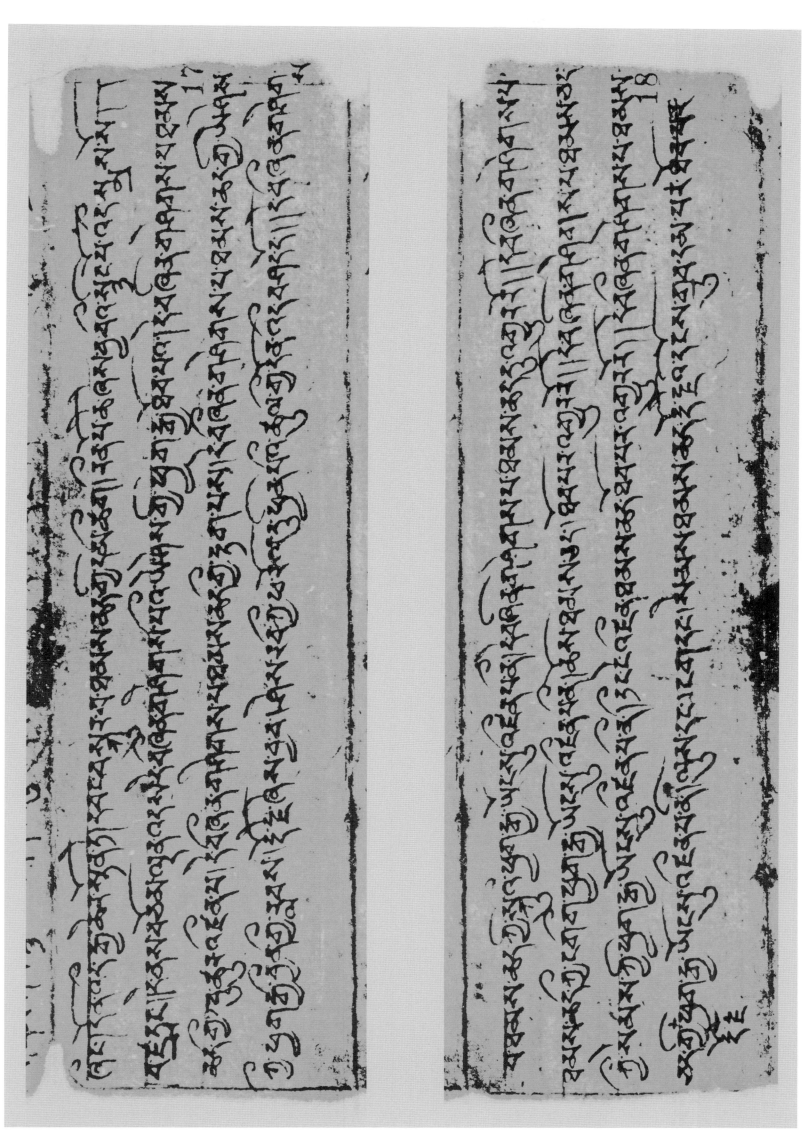

英 IOL.Tib.J.VOL.63　1.དཔལ་མཆོག་དང་པོ་ཞེས་བྱ་བ་ཐེག་པ་ཆེན་པོའི་རྟོག་པའི་རྒྱལ་པོ།
1.吉祥最上大乘教王經　　(73-9)

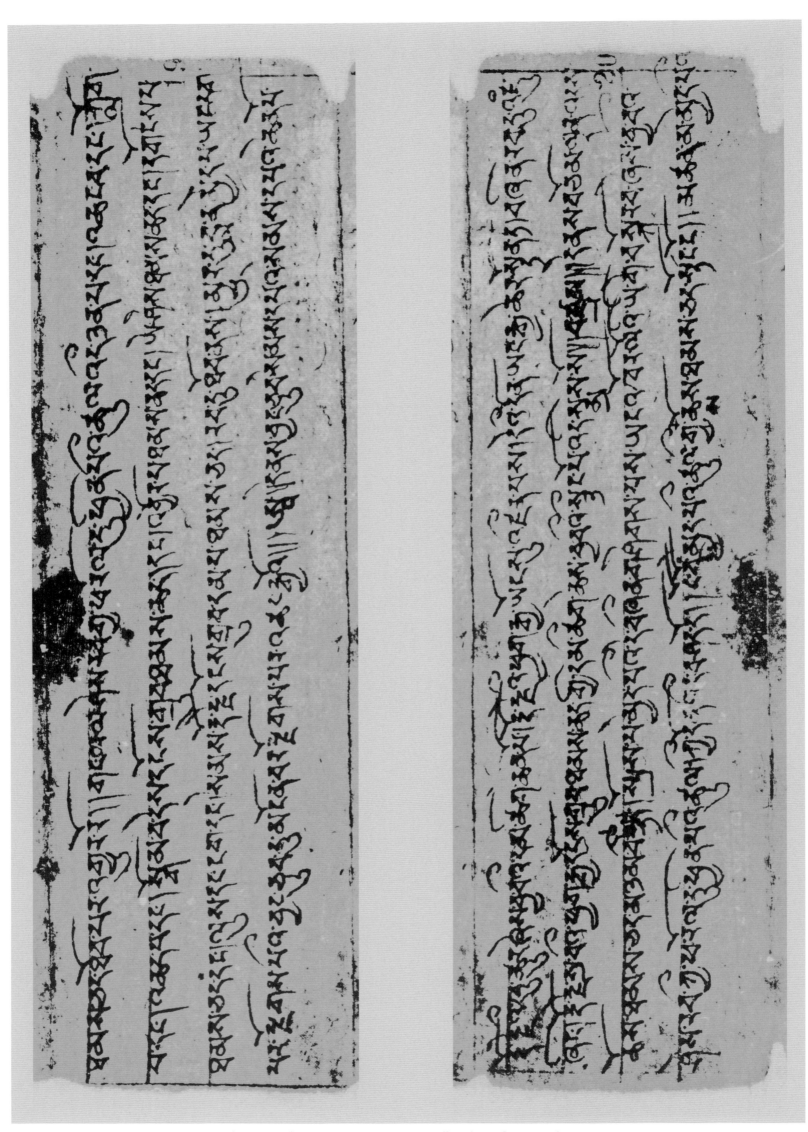

英 IOL.Tib.J.VOL.63　1.དཔལ་མཆོག་དང་པོ་ཞེས་བྱ་བ་ཐེག་པ་ཆེན་པོའི་རྟོག་པའི་རྒྱལ་པོ།

1.吉祥最上大乘教王經　　(73–10)

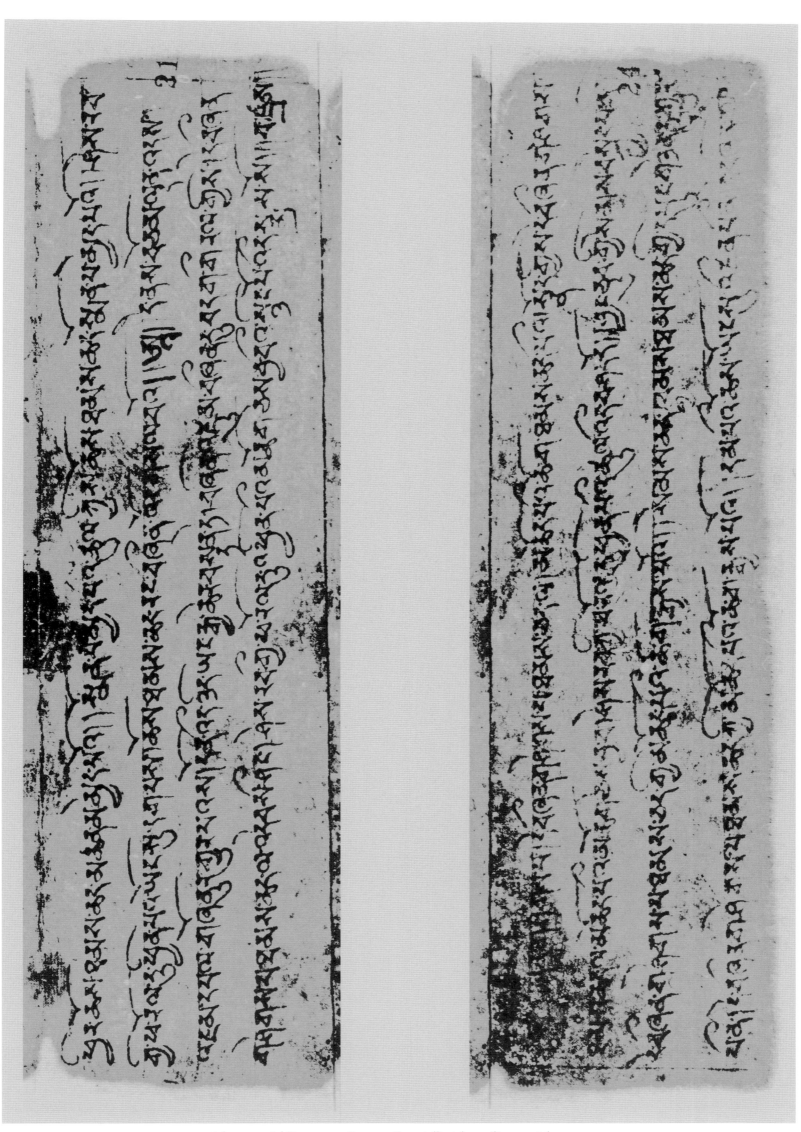

英 IOL.Tib.J.VOL.63　　1.དཔལ་མཆོག་དང་པོ་ཞེས་བྱ་བ་ཐེག་པ་ཆེན་པོའི་ཆོག་པའི་རྒྱལ་པོ།

　　　　　　　　　1.吉祥最上大乘教王經　　(73-11)

*原文獻缺編號22、23。

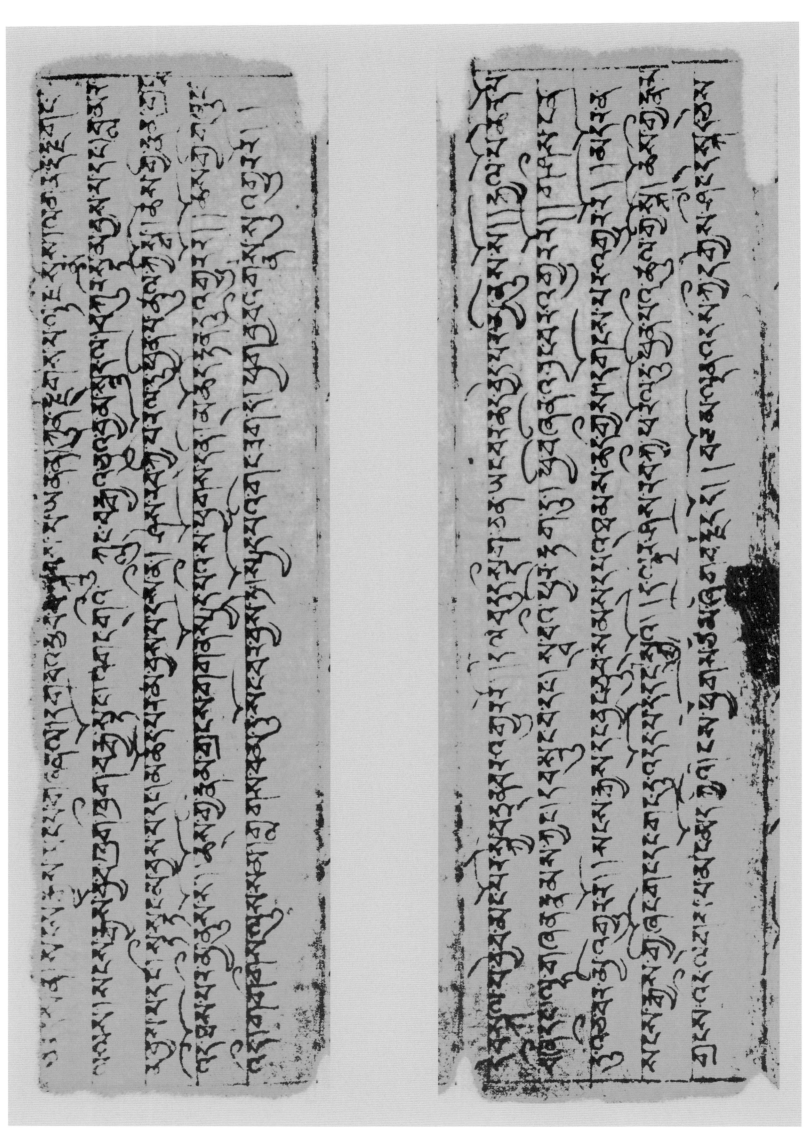

英 IOL.Tib.J.VOL.63　　2.འཕགས་པ་ཤེས་རབ་ཀྱི་ཕ་རོལ་ཏུ་ཕྱིན་པའི་ཚུལ་བརྒྱ་ལྔ་བཅུ་པ།

2.聖般若波羅蜜多百五十頌　　(73-12)

148

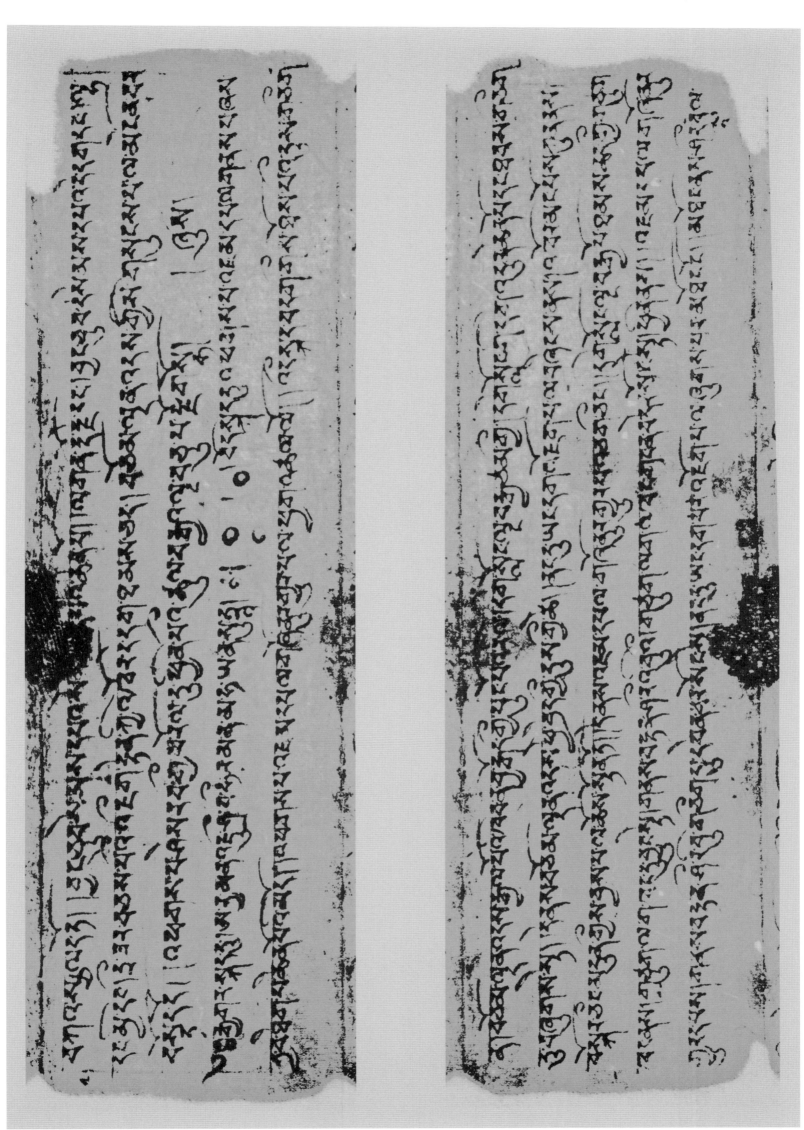

英 IOL.Tib.J.VOL.63　　2.འཕགས་པ་ཤེས་རབ་ཀྱི་ཕ་རོལ་ཏུ་ཕྱིན་པའི་ཚུལ་བརྒྱ་ལྔ་བཅུ་པ།　　3.འཕགས་པ་འཇམ་དཔལ་གནས་

པ་ཞེས་བྱ་བ་ཐེག་པ་ཆེན་པོའི་མདོ།

2.聖般若波羅蜜多百五十頌　　3.聖文殊住大乘經　　(73-13)

149

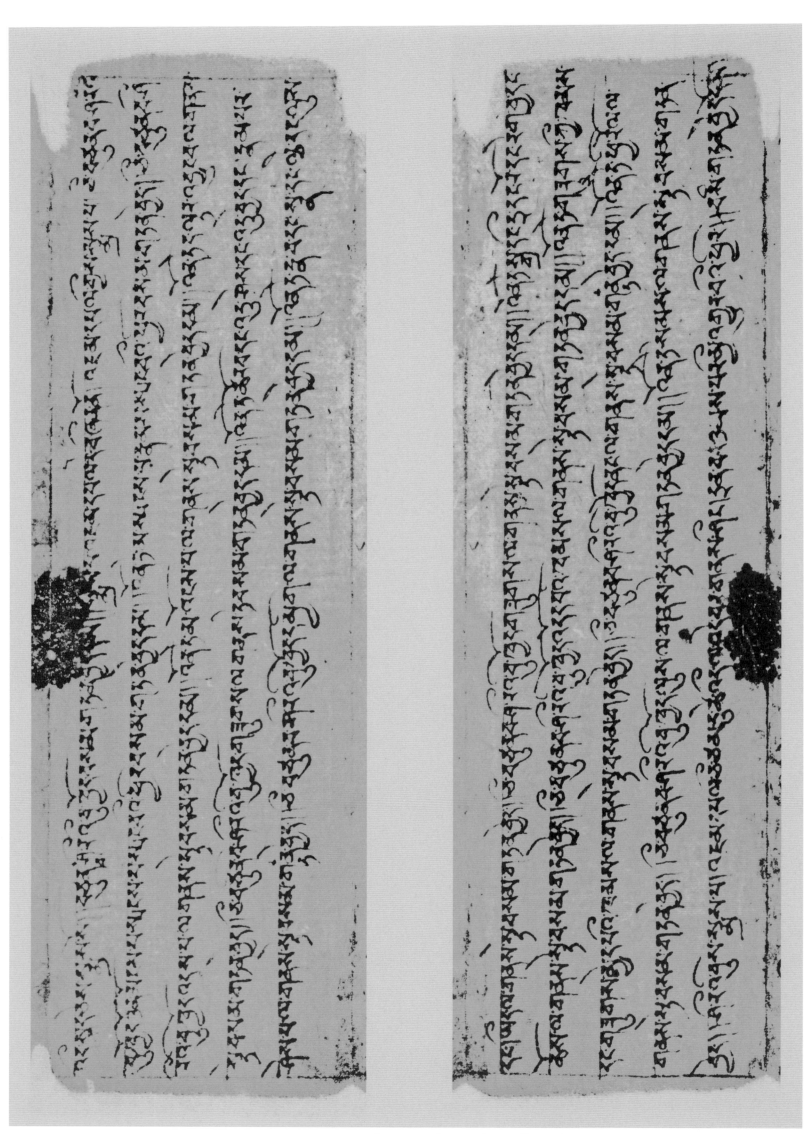

英 IOL.Tib.J.VOL.63 3.འཕགས་པ་འཇམ་དཔལ་གནས་པ་ཞེས་བྱ་བ་ཐེག་པ་ཆེན་པོའི་མདོ།

3.聖文殊住大乘經 (73-14)

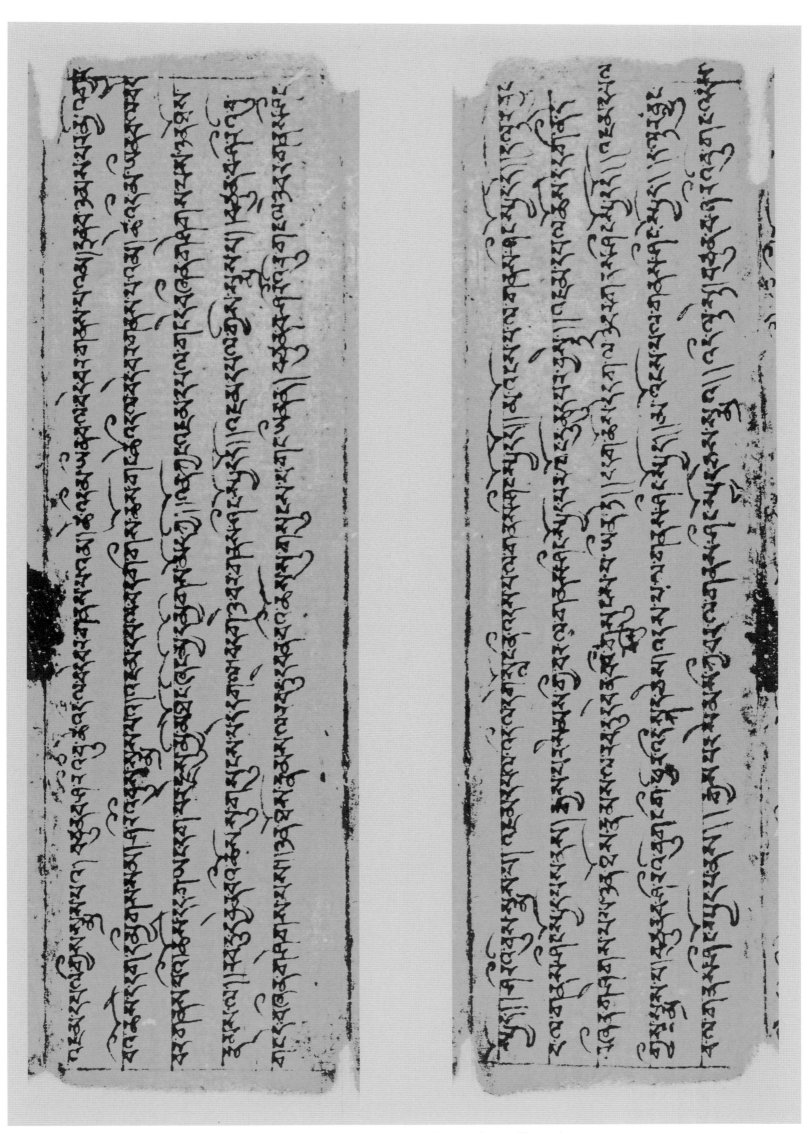

英 IOL.Tib.J.VOL.63　　3.འཕགས་པ་འཇམ་དཔལ་གནས་པ་ཞེས་བྱ་བ་ཐེག་པ་ཆེན་པོའི་མདོ།
3.聖文殊住大乘經　　(73-15)

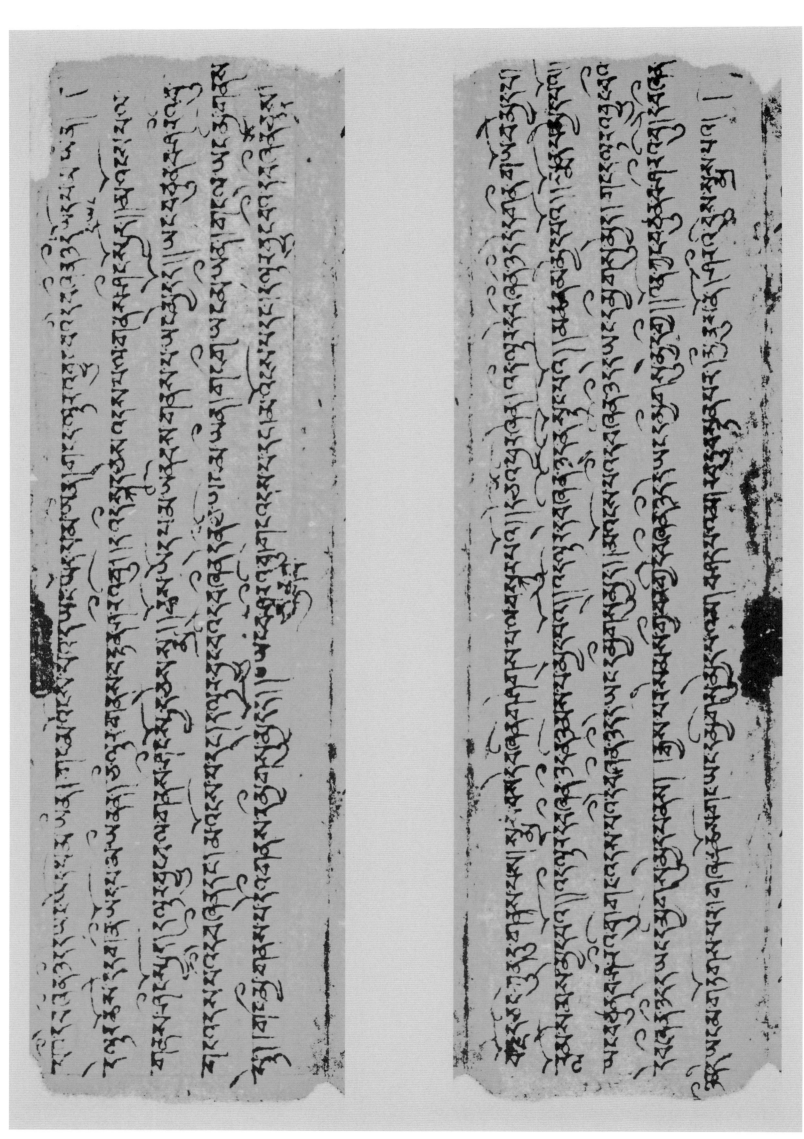

英 IOL.Tib.J.VOL.63　　3.འཕགས་པ་འཇམ་དཔལ་གནས་པ་ཞེས་བུ་བ་ཐེག་པ་ཆེན་པོའི་མདོ།

3.聖文殊住大乘經　　(73–16)

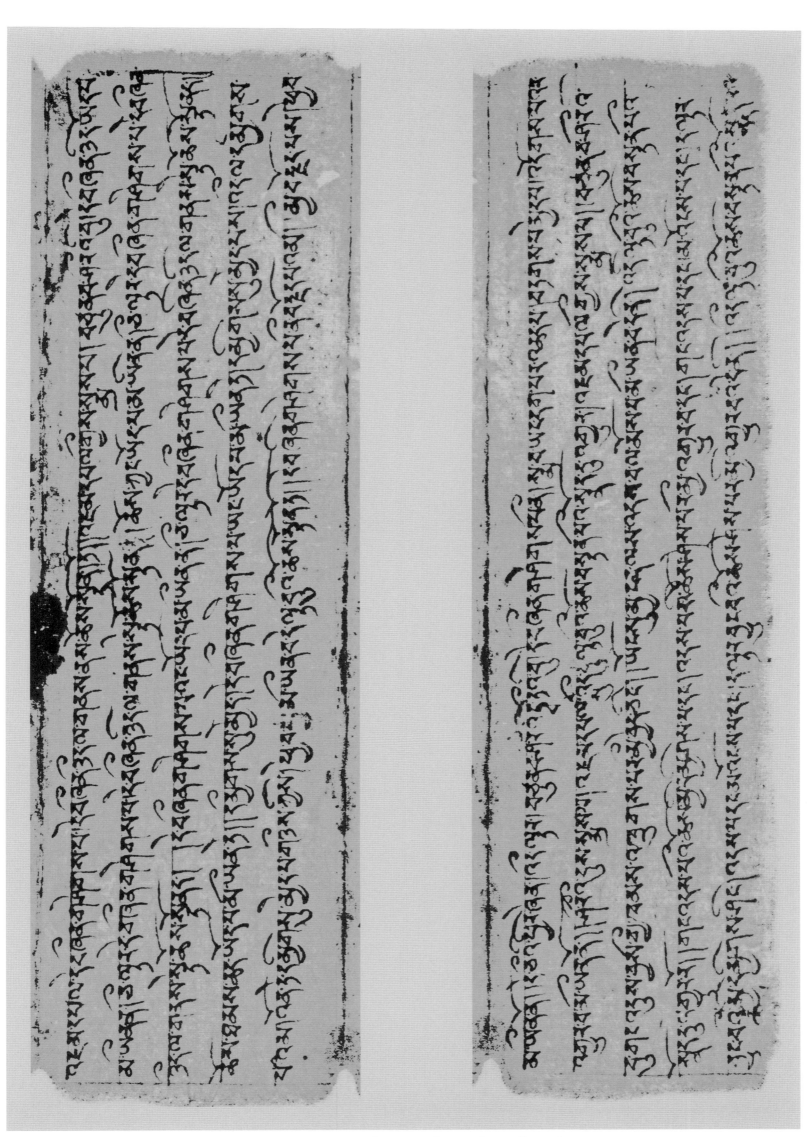

英 IOL.Tib.J.VOL.63   3.འཕགས་པ་འཇམ་དཔལ་གནས་པ་ཞེས་བྱ་བ་ཐེག་པ་ཆེན་པོའི་མདོ།

3.聖文殊住大乘經   (73-17)

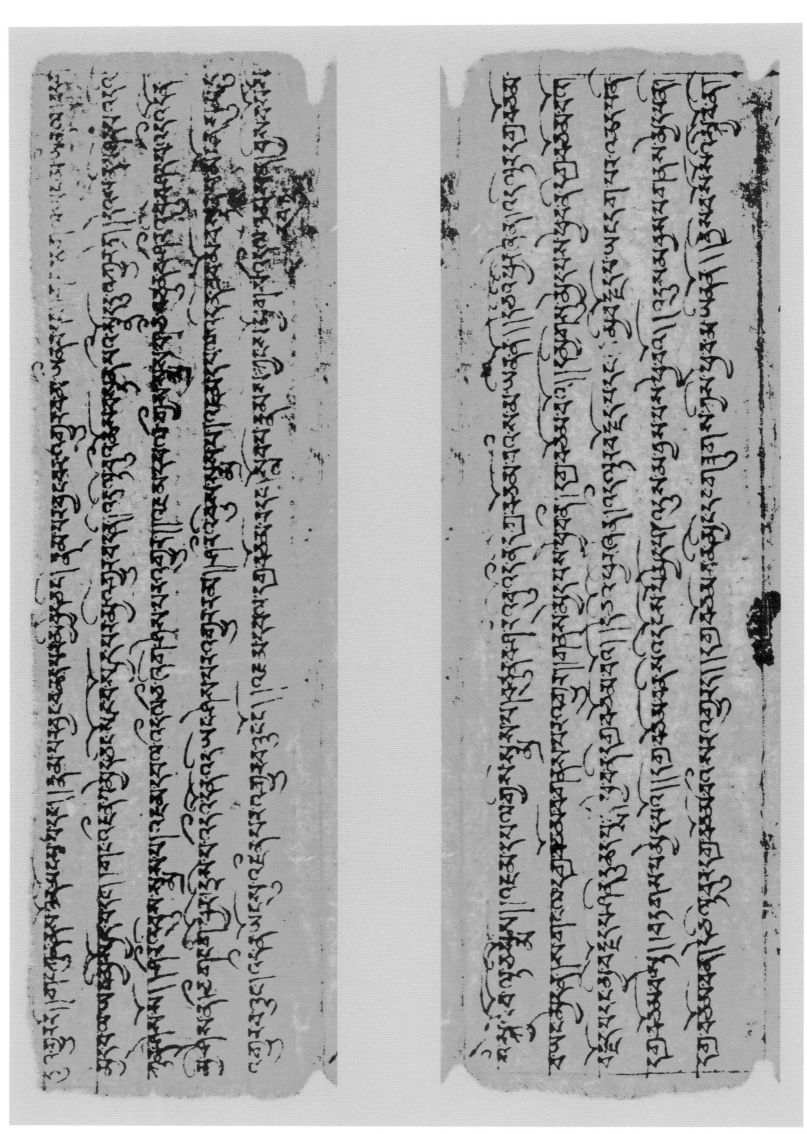

英 IOL.Tib.J.VOL.63　　3.འཕགས་པ་འཇམ་དཔལ་གནས་པ་ཞེས་བྱ་བ་ཐེག་པ་ཆེན་པོའི་མདོ།

3.聖文殊住大乘經　　(73-18)

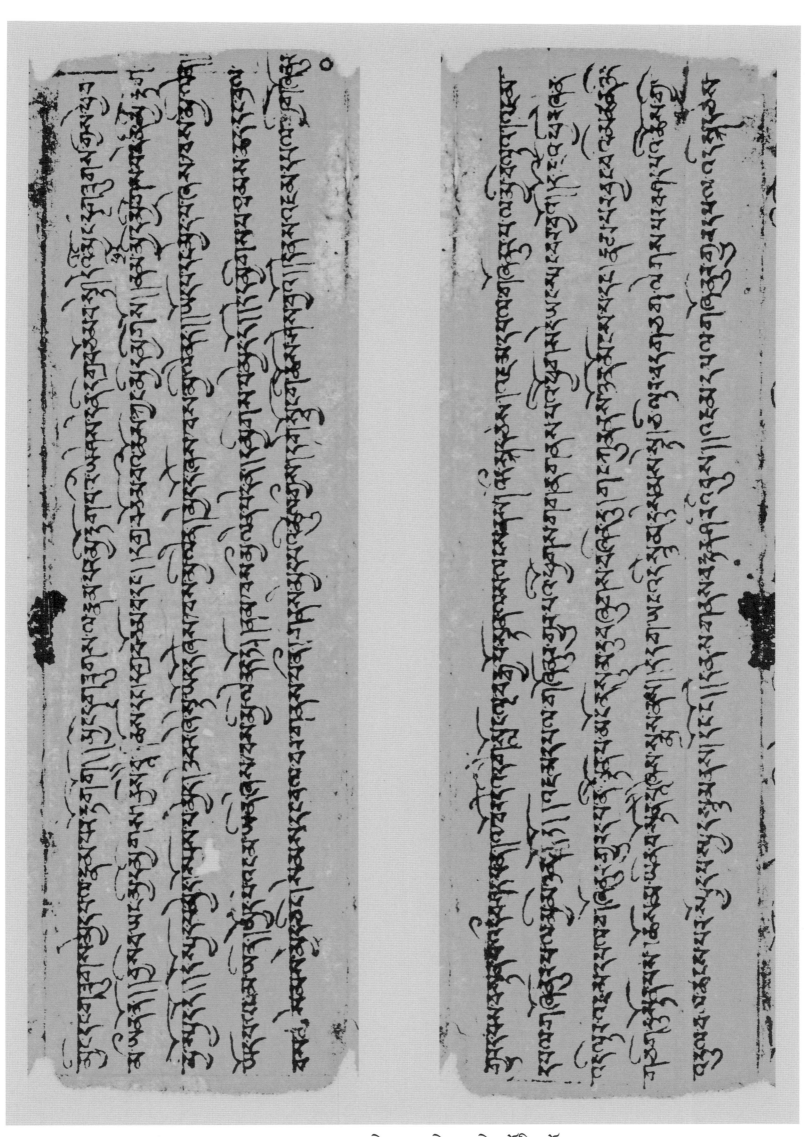

英 IOL.Tib.J.VOL.63　　3.འཕགས་པ་འཇམ་དཔལ་གནས་པ་ཞེས་བྱ་བ་ཐེག་པ་ཆེན་པོའི་མདོ།

3.聖文殊住大乘經　　(73–19)

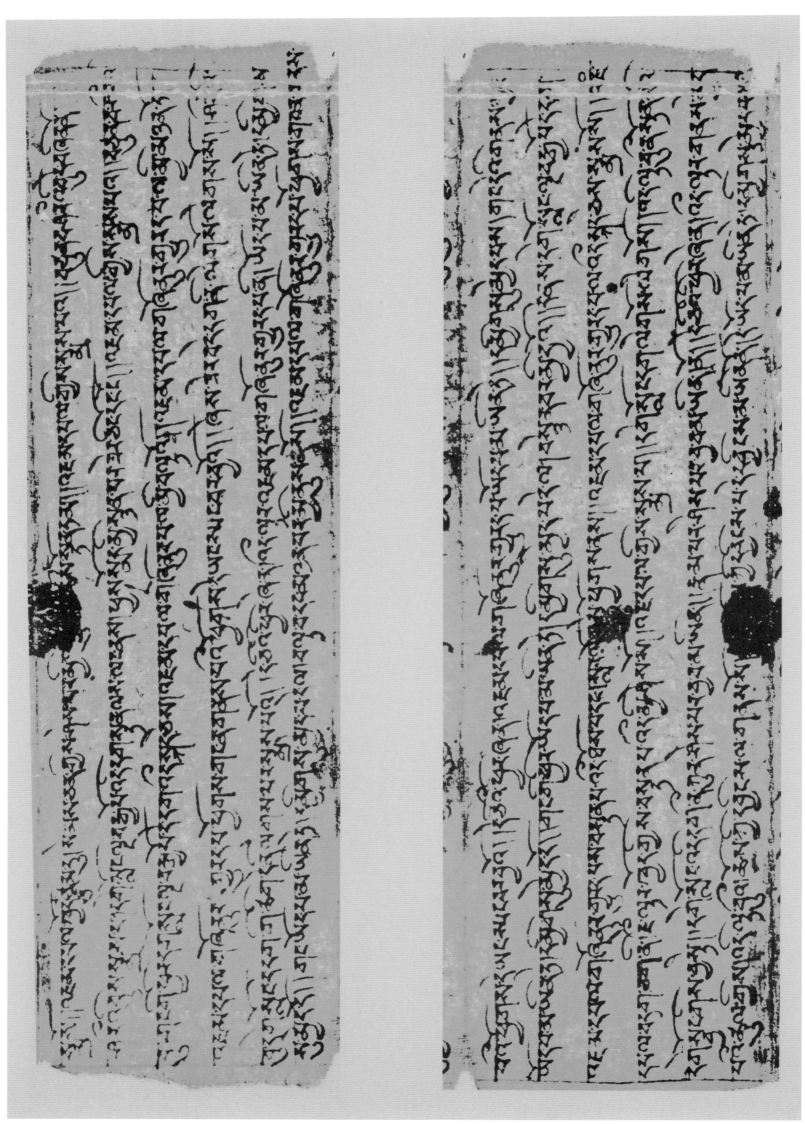

英 IOL.Tib.J.VOL.63　3.འཕགས་པ་འཇམ་དཔལ་གནས་པ་ཞེས་བྱ་བ་ཐེག་པ་ཆེན་པོའི་མདོ།

3.聖文殊住大乘經　　(73-20)

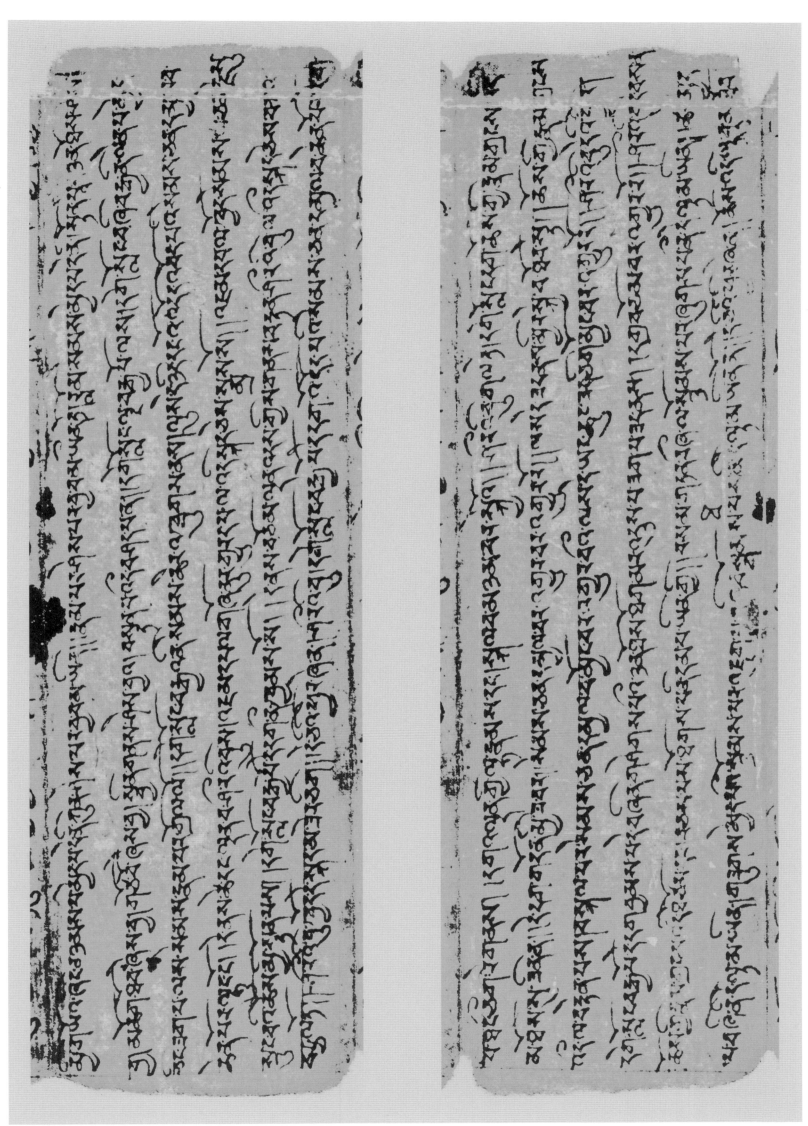

英 IOL.Tib.J.VOL.63　　3.འཕགས་པ་འཇམ་དཔལ་གནས་པ་ཞེས་བྱ་བ་ཐེག་པ་ཆེན་པོའི་མདོ།

3.聖文殊住大乘經　　(73–21)

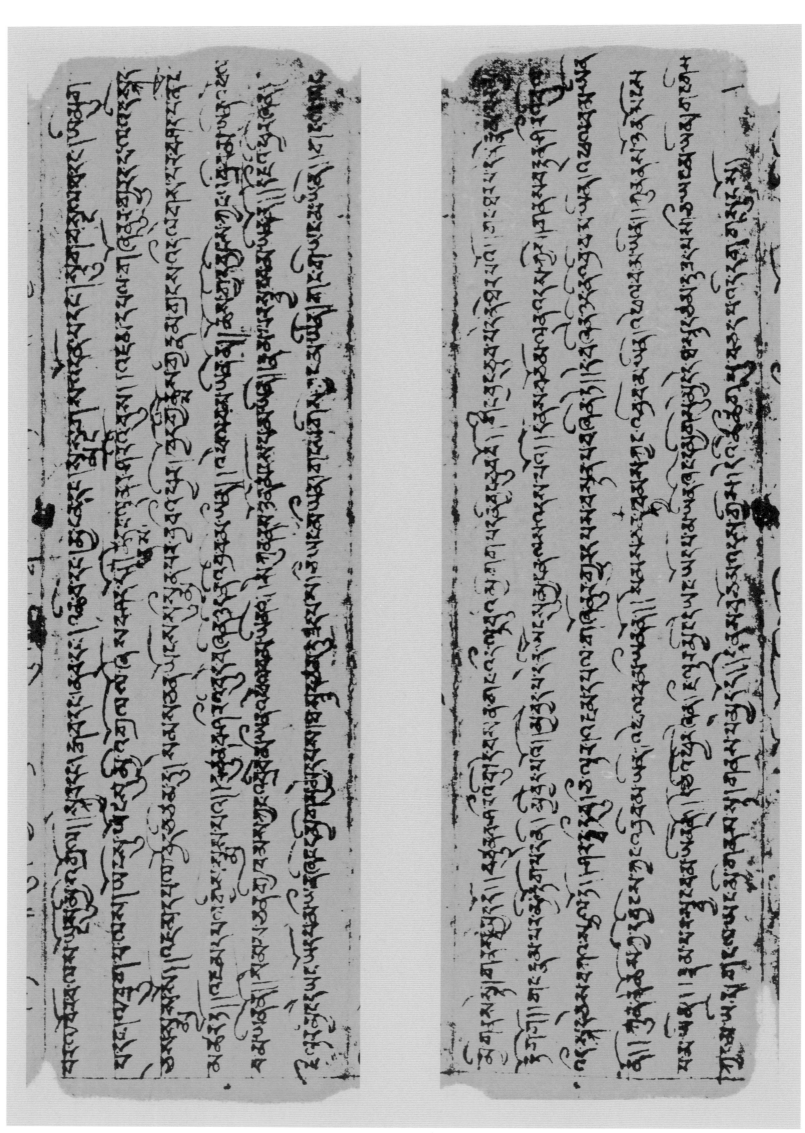

英 IOL.Tib.J.VOL.63　　3.འཕགས་པ་འཇམ་དཔལ་གནས་པ་ཞེས་བྱ་བ་ཐེག་པ་ཆེན་པོའི་མདོ།

3.聖文殊住大乘經　　　(73-22)

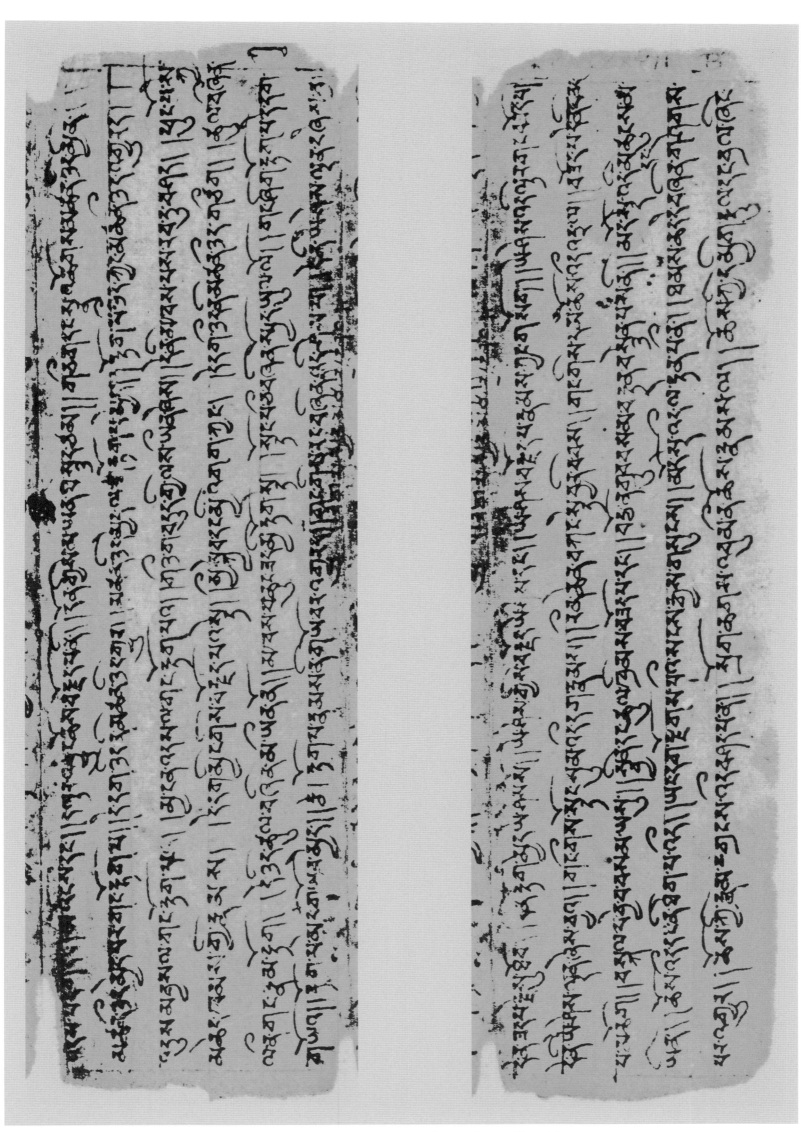

英 IOL.Tib.J.VOL.63　　३.འཕགས་པ་འཇམ་དཔལ་གནས་པ་ཞེས་བྱ་བ་ཐེག་པ་ཆེན་པོའི་མདོ།
　　　　　　　　３.聖文殊住大乘經　　(73–23)

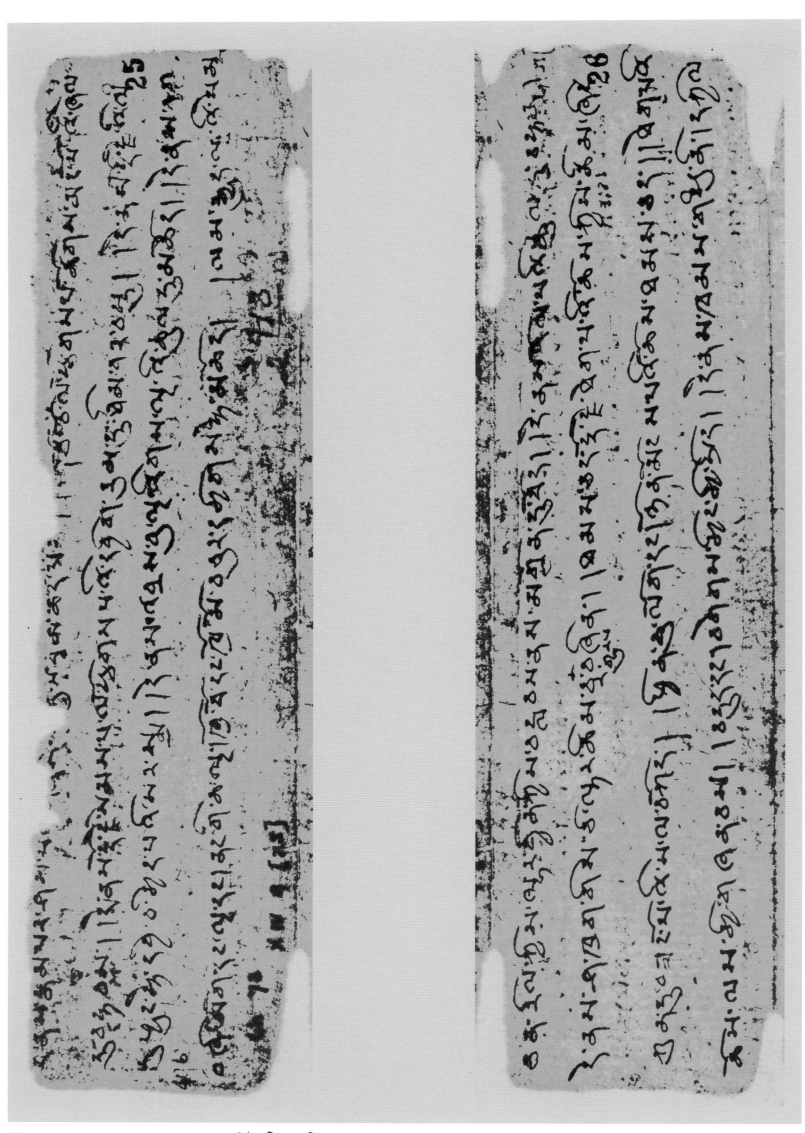

英 IOL.Tib.J.VOL.63　　4.ཕྱག་རྒྱ་དང་སྟོམ་རིམ་གཙེས་བཏུས༎

4.密宗觀想、手印、施食、供養等修習儀軌　　　(73–24)

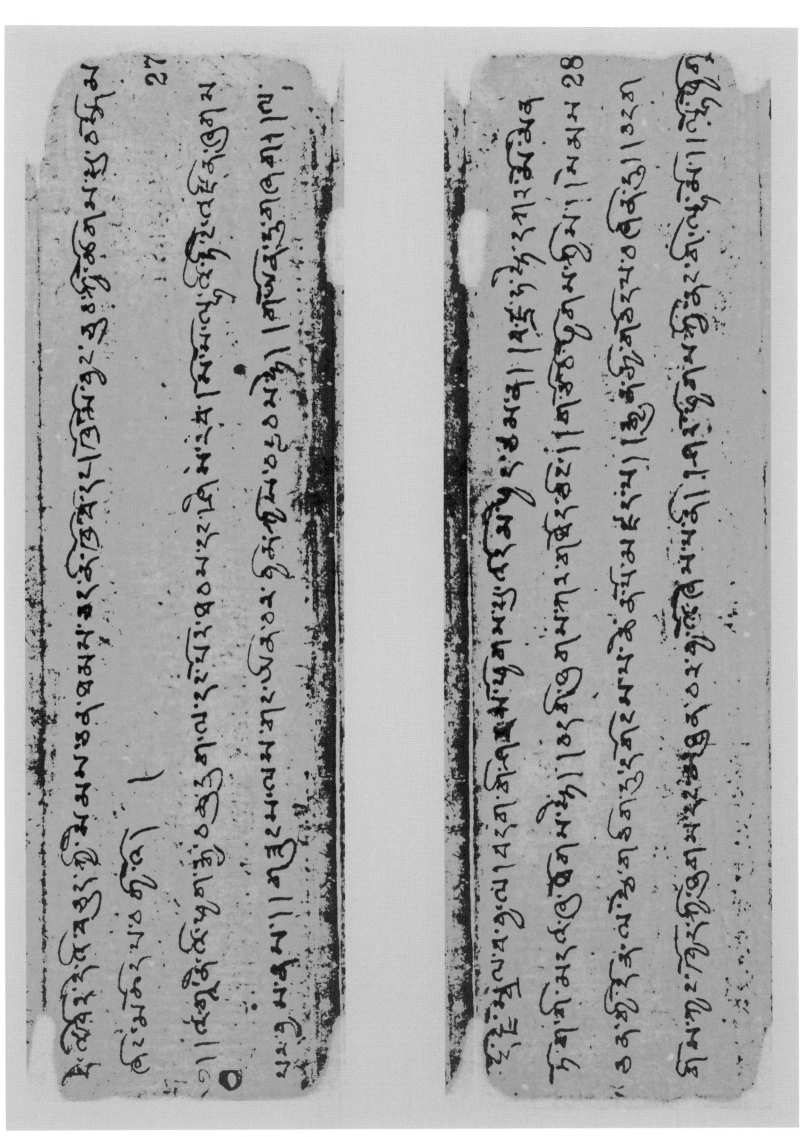

英 IOL.Tib.J.VOL.63　　4.ཕྱག་རྒྱ་དང་སློམ་རིམ་གཅིས་བཅུས།

4.密宗觀想、手印、施食、供養等修習儀軌　　(73-25)

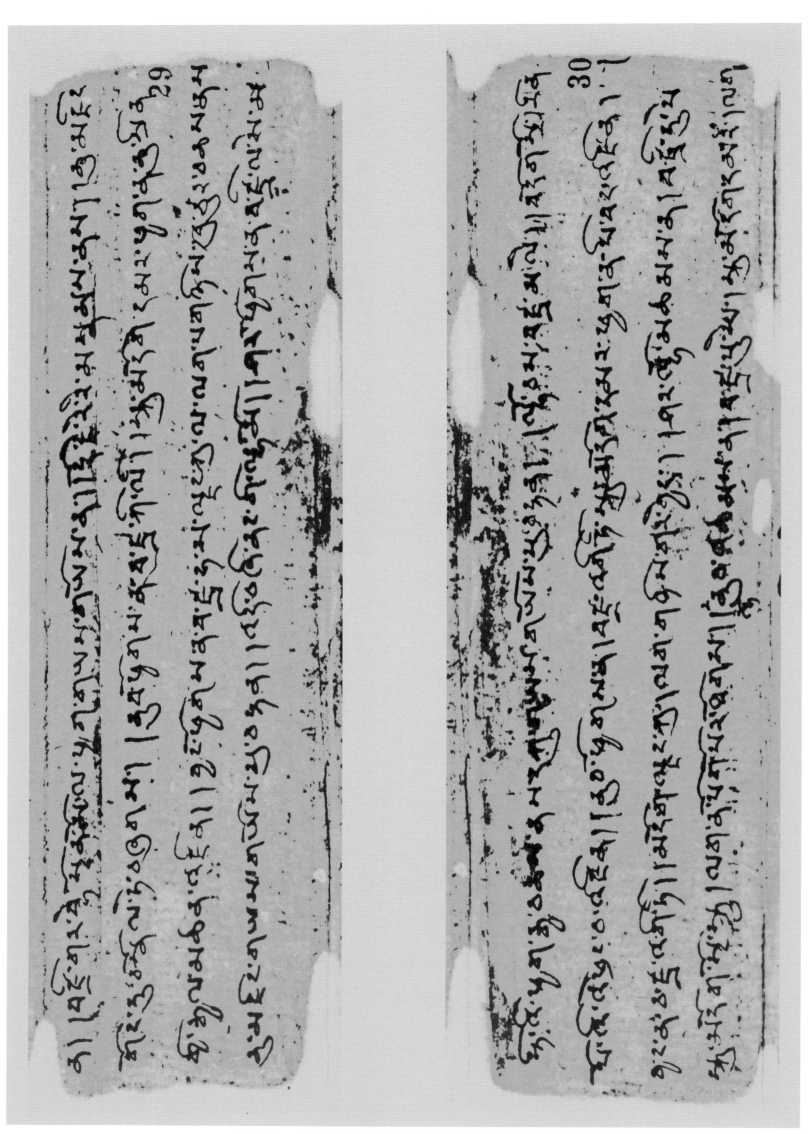

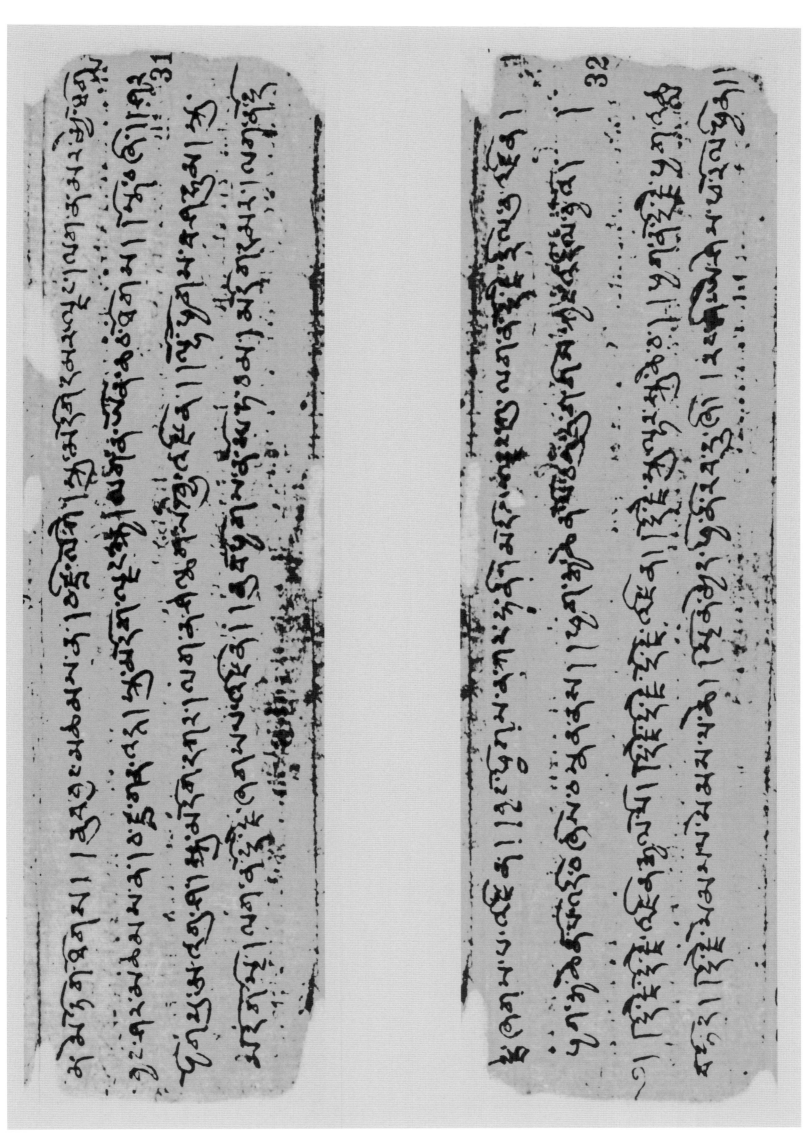

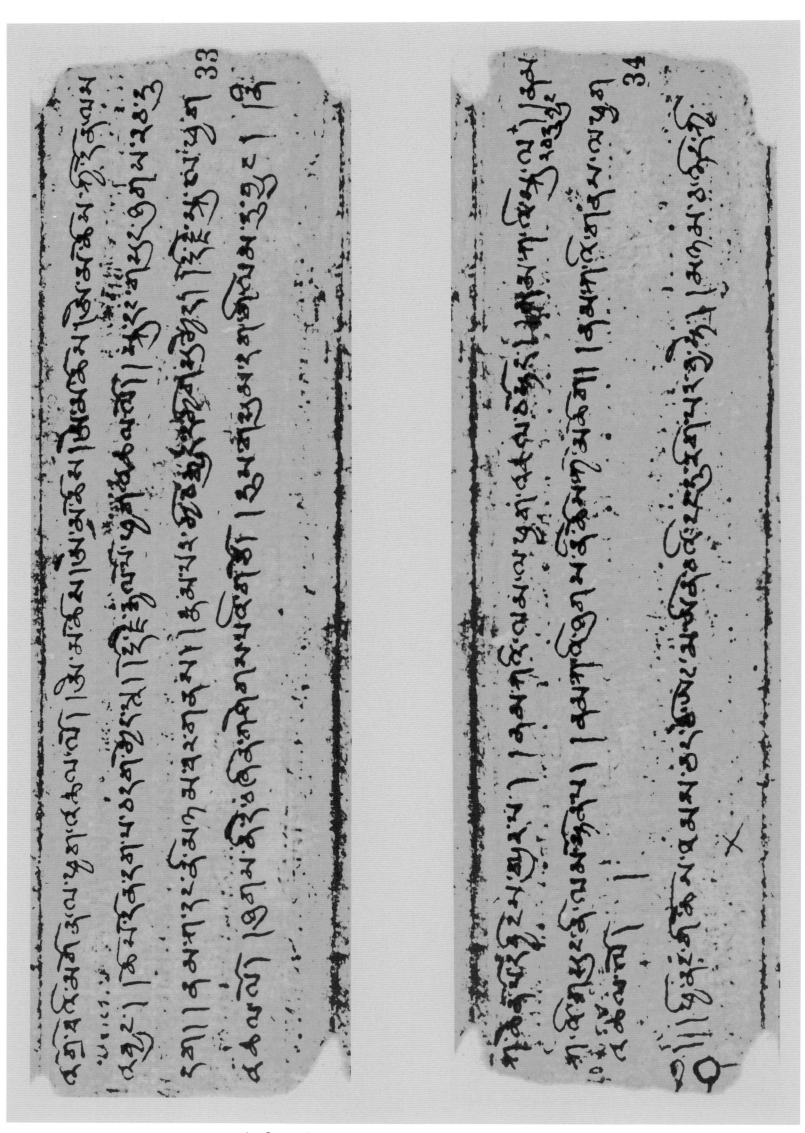

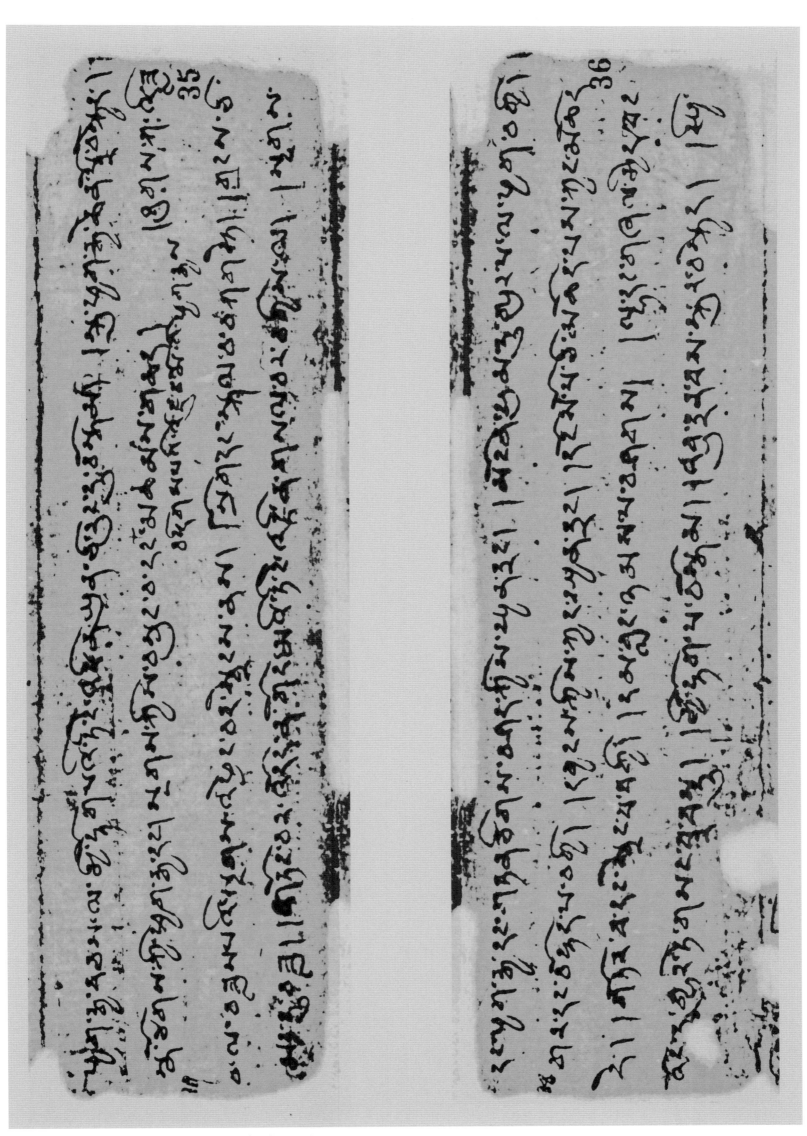

英 IOL.Tib.J.VOL.63　4.ཕྱག་རྒྱ་དང་སློམ་རིམ་གཅེས་བཏུས།

4.密宗觀想、手印、施食、供養等修習儀軌　　(73-29)

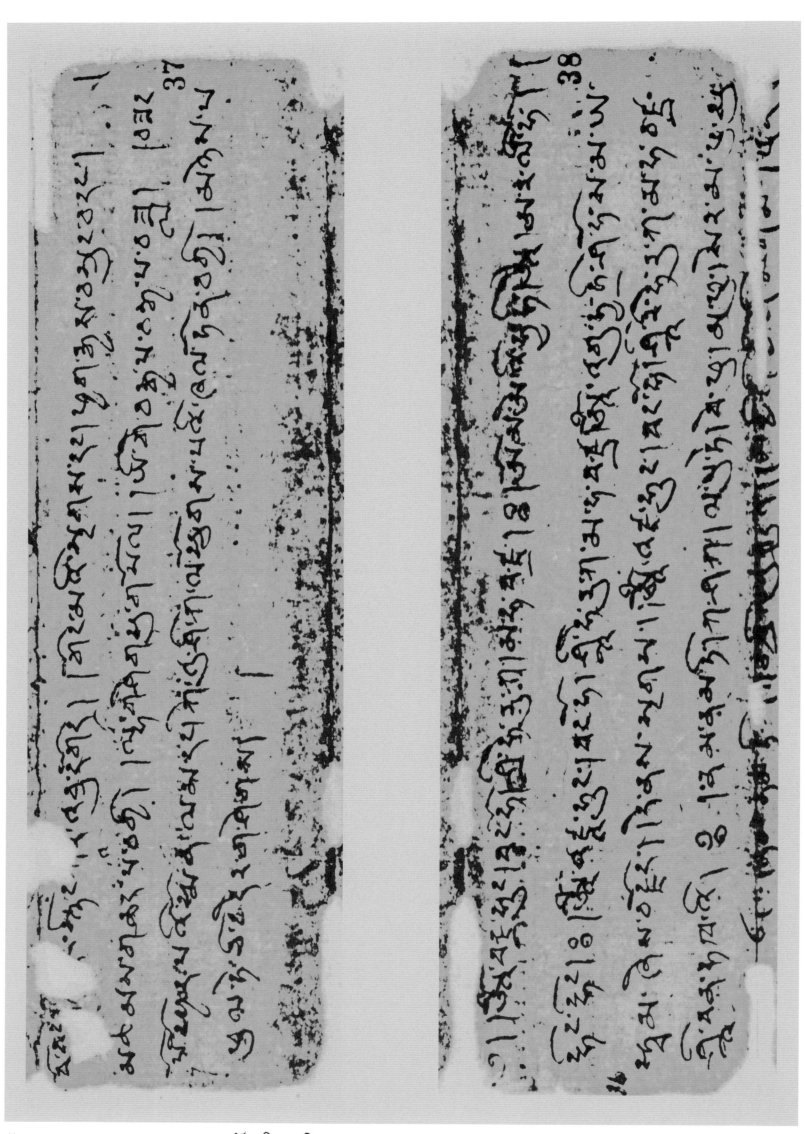

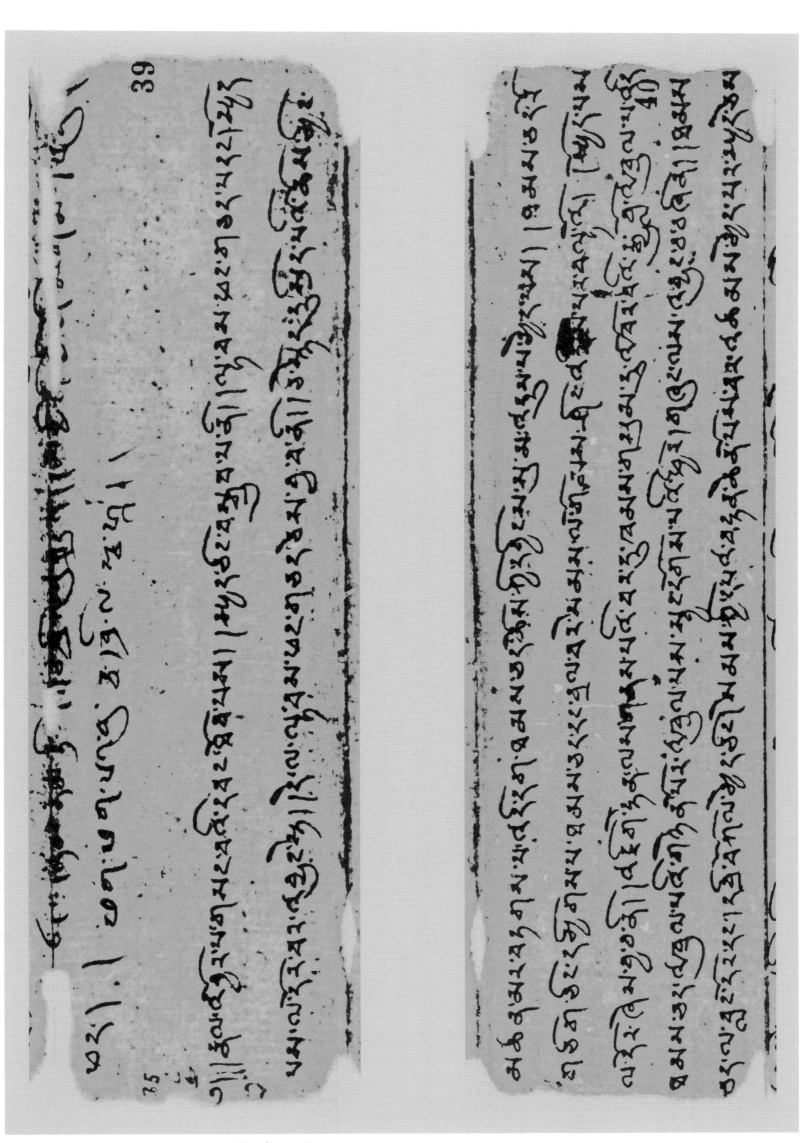

英 IOL.Tib.J.VOL.63　4.ཕྱག་རྒྱ་དང་སྐོམ་རིམ་གཅིས་བཏུས།

4.密宗觀想、手印、施食、供養等修習儀軌　(73–31)

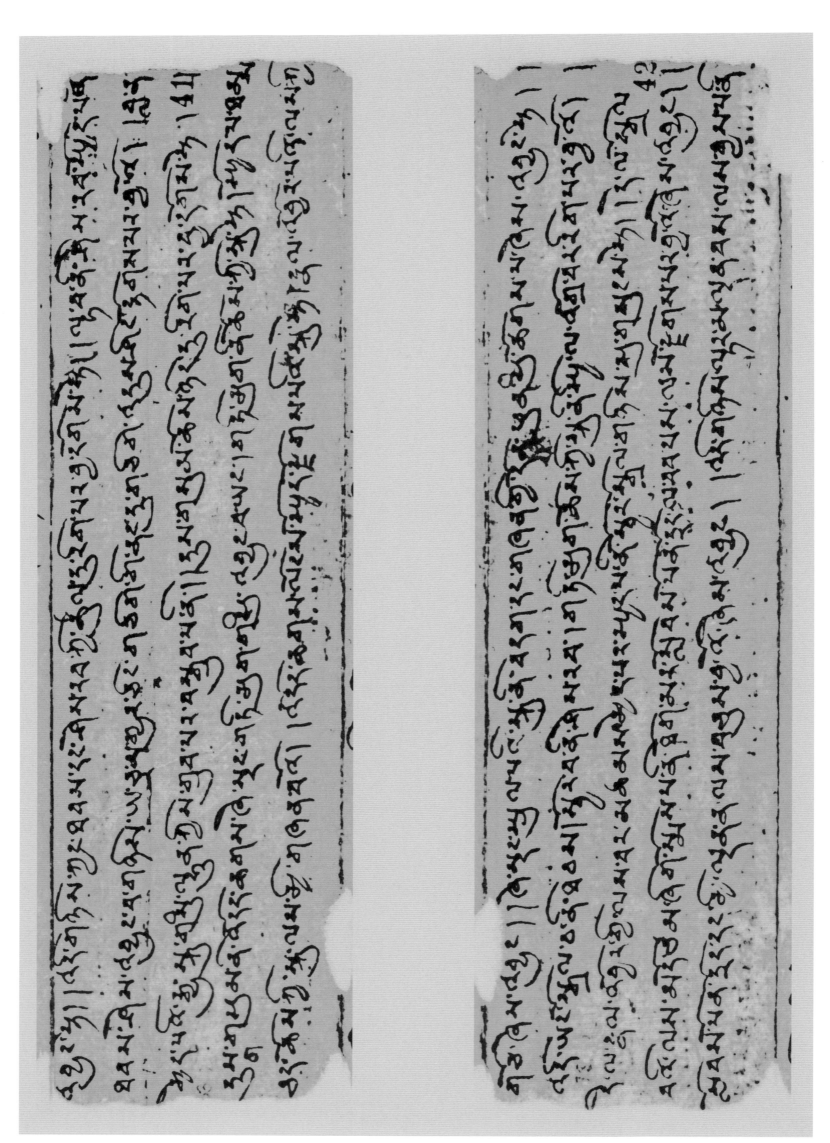

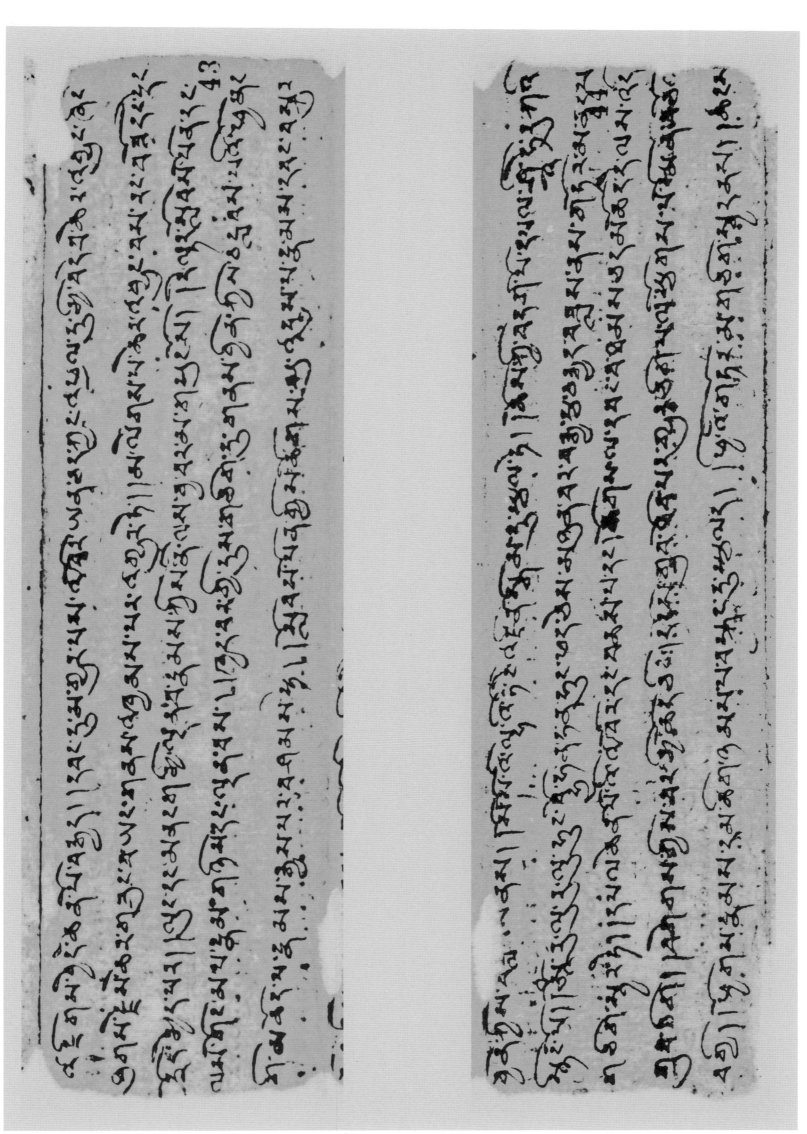

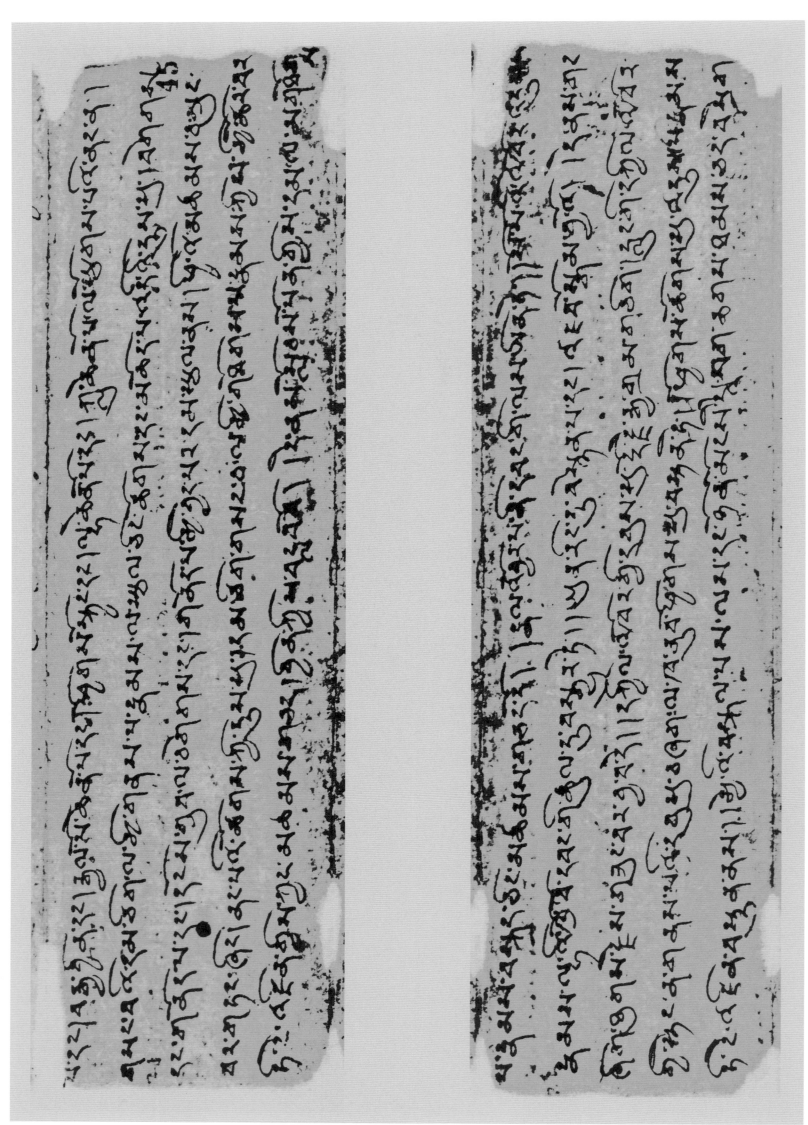

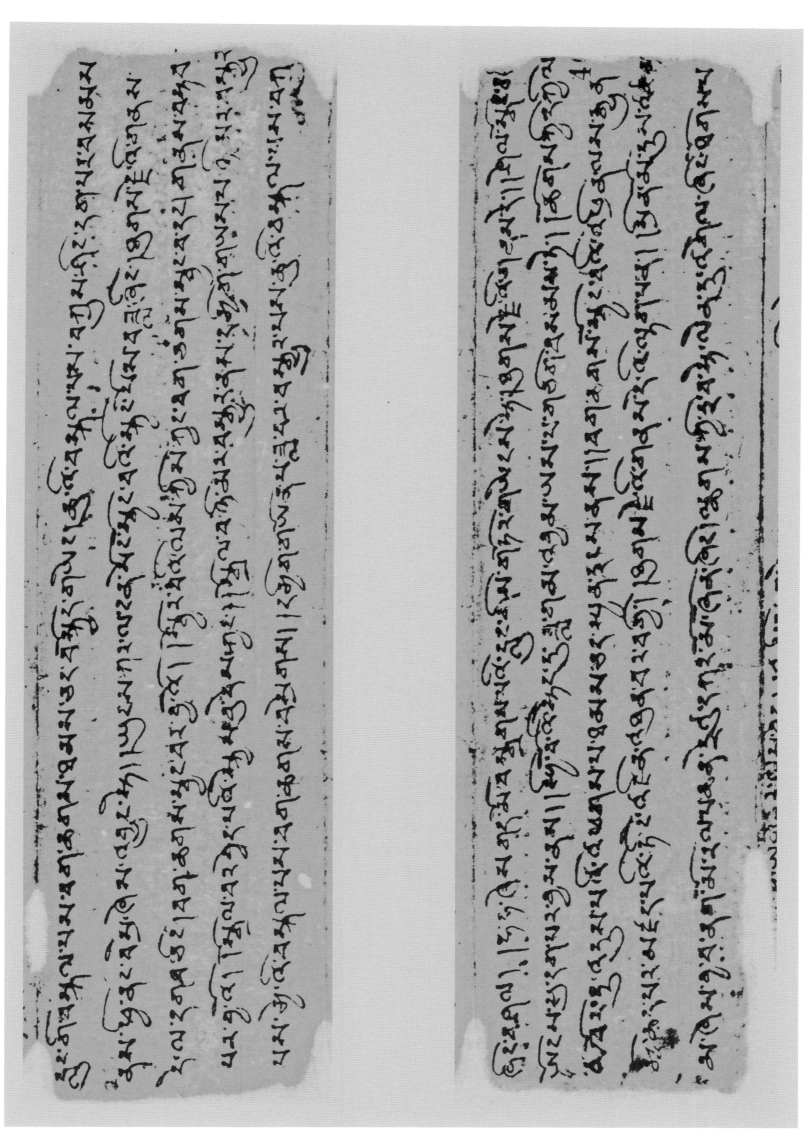

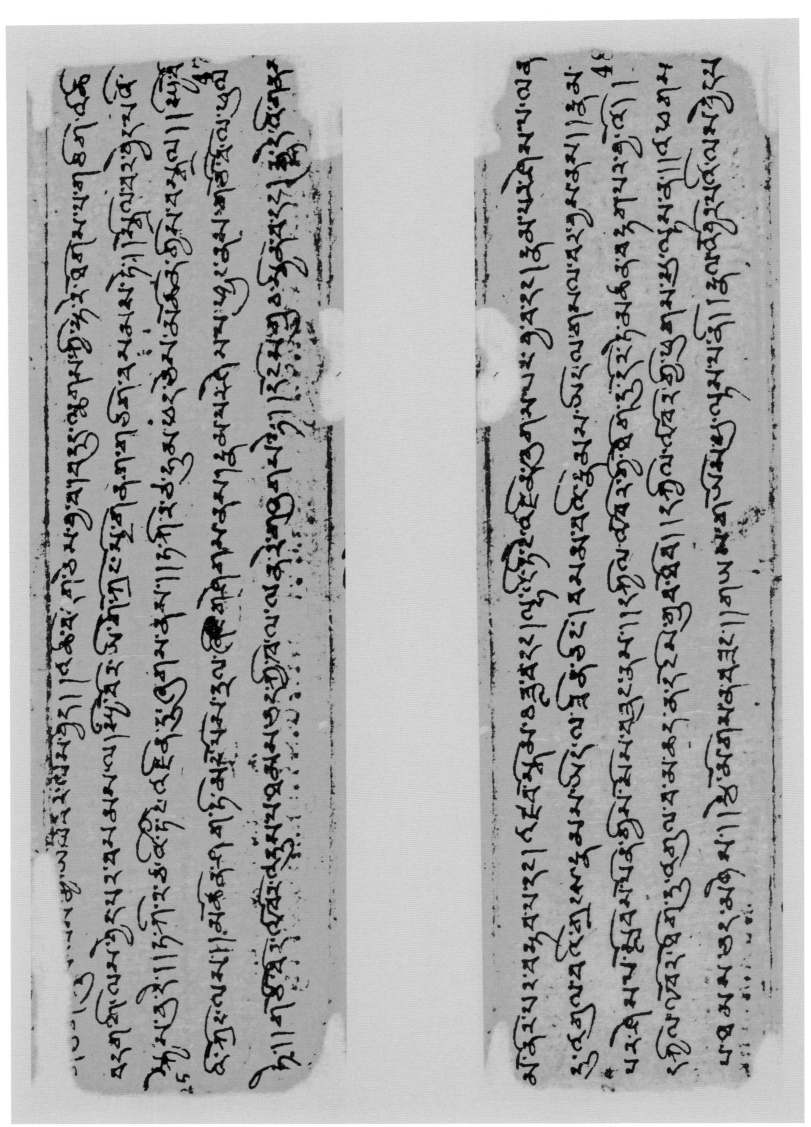

英 IOL.Tib.J.VOL.63　　4.ཕྱག་རྒྱ་དང་སྨན་རིལ་གཙེས་བཏུས།

4.密宗觀想、手印、施食、供養等修習儀軌　　(73-36)

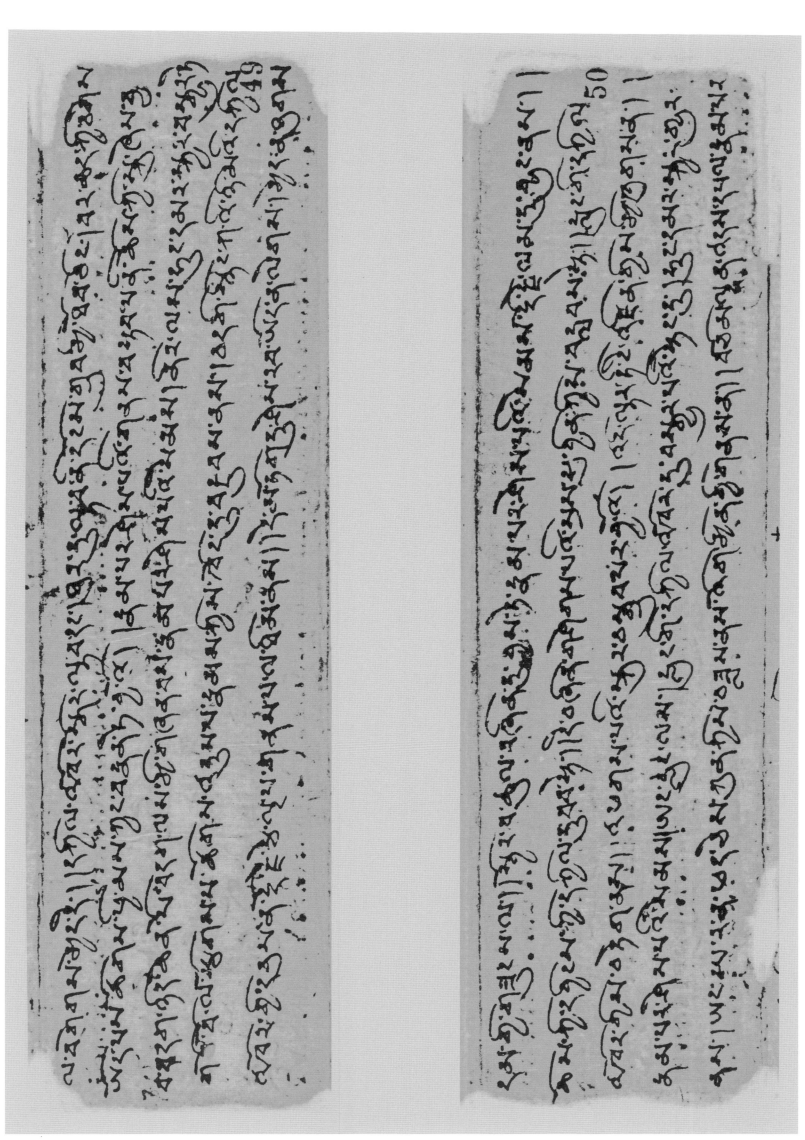

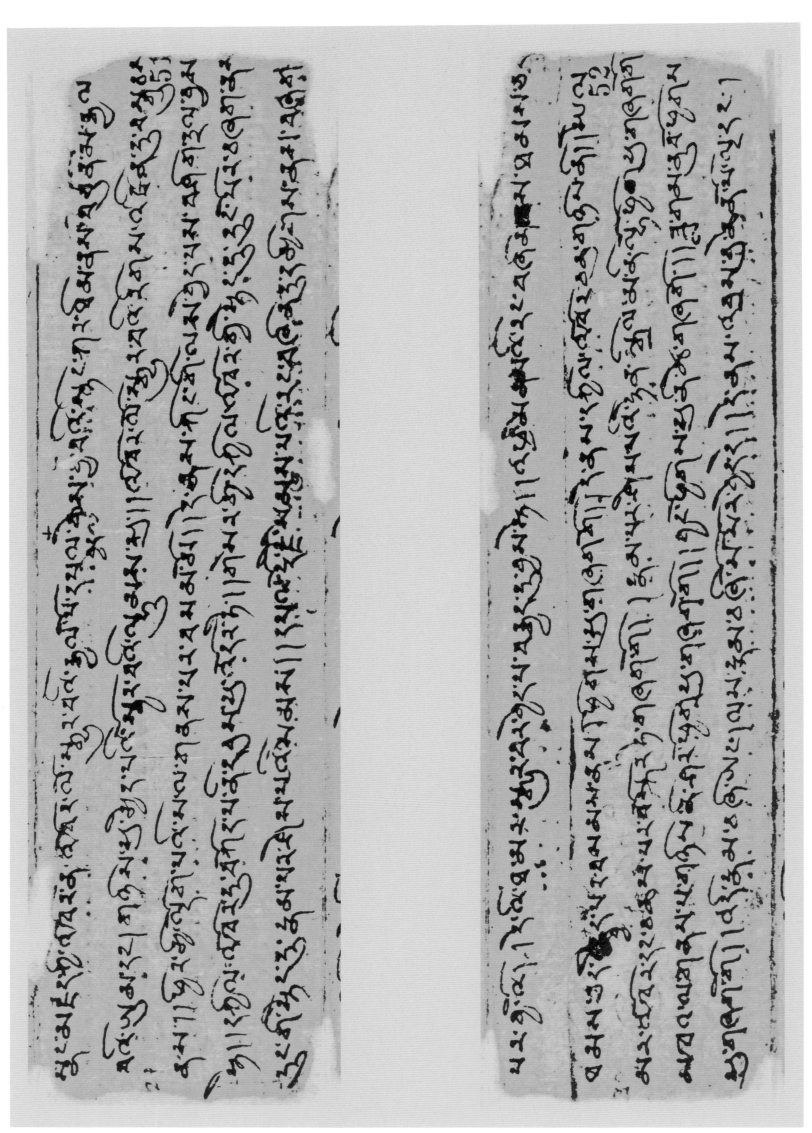

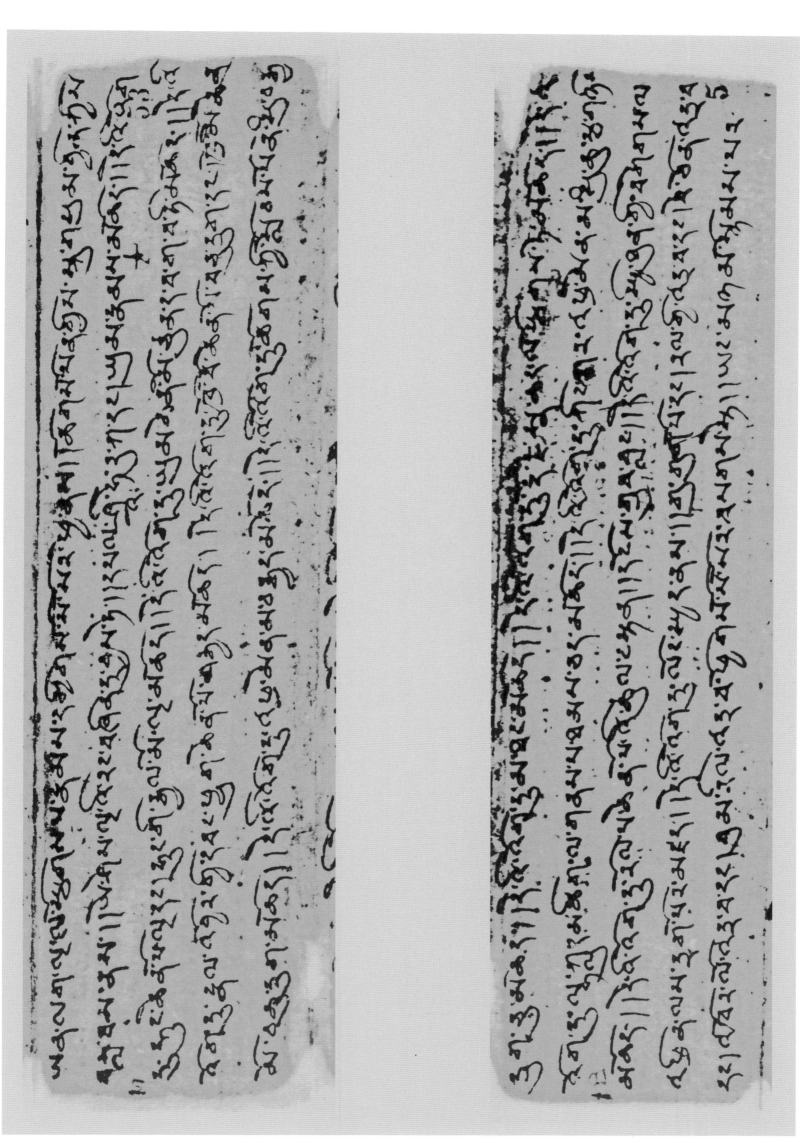

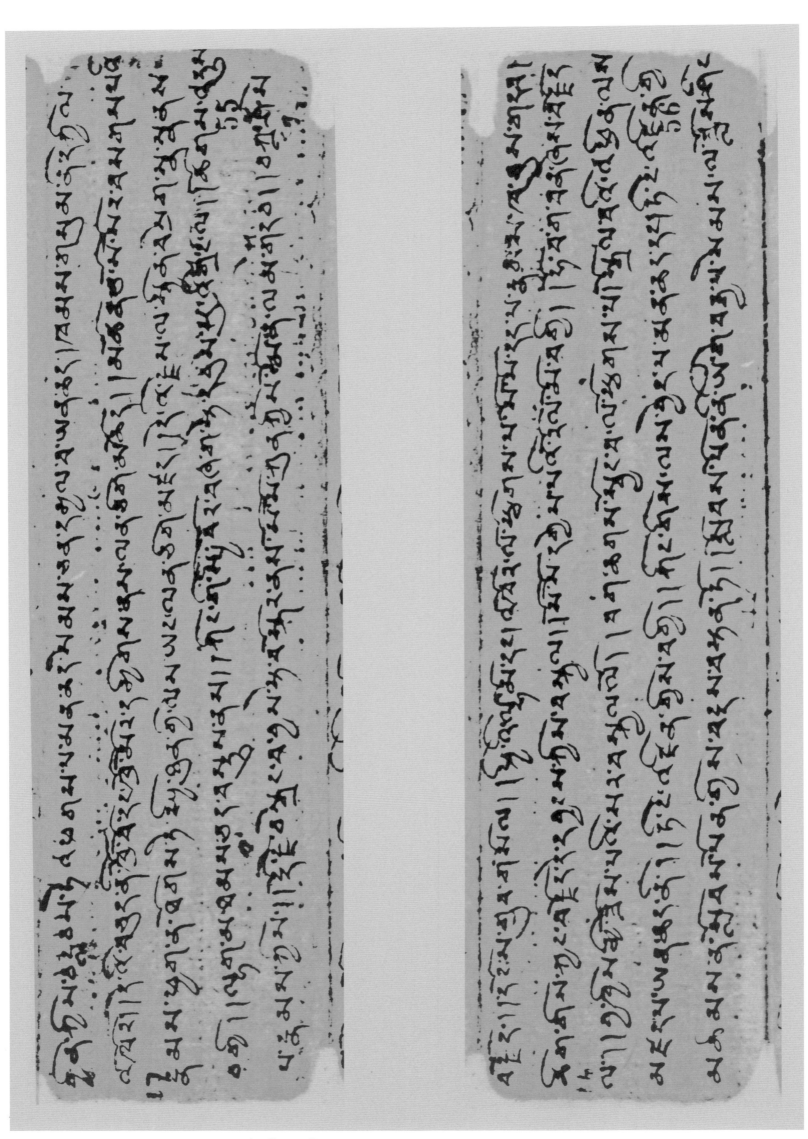

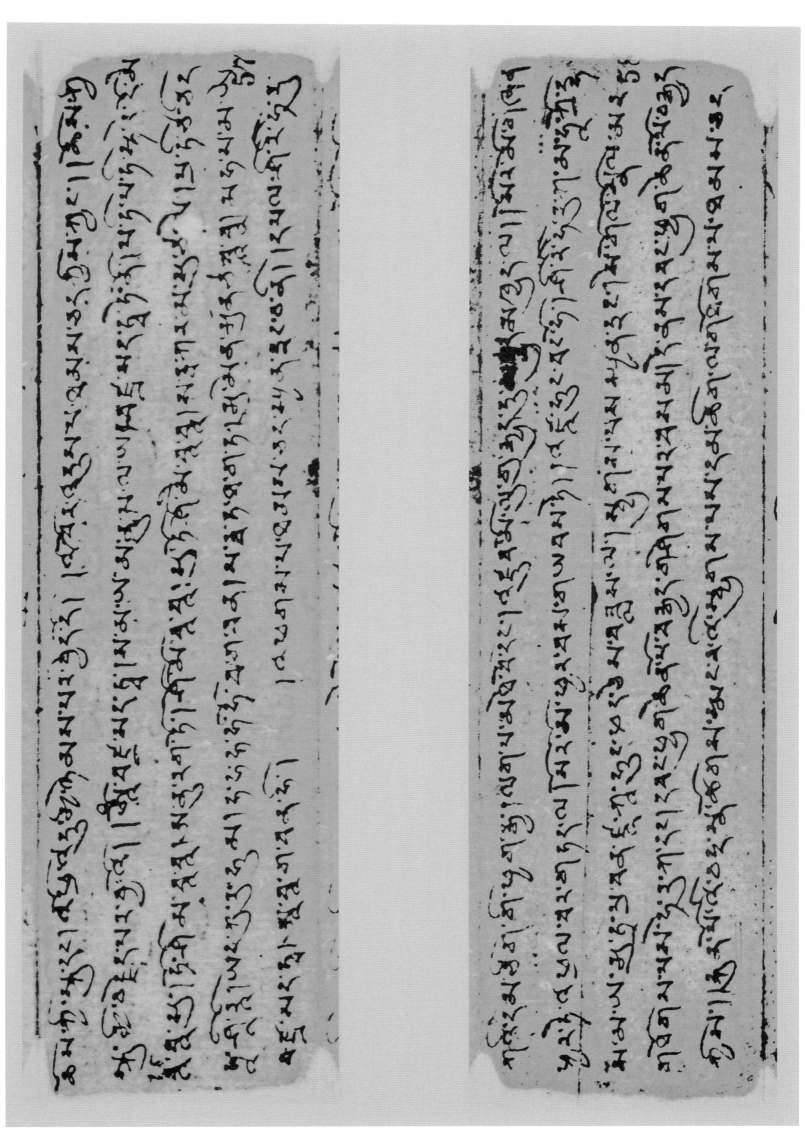

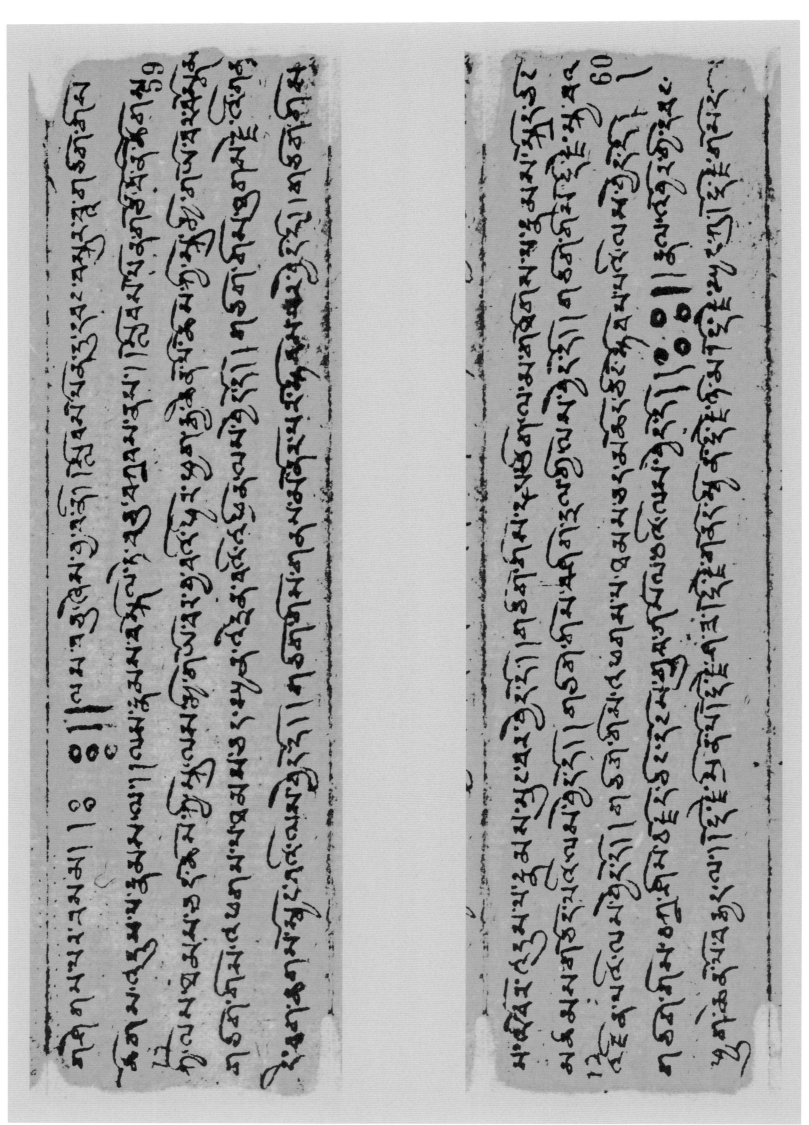

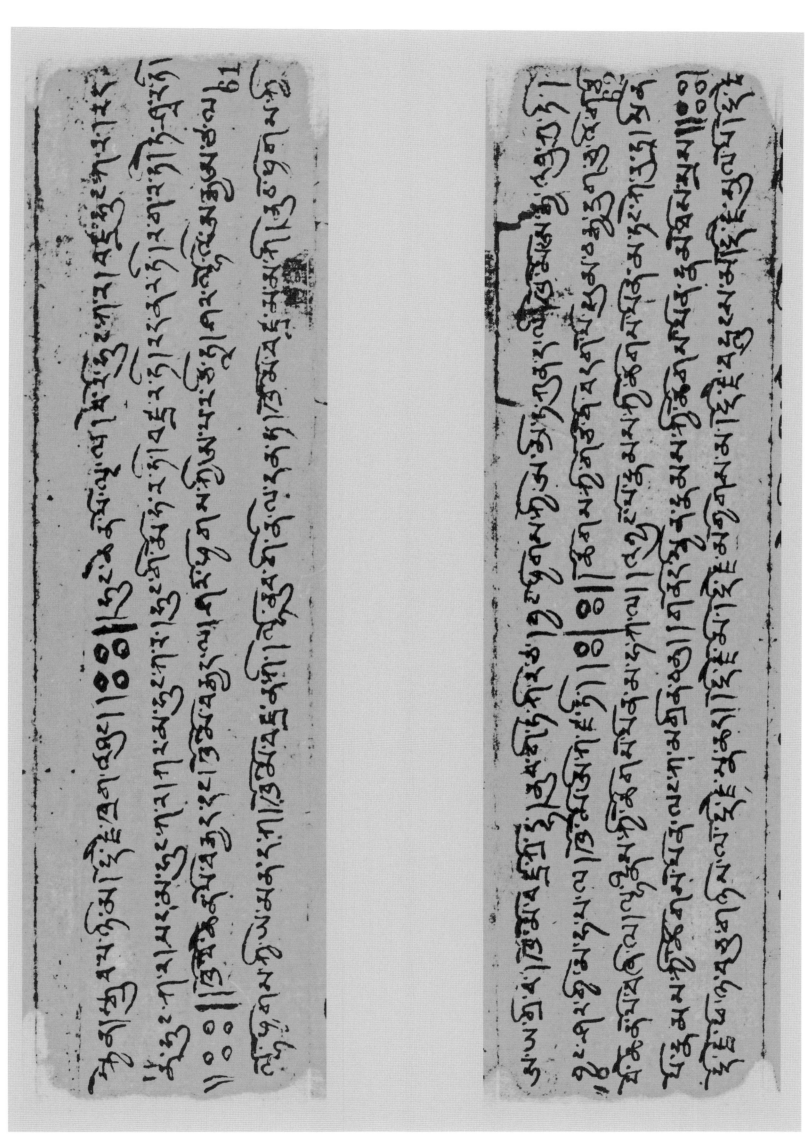

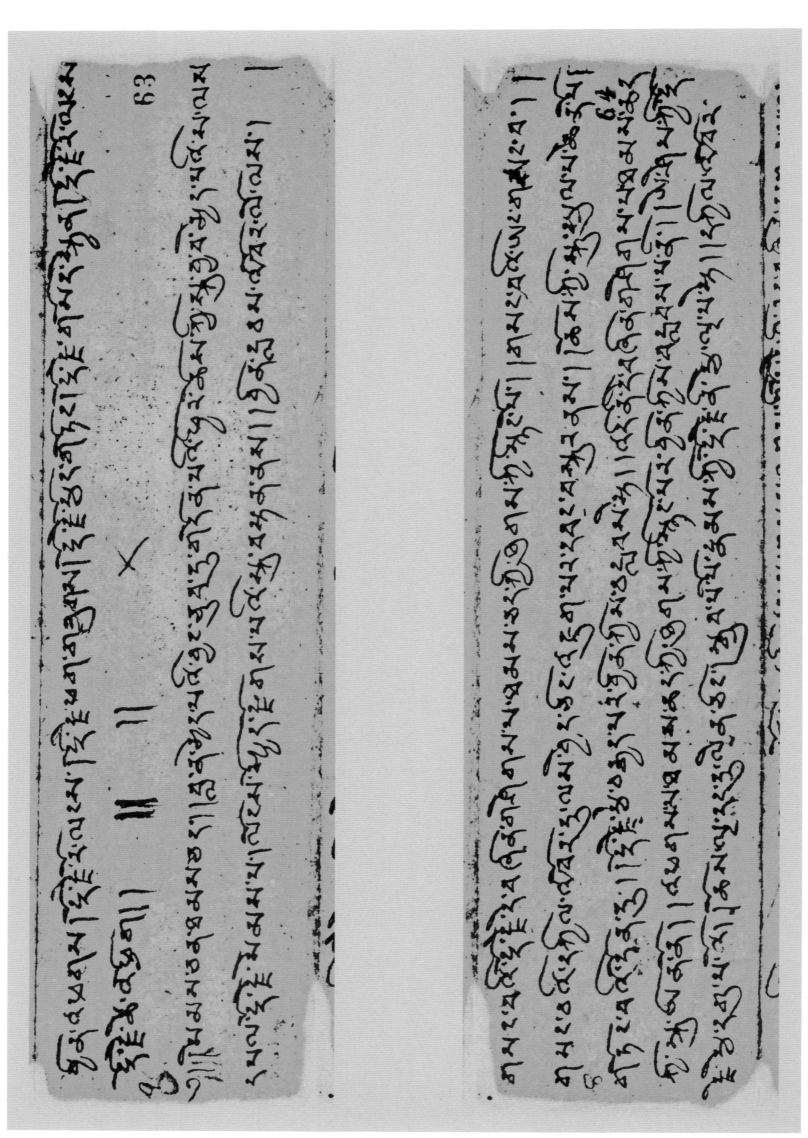

英 IOL.Tib.J.VOL.63　　4.ཕྱག་རྒྱ་དང་སྐོམ་རིམ་གཅེས་བཏུས།

4.密宗觀想、手印、施食、供養等修習儀軌　　(73-44)

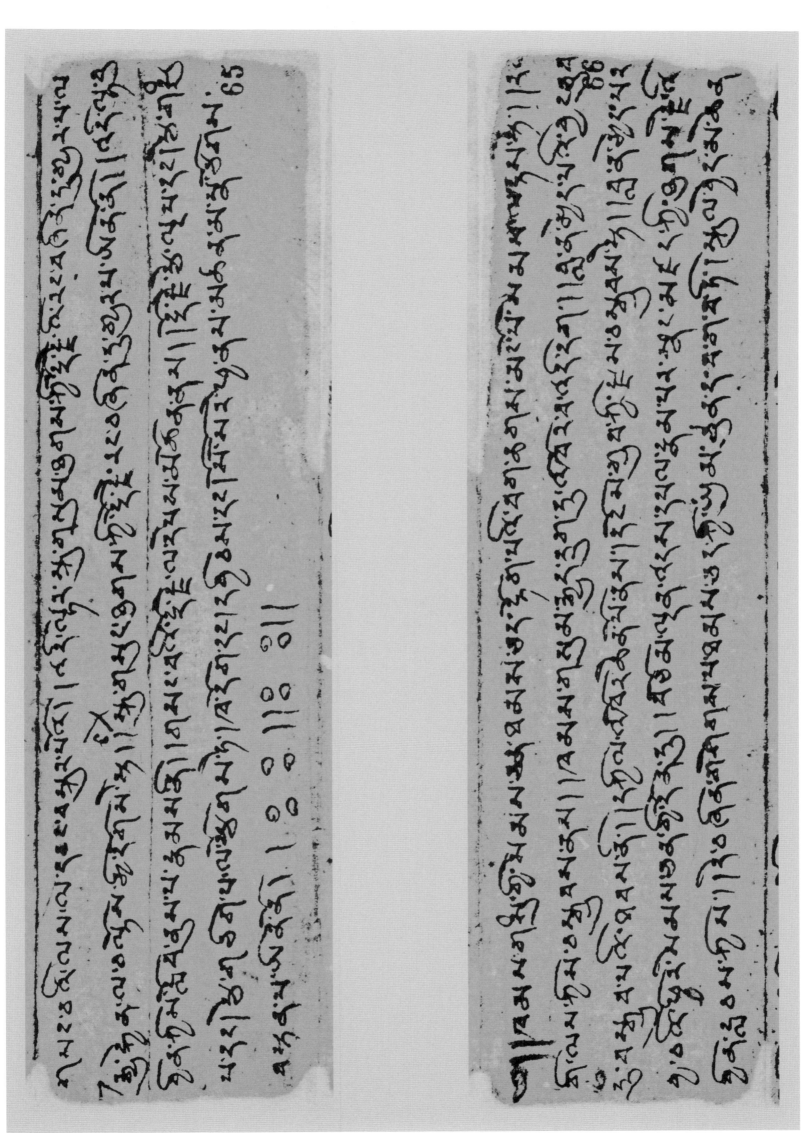

英 IOL.Tib.J.VOL.63　　4.ཕྱག་རྒྱ་དང་སྐོམ་རིམ་གཅེས་བཏུས།

4.密宗觀想、手印、施食、供養等修習儀軌　　(73-45)

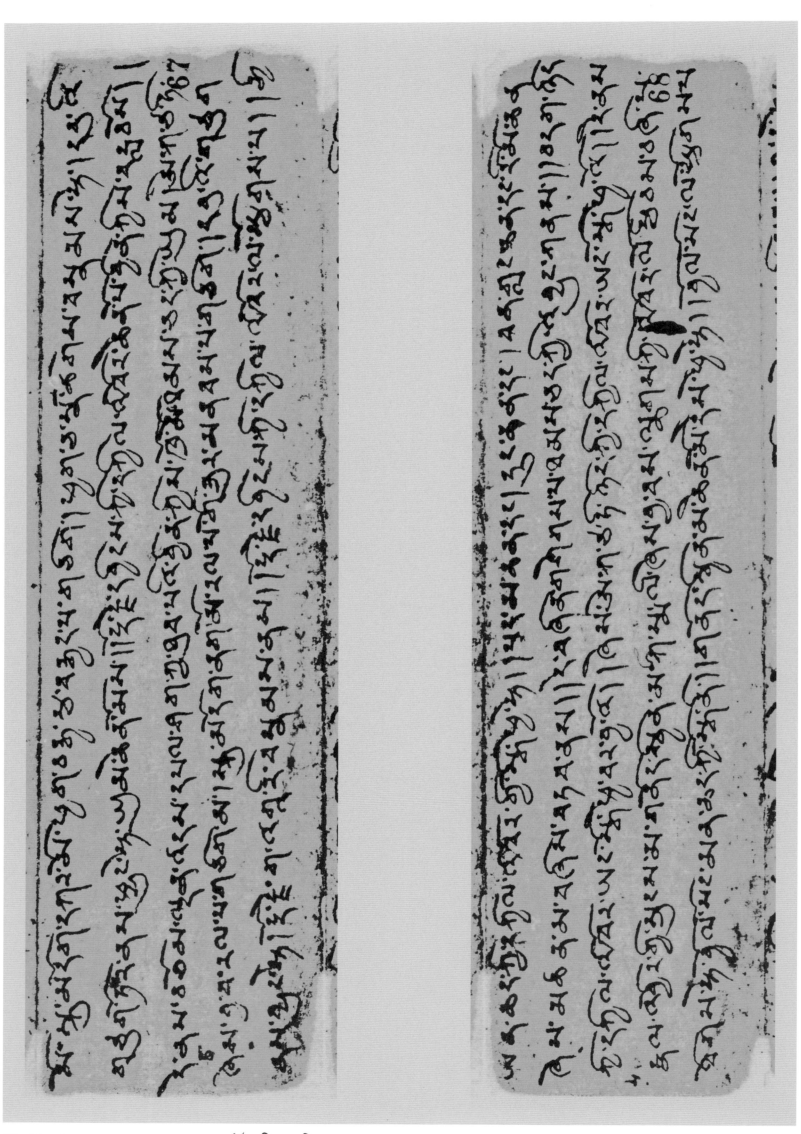

英 IOL.Tib.J.VOL.63　4.ཕྱག་རྒྱ་དང་སྦྱིམ་རིམ་གཅིན་བཏུས།
4.密宗觀想、手印、施食、供養等修習儀軌　　(73–46)

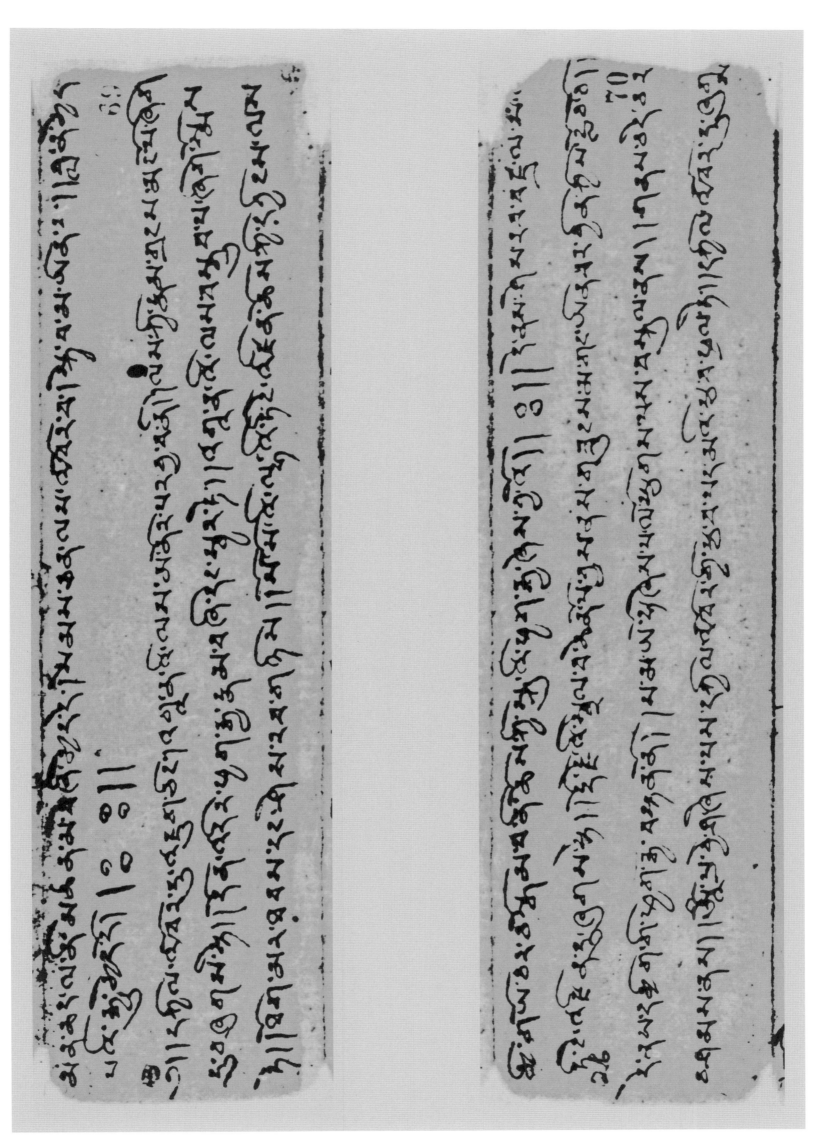

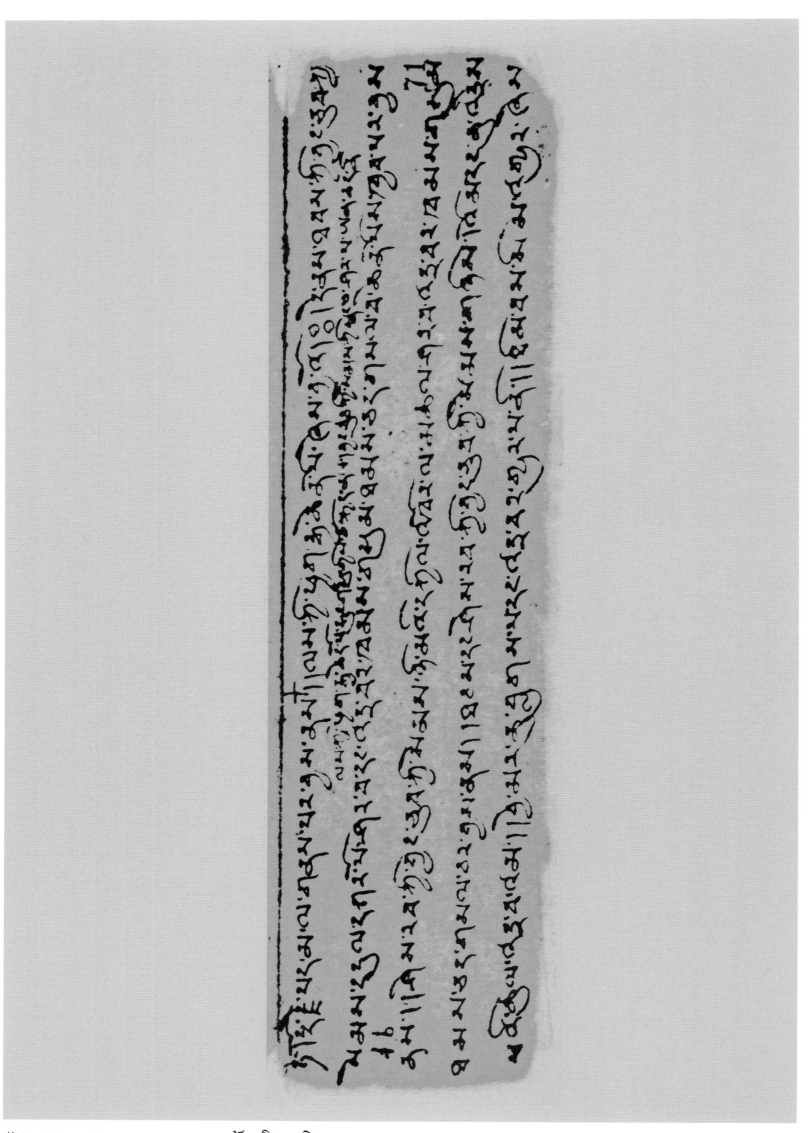

英 IOL.Tib.J.VOL.63　　4.ཕྱག་རྒྱ་དང་སློབ་རིམ་གཅེས་བཏུས།

4.密宗觀想、手印、施食、供養等修習儀軌　　(73-48)

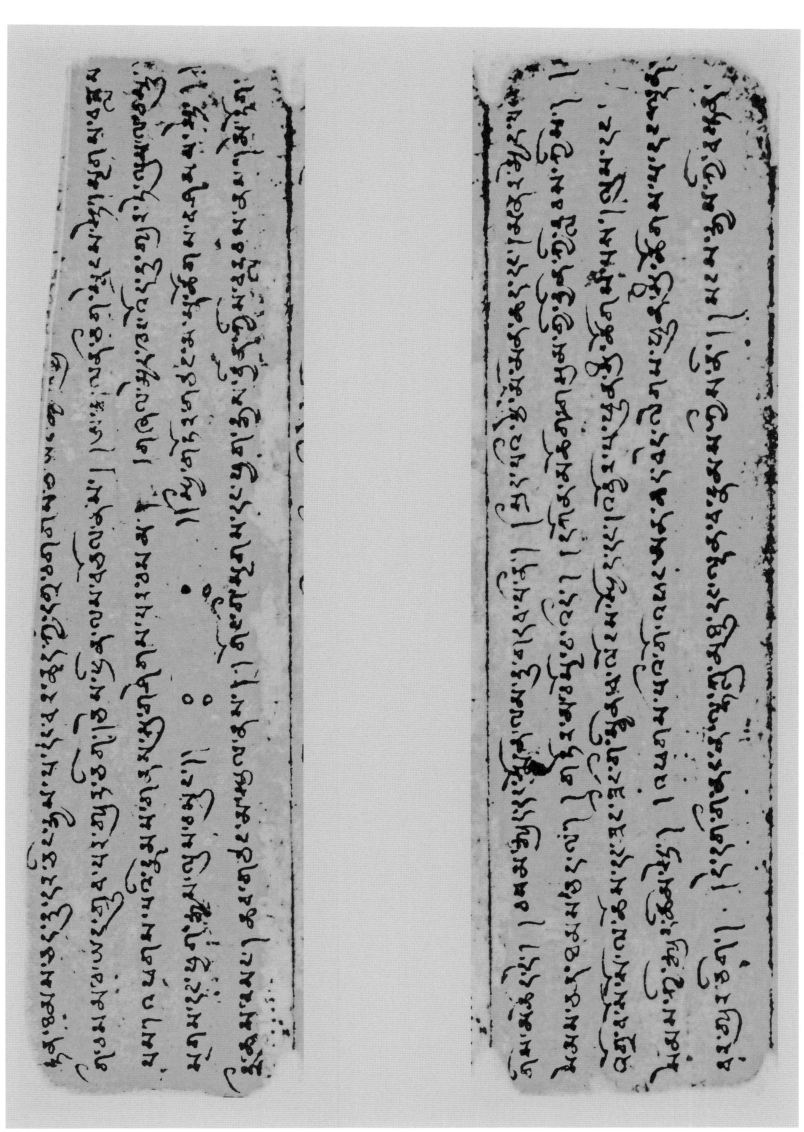

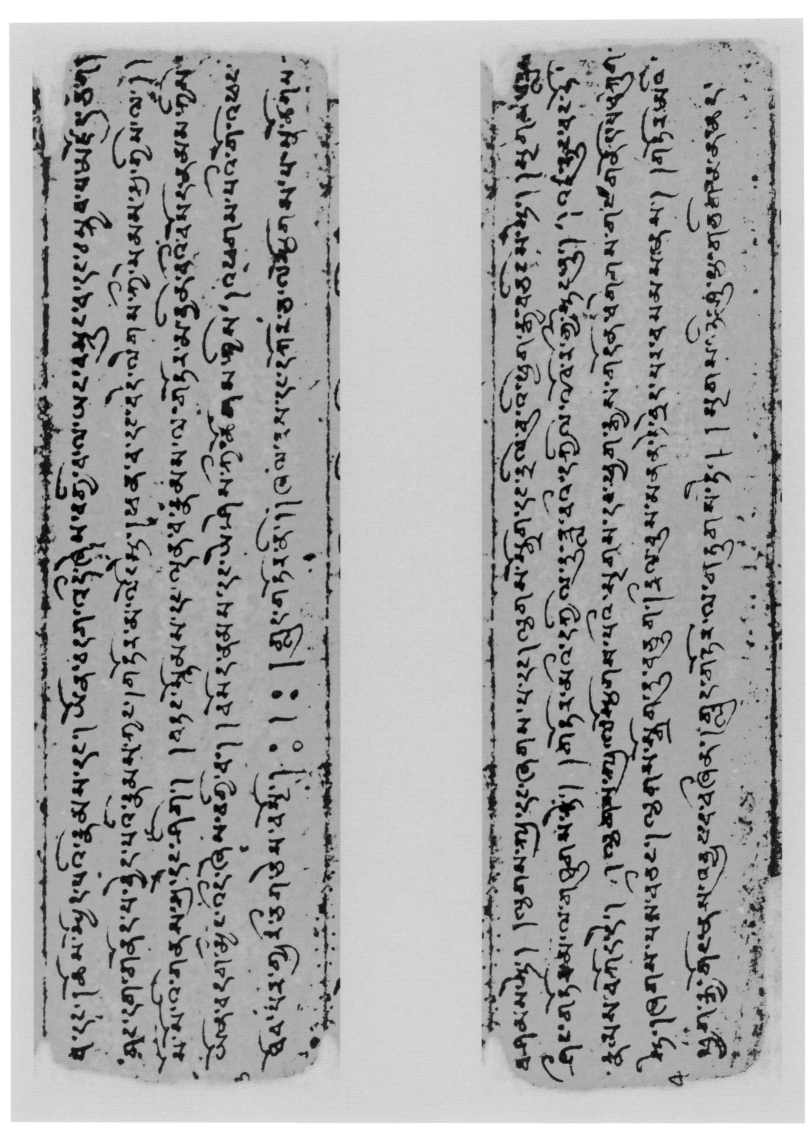

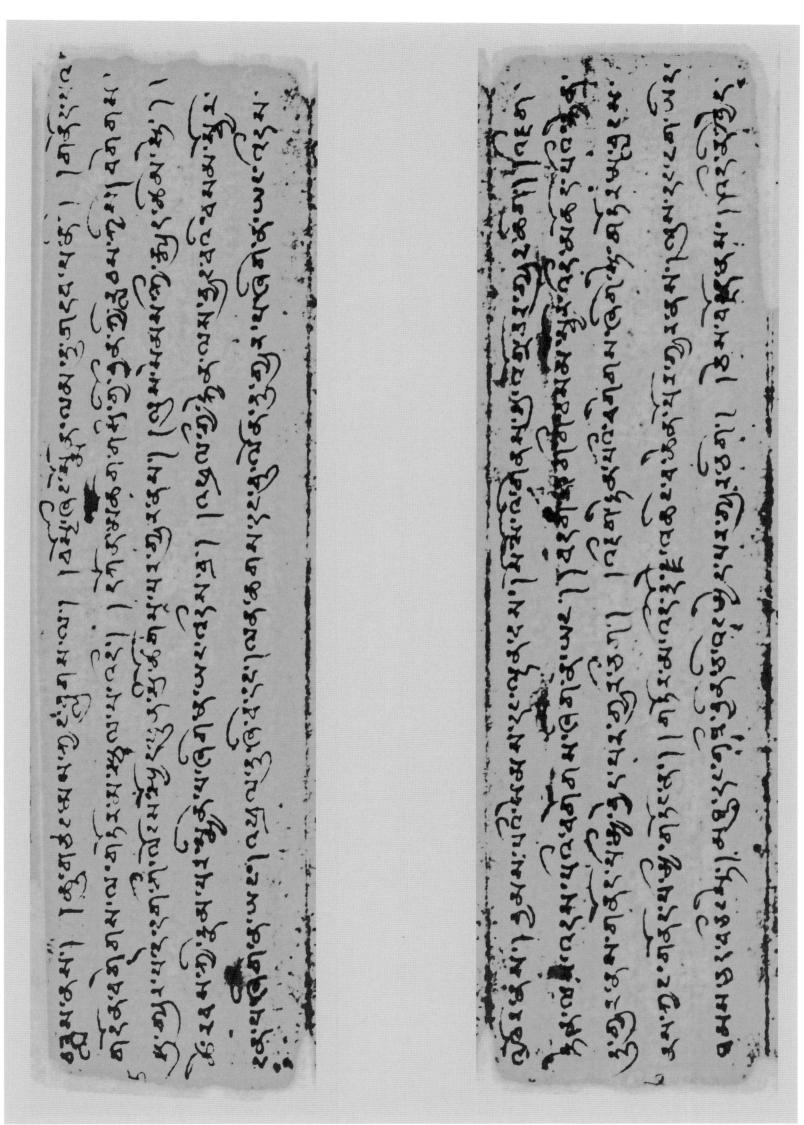

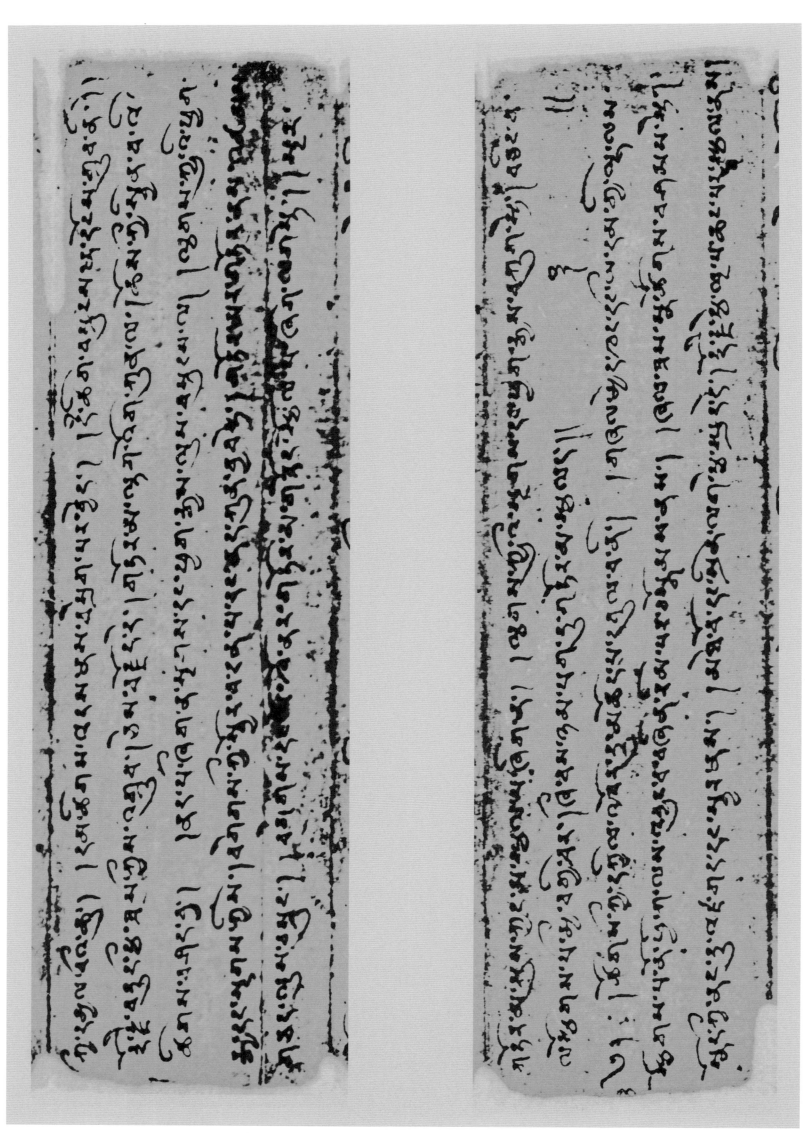

英 IOL.Tib.J.VOL.63　　4.ཕྱག་རྒྱ་དང་སློབ་རིམ་གཅེས་བཏུས།

4.密宗觀想、手印、施食、供養等修習儀軌　　(73–52)

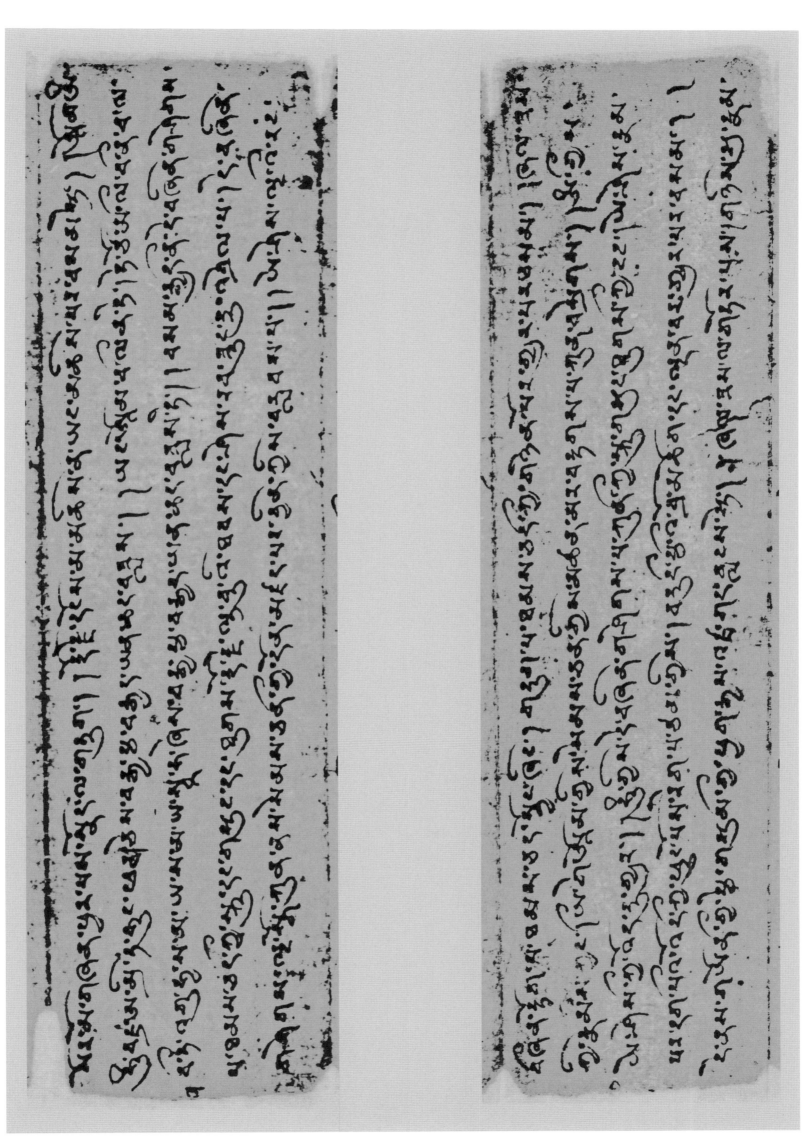

英 IOL.Tib.J.VOL.63　　4.ཕྱག་རྒྱ་དང་སྐྱེལ་རིམ་གཅེས་བཏུས།

4.密宗觀想、手印、施食、供養等修習儀軌　　(73–53)

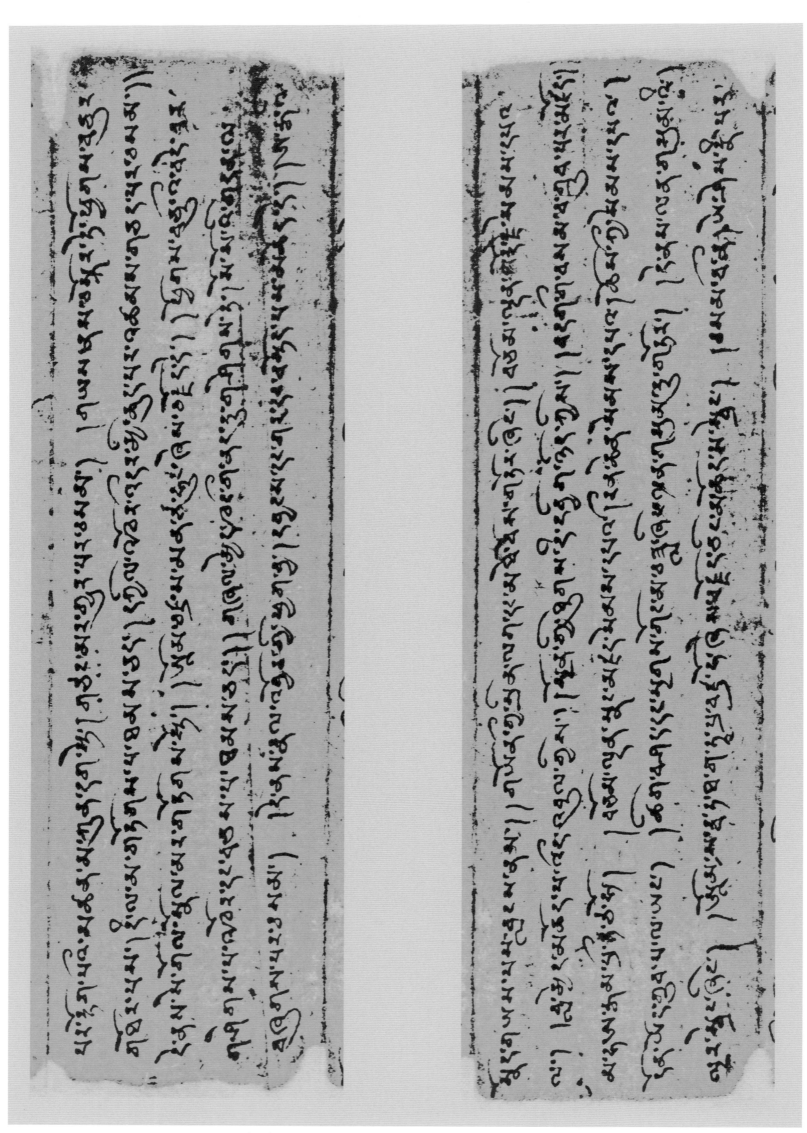

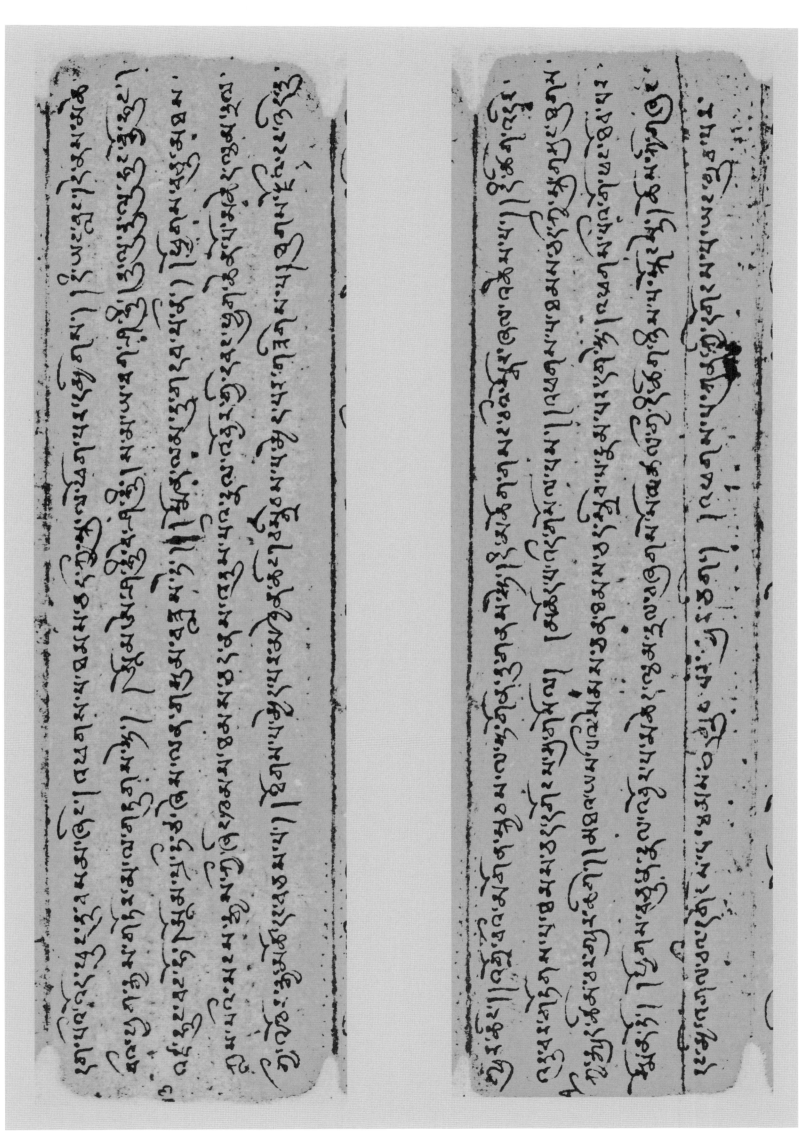

英 IOL.Tib.J.VOL.63　　4.ཕྱག་རྒྱ་དང་སྦྱིན་རིམ་གཅིན་བཏུས།

4.密宗觀想、手印、施食、供養等修習儀軌　　(73–55)

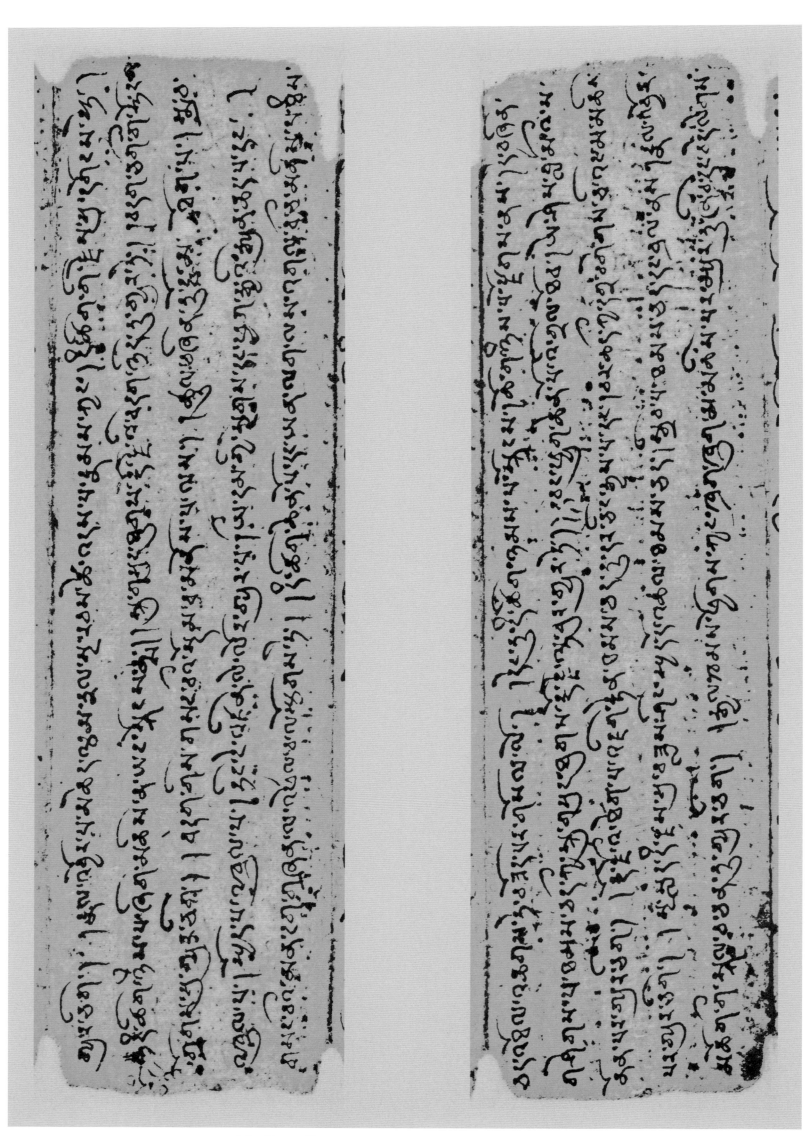

英 IOL.Tib.J.VOL.63　　4.ཕྱག་རྒྱ་དང་སྐོམ་རིམ་གཅིས་བཏུས།

4.密宗觀想、手印、施食、供養等修習儀軌　　(73-56)

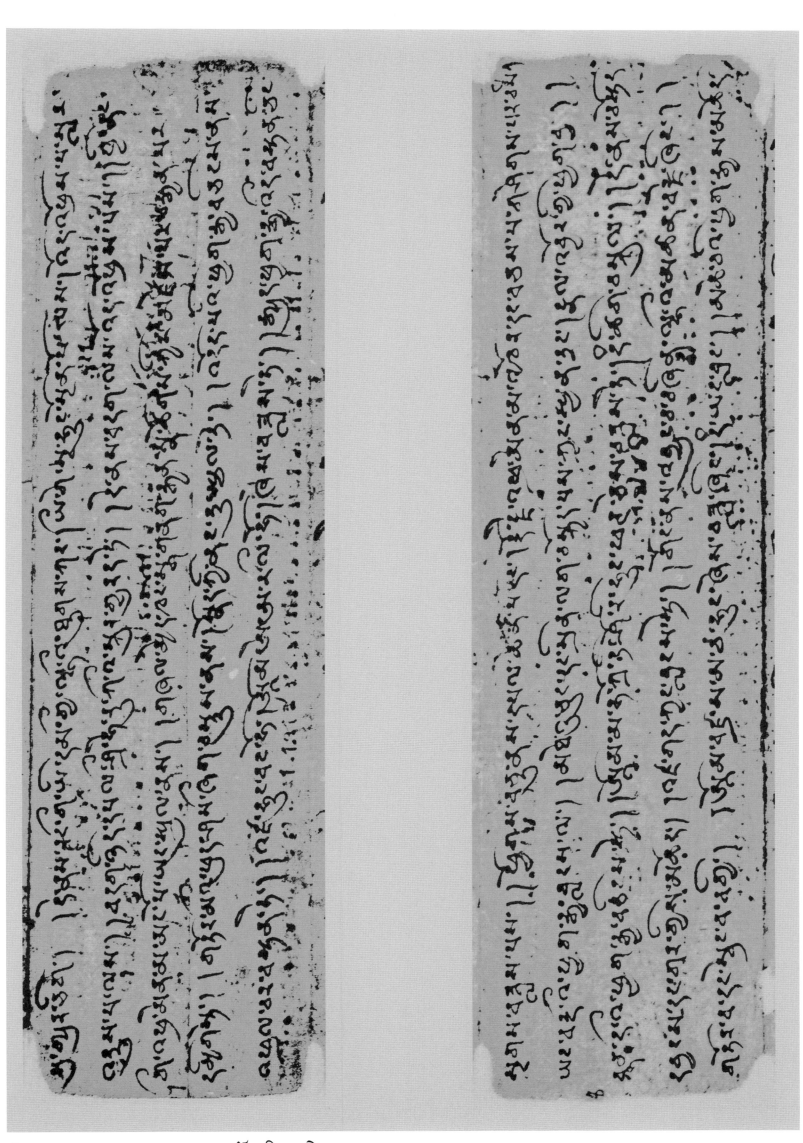

英 IOL.Tib.J.VOL.63　　4.ཕྱག་རྒྱ་དང་སློབ་རིམ་གཅེས་བཏུས།

4.密宗觀想、手印、施食、供養等修習儀軌　　(73–57)

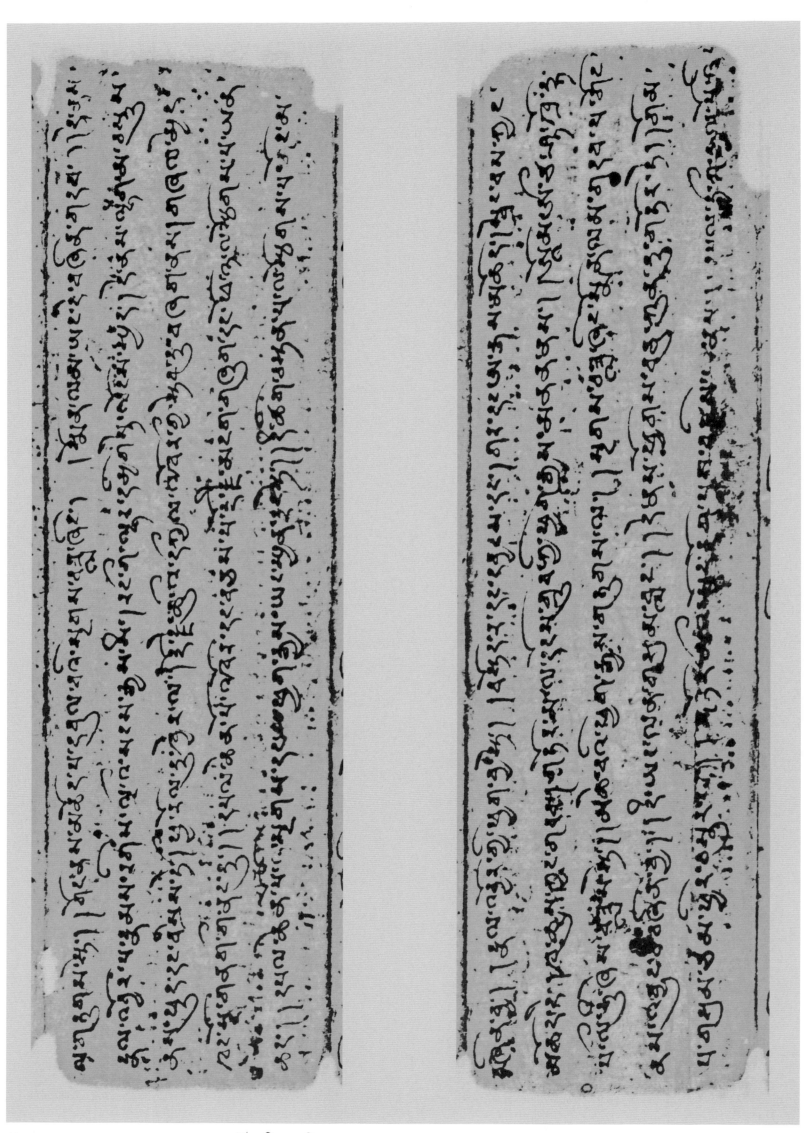

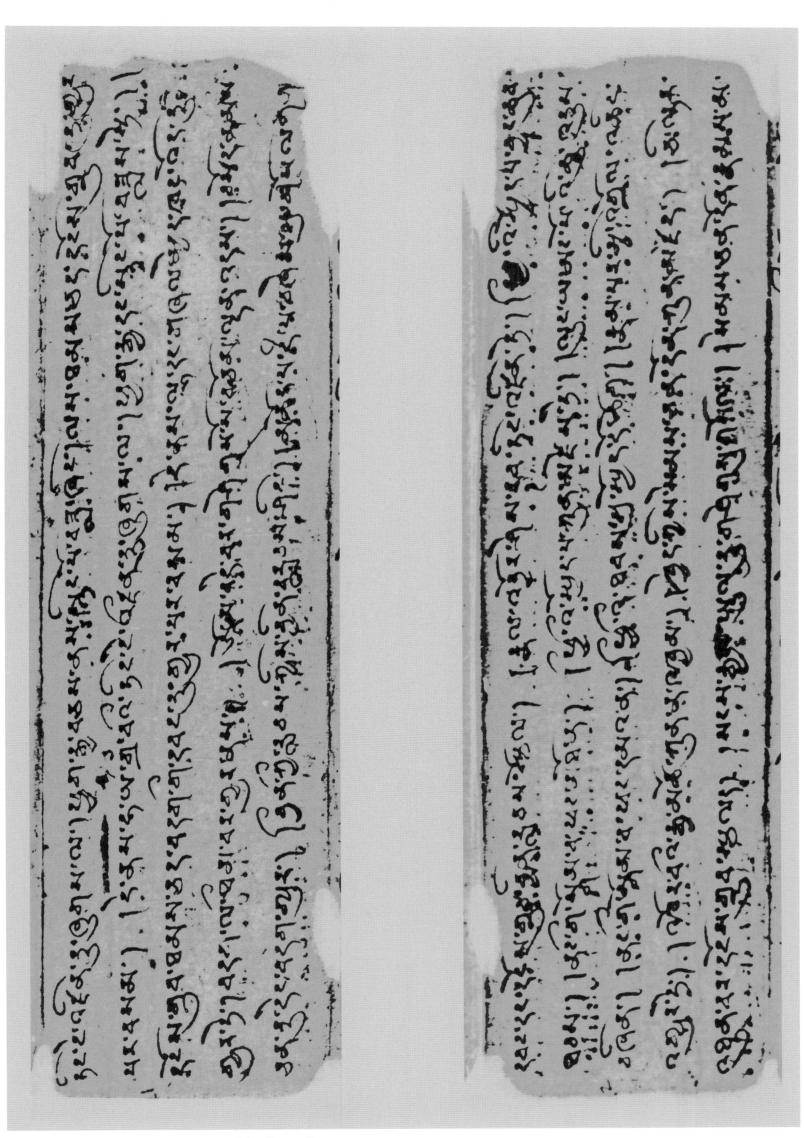

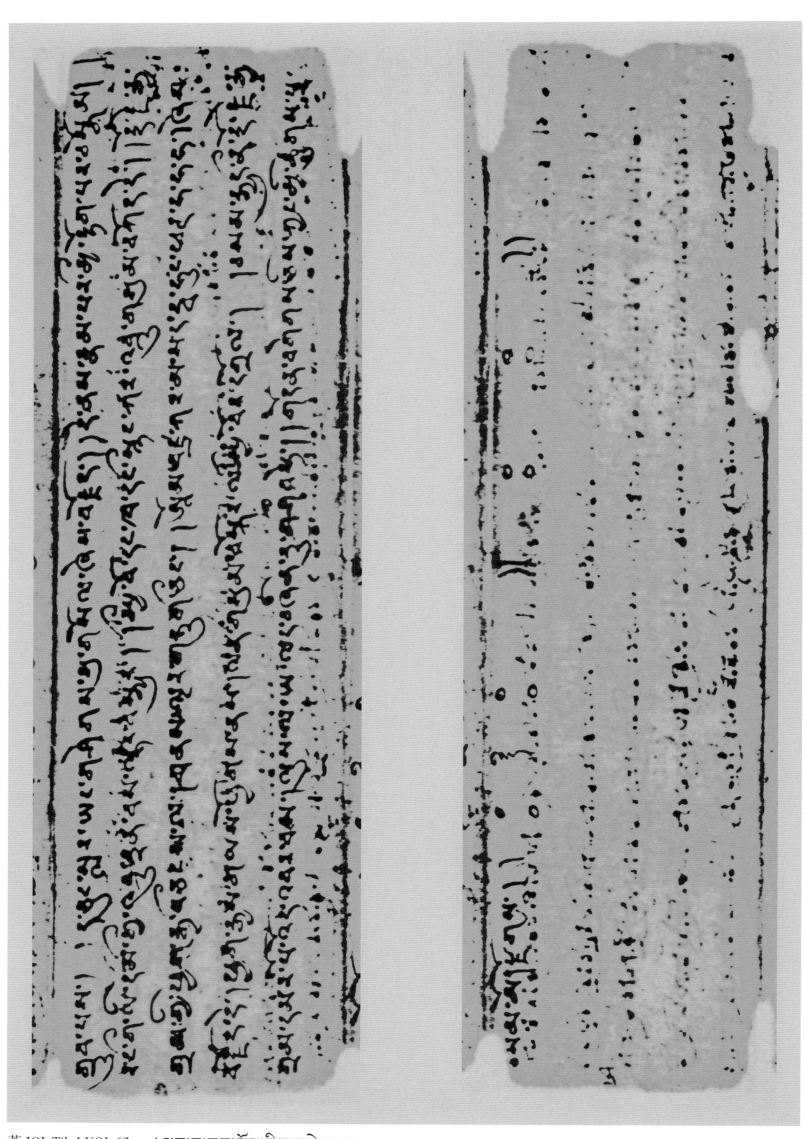

英 IOL.Tib.J.VOL.63　4.ཕྱག་རྒྱ་དང་སྐྱལ་རིམ་གཅེས་བཏུས།

4.密宗觀想、手印、施食、供養等修習儀軌　　(73-60)

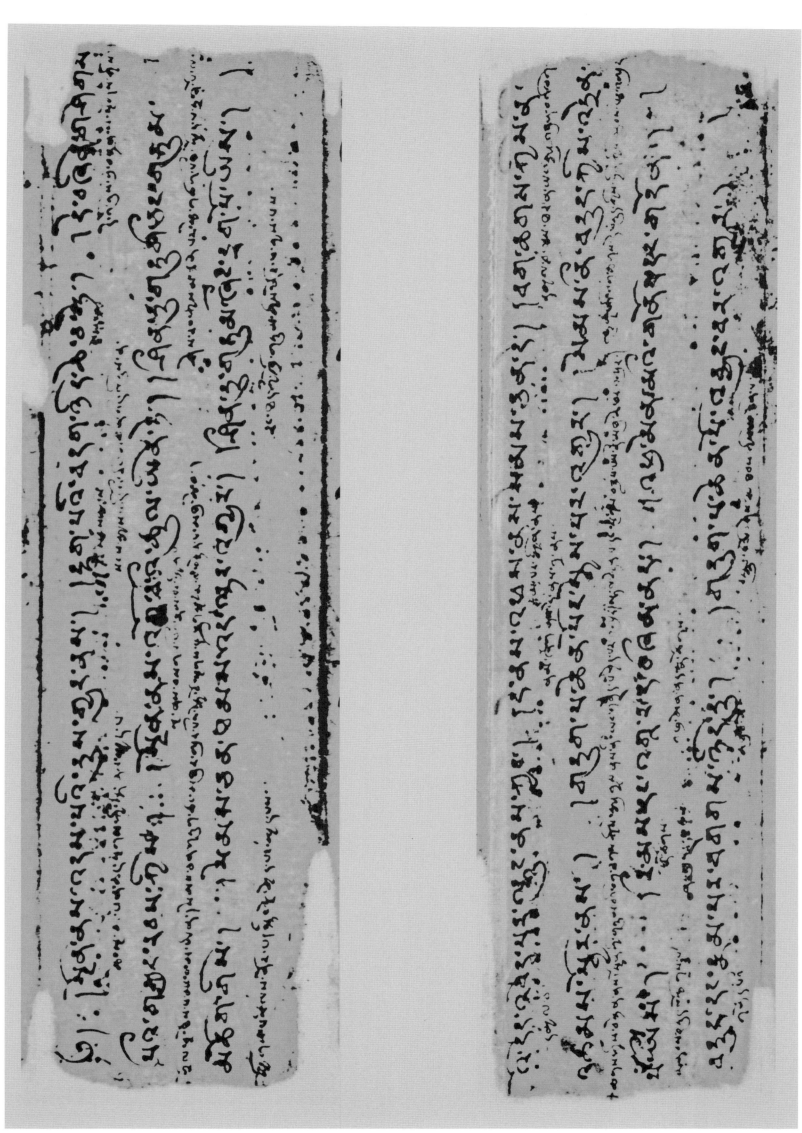

英 IOL.Tib.J.VOL.63　　5.དཔལ་རྡོ་རྗེ་སེམས་དཔའི་དབུགས་ཕྱུང་བ།

5.金剛薩埵儀軌偈頌　　(73–61)

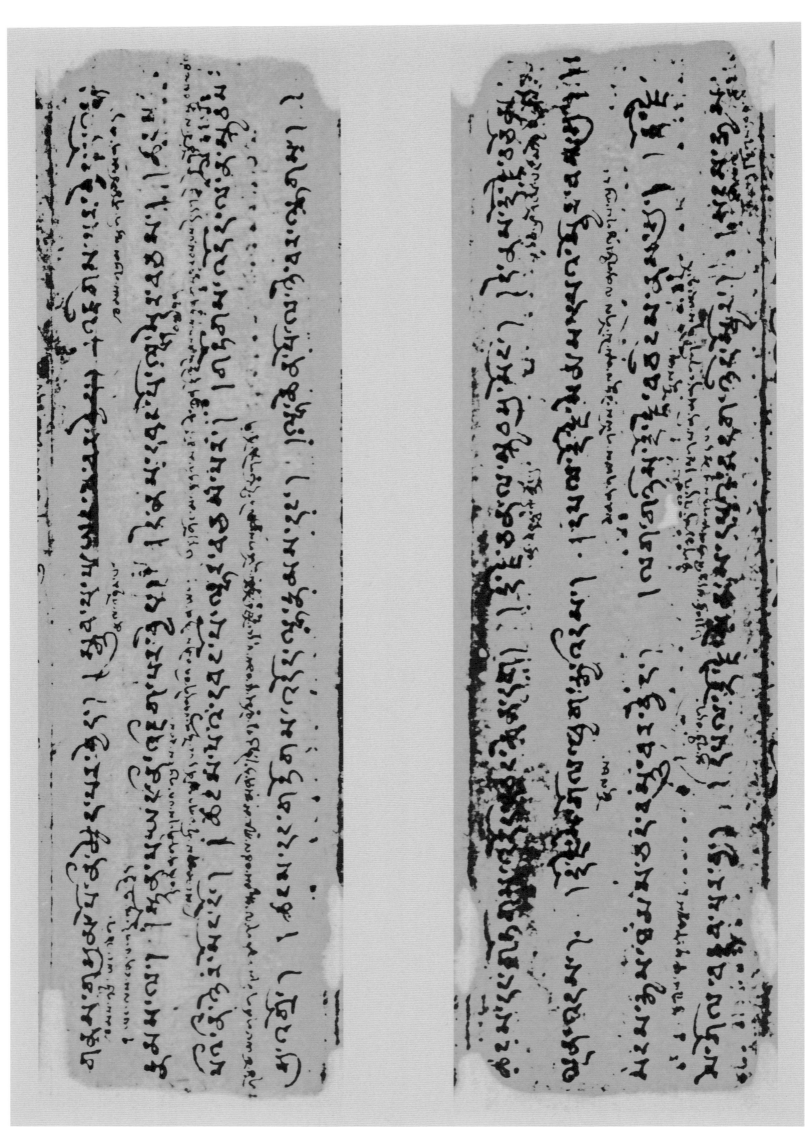

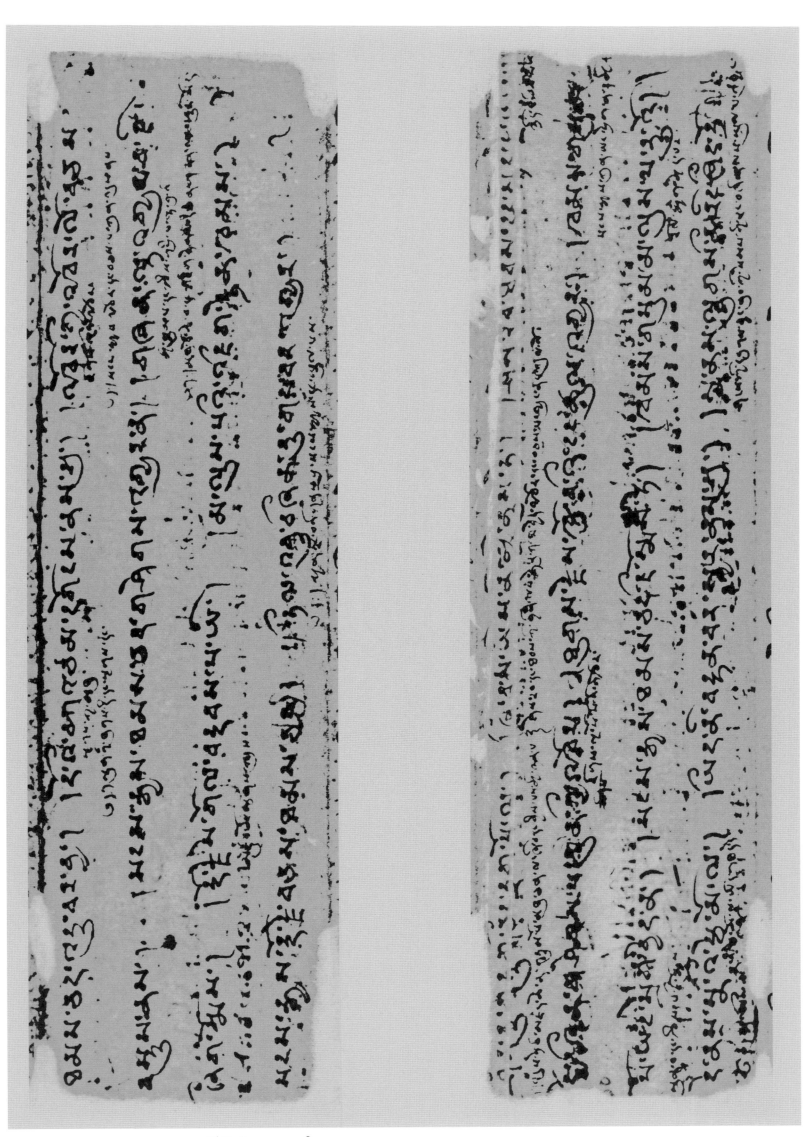

英 IOL.Tib.J.VOL.63　　5.དཔལ་རྡོ་རྗེ་སེམས་དཔའི་དབུགས་ཕྱུང་བ།

5.金剛薩埵儀軌偈頌　　(73–63)

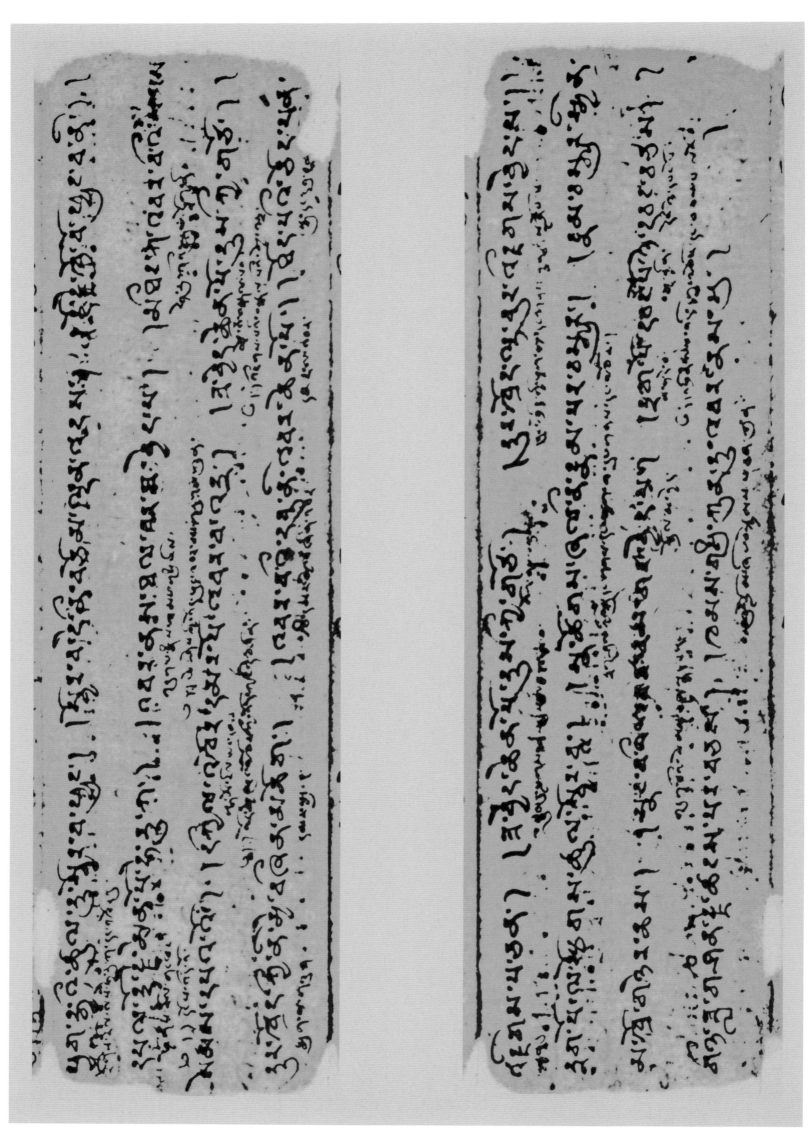

英 IOL.Tib.J.VOL.63　　5.དཔལ་རྡོ་རྗེ་སེམས་དཔའི་དབུགས་ཕྱུང་བ།

5.金剛薩埵儀軌偈頌　　(73–64)

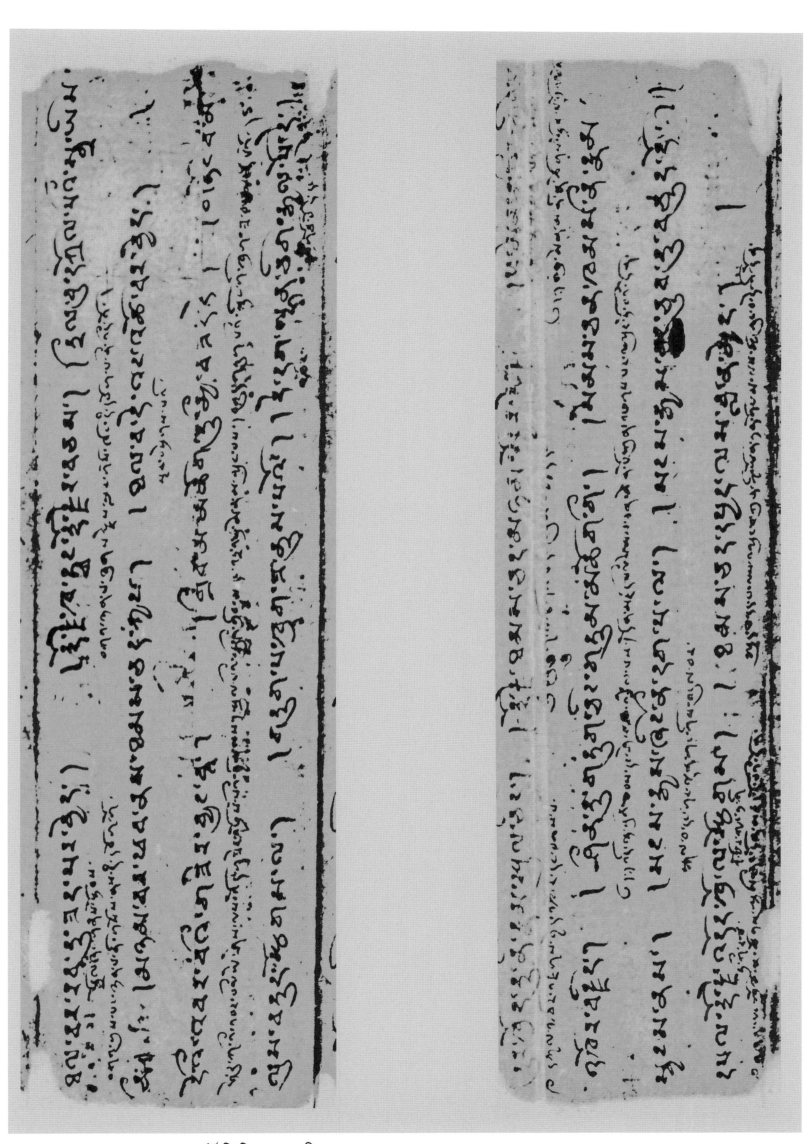

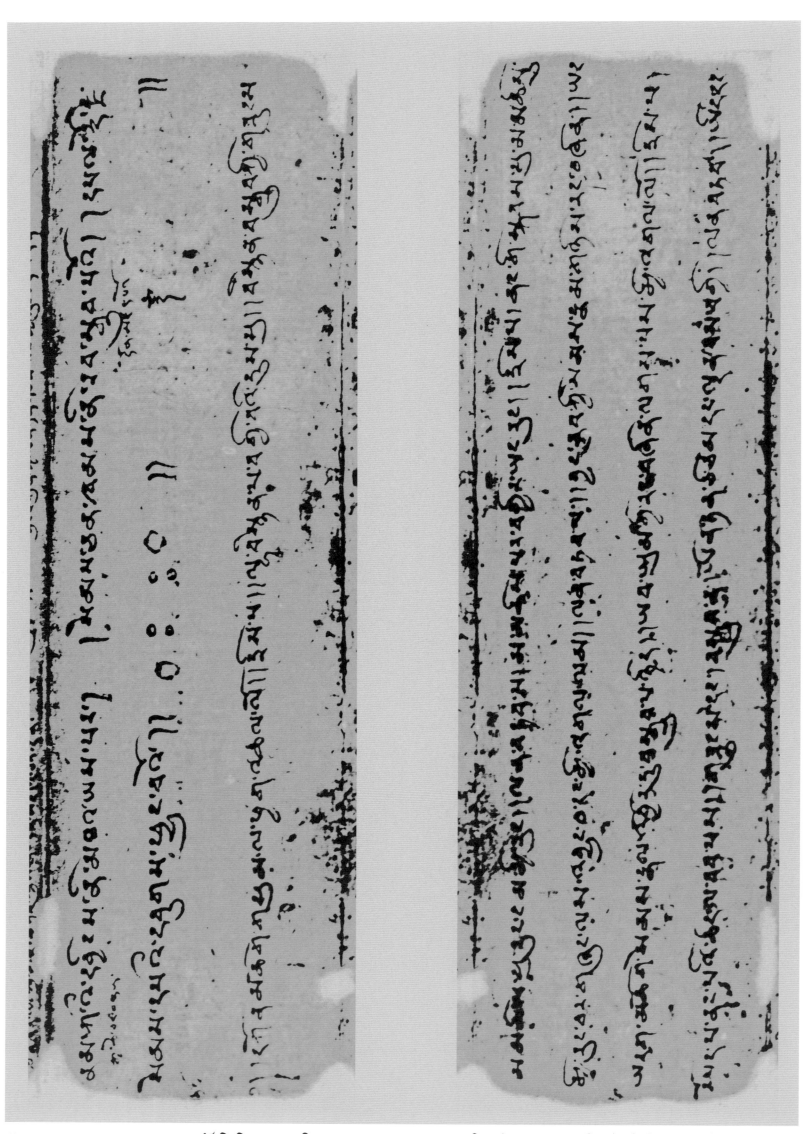

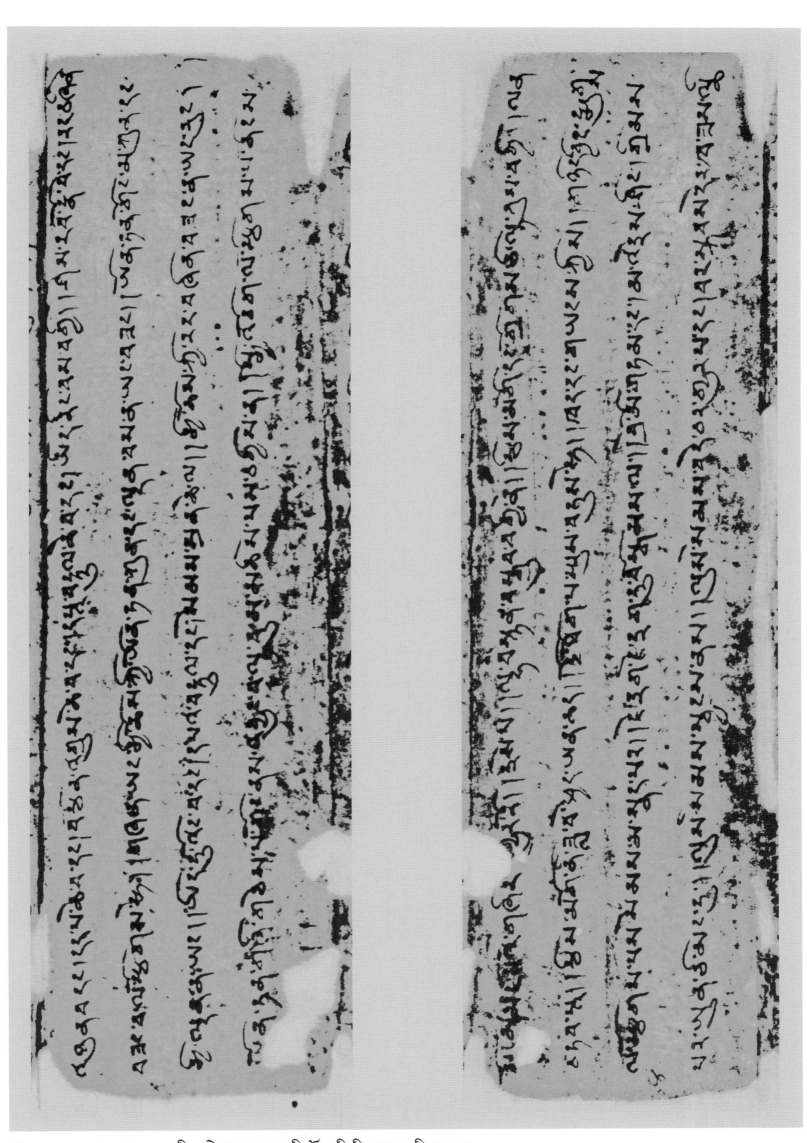

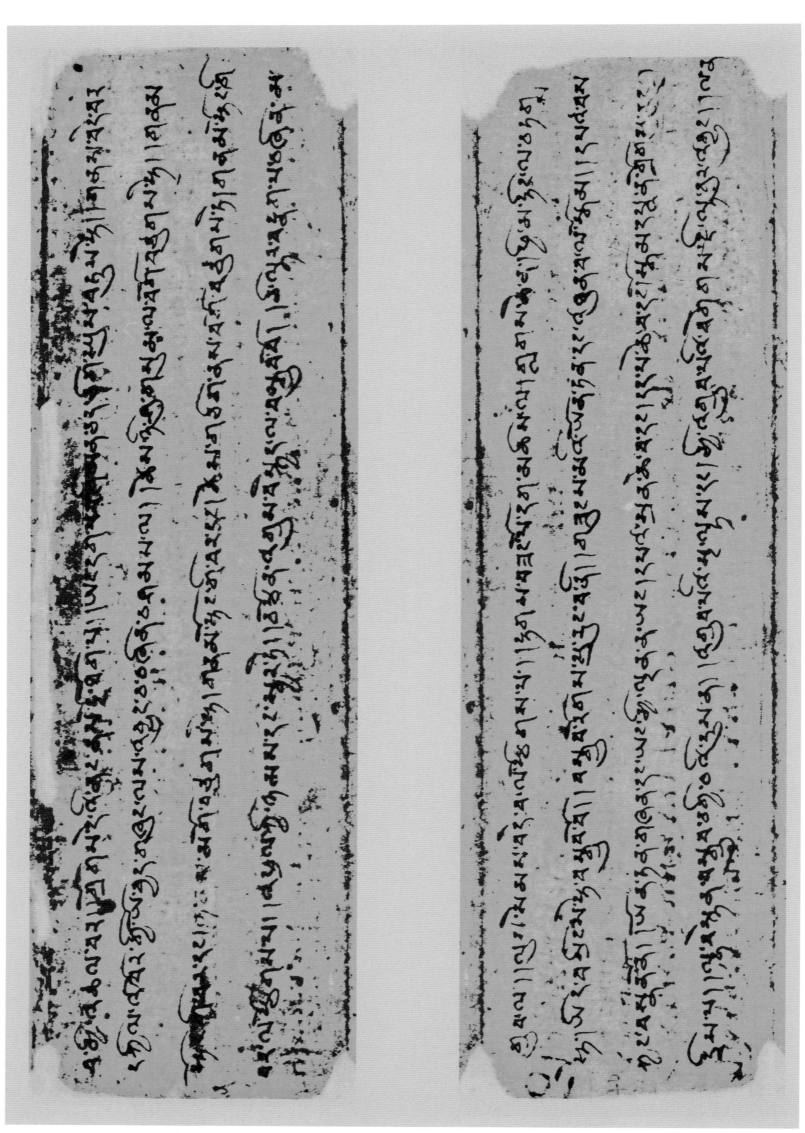

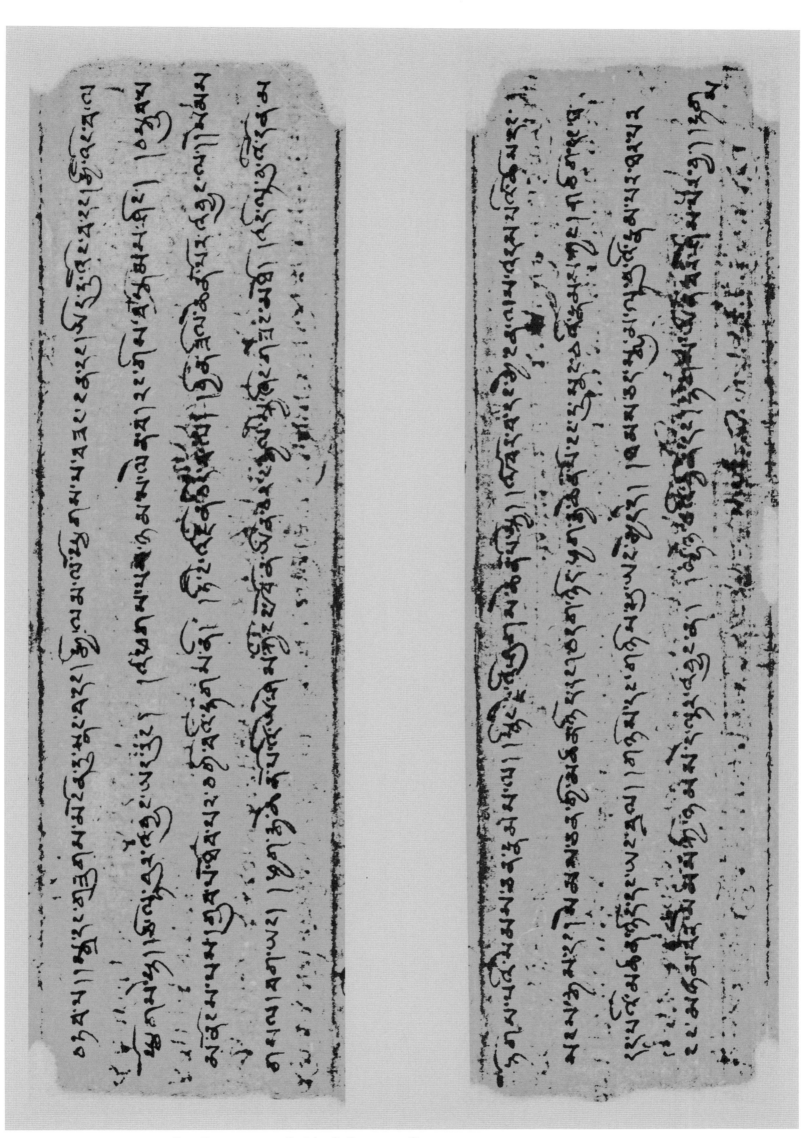

英 IOL.Tib.J.VOL.63　　6.ལྟའི་བསྙེན་པ་སྒྲུབ་པའི་སྐོར་གྱི་དྲི་བ་དང་དྲིས་ལན།

6.觀想修習法問答　　(73–69)

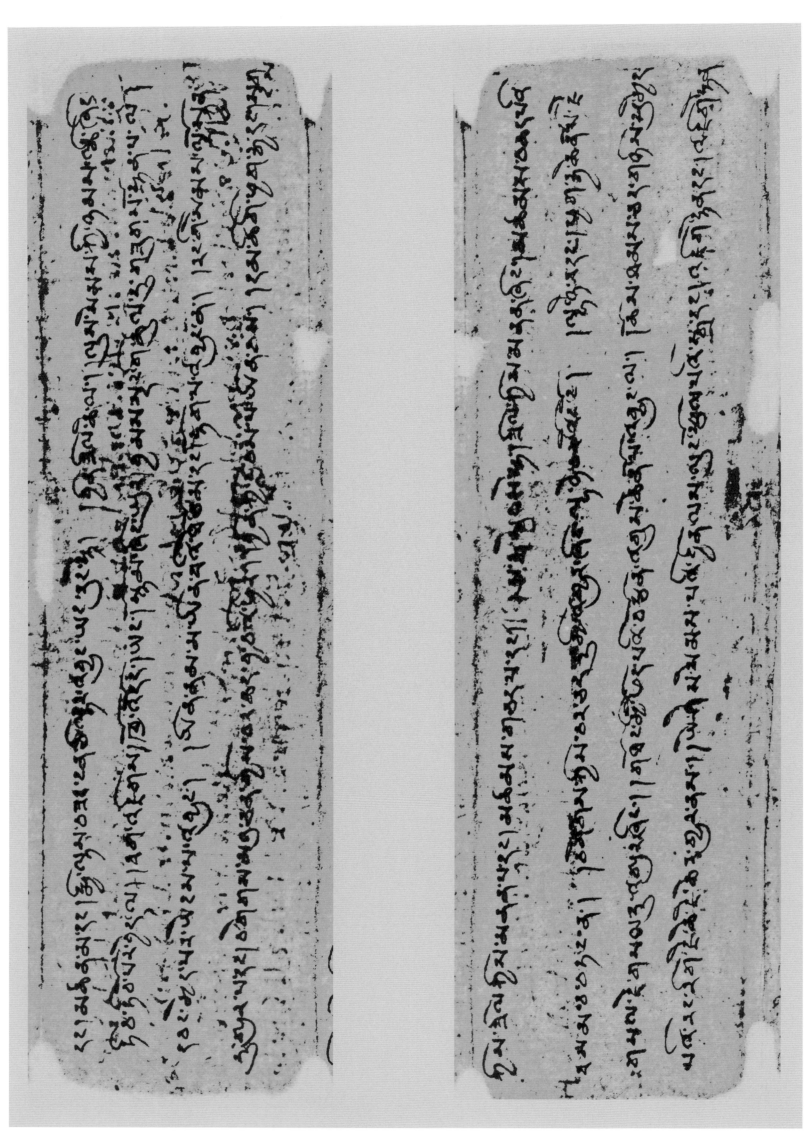

英 IOL.Tib.J.VOL.63　6.ལྟའི་བསྟེན་པ་སྒྲུབ་པའི་སྐོར་གྱི་དྲི་བ་དང་དྲིས་ལན།

6.觀想修習法問答　(73–70)

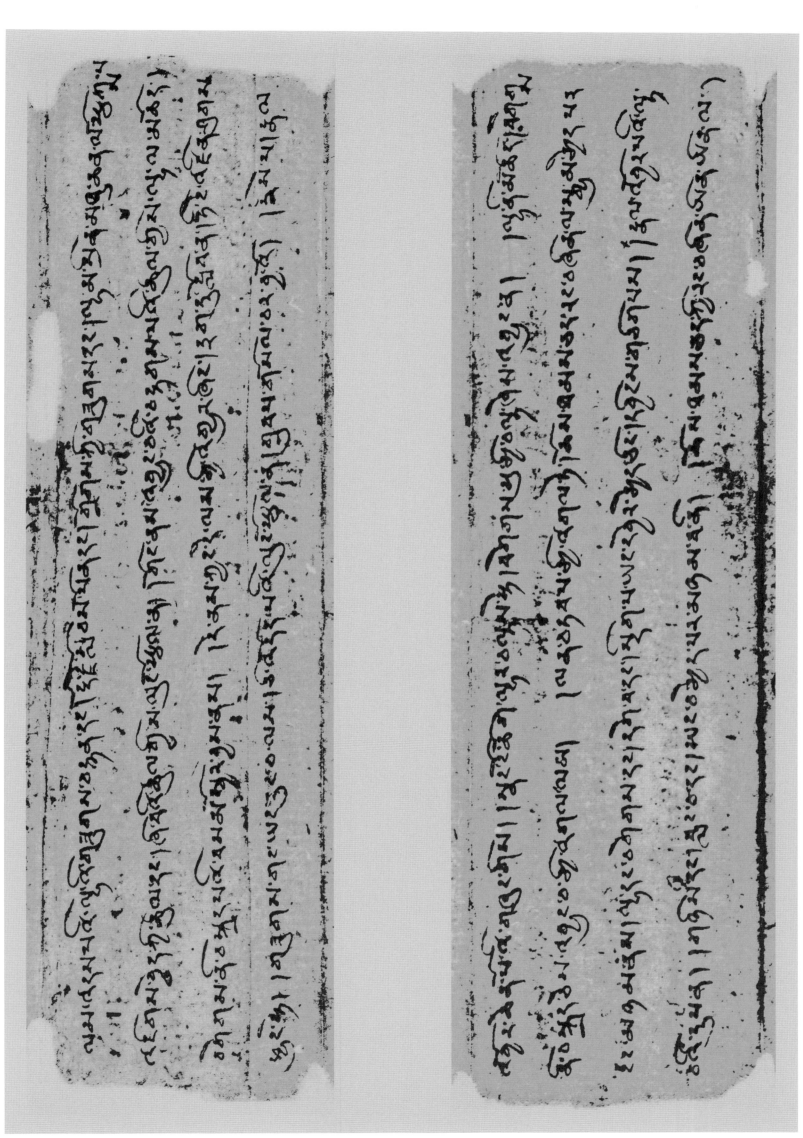

英 IOL.Tib.J.VOL.63　　6.ལྟའི་བསྟེན་པ་སྒྲུབ་པའི་སྒོར་གྱི་དྲི་བ་དང་དྲིས་ལན།

6.觀想修習法問答　　(73-71)

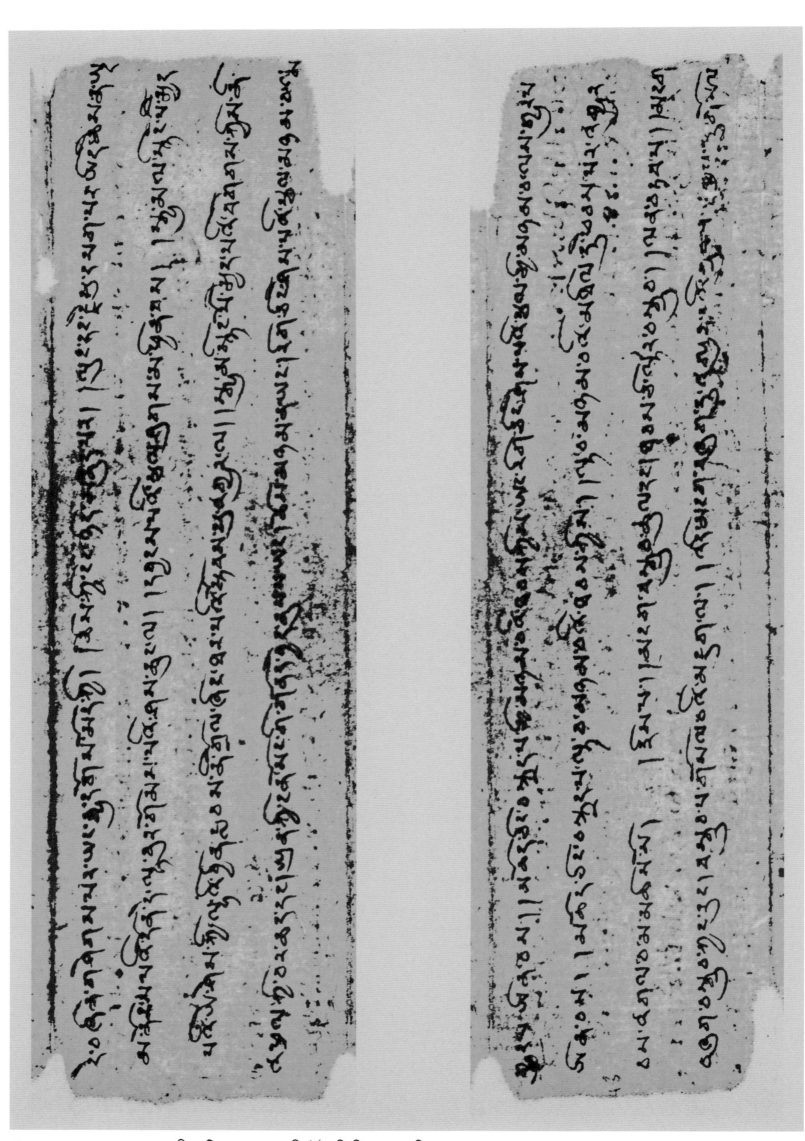

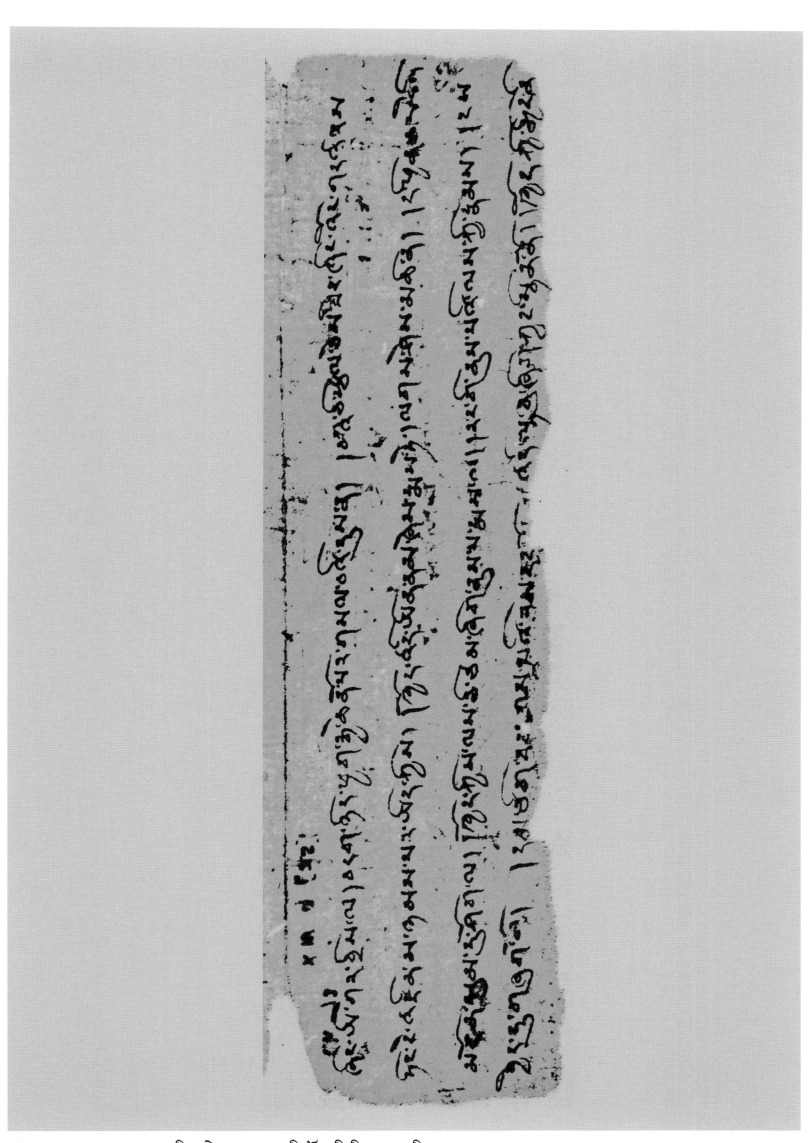

英 IOL.Tib.J.VOL.63　　6.ཕྱའི་བསྟེན་པ་སྒྲུབ་པའི་སྐོར་གྱི་དྲི་བ་དང་དྲིས་ལན།

6.觀想修習法問答　　(73–73)

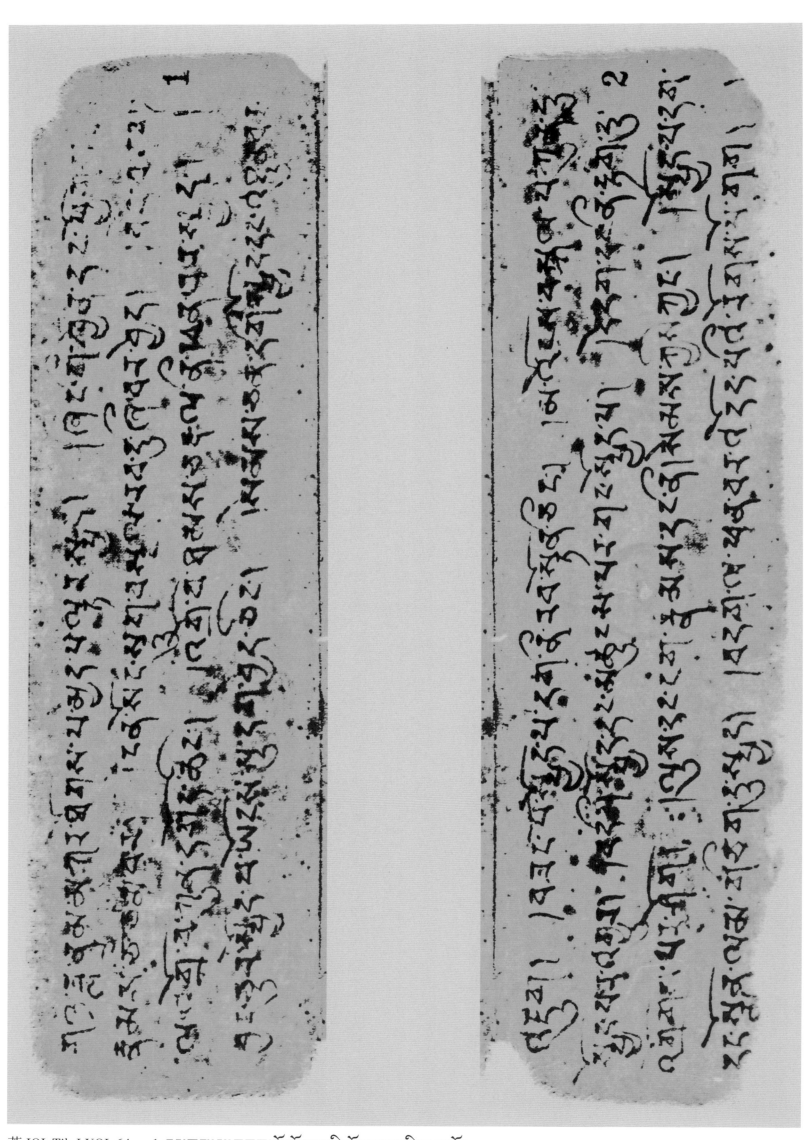

英 IOL.Tib.J.VOL.64　　1.འཕགས་པ་བཟང་པོ་སྤྱོད་པའི་སྨོན་ལམ་གྱི་རྒྱལ་པོ།

1.普賢行願王經　　(36–1)

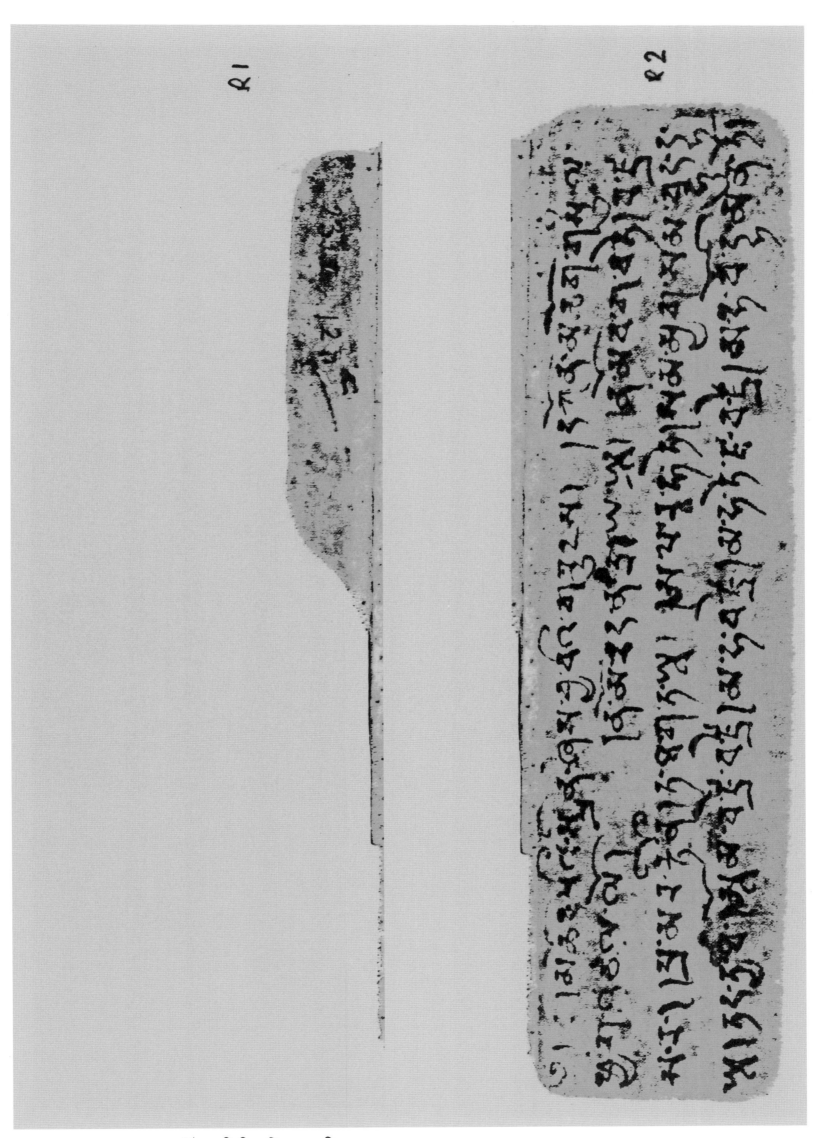

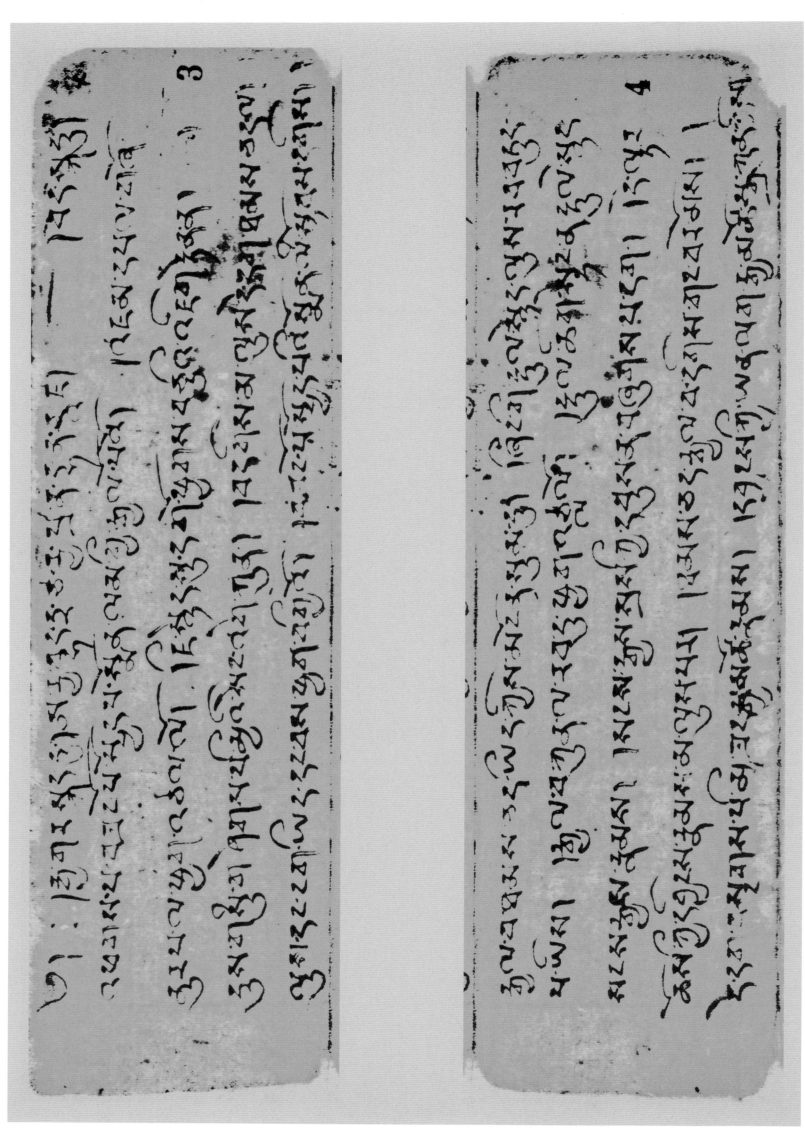

英 IOL.Tib.J.VOL.64　　　1.འཕགས་པ་བཟང་པོ་སྤྱོད་པའི་སྨོན་ལམ་གྱི་རྒྱལ་པོ།
　　　　　　　　　　　　　1.普賢行願王經　　　(36-3)

212

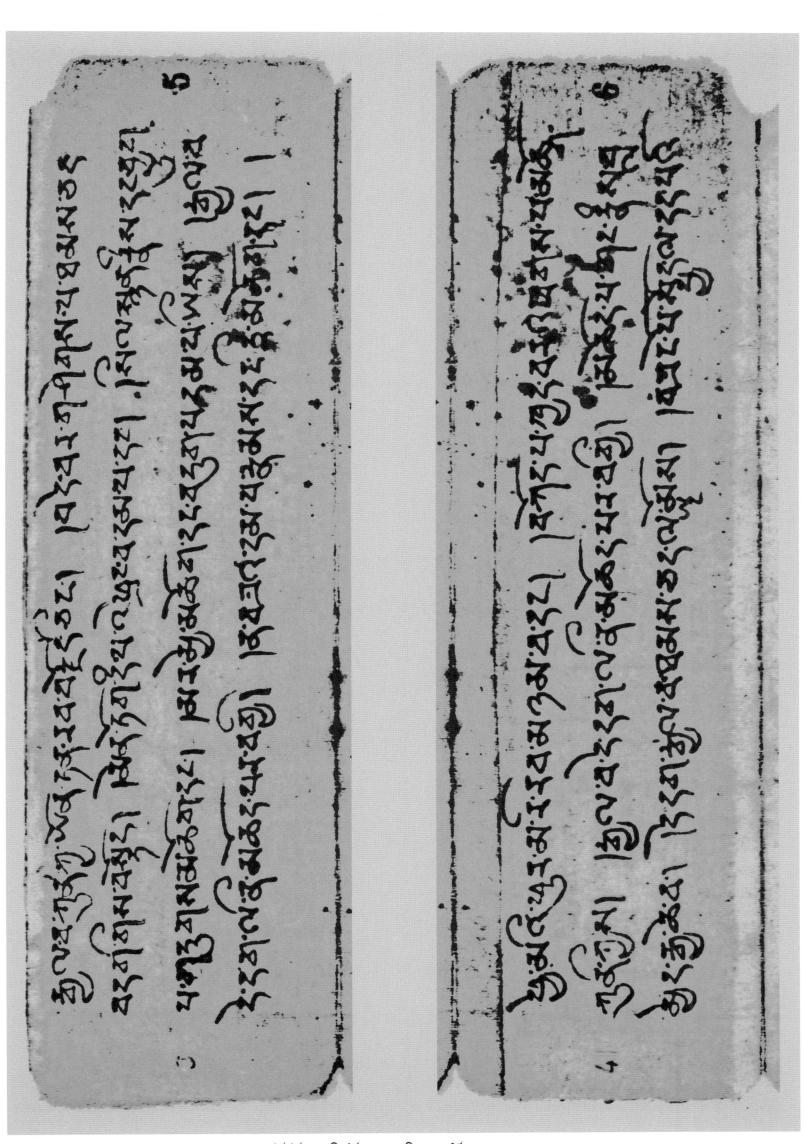

英 IOL.Tib.J.VOL.64　　1.འཕགས་པ་བཟང་པོ་སྤྱོད་པའི་སྨོན་ལམ་གྱི་རྒྱལ་པོ།
1.普賢行願王經　　(36–4)

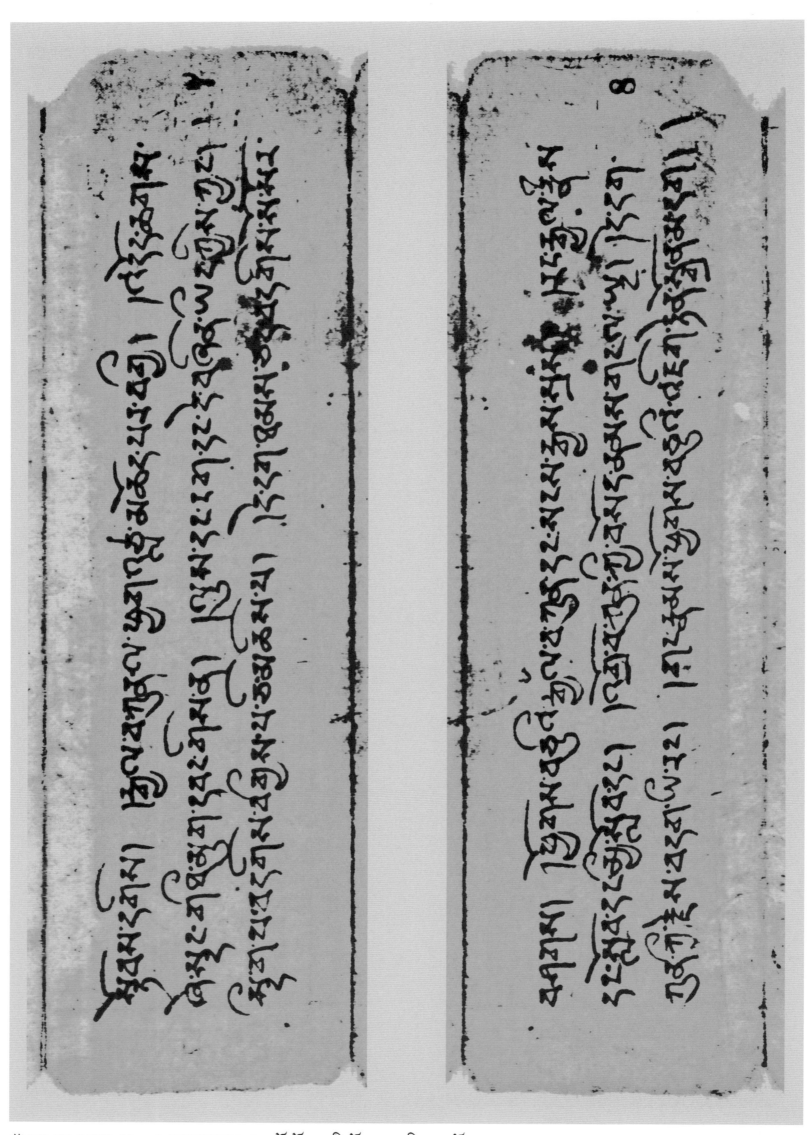

英 IOL.Tib.J.VOL.64　　1.འཕགས་པ་བཟང་པོ་སྤྱོད་པའི་སྨོན་ལམ་གྱི་རྒྱལ་པོ།

1.普賢行願王經　　(36-5)

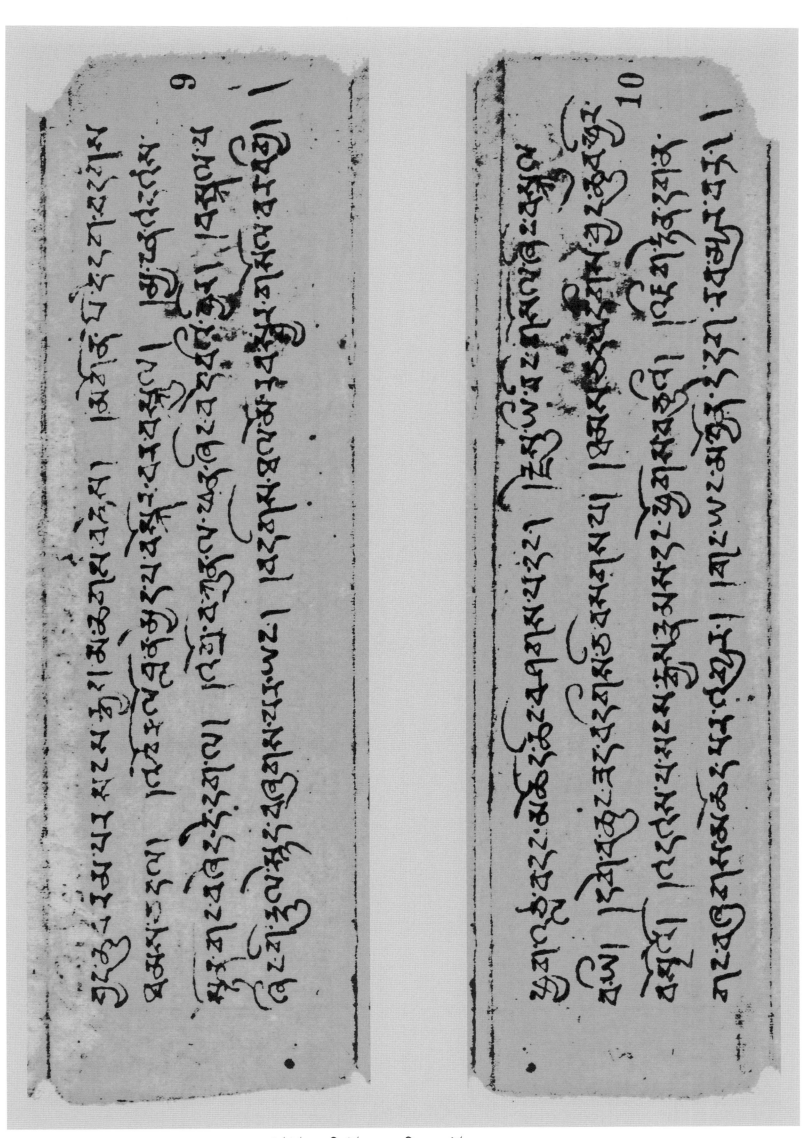

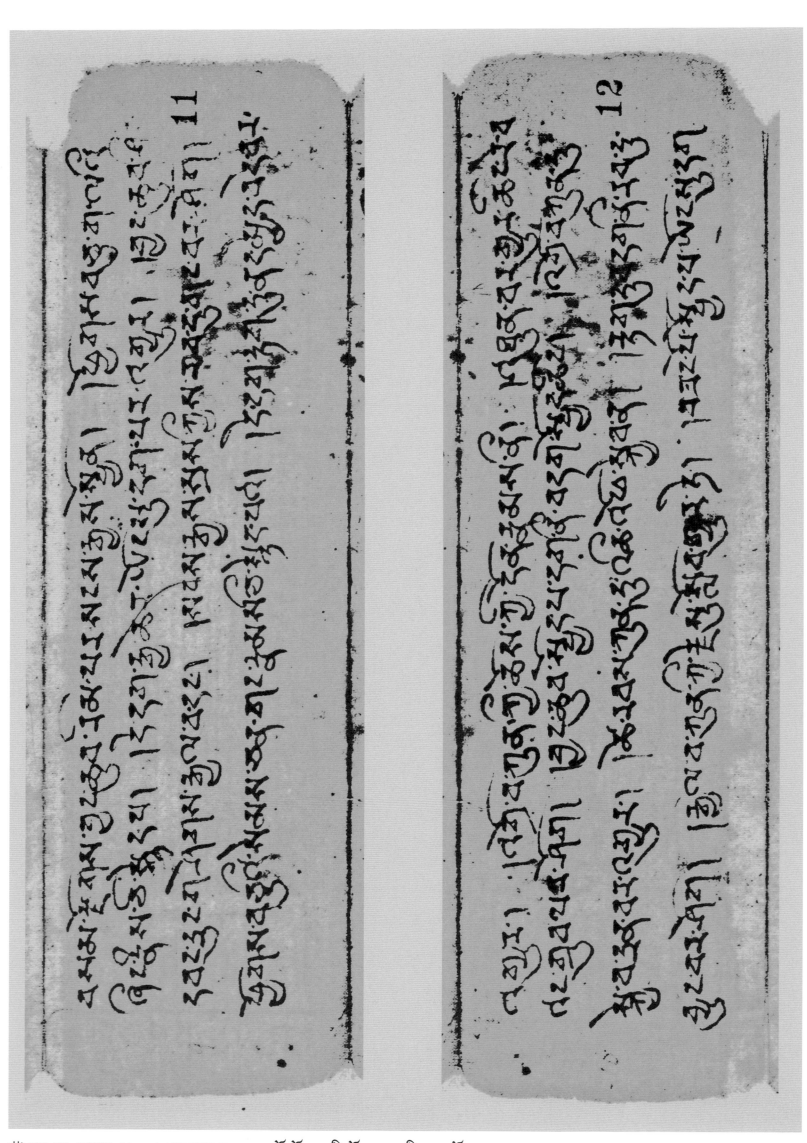

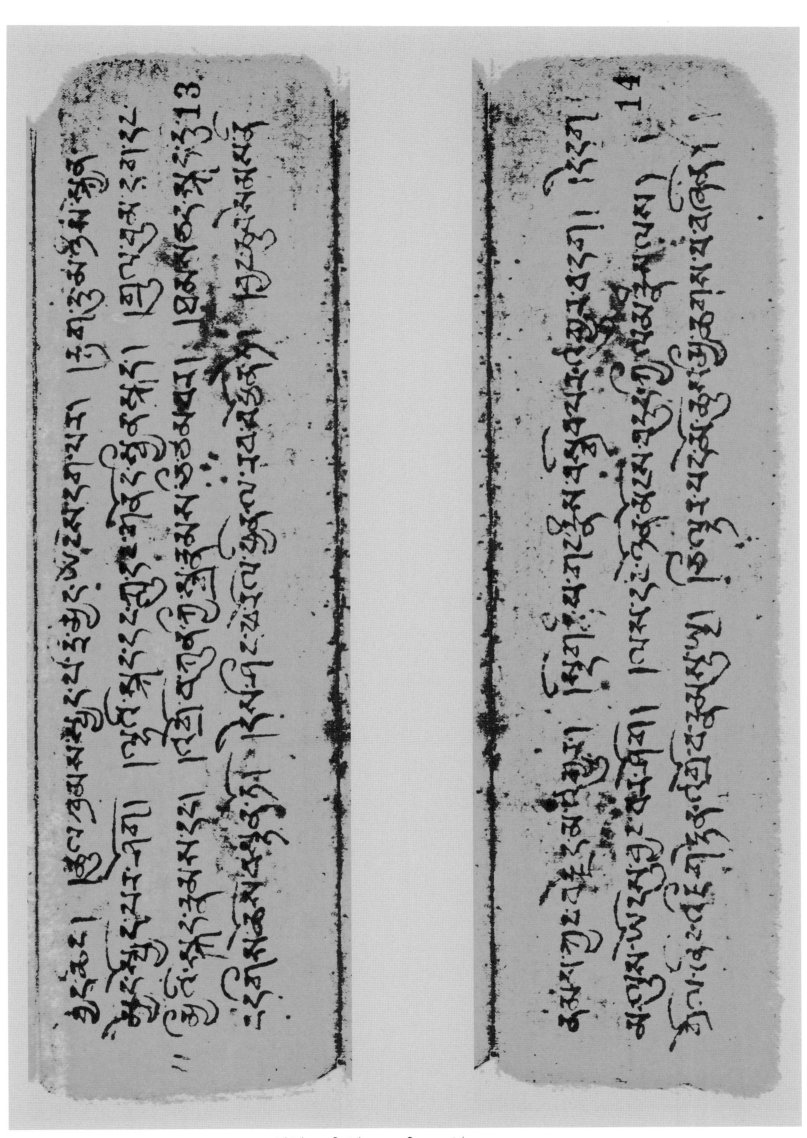

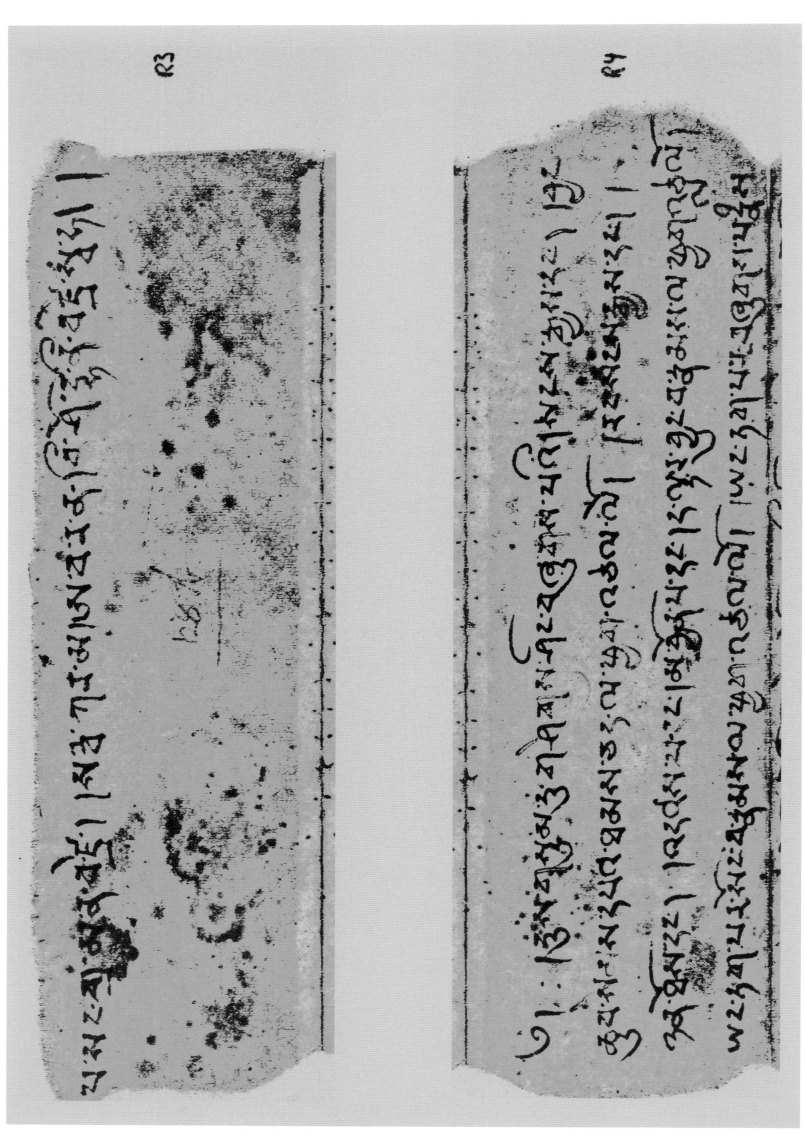

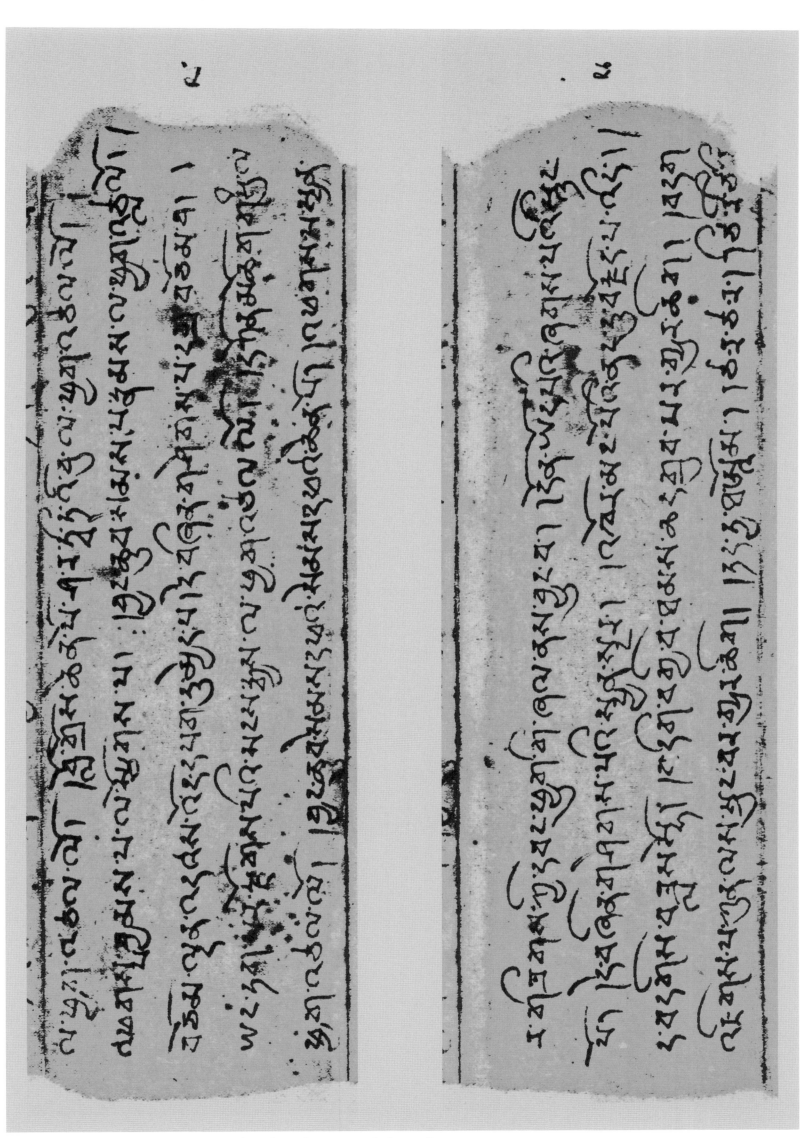

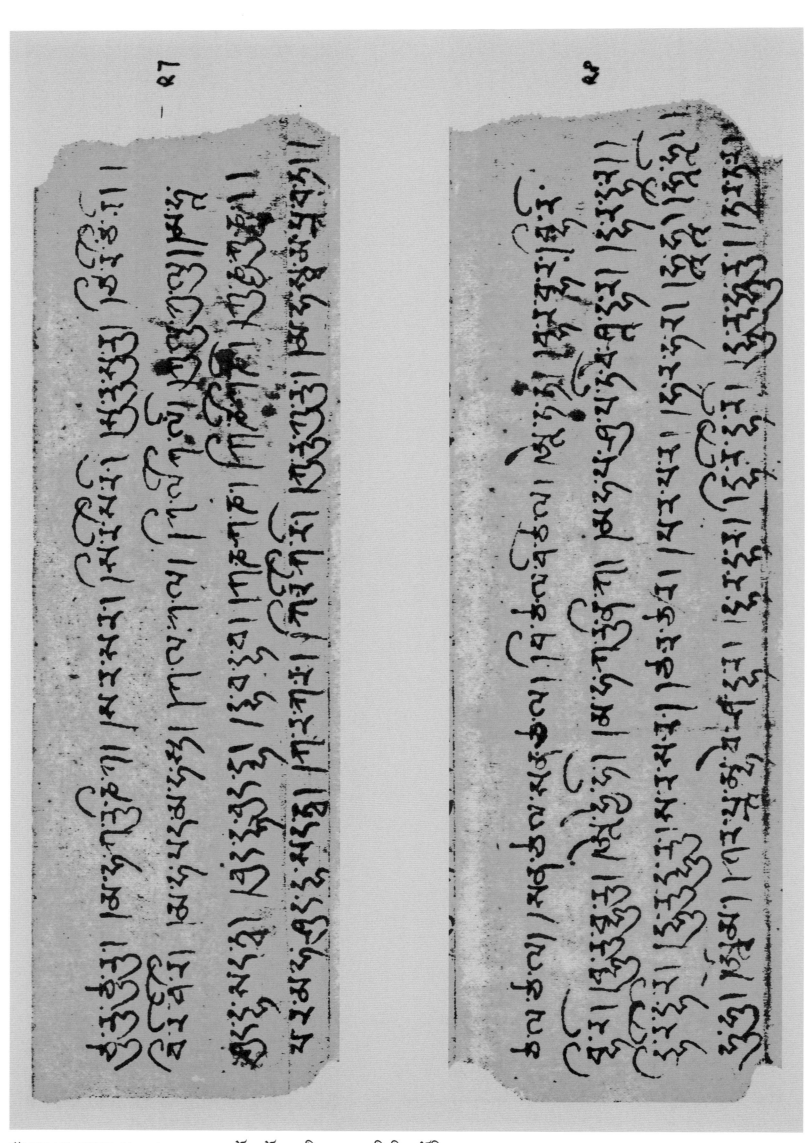

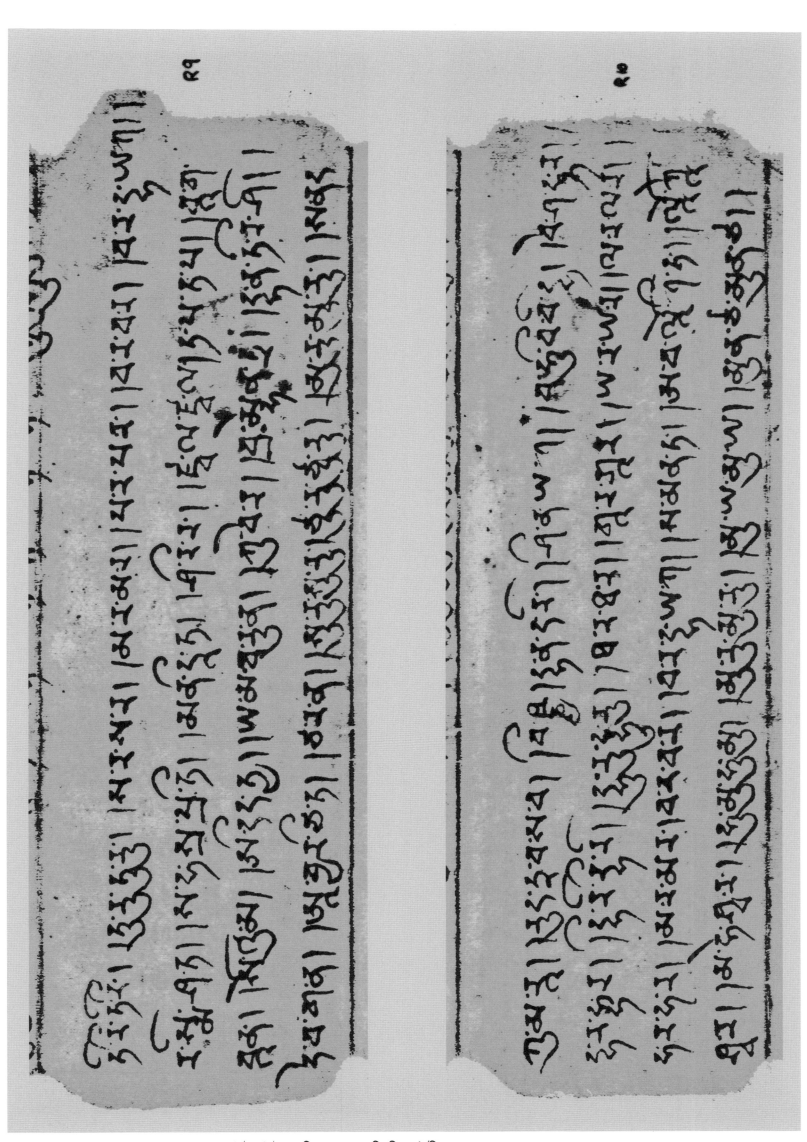

3.འཕགས་པ་དོན་ཡོད་པའི་ཞགས་པའི་སྙིང་པོའི་གཟུངས།

3.聖不空羂索心要陀羅尼　　(36-12)

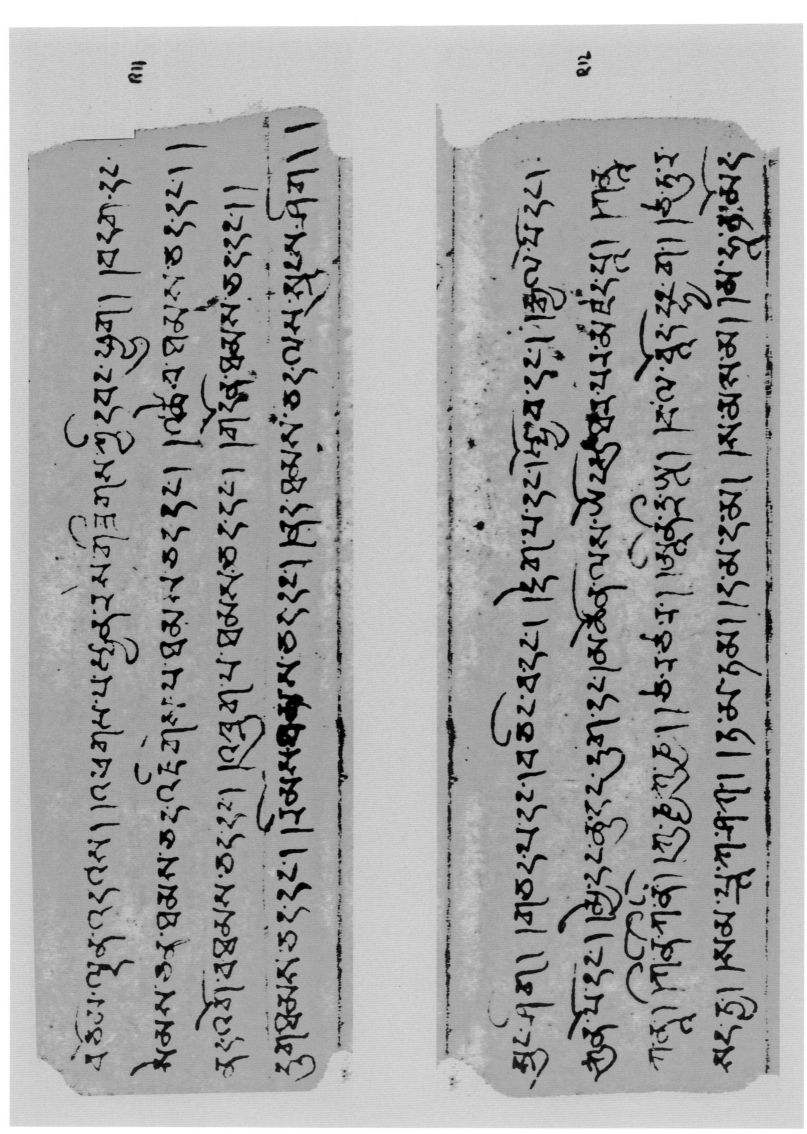

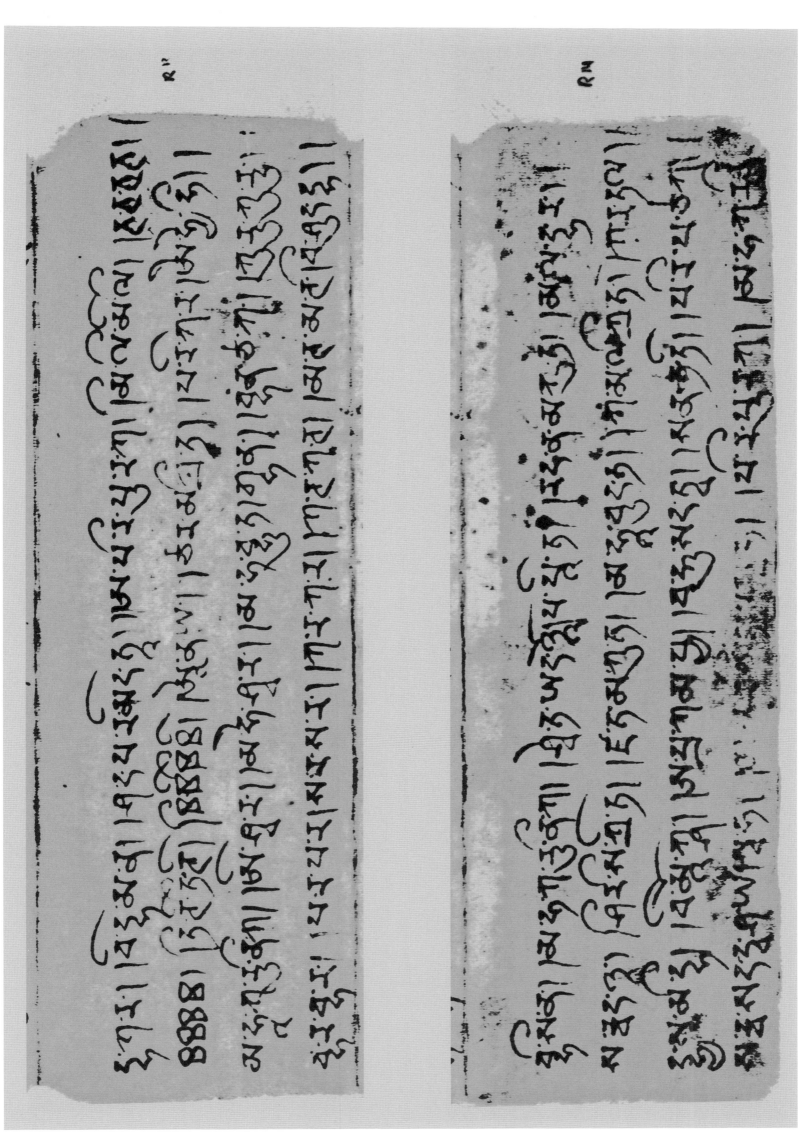

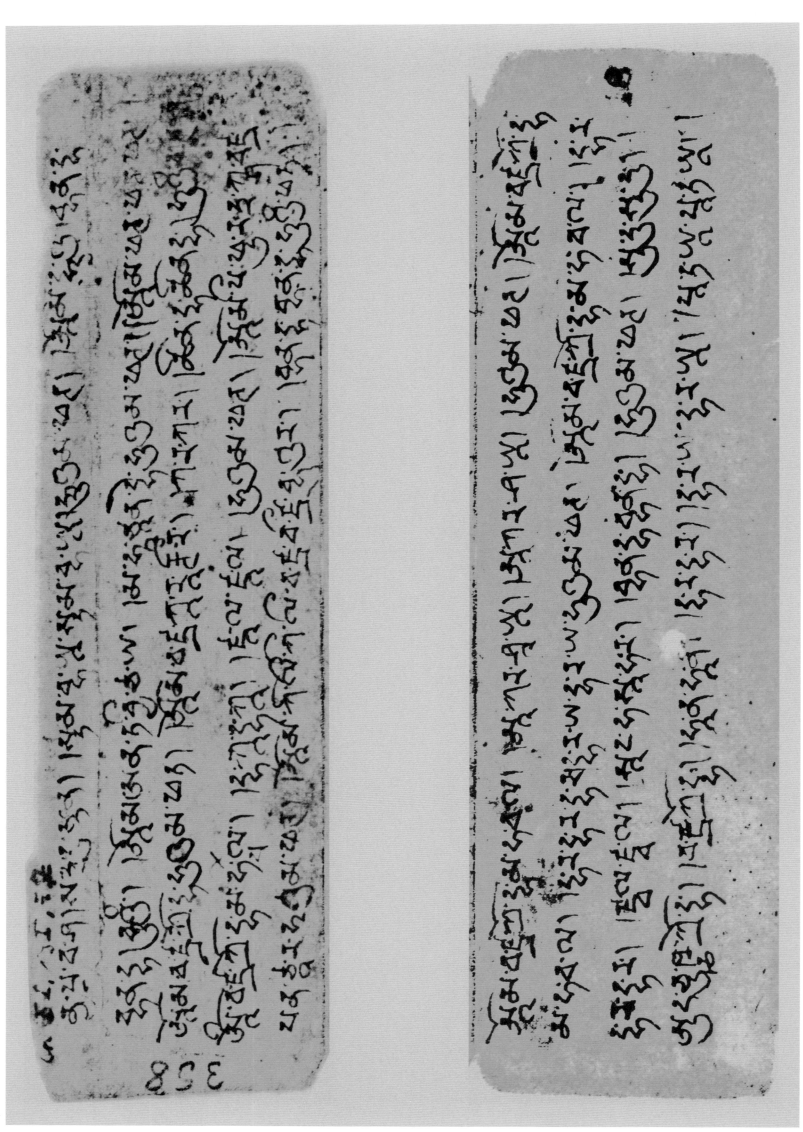

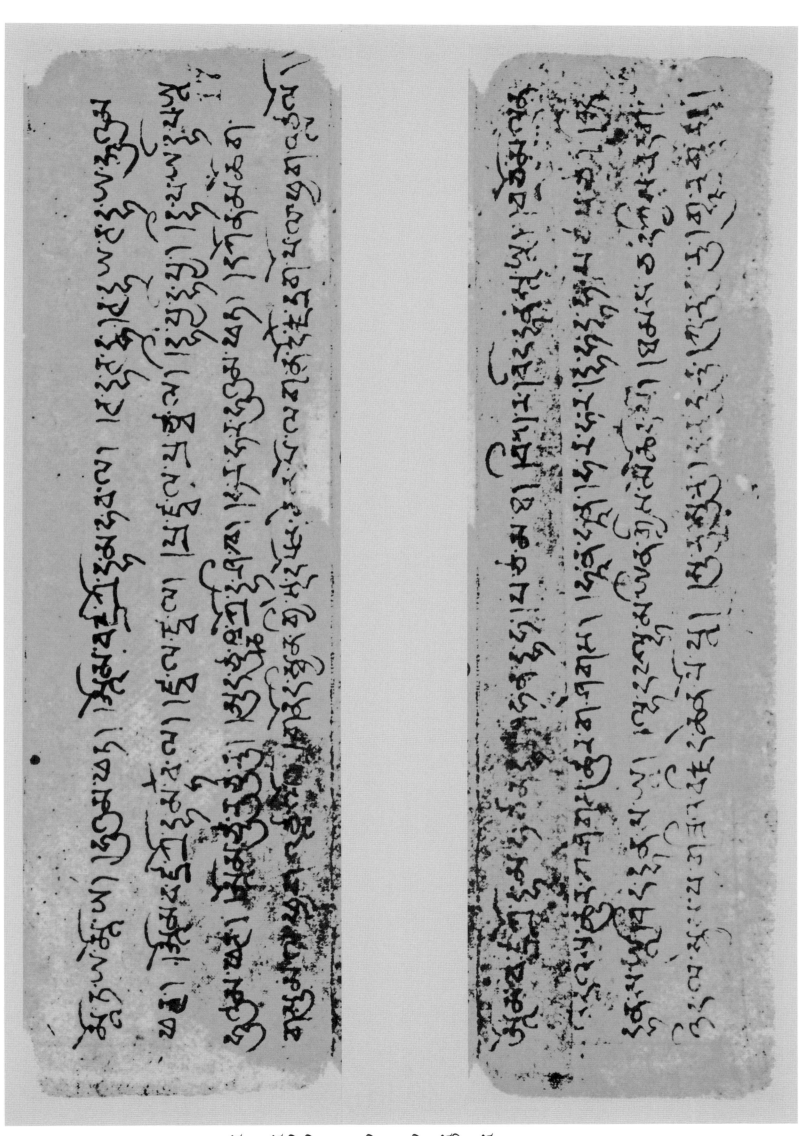

英 IOL.Tib.J.VOL.64　　4.འཕགས་པ་སྟོབས་པོ་ཆེ་ཞེས་བྱ་བ་ཐེག་པ་ཆེན་པོའི་མདོ།

4.聖大力大乘經　　(36–16)

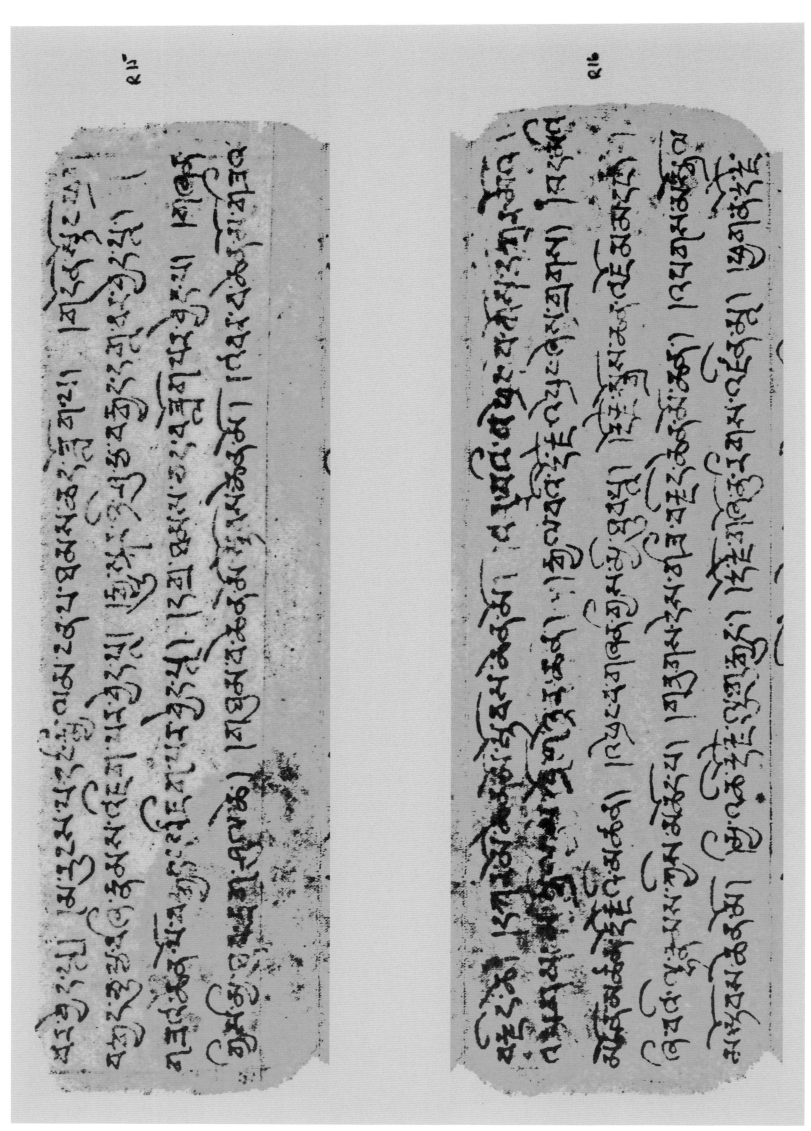

5.འཕགས་པ་དེ་བཞིན་གཤེགས་པའི་གཙུག་ཏོར་ནས་བྱུང་བའི་གདུགས་དཀར་པོ་ཅན་གཞན་གྱིས་མི་ཐུབ་པ་ཞེས་བྱ་བའི་གཟུངས།

5.聖如來頂髻中出白傘蓋與無能敵陀羅尼　　(36–17)

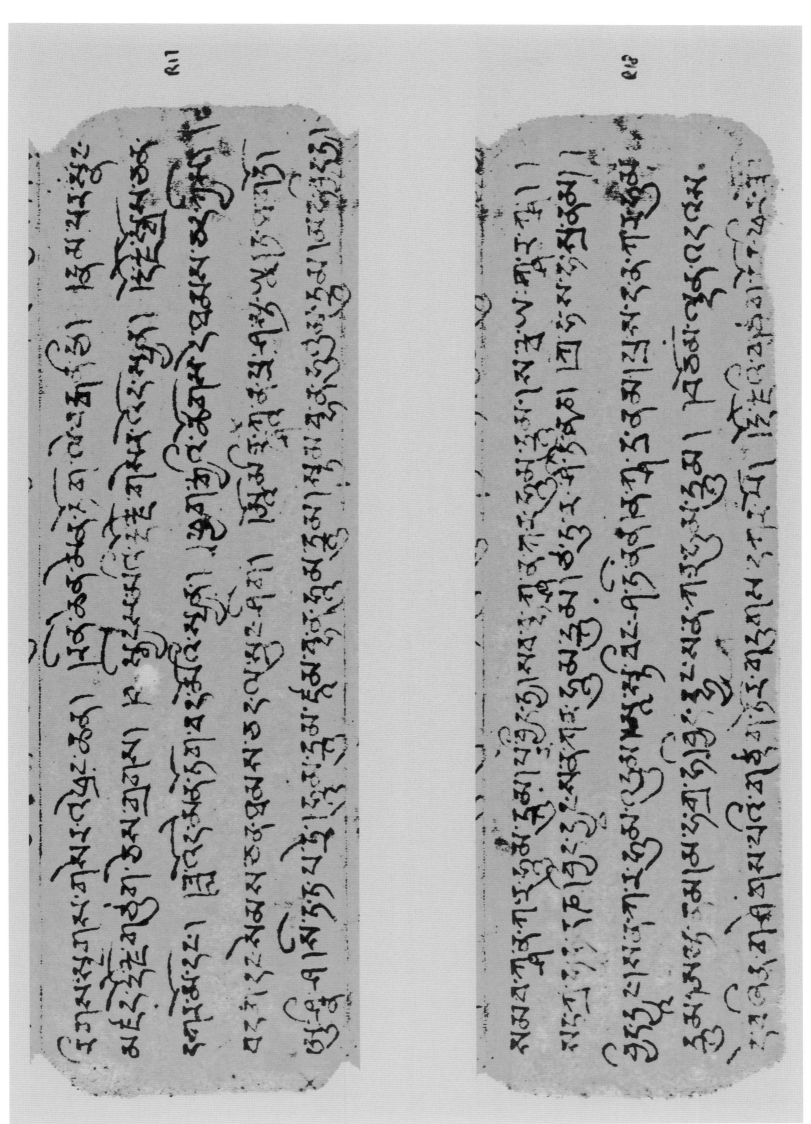

5.འཕགས་པ་དེ་བཞིན་གཤེགས་པའི་གཙུག་ཏོར་ནས་བྱུང་བའི་གདུགས་དཀར་པོ་ཅན་གཞན་གྱིས་མི་ཐུབ་
མ་ཞེས་བྱ་བའི་གཟུངས།

5.聖如來頂髻中出白傘蓋與無能敵陀羅尼　　(36-18)

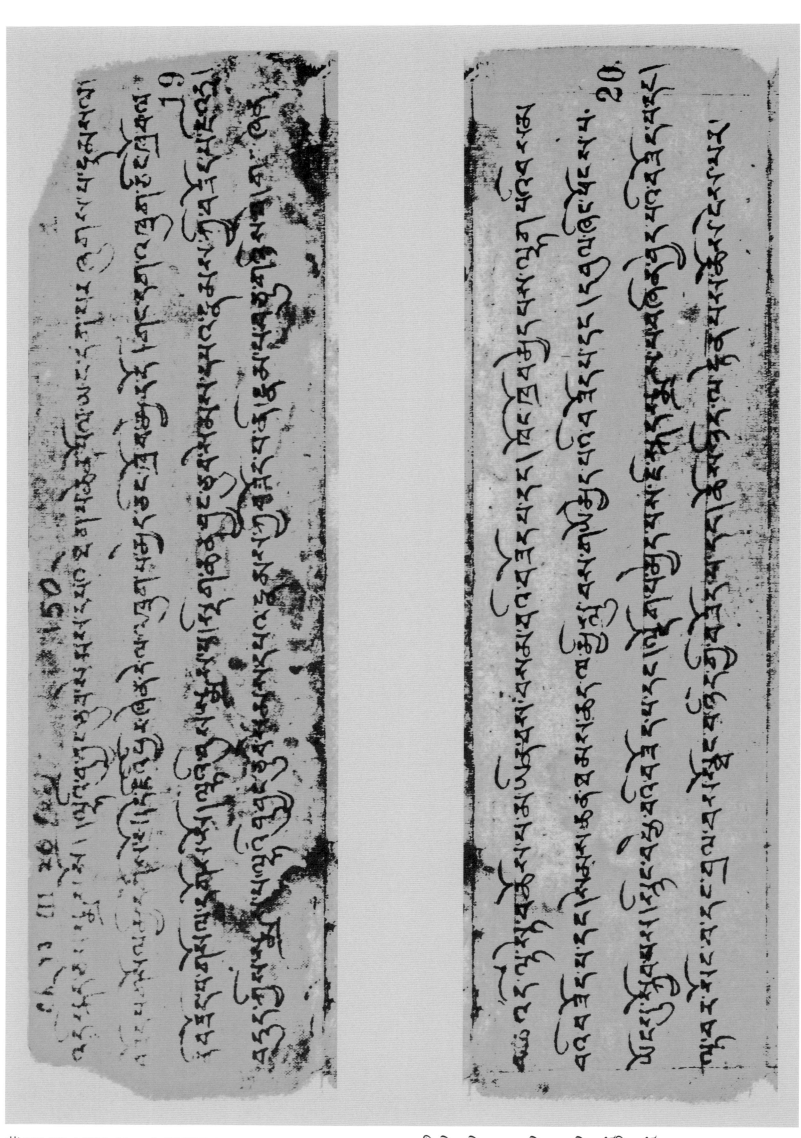

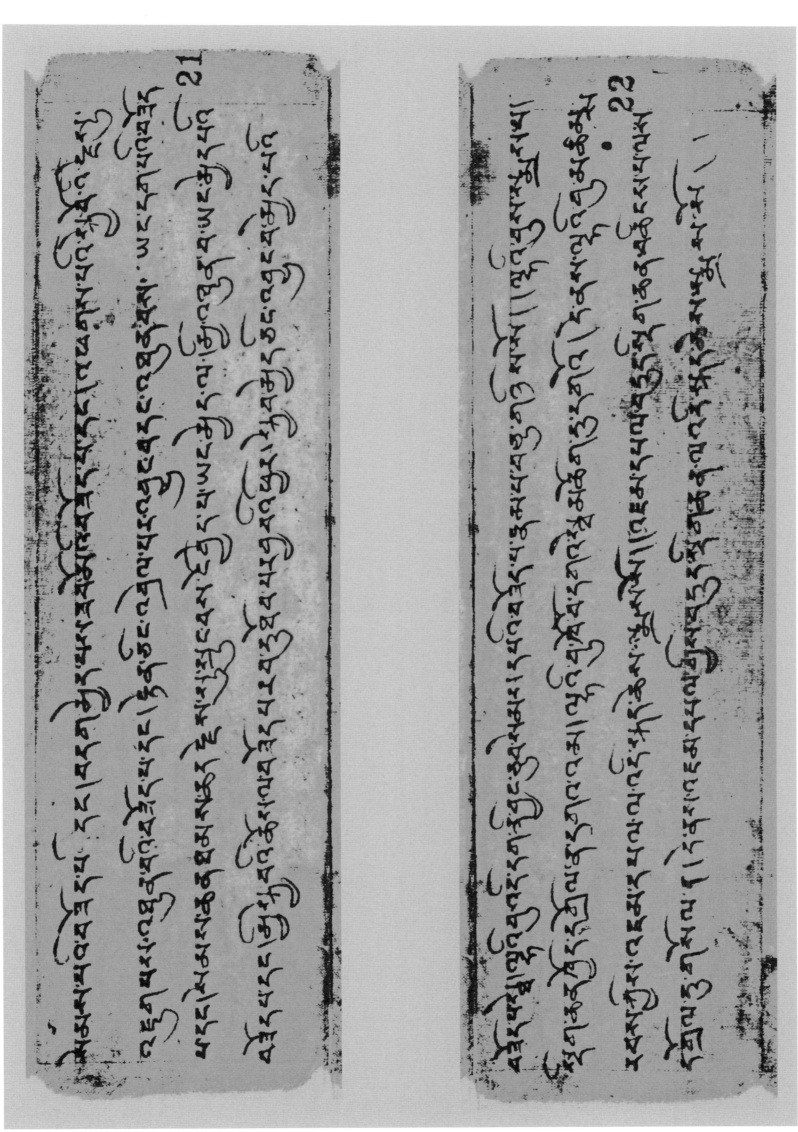

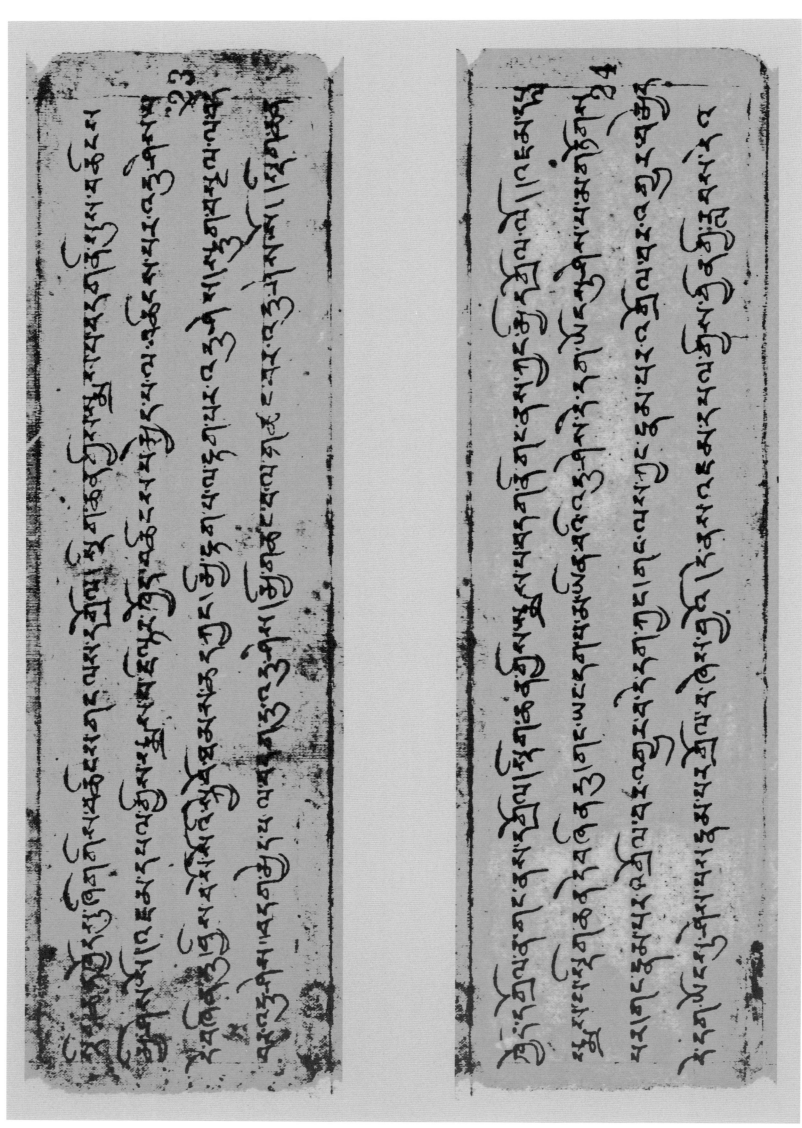

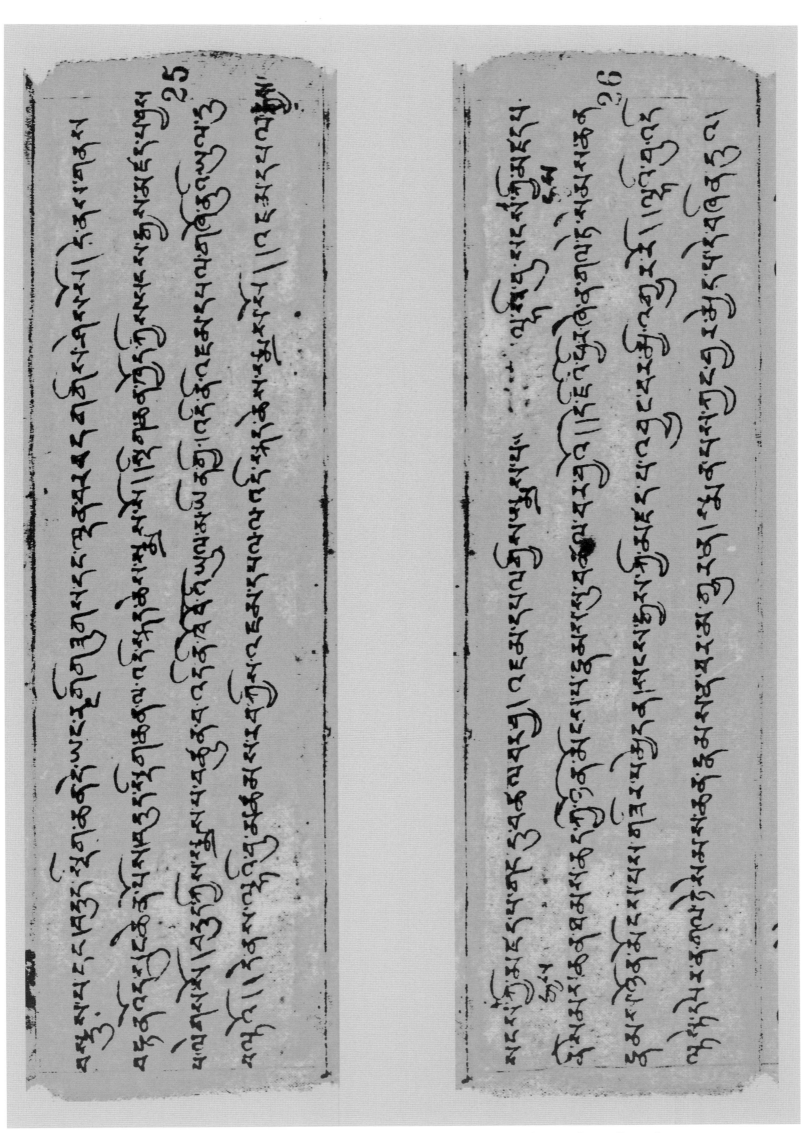

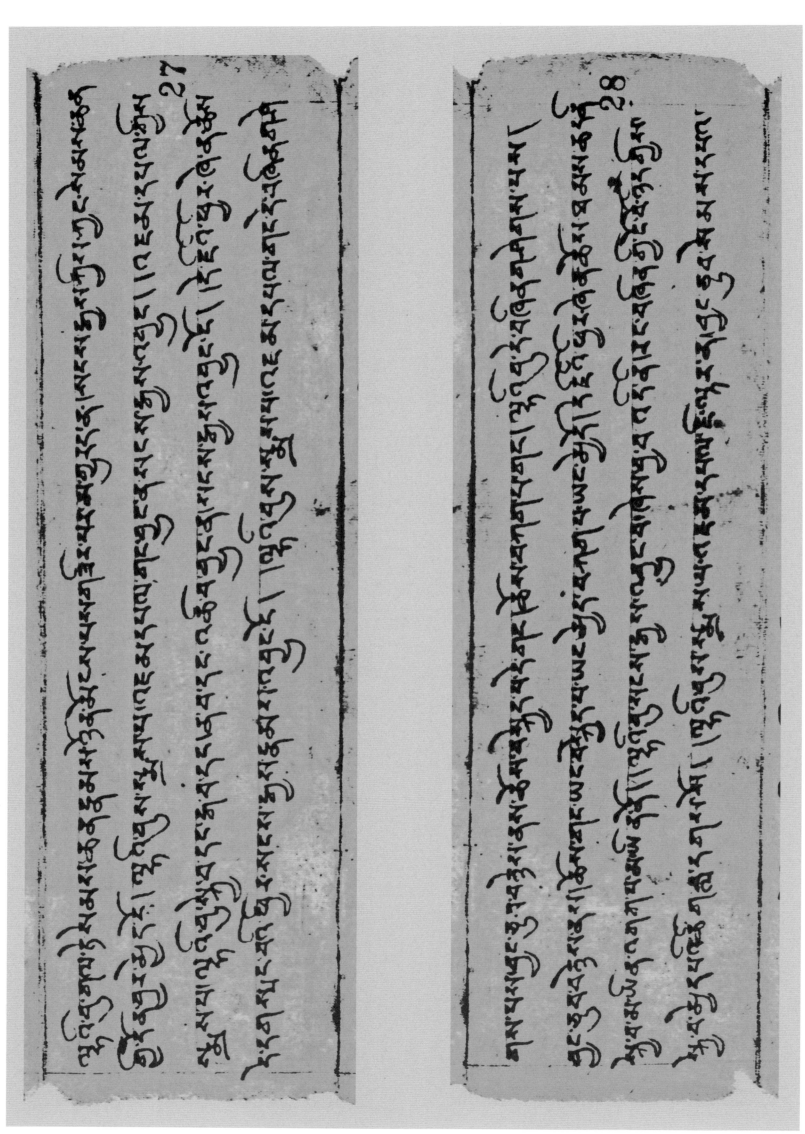

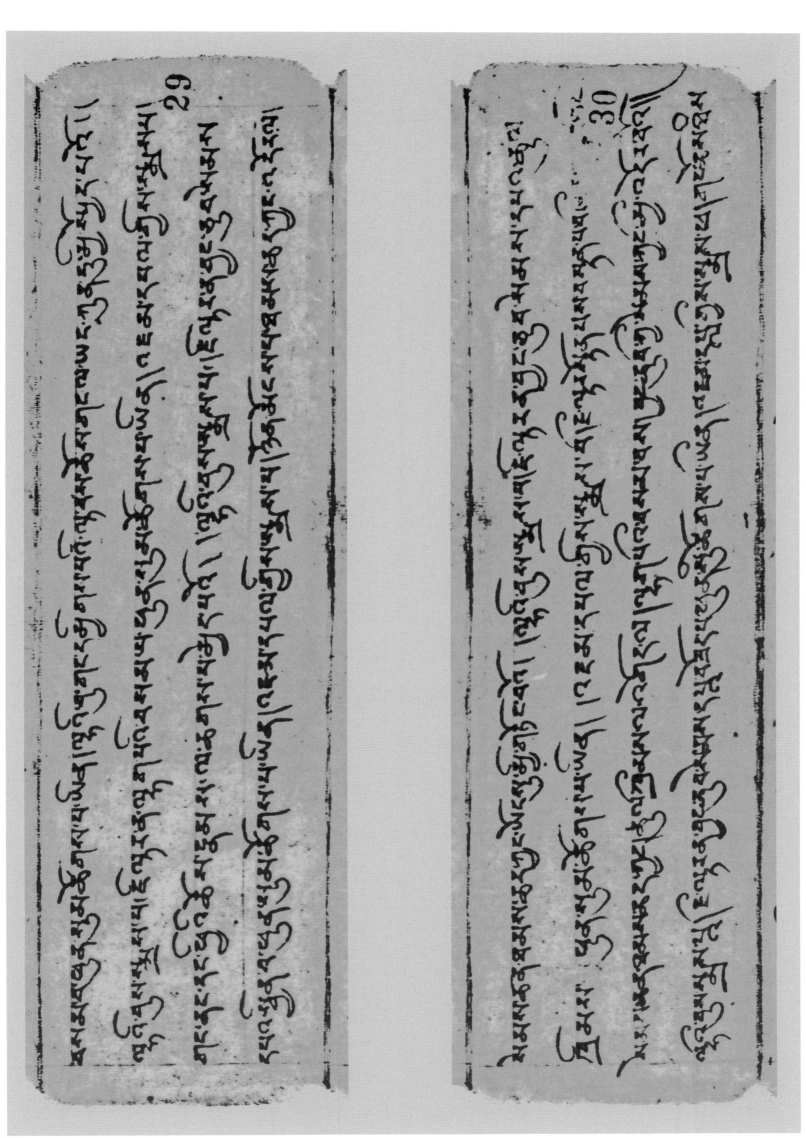

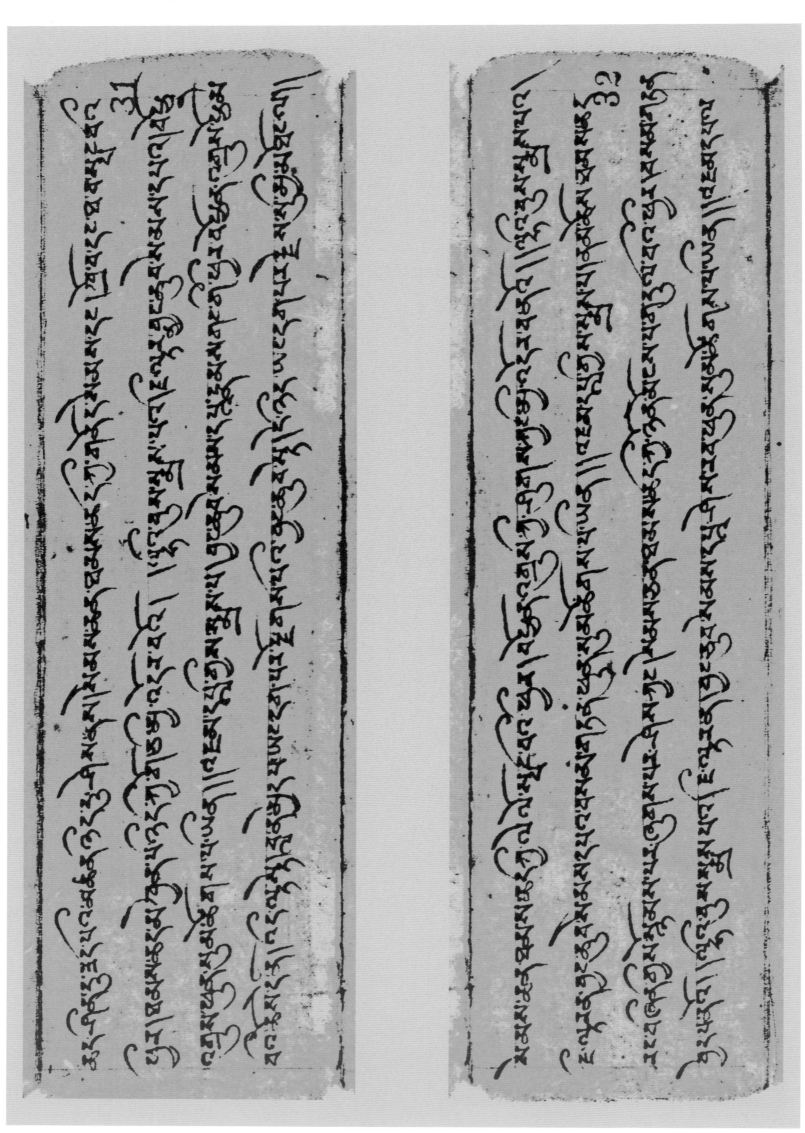

英 IOL.Tib.J.VOL.64　　6.འཕགས་པ་འཇམ་དཔལ་རྣམ་པར་འཕྲུལ་བའི་ལེའུ་ཞེས་བྱ་བ་ཐེག་པ་ཆེན་པོའི་མདོ།

6.聖文殊神變品大乘經　　　(36–25)

234

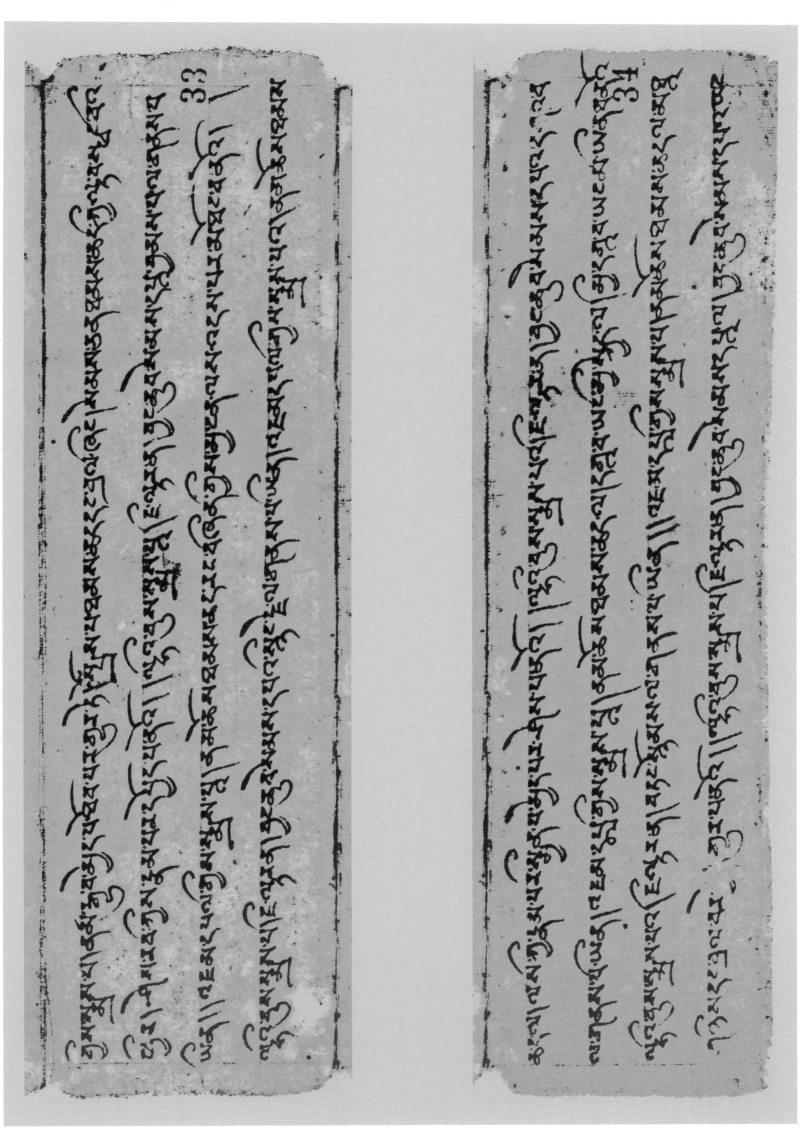

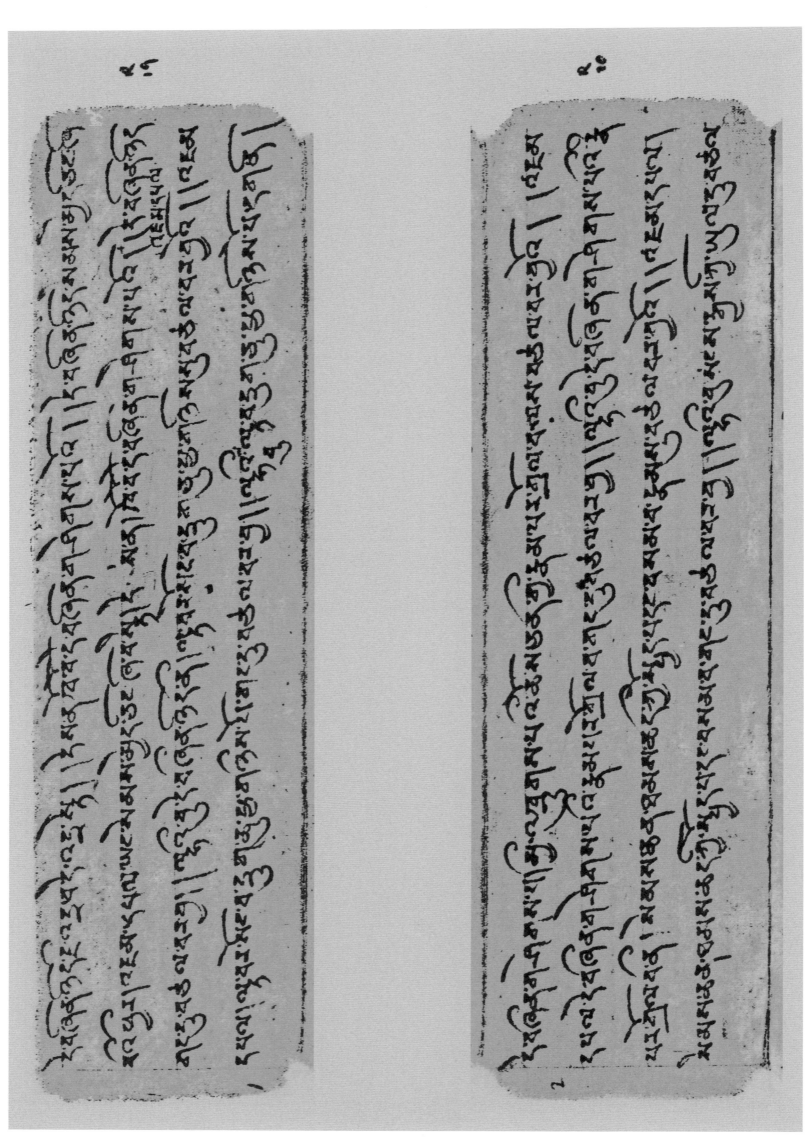

　　6.འཕགས་པ་འཇམ་དཔལ་རྣམ་པར་འཕྲུལ་པའི་ཞིད་ཞེས་བྱ་བ་ཐེག་པ་ཆེན་པོའི་མདོ།

6.聖文殊神變品大乘經　　(36-27)

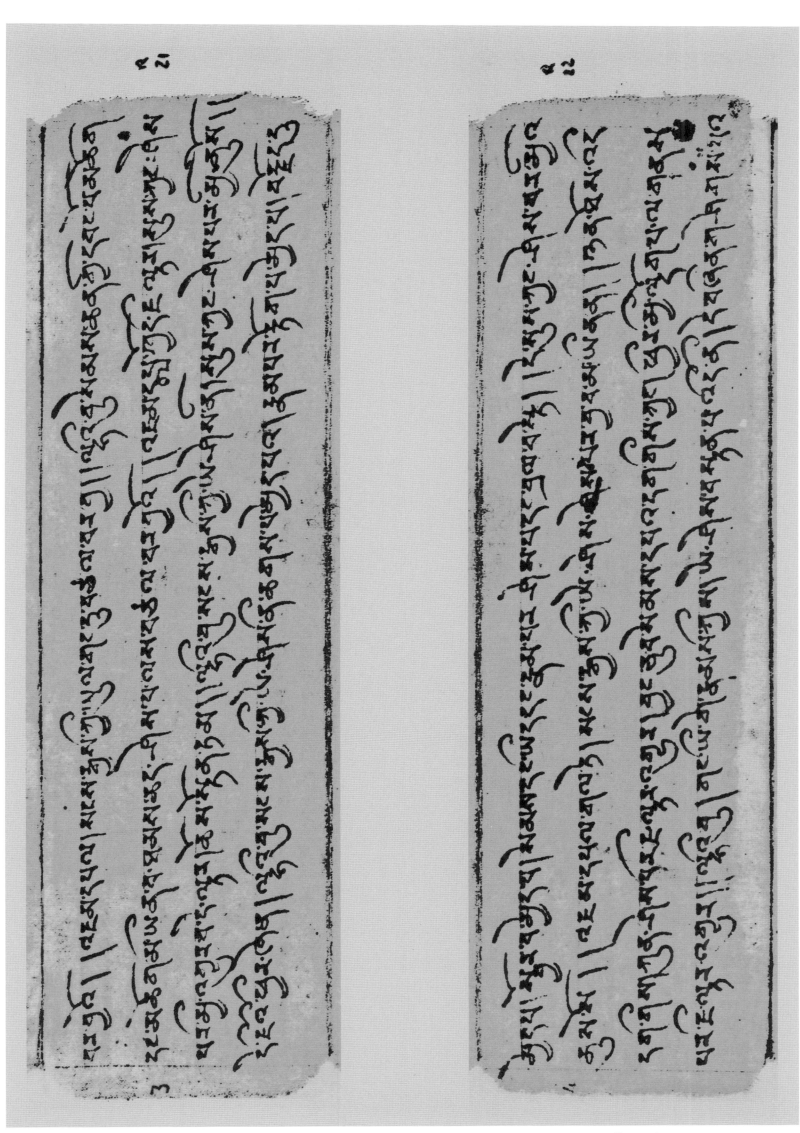

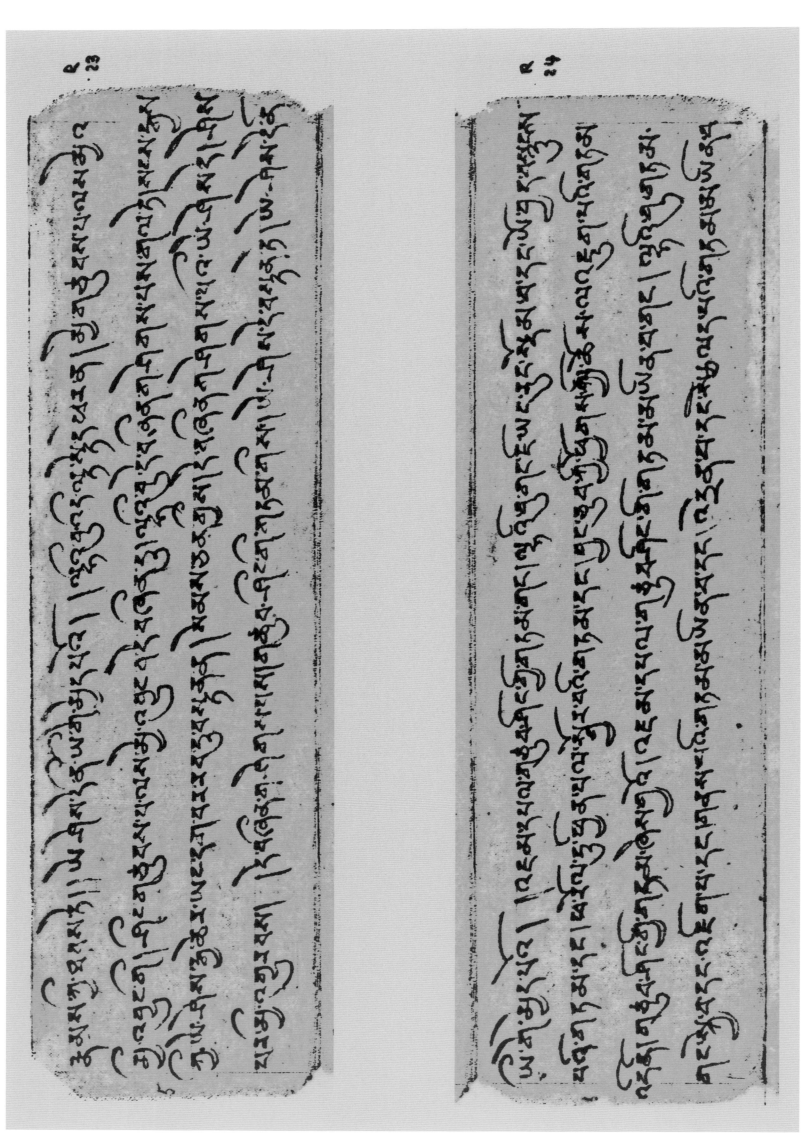

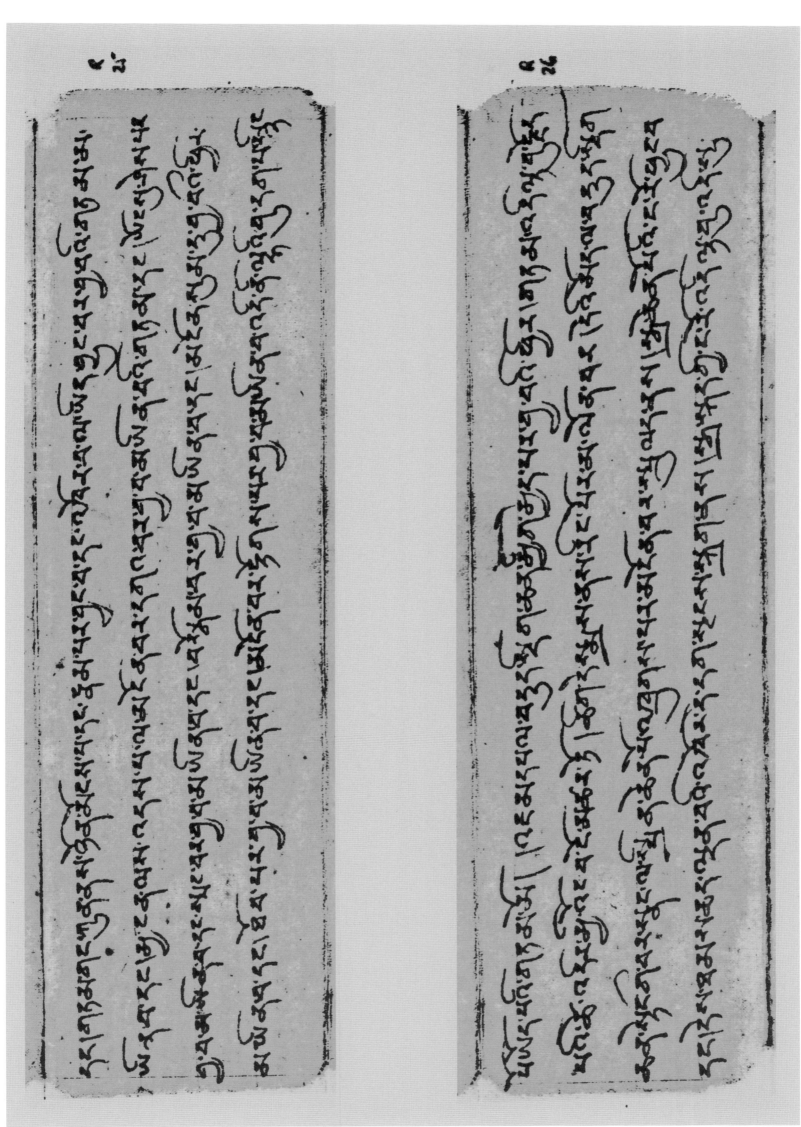

英 IOL.Tib.J.VOL.64 　6.འཕགས་པ་འཇམ་དཔལ་རྣམ་པར་འཕྲུལ་པའི་ལེའུ་ཞེས་བྱ་བ་ཐེག་པ་ཆེན་པོའི་མདོ།

6.聖文殊神變品大乘經　　(36–30)

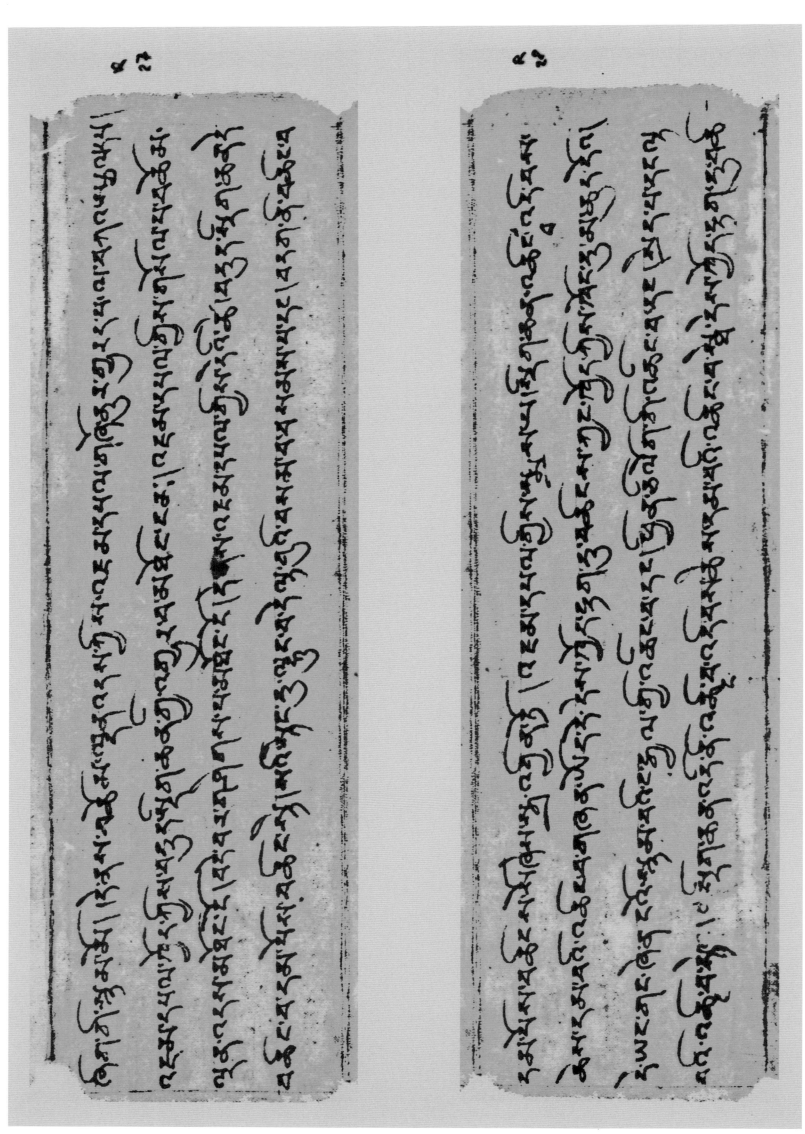

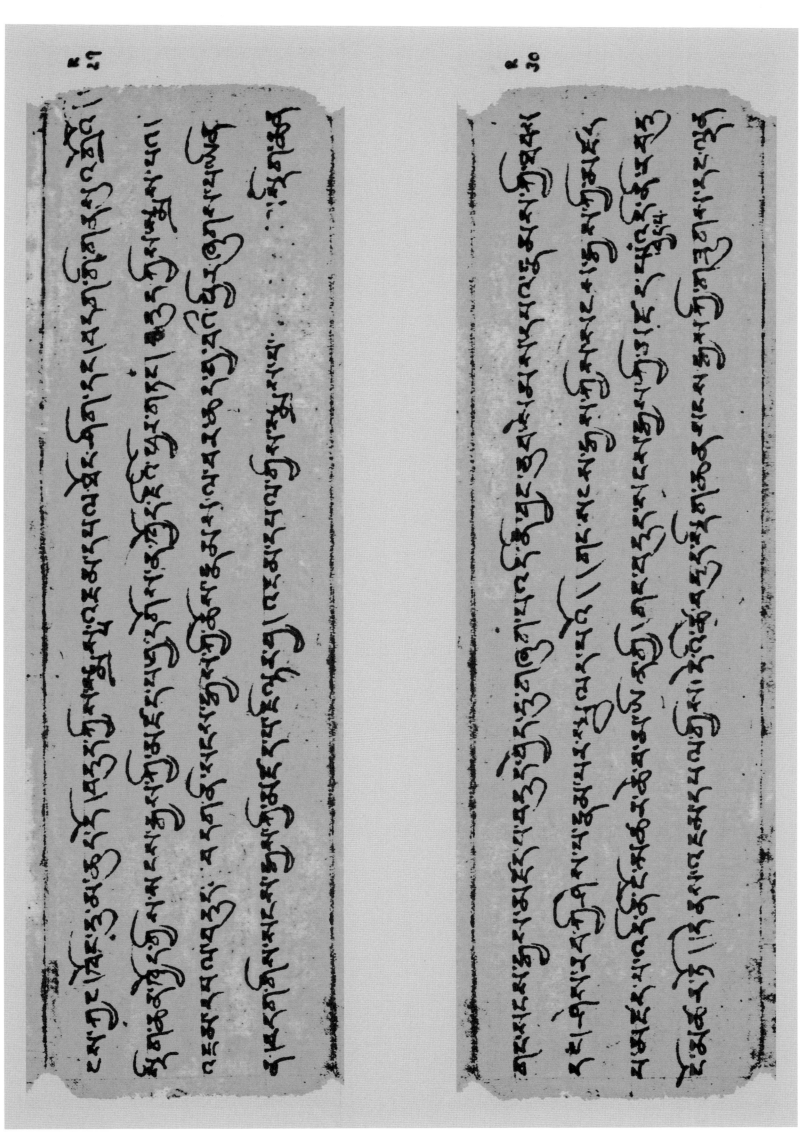

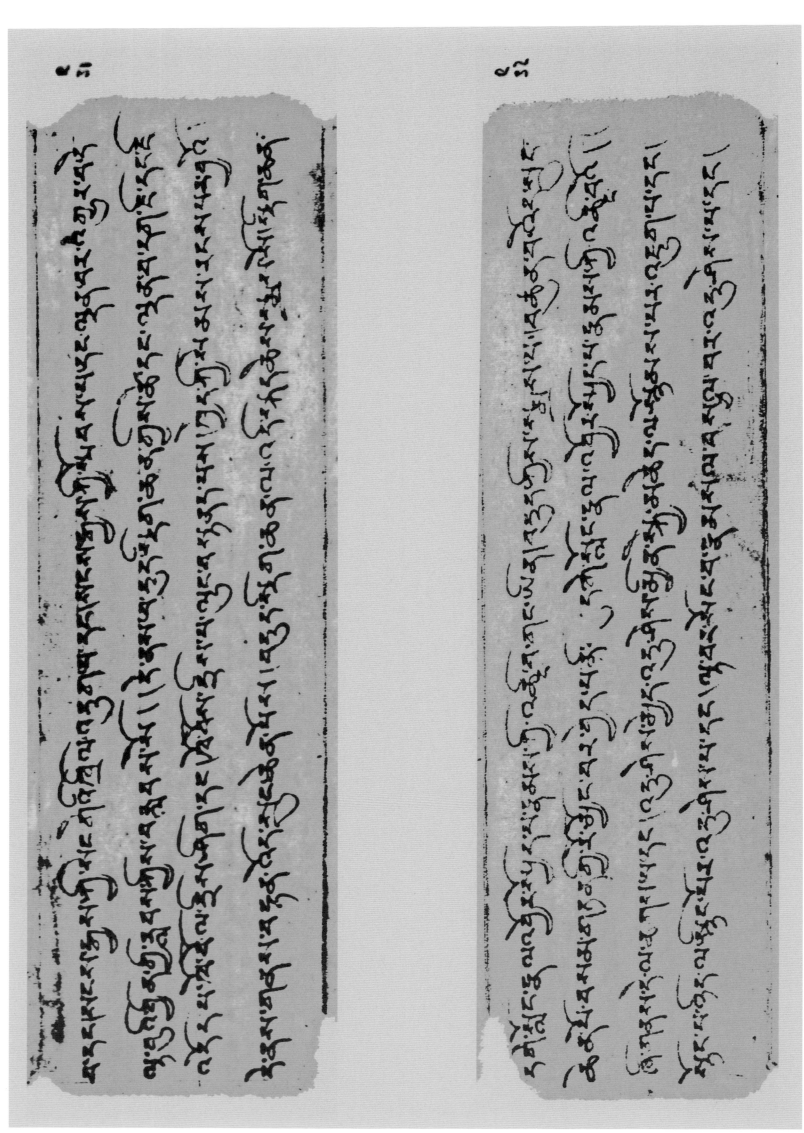

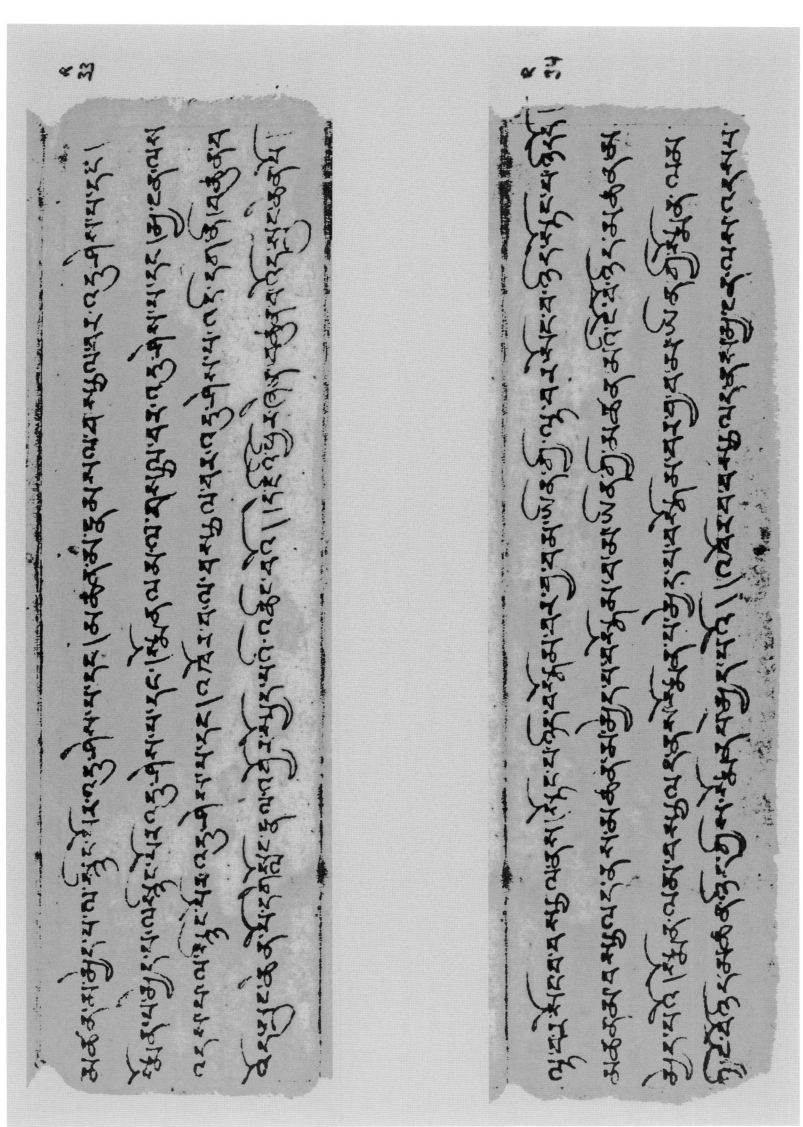

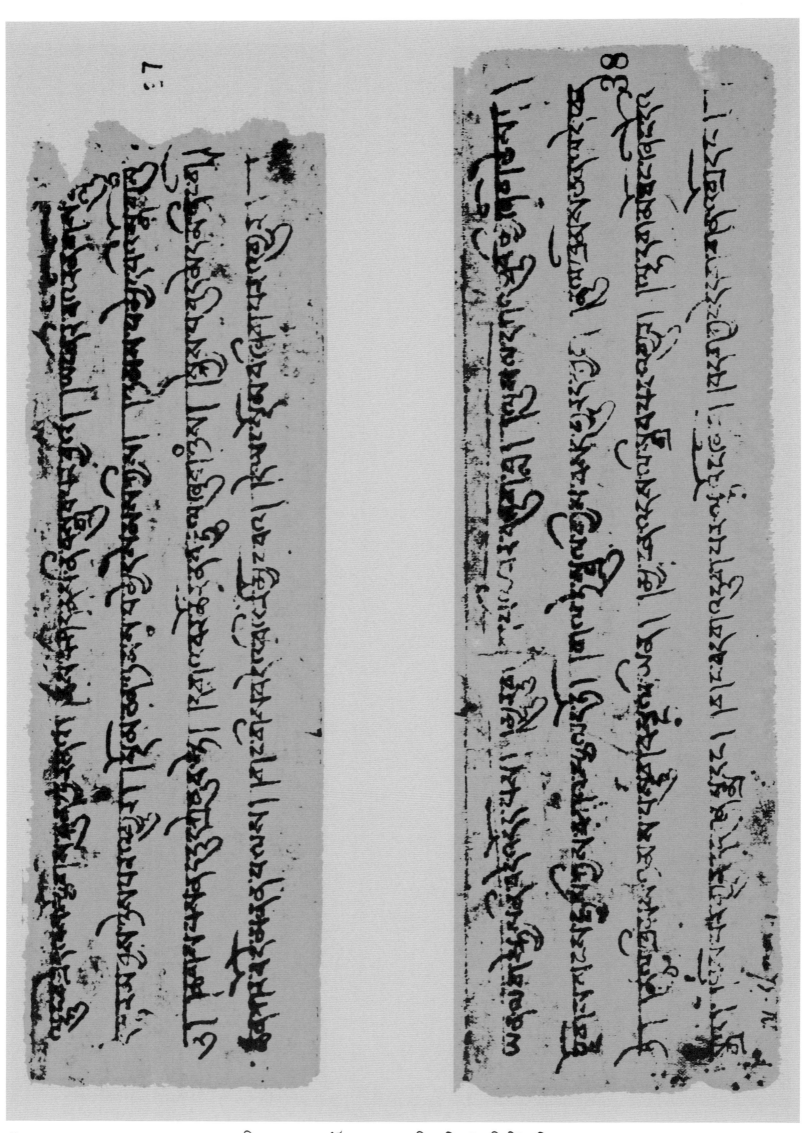

英 IOL.Tib.J.VOL.64　　7.འཕགས་པ་གཞི་ཐམས་ཅད་ཡོད་པར་སྨྲ་བའི་དགེ་ཚུལ་གྱི་ཚིག་ལེའུར་བྱས་པ།

7.聖說一切有部沙彌戒偈頌　　(36–35)

*原文獻缺編號35、36。

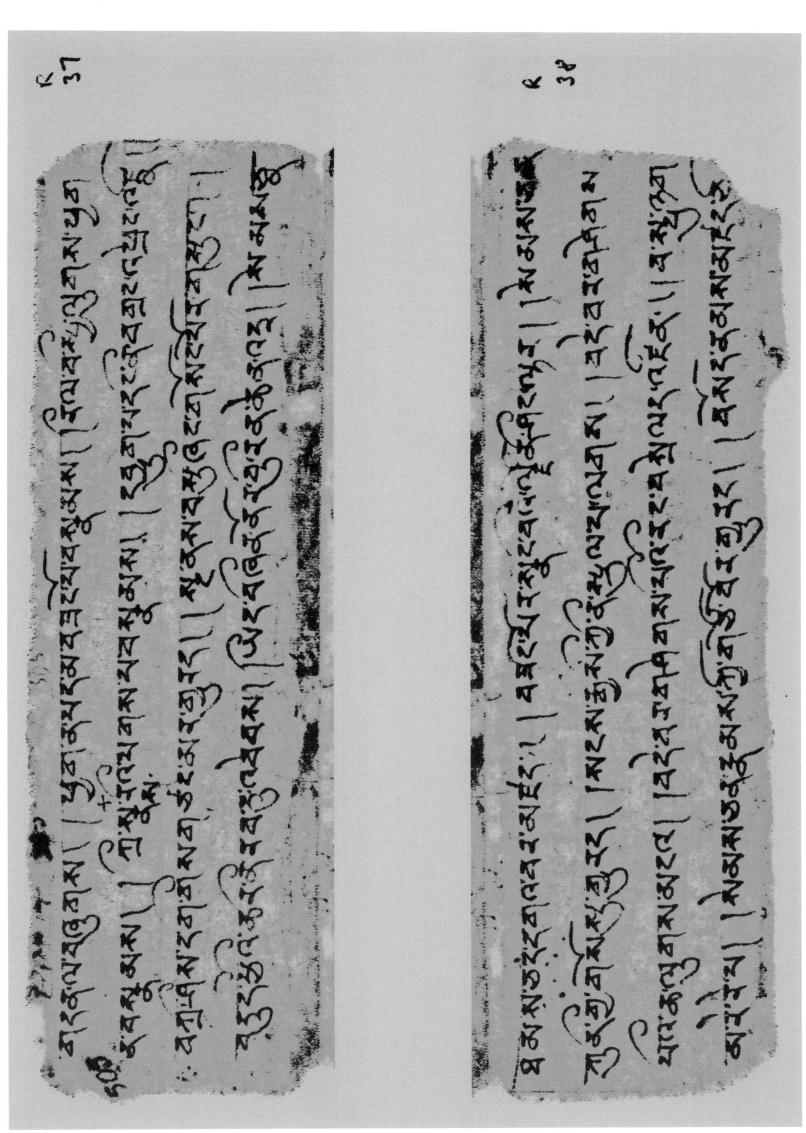

英 IOL.Tib.J.VOL.64　　8.འཕགས་པ་སྤྱན་རས་གཟིགས་དབང་ཕྱུག་གི་མཚན་བརྒྱ་རྩ་བརྒྱད་པ

8.聖觀自在名號一百零八　　(36–36)

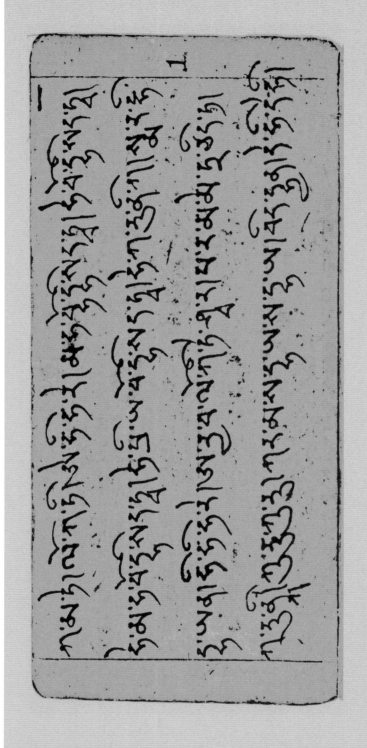
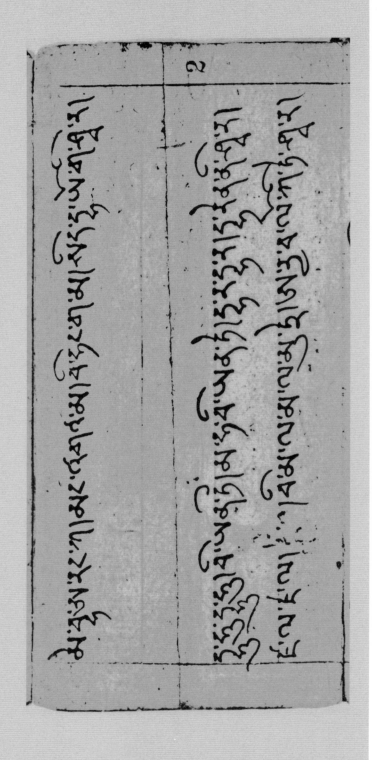

1.འཕགས་པ་བྱང་ཆུབ་སེམས་དཔའ་སྤྱན་རས་གཟིགས་དབང་ཕྱུག་ཐུགས་རྗེ་ཆེན་པོ་དང་ལྡན་པ་ཐོགས་པ་མི་མངའ་བའི་ཐུགས་རྗེ་ཆེན་པོའི་སེམས་ཀྱ་ཆེར་ཡོངས་སུ་རྫོགས་པ་ཞེས་བྱ་བའི་གཟུངས་ལས་གཟུངས་སྔགས་ཆོན་བཀུས།

1.聖觀自在菩薩廣大圓滿無礙大悲心陀羅尼摘抄　　(24-1)

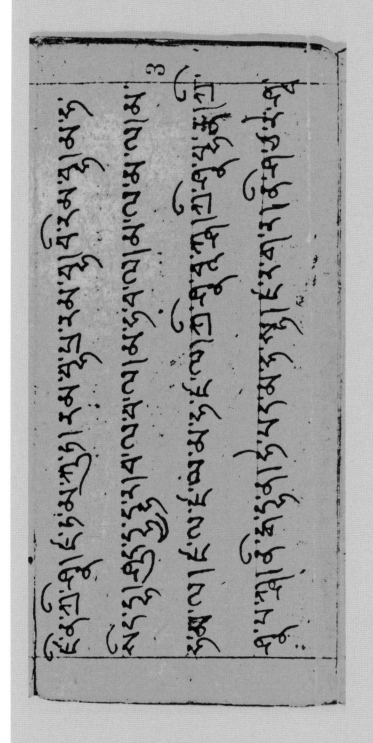

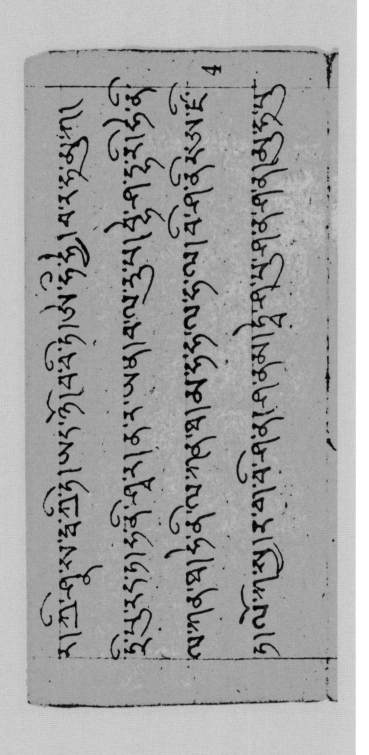

英 IOL.Tib.J.VOL.65　1.འཕགས་པ་བྱང་ཆུབ་སེམས་དཔའ་སྤྱན་རས་གཟིགས་དབང་ཕྱུག་ཕྱག་སྟོང་སྤྱན་སྟོང་དང་ལྡན་པ་ཐོགས་
པ་མི་མངའ་བའི་ཐུགས་རྗེ་ཆེན་པོའི་སེམས་རྒྱ་ཆེར་ཡོངས་སུ་རྫོགས་པ་ཞེས་བྱ་བའི་གཟུངས་ལས་གཟུངས་
སྙགས་ཆན་བཏུས།

1.聖觀自在菩薩廣大圓滿無礙大悲心陀羅尼摘抄　（24-2）

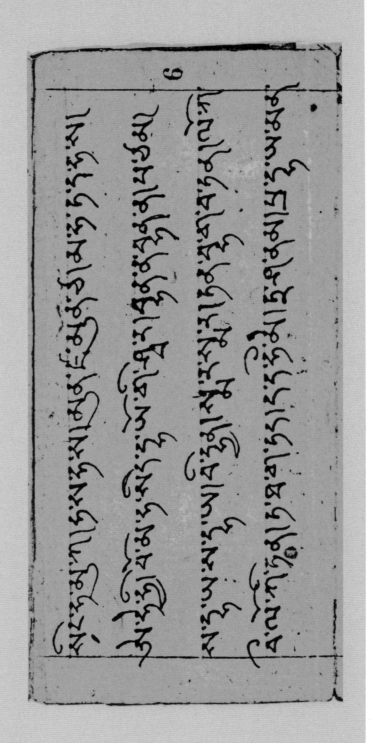

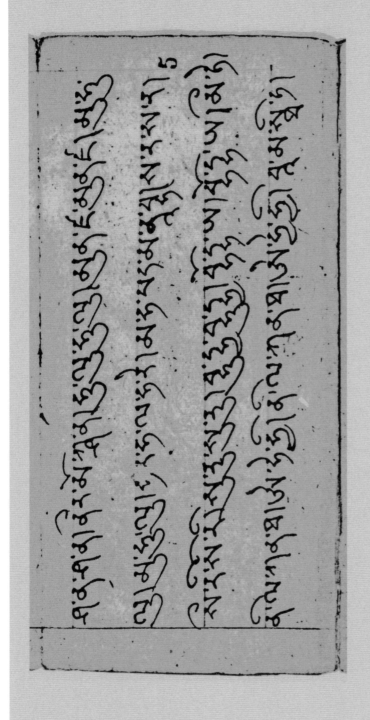

1.འཕགས་པ་བྱང་ཆུབ་སེམས་དཔའ་སྤྱན་རས་གཟིགས་དབང་ཕྱུག་ཕྱག་སྟོང་སྤྱན་སྟོང་དང་ལྡན་པ་ཐོགས་པ་མི་མངའ་བའི་ཐུགས་རྗེ་ཆེན་པོའི་སེམས་རྒྱ་ཆེར་ཡོངས་སུ་རྫོགས་པ་ཞེས་བྱ་བའི་གཟུངས་ལས་གཟུངས་སྔགས་ཆོན་བཀུས།

1.聖觀自在菩薩廣大圓滿無礙大悲心陀羅尼摘抄　　(24-3)

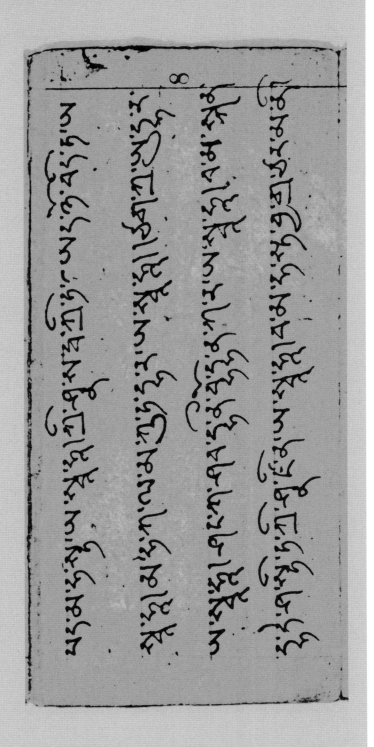

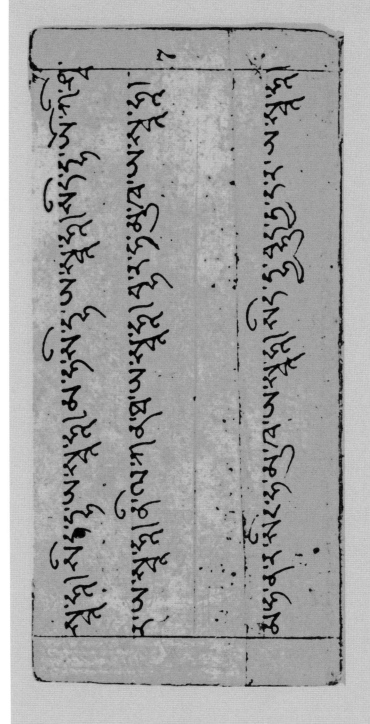

1.འཕགས་པ་བྱུང་ཆུབ་སེམས་དཔའ་སྤྱན་རས་གཟིགས་དབང་ཕྱུག་ཕྱག་སྟོང་སྤྱང་སྟོང་དང་ལྡན་པ་ཐོགས་པ་མི་མངའ་བའི་ཐུགས་རྗེ་ཆེན་པོའི་སེམས་རྒྱ་ཆེར་ཡོངས་སུ་རྫོགས་པ་ཞེས་བྱ་བའི་གཟུངས་ལས་གཟུངས་སྔགས་ཆན་བ་ཕྱུས།

1.聖觀自在菩薩廣大圓滿無礙大悲心陀羅尼摘抄　　(24-4)

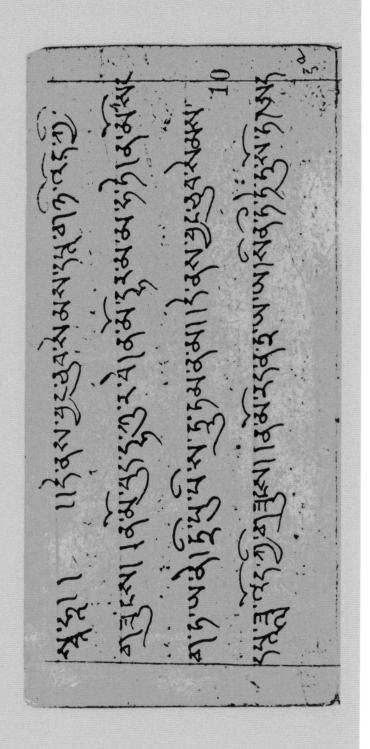

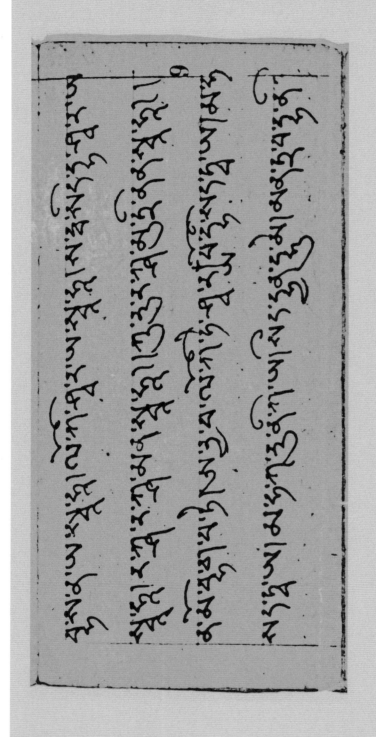

1.འཕགས་པ་སྤྱན་རས་གཟིགས་དབང་སྤྱན་རས་གཟིགས་དབང་ཕྱུག་ཕྱུག་སྟོང་སྤྱན་སྟོང་དང་ལྡན་པ་ཐོགས་པ་མི་མངའ་བའི་ཐུགས་རྗེ་ཆེན་པོའི་སེམས་རྒྱ་ཆེར་ཡོངས་སུ་རྫོགས་ཤིང་ཐོགས་པ་མི་མངའ་བའི་ཐུགས་རྗེ་ཆེན་པོའི་སེམས་རྒྱ་ཆེར་ཡོངས་སུ་རྫོགས་ཤིང་ཐོགས་པ་མི་མངའ་བའི་ཐུགས་རྗེ་ཆེན་པོའི་སེམས་རྒྱ་ཆེར་ཡོངས་སུ་ཞེས་བྱ་བའི་གཟུངས་ལས་གཟུངས་སྔགས་ཚན་བཀུས།

1.聖觀自在菩薩廣大圓滿無礙大悲心陀羅尼摘抄　　(24–5)

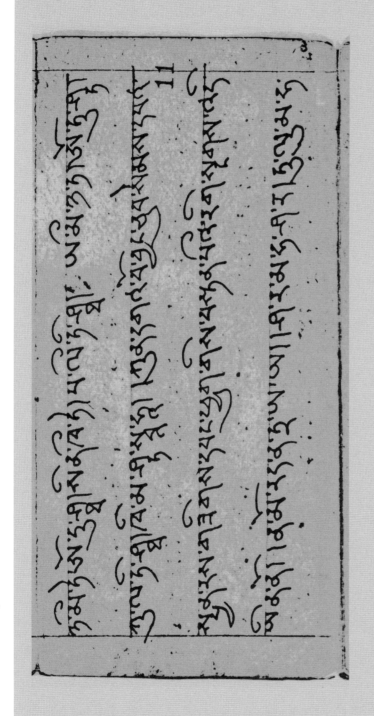

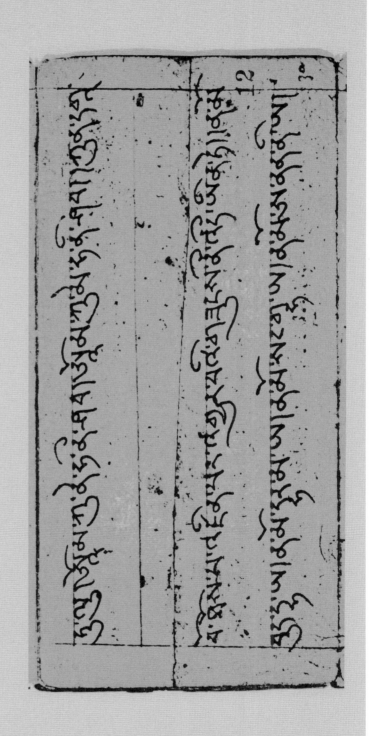

1.འཕགས་པ་བྱང་ཆུབ་སེམས་དཔའ་སྤྱན་རས་གཟིགས་དབང་ཕྱུག་ཕྱུག་སྟོང་སྤྱན་སྟོང་དང་ལྡན་པ་ཐོགས་
པ་མི་མངའ་བའི་ཐུགས་རྗེ་ཆེན་པོའི་སེམས་རྒྱ་ཆེར་ཡོངས་སུ་རྫོགས་པ་ཞེས་བྱ་བའི་གཟུངས་ལས་གཟུངས་
སྔགས་ཚན་བཀུས༎

1.聖觀自在菩薩廣大圓滿無礙大悲心陀羅尼摘抄　　(24–6)

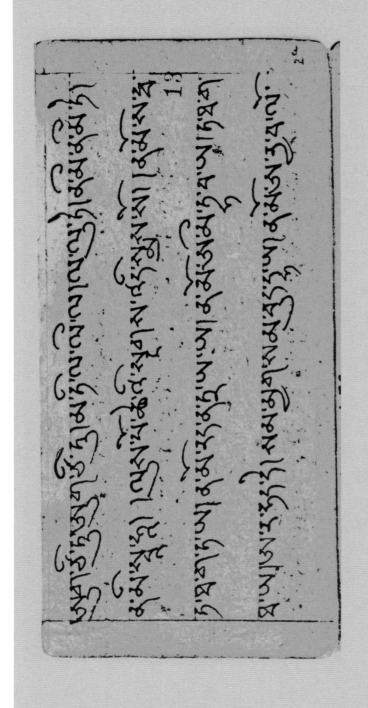

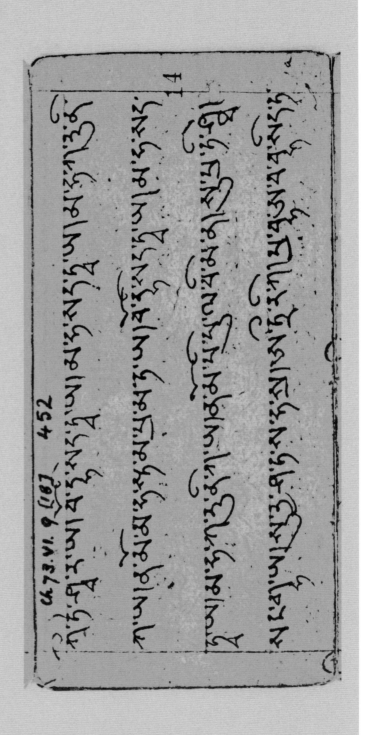

1.འཕགས་པ་བྱང་ཆུབ་སེམས་དཔའ་སྤྱན་རས་གཟིགས་དབང་ཕྱུག་ཕྱུག་སྟོང་སྤྱན་སྟོང་དང་ལྡན་པ་ཐོགས་པ་མི་མངའ་བའི་ཐུགས་རྗེ་ཆེན་པོའི་སེམས་རྒྱ་ཆེར་ཡོངས་སུ་རྫོགས་པ་ཞེས་བྱ་བའི་གཟུངས་ལས་གཟུངས་སྔགས་ཚན་བཤུས།

1.聖觀自在菩薩廣大圓滿無礙大悲心陀羅尼摘抄 (24-7)

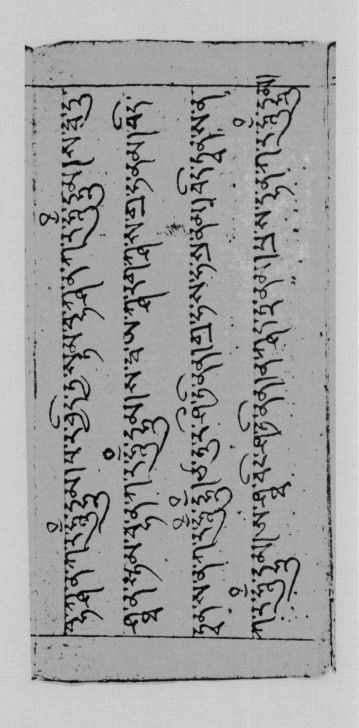 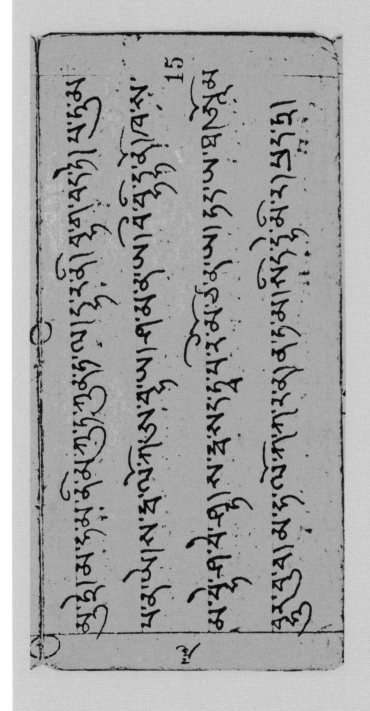

1.འཕགས་པ་སྤྱན་རས་གཟིགས་དབང་ཕྱུག་ནས་གཟིགས་དབང་ཕྱུག་ཕྱུག་སྟོང་སྤྱན་སྟོང་དང་ལྡན་པ་ཐོགས་པ་མི་མངའ་བའི་ཐུགས་རྗེ་ཆེན་པོའི་སེམས་རྒྱ་ཆེར་ཡོངས་སུ་རྫོགས་པ་ཞེས་བྱ་བའི་གཟུངས་ལས་གཟུངས་ཕྱོགས་ཚན་བཀུས།

1.聖觀自在菩薩廣大圓滿無礙大悲心陀羅尼摘抄　　(24-8)

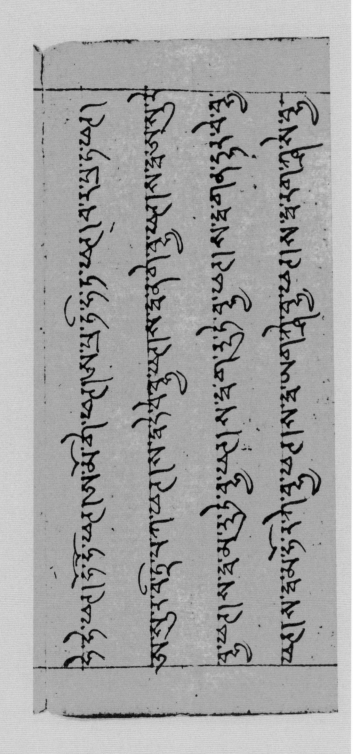

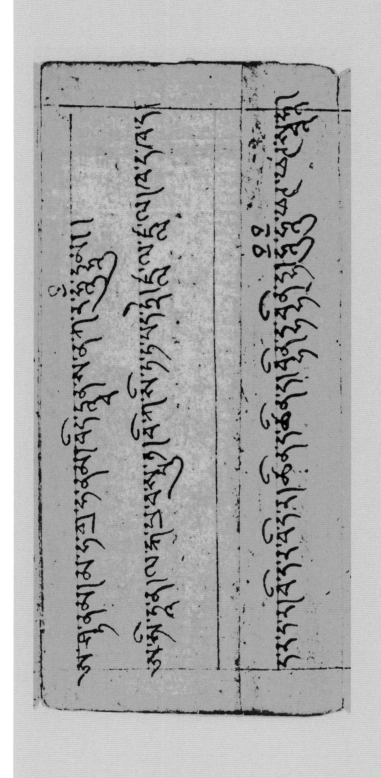

1.འཕགས་པ་སྤྱན་རས་གཟིགས་དབང་ཕྱུག་ཐུགས་རྗེ་ཆེན་པོ་ ... 聖觀自在菩薩廣大圓滿無礙大悲心陀羅尼摘抄 (24-9)

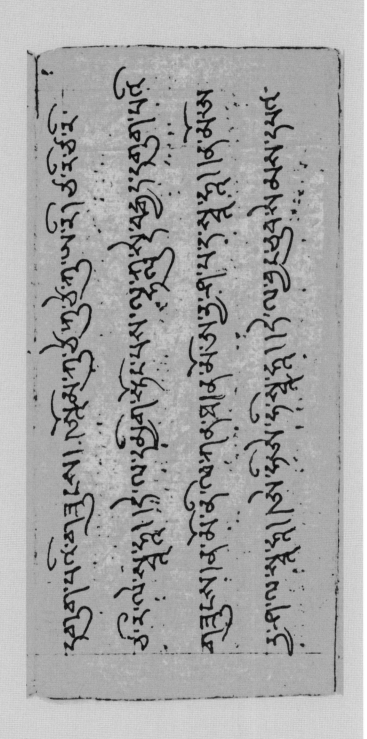

1.འཕགས་པ་བྱང་ཆུབ་སེམས་དཔའ་སྤྱན་རས་གཟིགས་དབང་ཕྱུག་ཕྱུག་སྟོང་སྤྱན་སྟོང་དང་ལྡན་པ་ཐོགས་པ་མི་མངའ་བའི་ཐུགས་རྗེ་ཆེན་པོའི་སེམས་རྒྱ་ཆེར་ཡོངས་སུ་རྫོགས་པ་ཞིན་བྱ་བའི་གཟུངས་ལས་གཟུངས་ཕྱོགས་ཆེན་བཤུས།

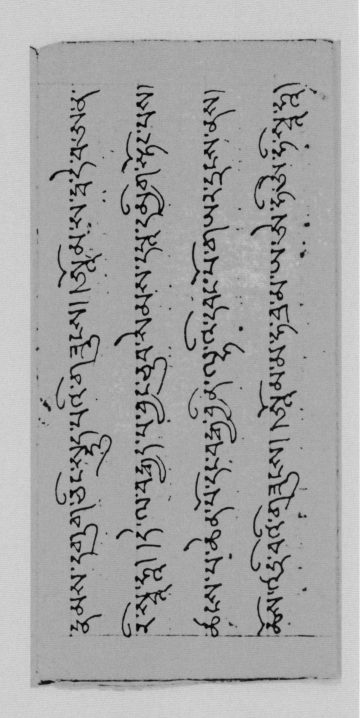

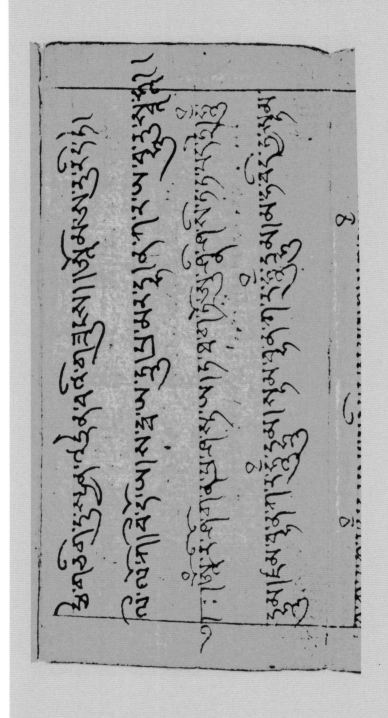

1.འཕགས་པ་བྱང་ཆུབ་སེམས་དཔའ་སྤྱན་རས་གཟིགས་དབང་ཕྱུག་ཕྱག་སྟོང་སྤྱན་སྟོང་དང་ལྡན་པ་ཐོགས་
པ་མི་མངའ་བའི་ཐུགས་རྗེ་ཆེན་པོའི་སེམས་རྒྱ་ཆེར་ཡོངས་སུ་རྫོགས་པ་ཞེས་བྱ་བའི་གཟུངས་ལས་གཟུངས་
སྔགས་ཆོན་བཀུས།

1.聖觀自在菩薩廣大圓滿無礙大悲心陀羅尼摘抄　　(24-11)

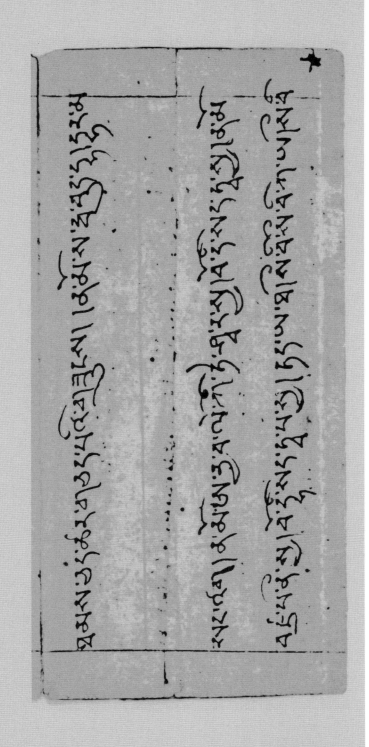

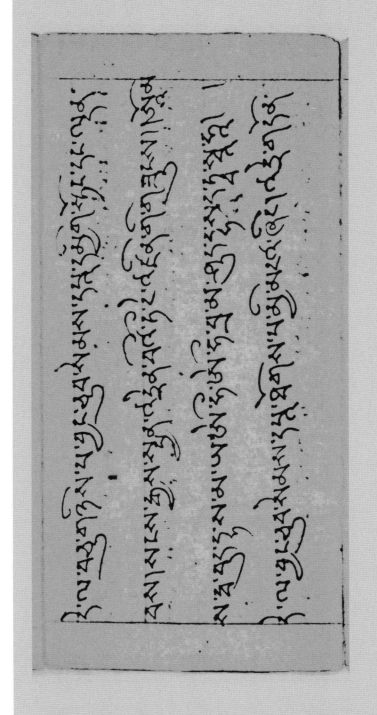

1.འཕགས་པ་བྱང་ཆུབ་སེམས་དཔའ་སྤྱན་རས་གཟིགས་དབང་ཕྱུག་ཐུགས་རྗེ་ཆེན་པོའི་སེམས་རྒྱ་ཆེར་ཡོངས་སུ་རྫོགས་པ་ཞིན་གྱི་བའི་གཟུངས་ལས་གཟུངས་སྒྲགས་ཆན་བཀུས།

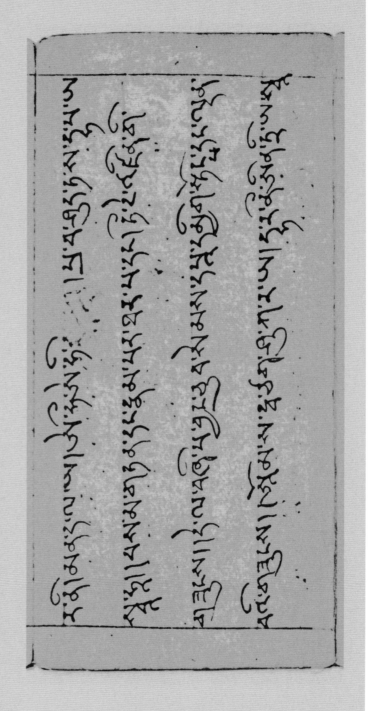

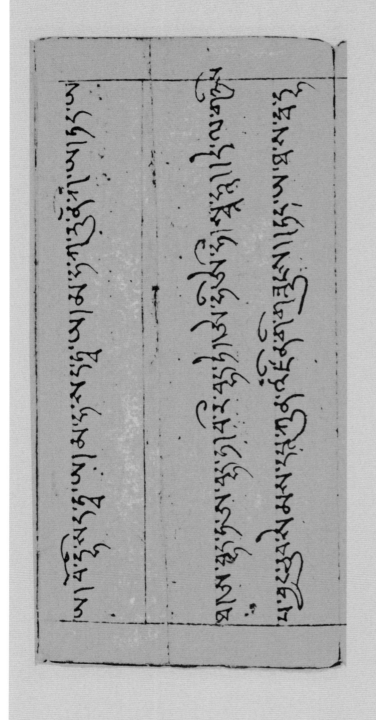

1.འཕགས་པ་སྤྱན་རས་གཟིགས་དབང་ཕྱུག་རས་གཟིགས་དབང་ཕྱུག་ཕྱག་སྟོང་སྤྱན་སྟོང་དང་ལྡན་པ་ཐོགས་པ་མི་མངའ་བའི་ཐུགས་རྗེ་ཆེན་པོའི་སེམས་རྒྱ་ཆེར་ཡོངས་སུ་རྫོགས་པ་ཞེས་བྱ་བའི་གཟུངས་ལས་གཟུངས་སྔགས་ཆེན་བཤད།

1.聖觀自在菩薩廣大圓滿無礙大悲心陀羅尼摘抄　　(24–13)

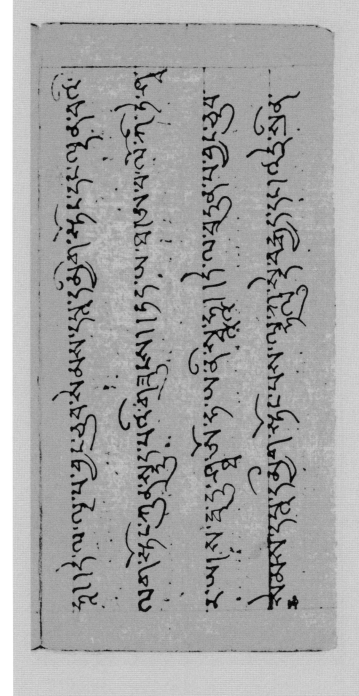

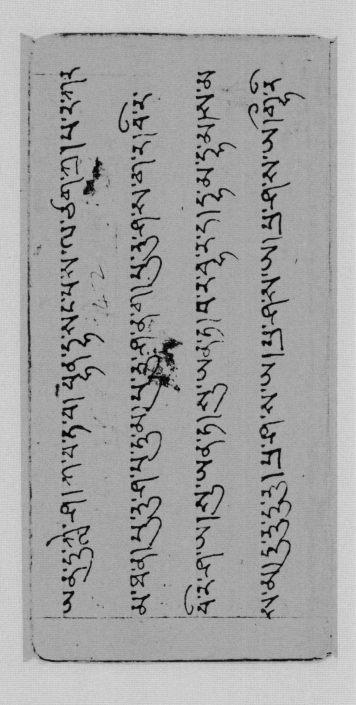

1.འཕགས་པ་བྱང་ཆུབ་སེམས་དཔའ་སྤྱན་རས་གཟིགས་དབང་ཕྱུག་ཕྱག་སྟོང་སྤྱན་སྟོང་དང་ལྡན་པ་ཐོགས་པ་མི་མངའ་བའི་ཐུགས་རྗེ་ཆེན་པོའི་སེམས་རྒྱ་ཆེར་ཡོངས་སུ་རྫོགས་པ་ཞེན་བྱ་བའི་གཟུངས་ལས་གཟུངས་སྔགས་ཆན་བཀུས།

1.聖觀自在菩薩廣大圓滿無礙大悲心陀羅尼摘抄　　(24–14)

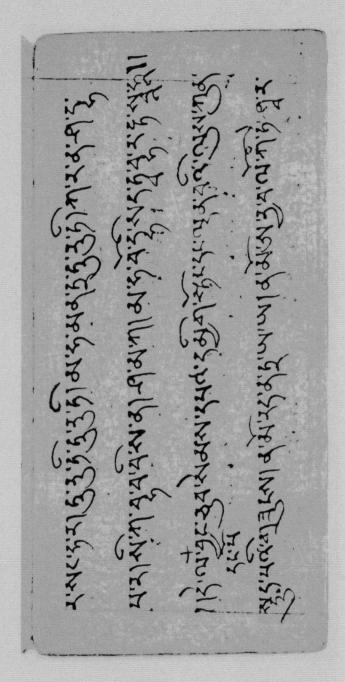

1.འཕགས་པ་བྱང་ཆུབ་སེམས་དཔའ་སྤྱན་རས་གཟིགས་དབང་ཕྱུག་ཕྱུག་སྟོང་སྤྱན་སྟོང་དང་ལྡན་པ་ཐོགས་པ་མི་མངའ་བའི་ཐུགས་རྗེ་ཆེན་པོའི་སེམས་རྒྱ་ཆེར་ཡོངས་སུ་རྫོགས་པ་ཞེས་བྱ་བའི་གཟུངས་ལས་གཟུངས་སྔགས་ཚན་བཀུས།

1.聖觀自在菩薩廣大圓滿無礙大悲心陀羅尼摘抄　　(24–15)

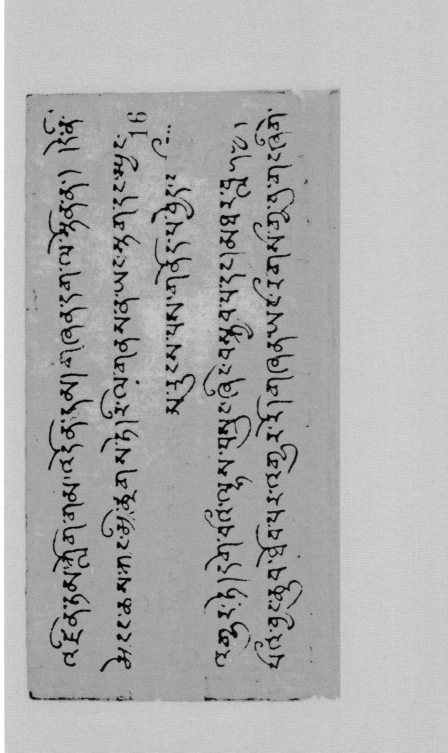

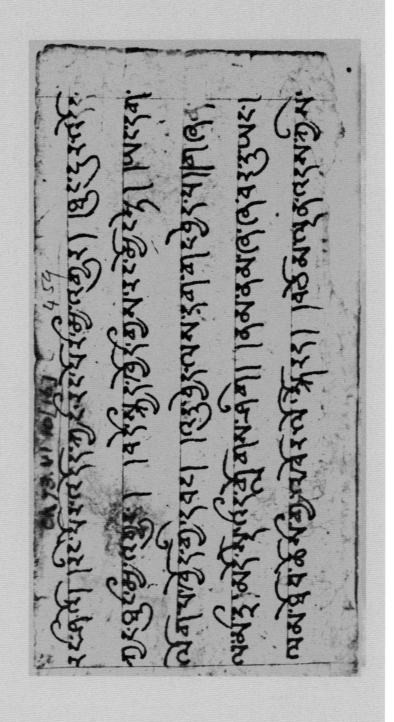

英 IOL.Tib.J.VOL.65　　2.དམ་ཆོས་ཐོར་བུ།　　3.གནམ་བརྒྱད་ཞེས་བྱ་བའི་མདོ།

2.佛經　　3.天地八陽神咒經　　(24–17)

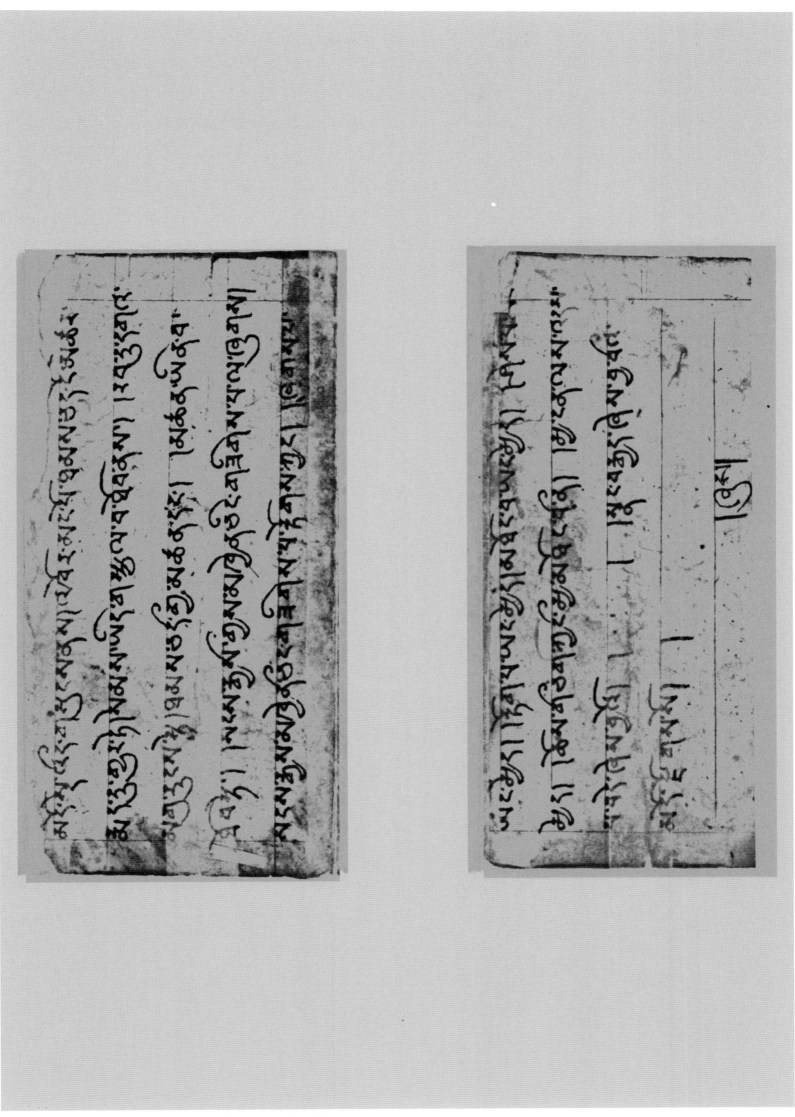

英 IOL.Tib.J.VOL.65　　3.གནམ་བརྒྱད་ཞེས་བྱ་བའི་མདོ།
　　　　　　　　　3.天地八陽神咒經　　(24-18)

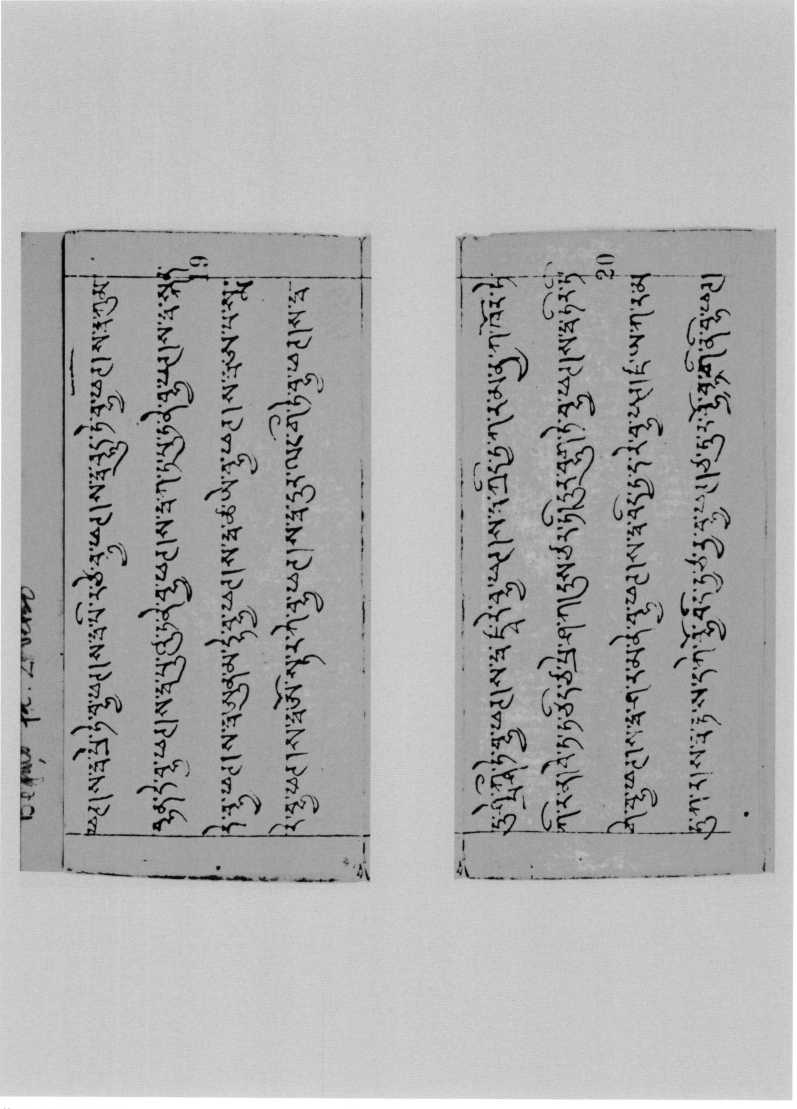

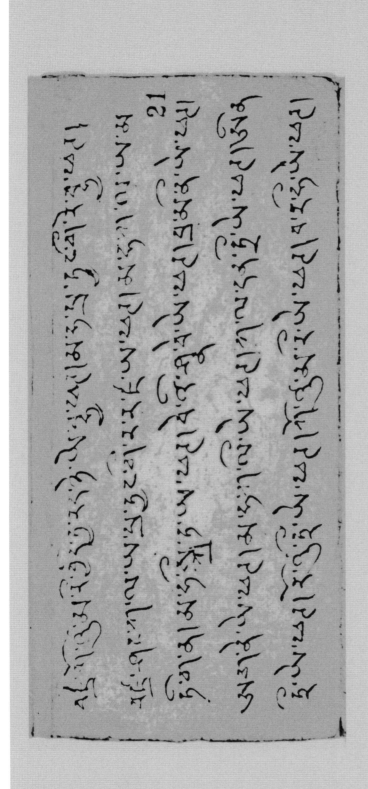

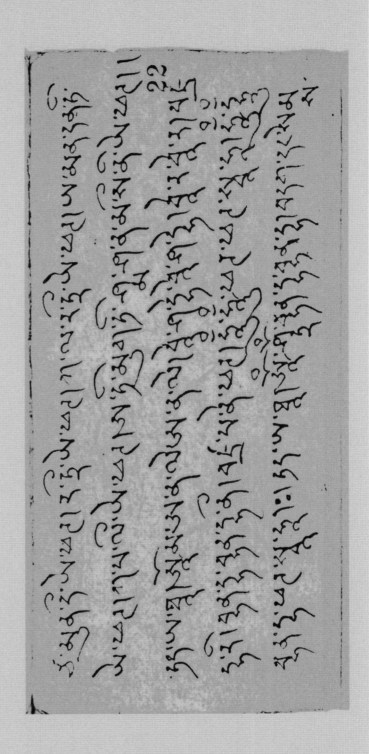

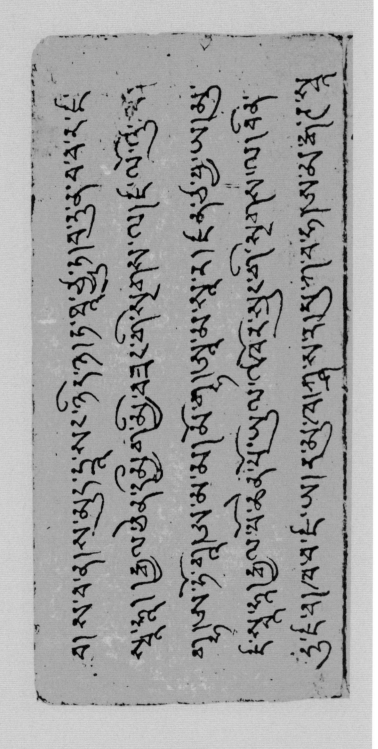

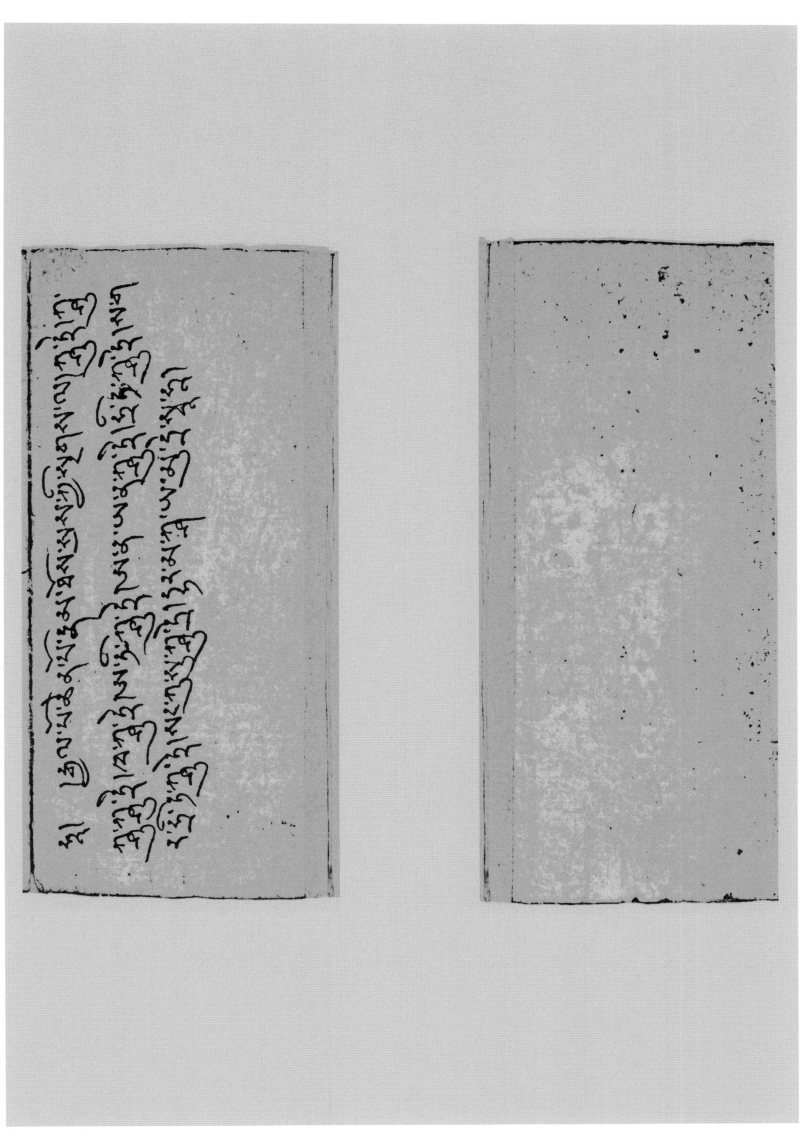

英 IOL.Tib.J.VOL.65　5.རྒྱལ་ཆེན་རིགས་བཞིའི་གཟུངས་ཕྱོགས་ཚན་བསྡུས།

5.四大天王陀羅尼摘抄　　(24–22)

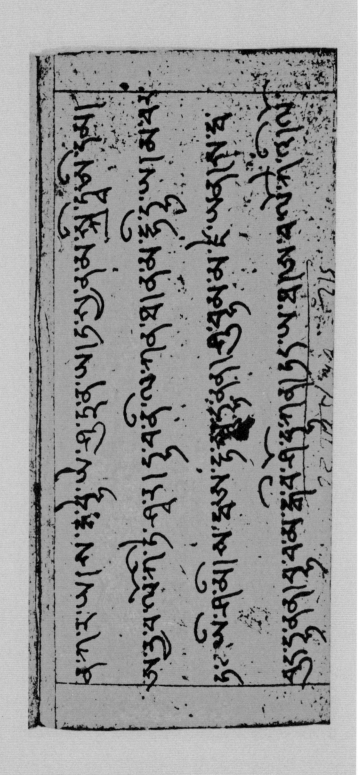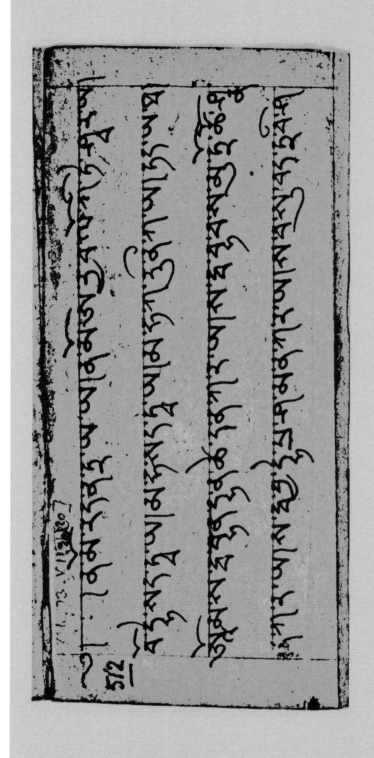

འཕགས་པ་བྱང་ཆུབ་སེམས་དཔའ་སྤྱན་རས་གཟིགས་དབང་ཕྱུག་ཕྱག་སྟོང་སྤྱན་སྟོང་དང་ལྡན་པ་ཐོགས་པ་མི་མངའ་བའི་ཐུགས་རྗེ་ཆེན་པོའི་སེམས་ཀྱི་ཆེར་ཡོངས་སུ་རྫོགས་པ་ཞེས་བྱ་བའི་གཟུངས་ལས་གཟུངས་སྔགས་ཆོན་བ་ཕྱུས།

1.聖觀自在菩薩廣大圓滿無礙大悲心陀羅尼摘抄　　(24–23)

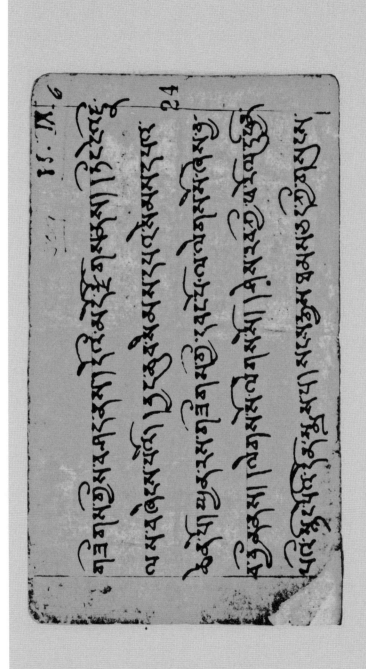

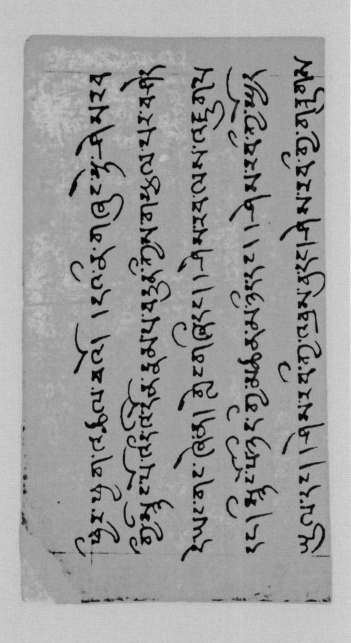

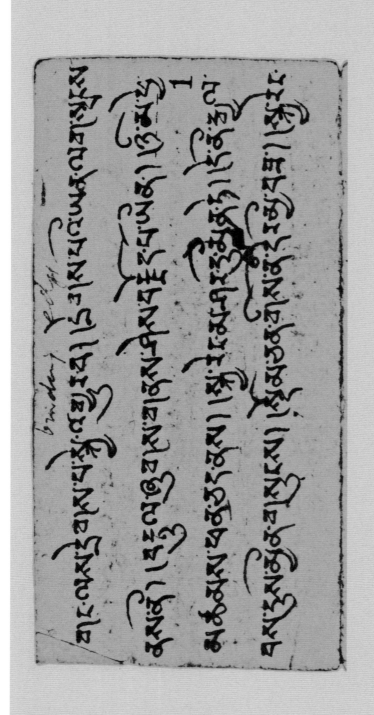 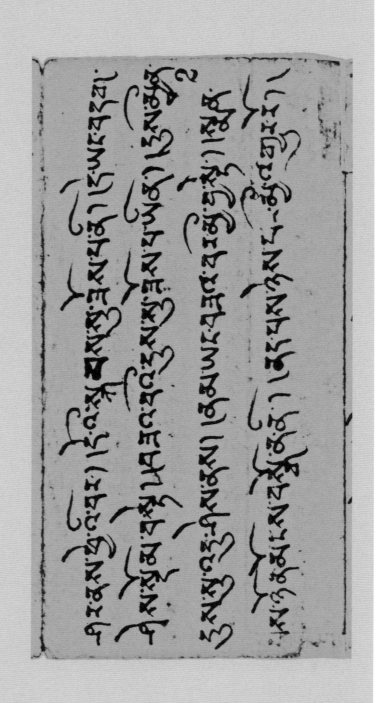

英 IOL.Tib.J.VOL.66　　1.འཕགས་པ་གཞི་ཐམས་ཅད་ཡོད་པར་སྨྲ་བའི་དགེ་ཚུལ་གྱི་ཚིག་ལེའུར་བྱས་པ།

1.聖説一切有部沙彌戒偈頌　　(23-1)

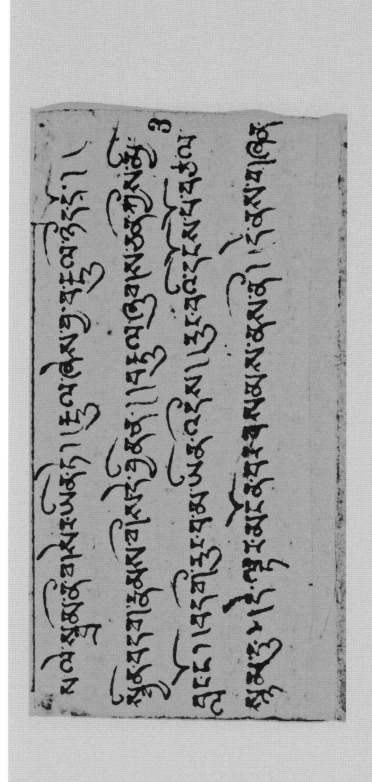

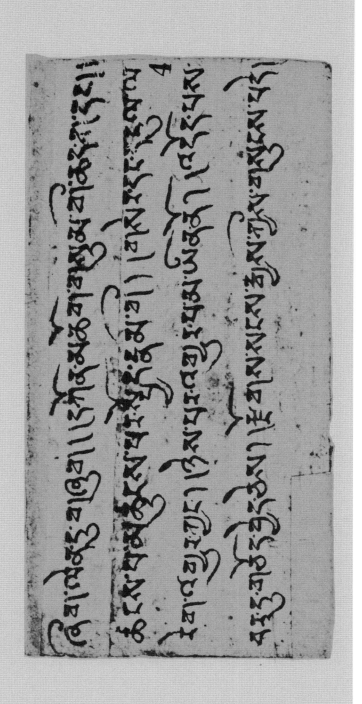

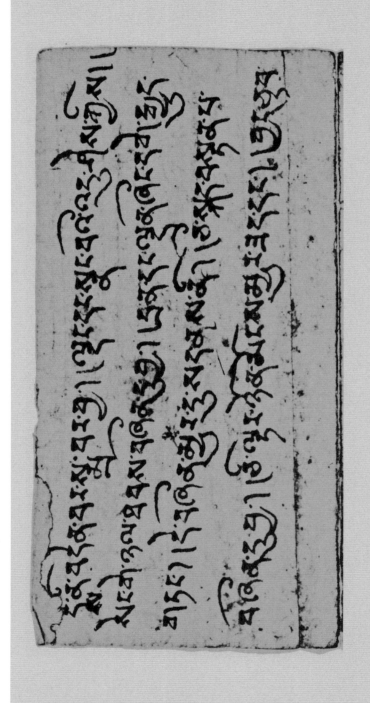

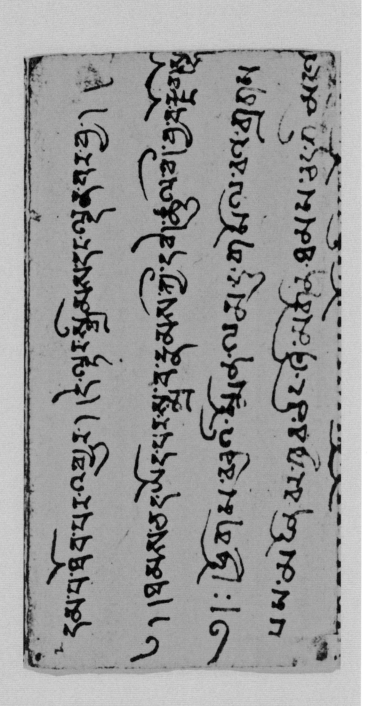

英 IOL.Tib.J.VOL.66　　1.འཕགས་པ་གཞི་ཐམས་ཅད་ཡོད་པར་སྨྲ་བའི་དགེ་ཚུལ་གྱི་ཚིག་ལེའུར་བྱས་པ།　　2.སྨོན་ལམ།

1.聖說一切有部沙彌戒偈頌　　2.祈願文　　(23-3)

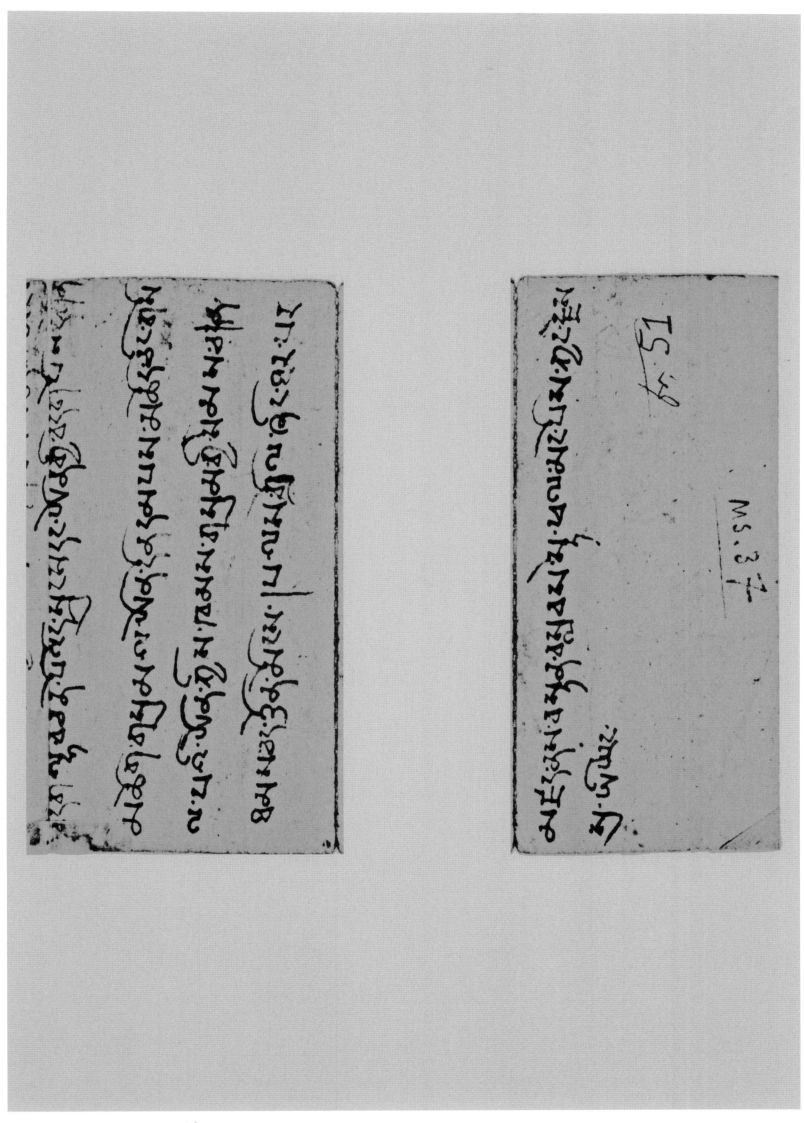

英 IOL.Tib.J.VOL.66　2.སྨོན་ལམ།

2.祈願文　(23-4)

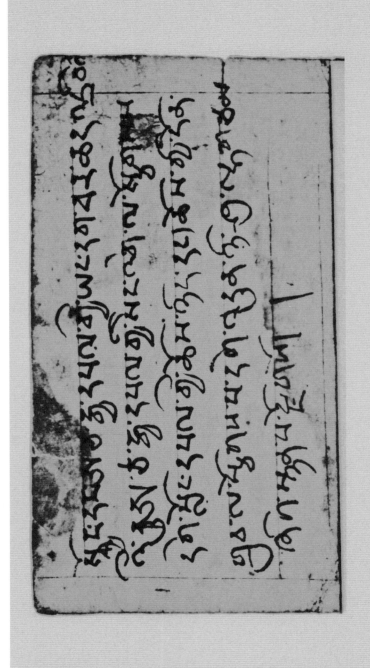

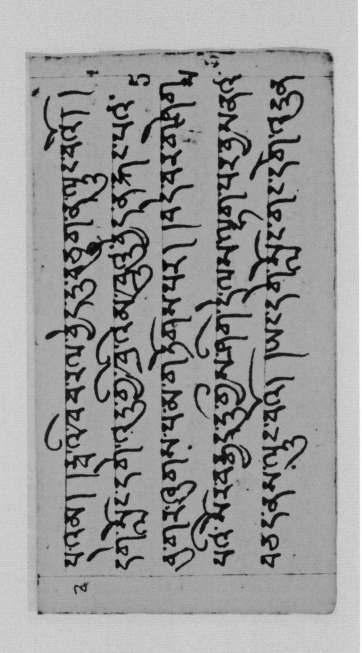

英 IOL.Tib.J.VOL.66　　3.དགེ་འདུན་བསྙེན་རྫོགས་ཀྱི་ཕོ་ཡིག　　4.སོ་སོ་ཐར་པའི་མདོ།

3.受比丘戒僧人名録　　4.分別解脱經　　(23–5)

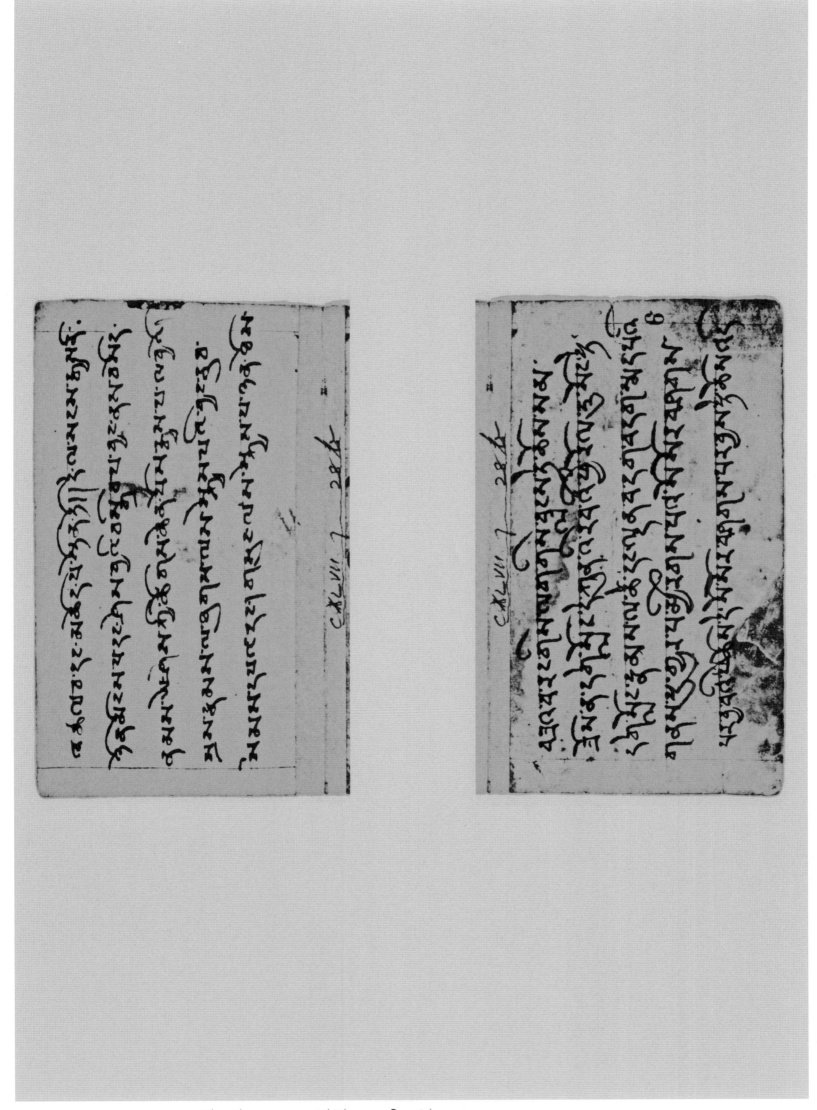

英 IOL.Tib.J.VOL.66　　5.དག་ཚས་ཐོར་བུ།　　4.སོ་སོ་ཐར་པའི་མདོ།

5.佛經　　4.分別解脱經　　(23-6)

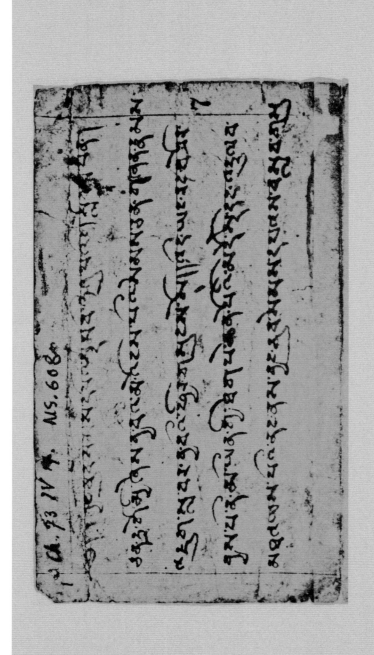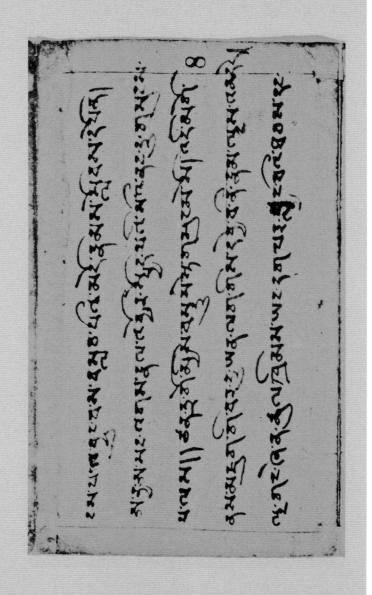

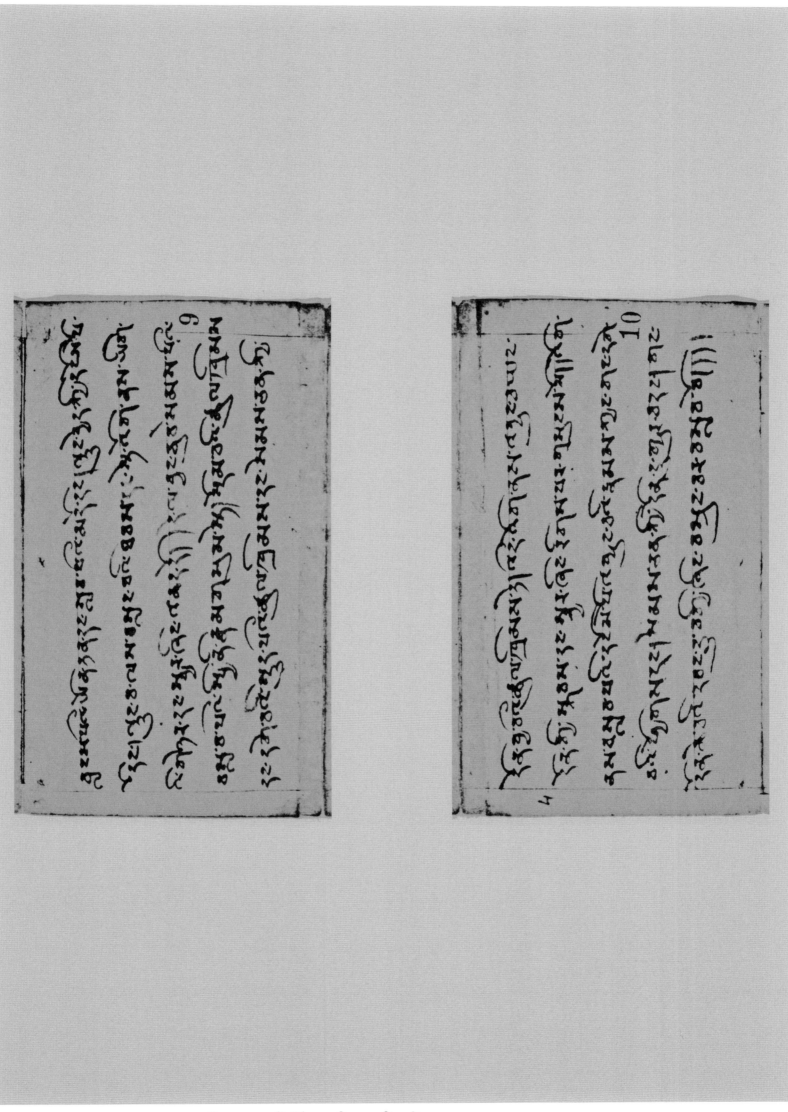

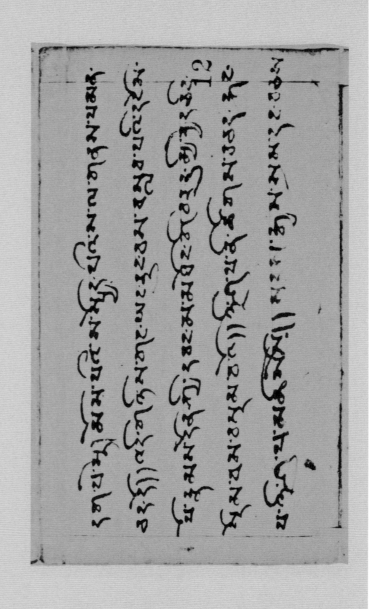

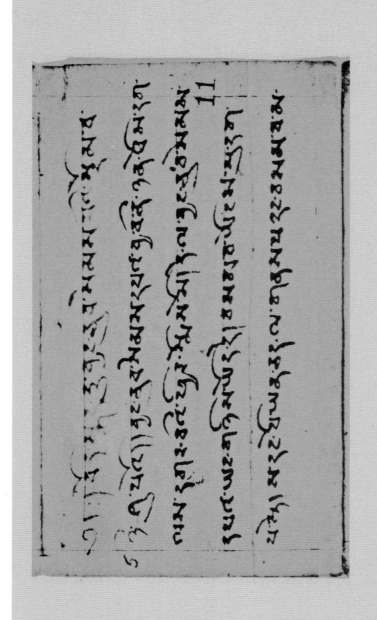

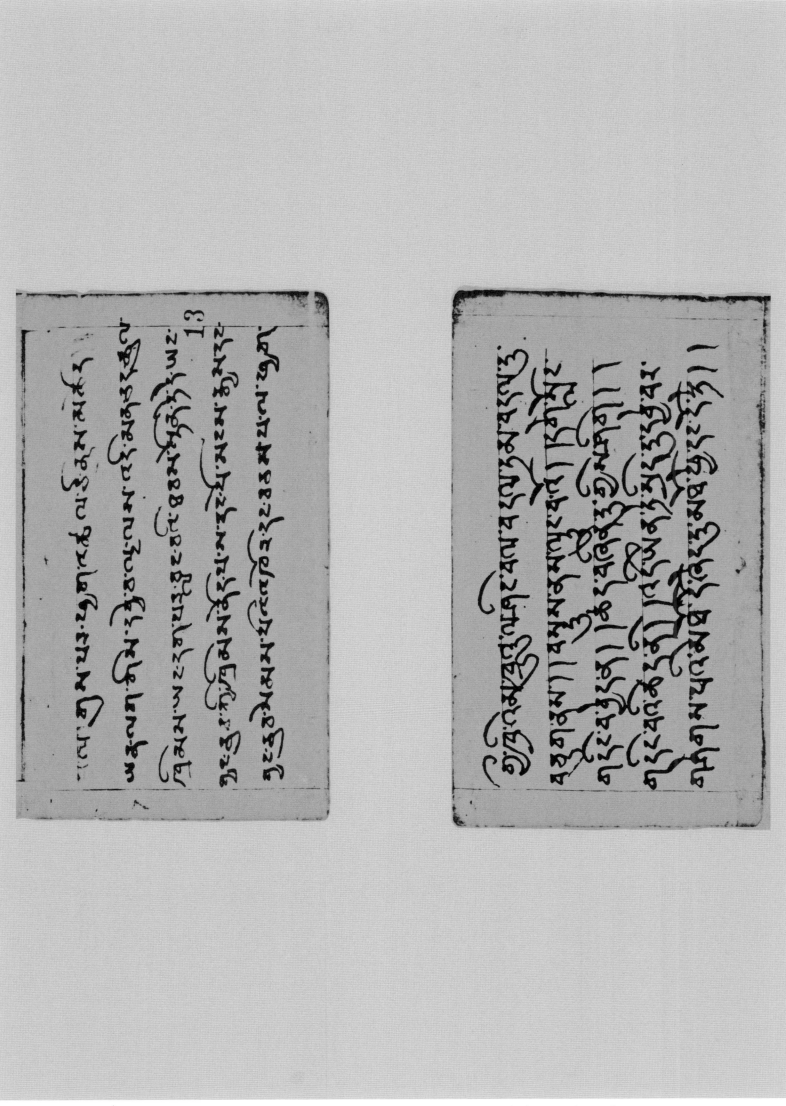

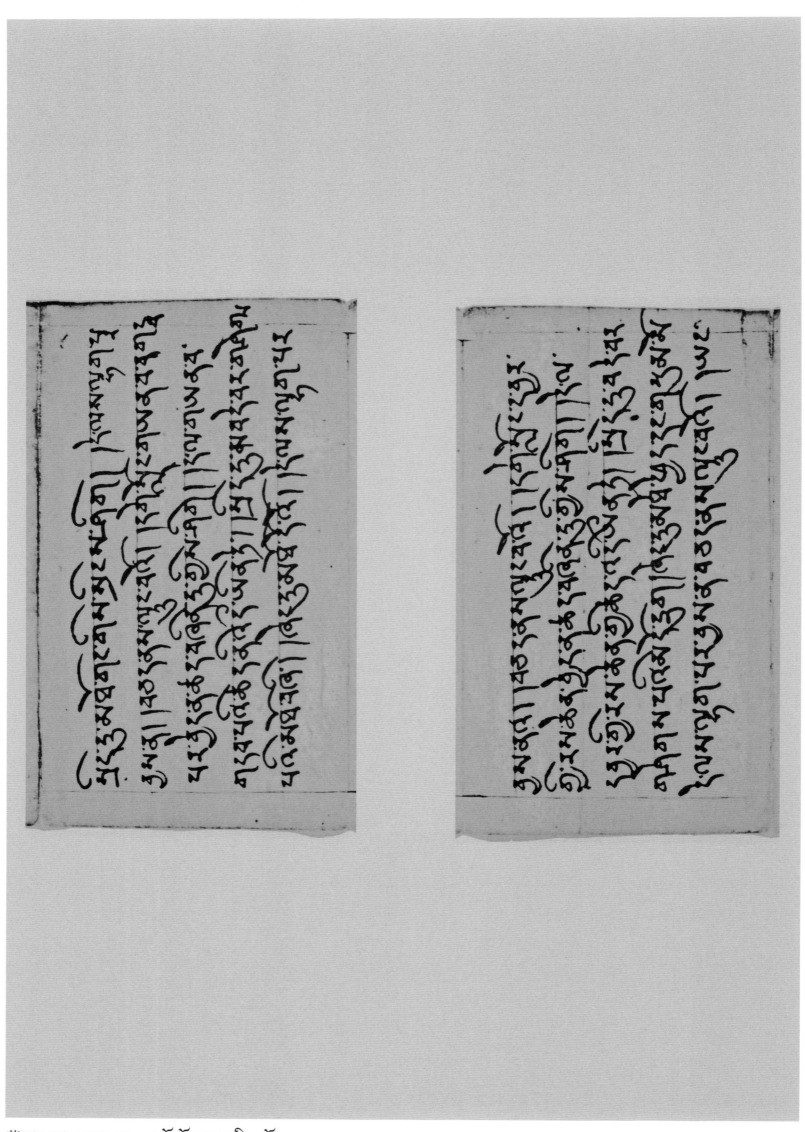

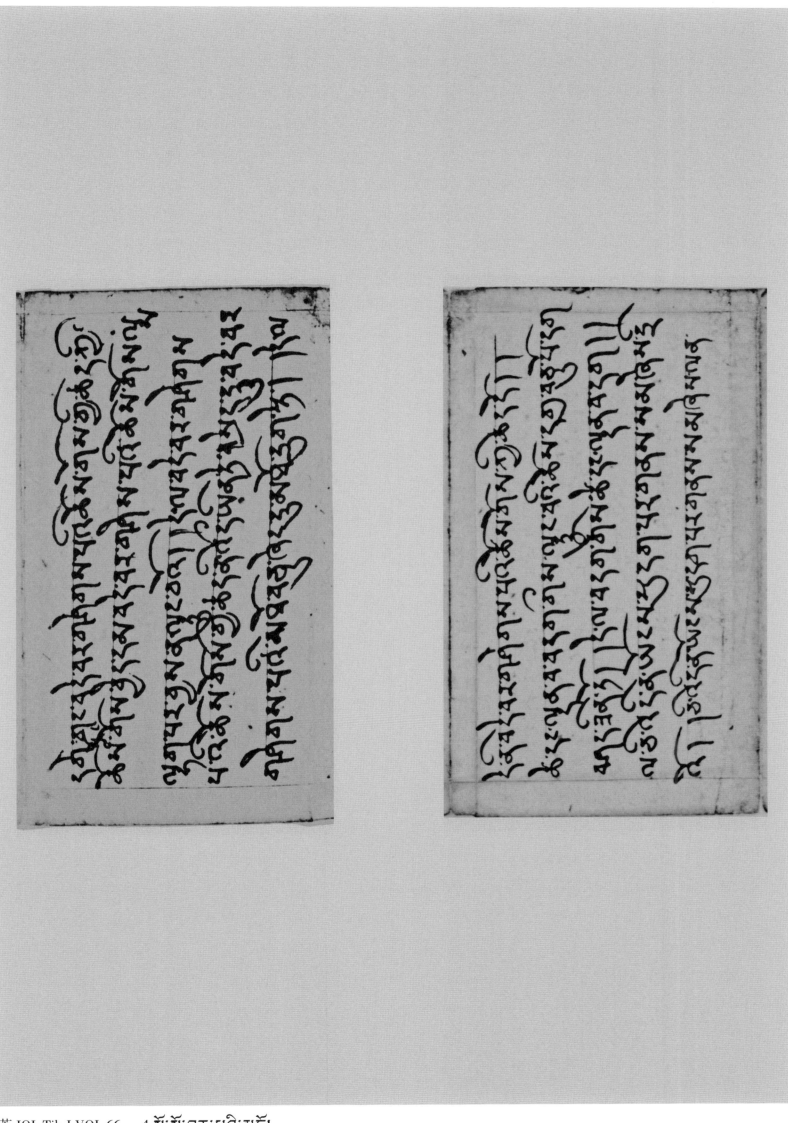

英 IOL.Tib.J.VOL.66　　4.སོ་སོ་ཐར་པའི་མདོ།
　　　　　　　　　　4.分別解脱經　　(23−12)

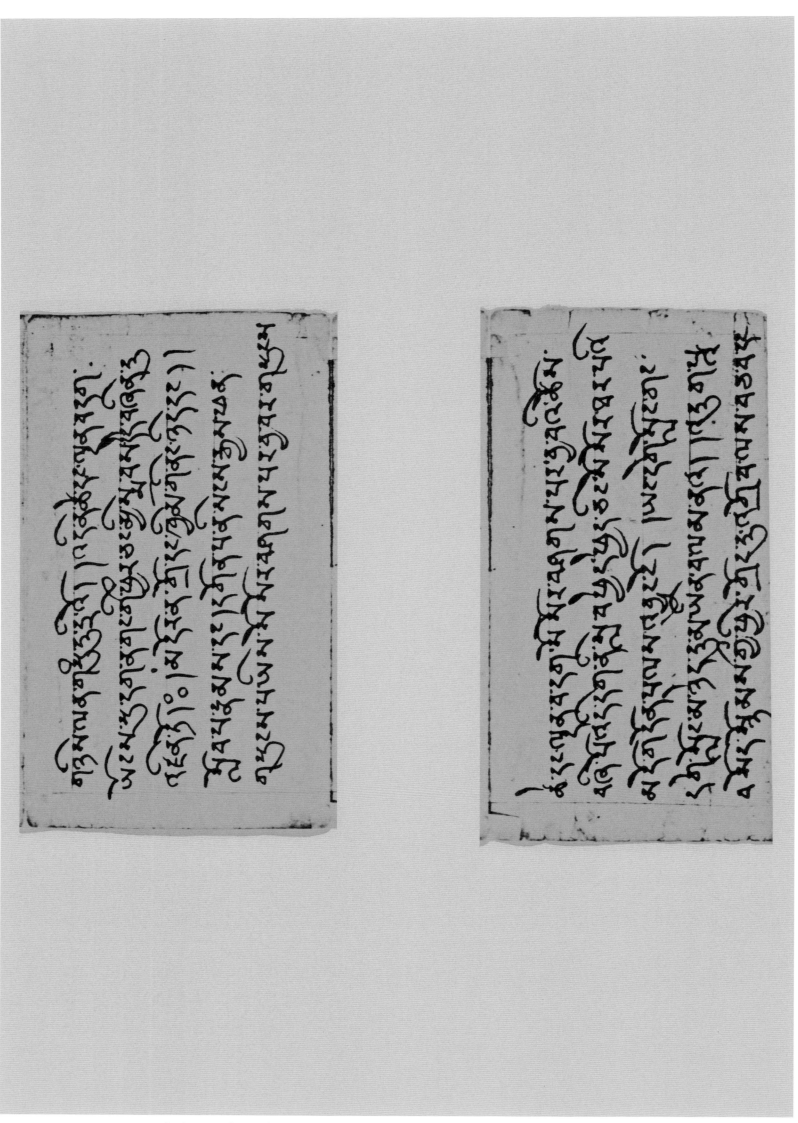

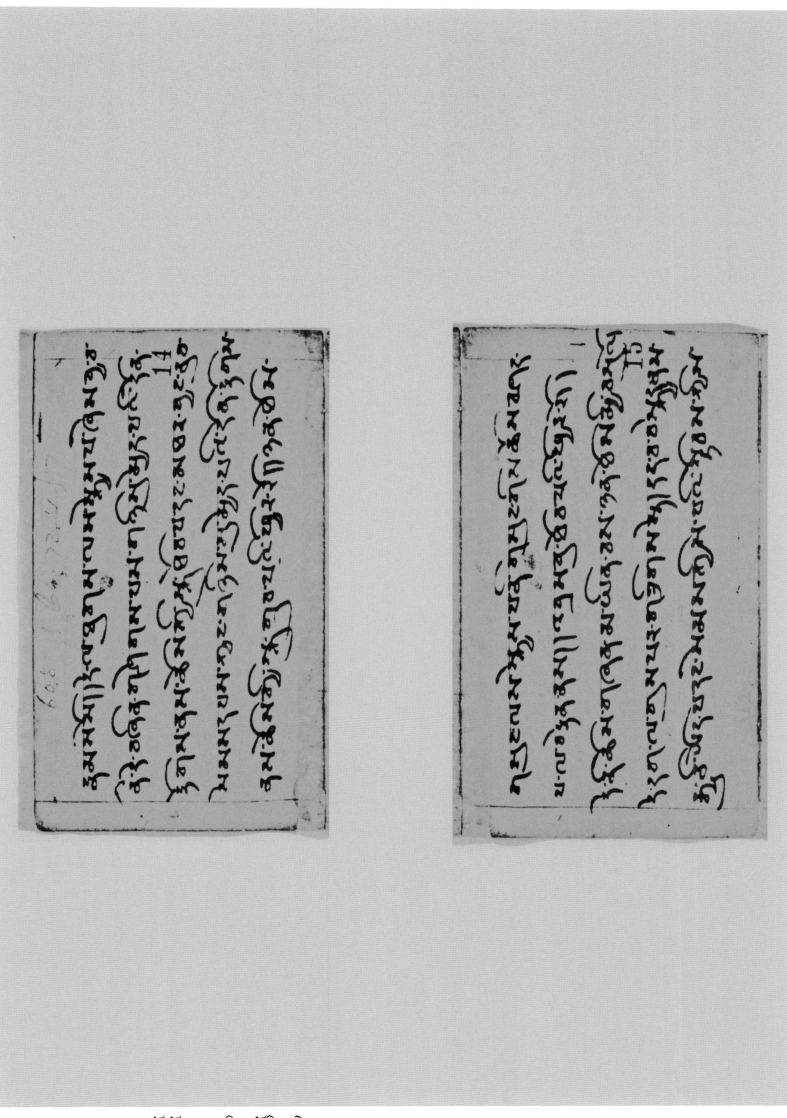

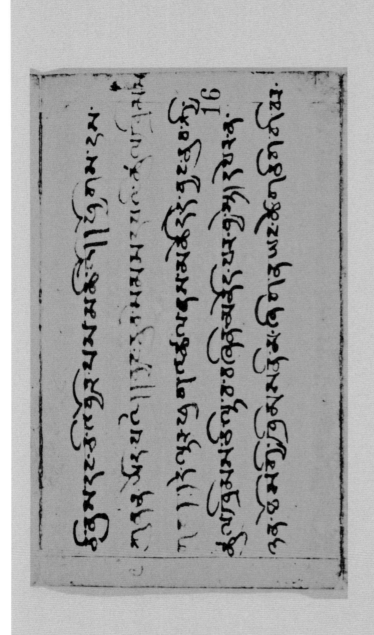

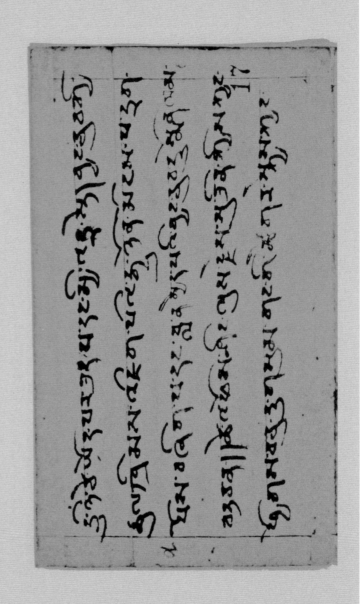

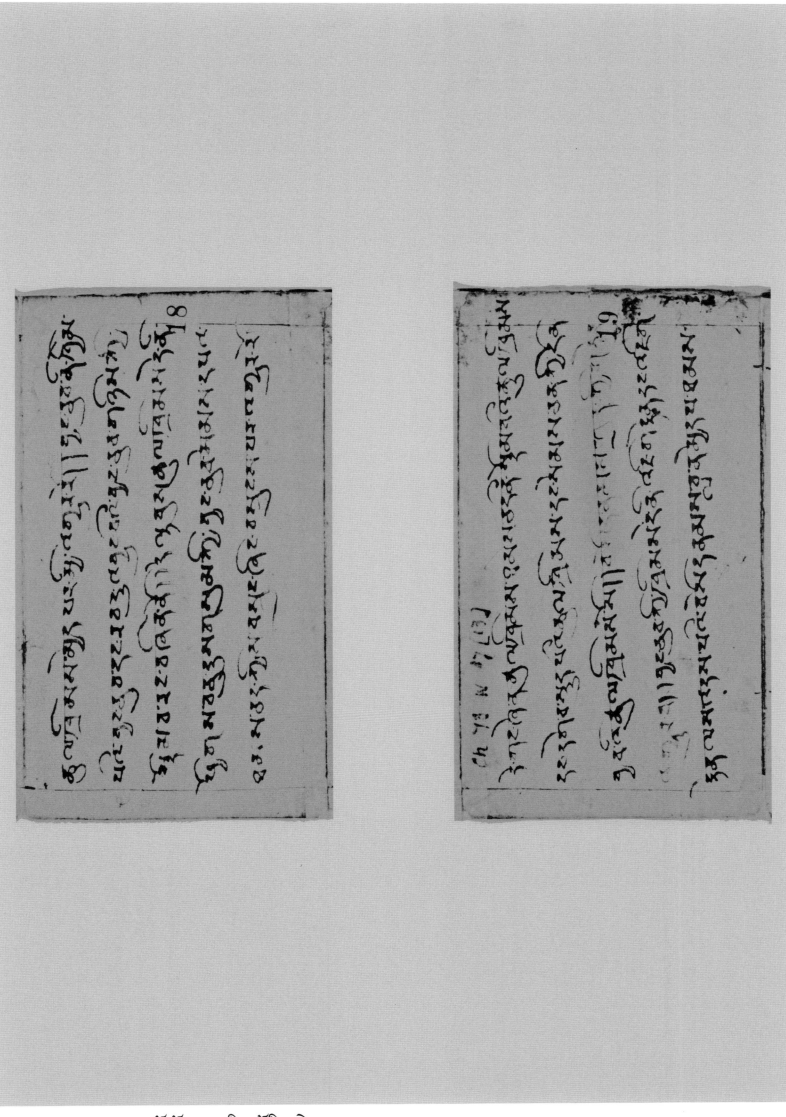

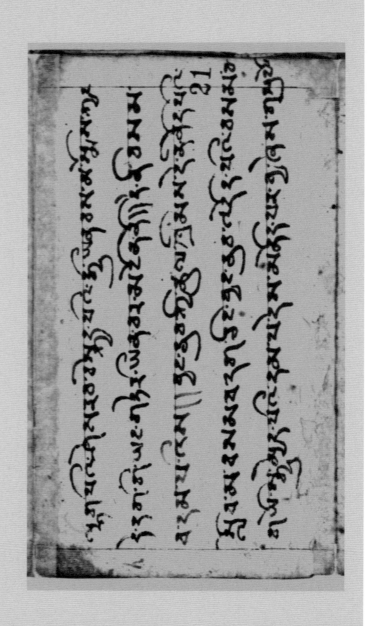

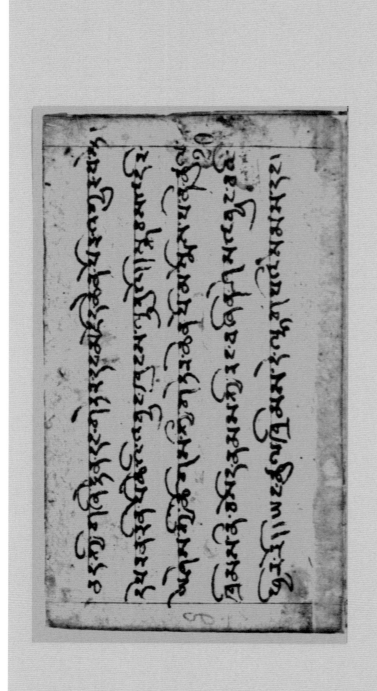

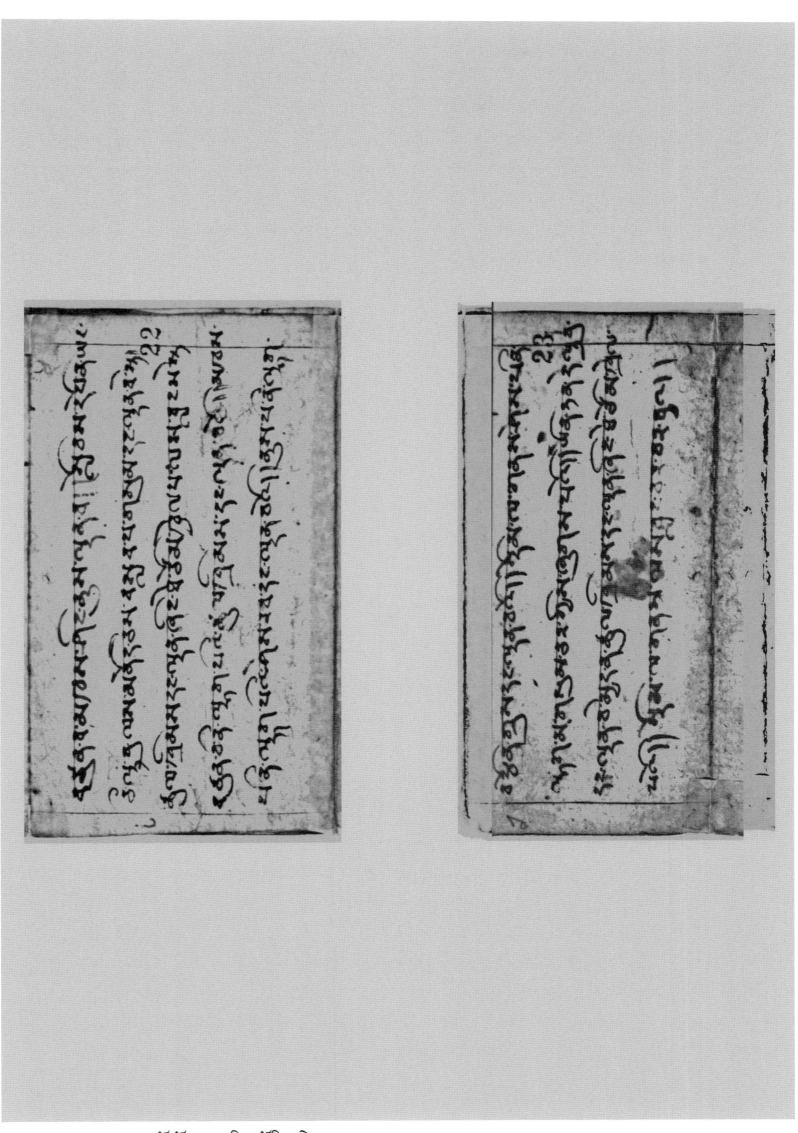

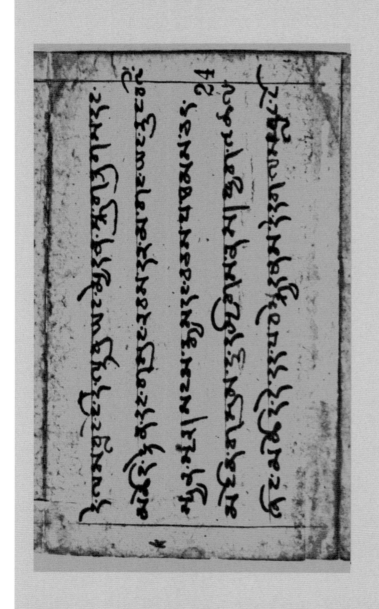

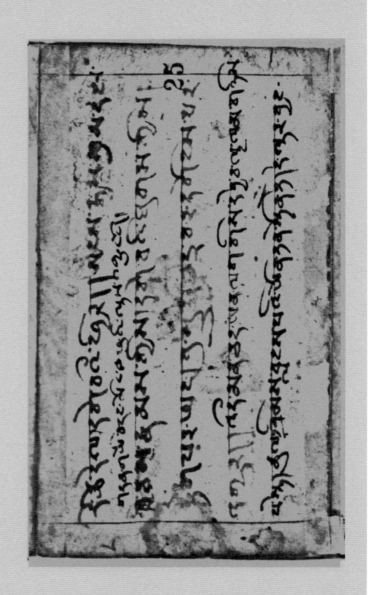

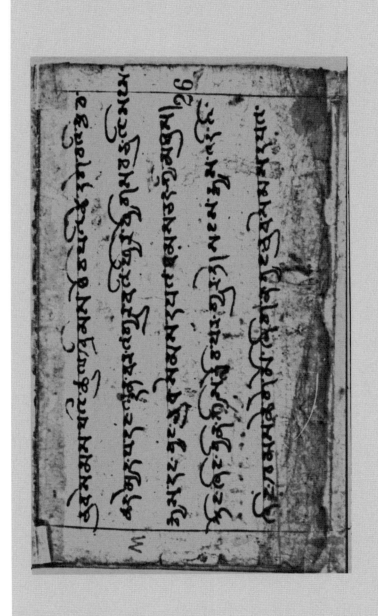

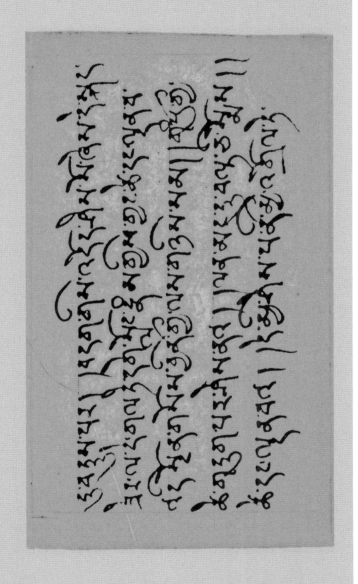

英 IOL.Tib.J.VOL.66　　7.སོ་སོ་ཐར་པའི་མདོའི་འགྲེལ་པ།

7.分別解脫經釋　　(23-20)

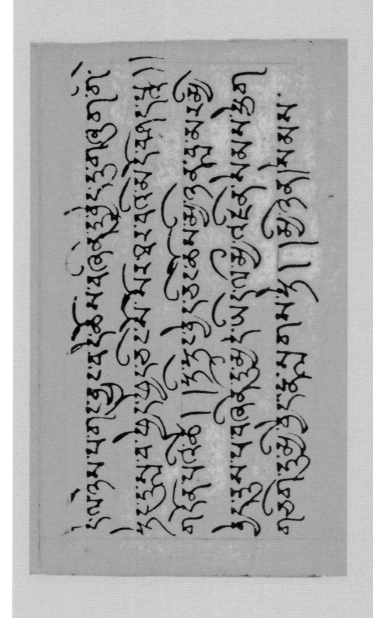

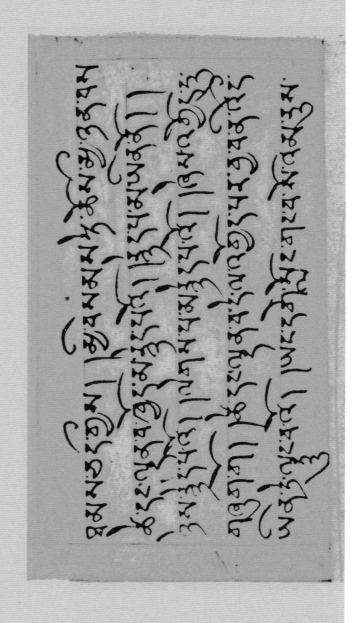

英 IOL.Tib.J.VOL.66　　7.སོ་སོ་ཐར་པའི་མདོའི་འགྲེལ་པ།

7.分別解脱經釋　　(23-21)

英 IOL.Tib.J.VOL.66　8.ཚིག་ཐོར་བུ།
8.雜寫　(23-22)

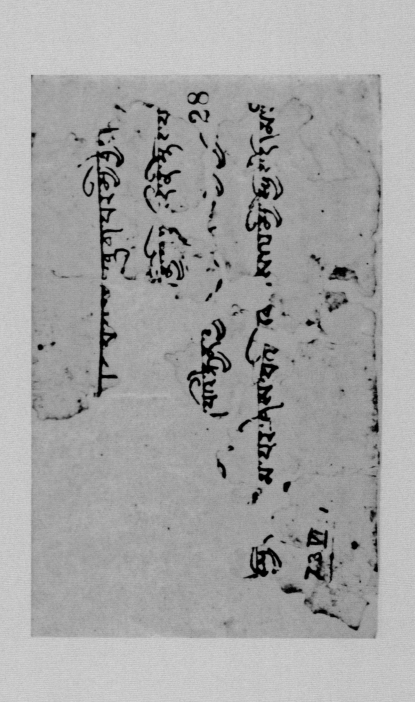

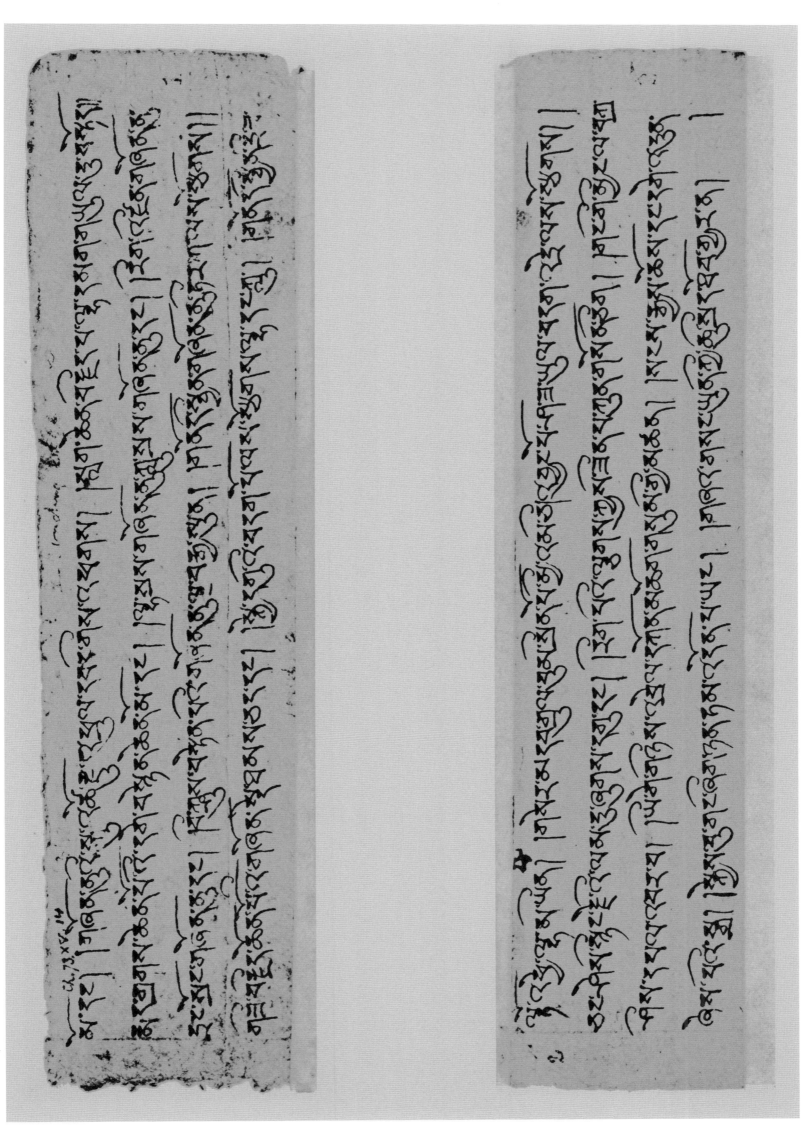

英 IOL.Tib.J.VOL.67　　1.རྒྱུད་གསུམ་པ།
1.三續經　　(25-1)

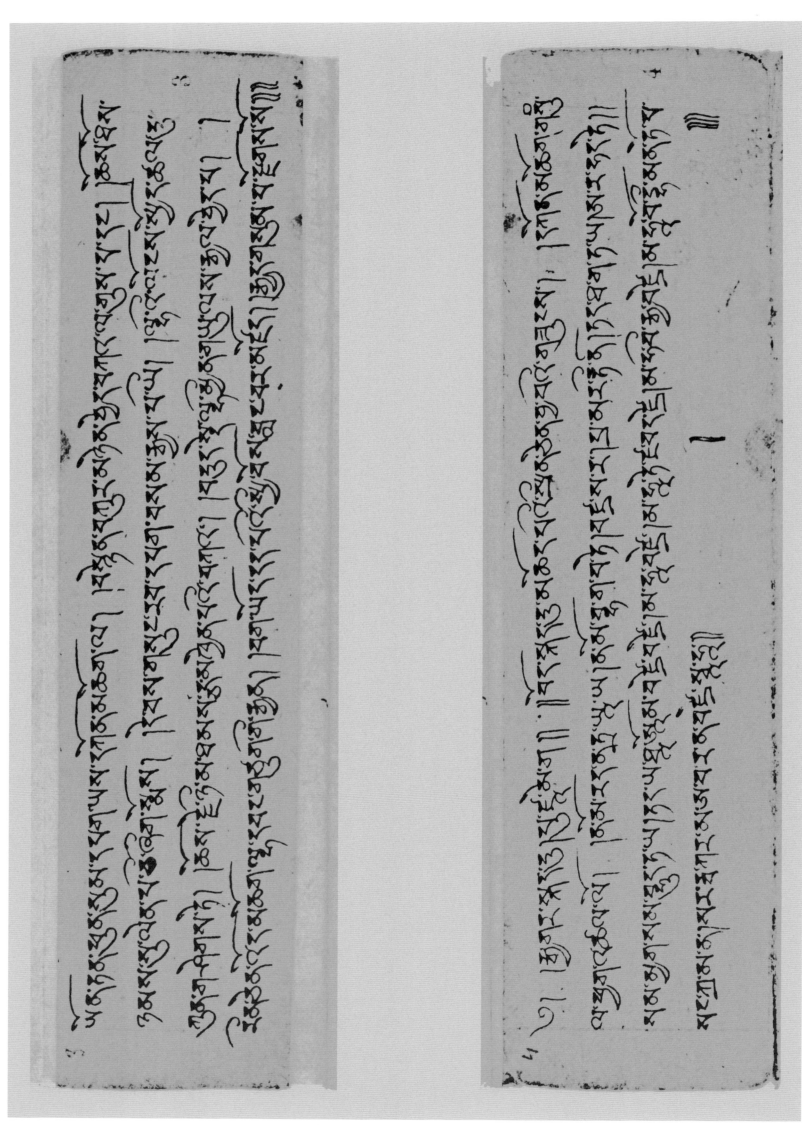

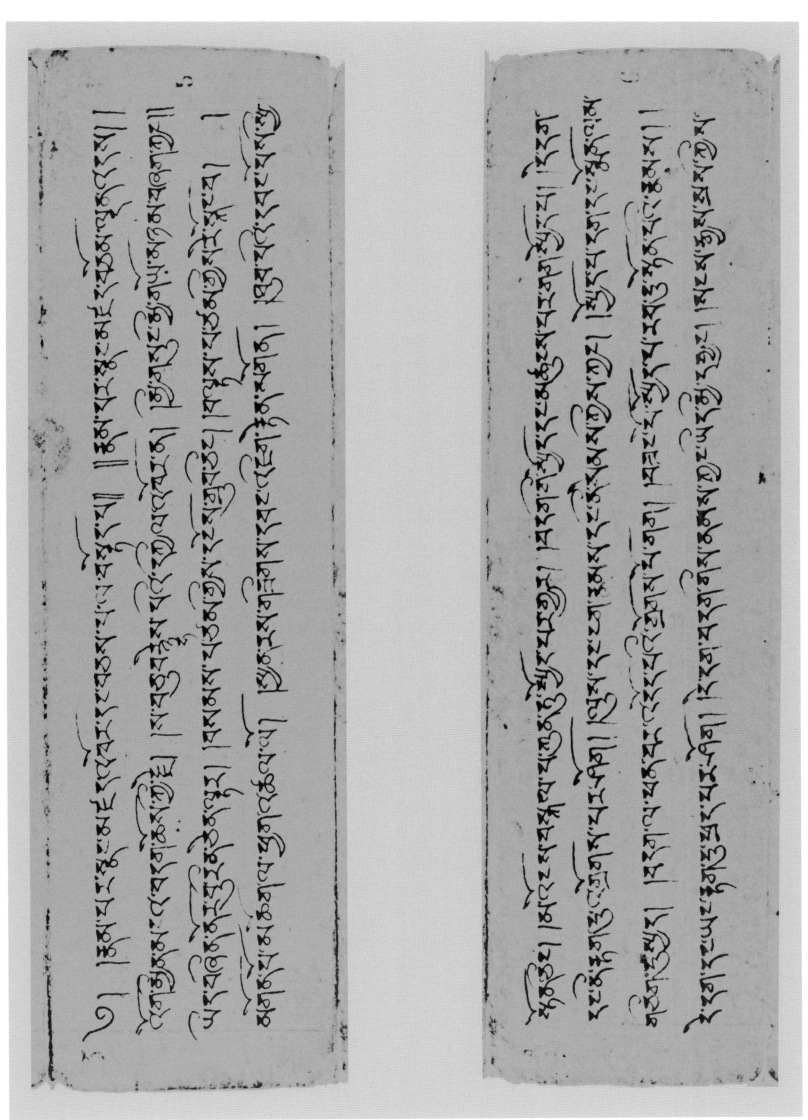

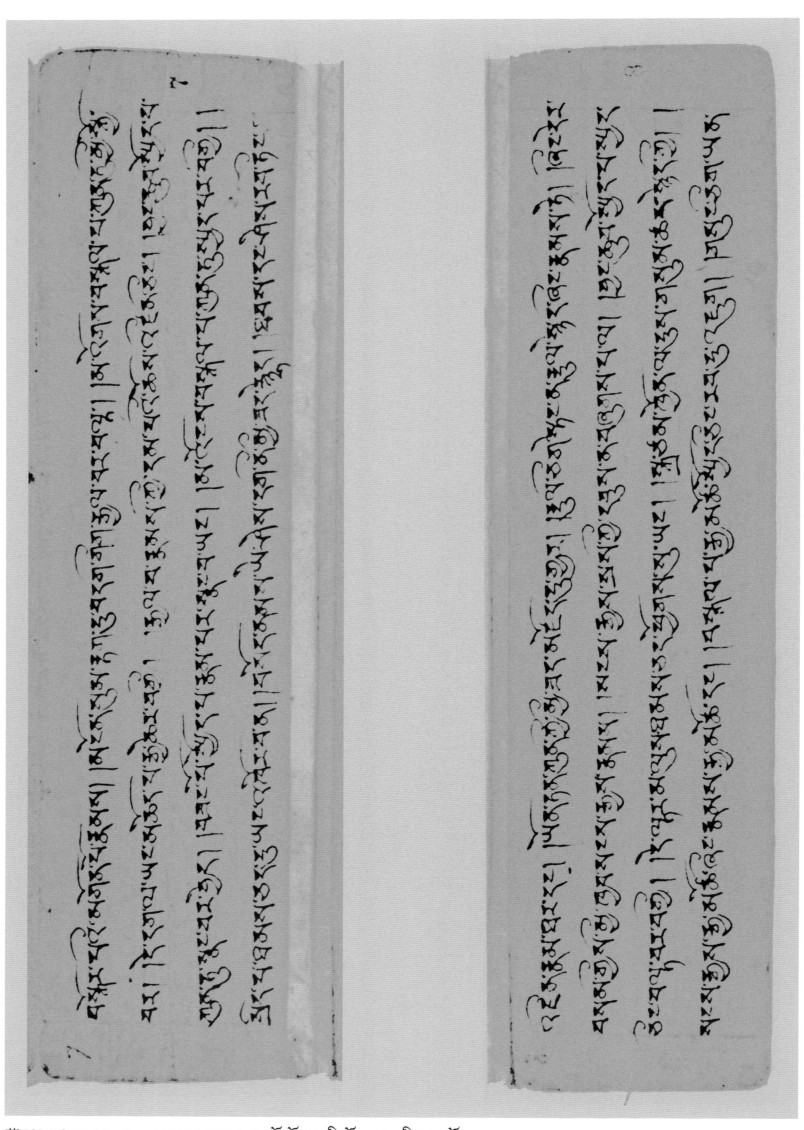

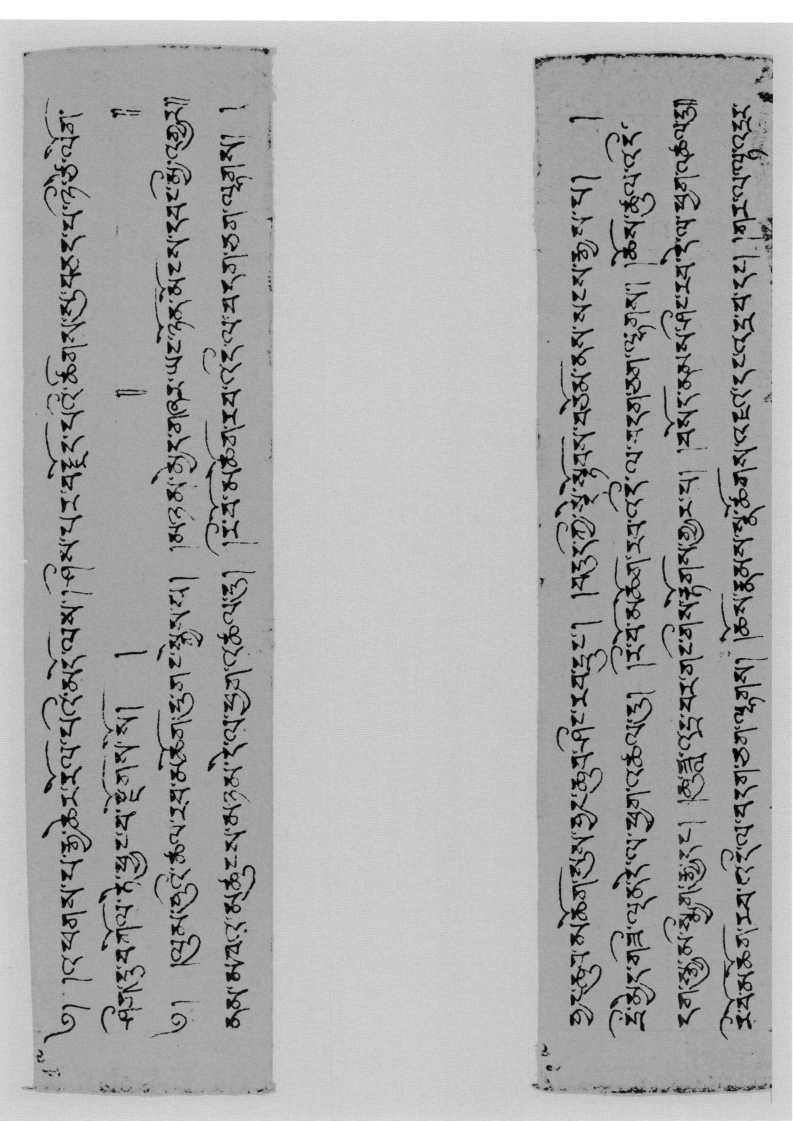

英 IOL.Tib.J.VOL.67　　5.བྱིས་བྱང་།　　6.འཕགས་པ་དཀོན་མཆོག་སྤྲིན་ཅེས་བྱ་བ་ཐེག་པ་ཆེན་པོའི་མདོ་ལས་ཚོན་བཤུས།

5. 抄寫題記　　6. 聖寶雲大乘經摘抄　　(25-5)

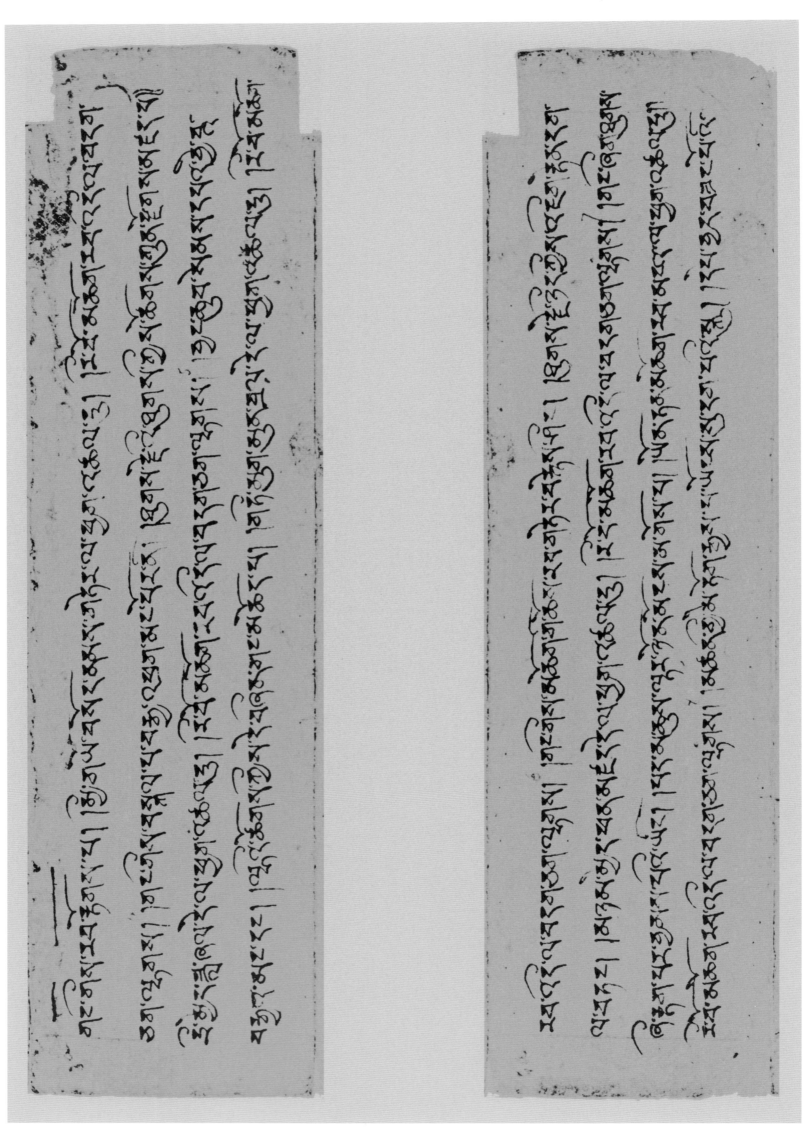

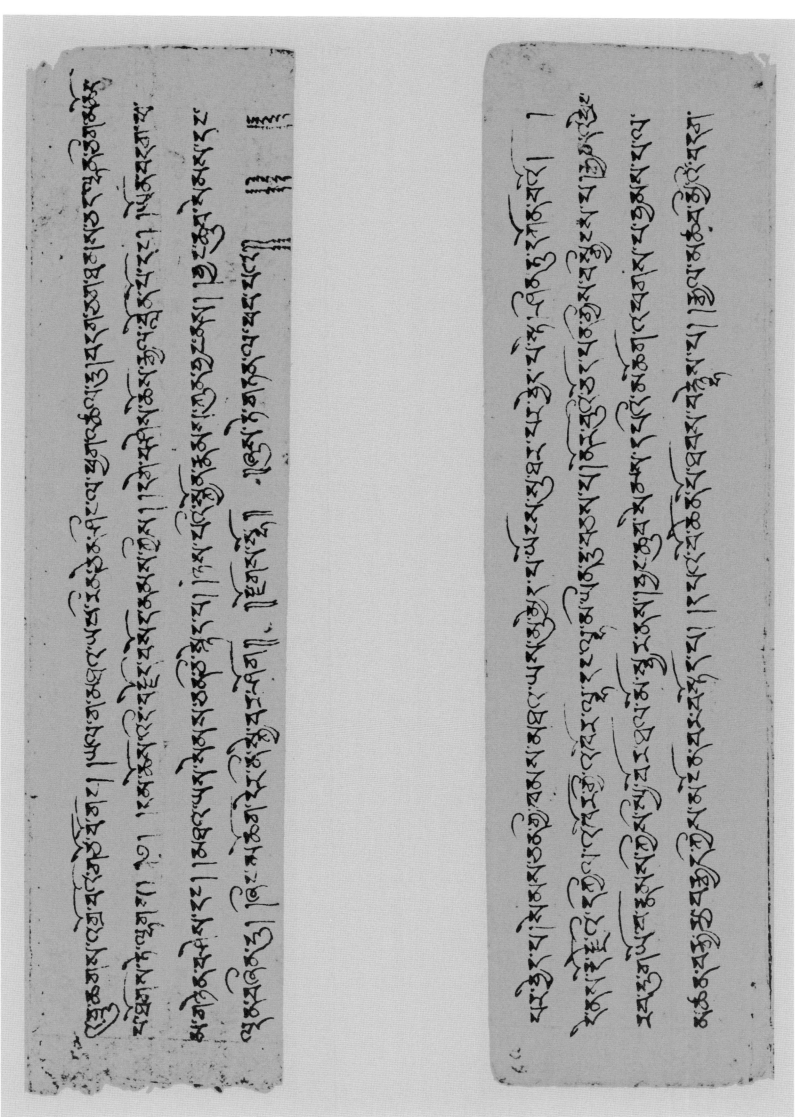

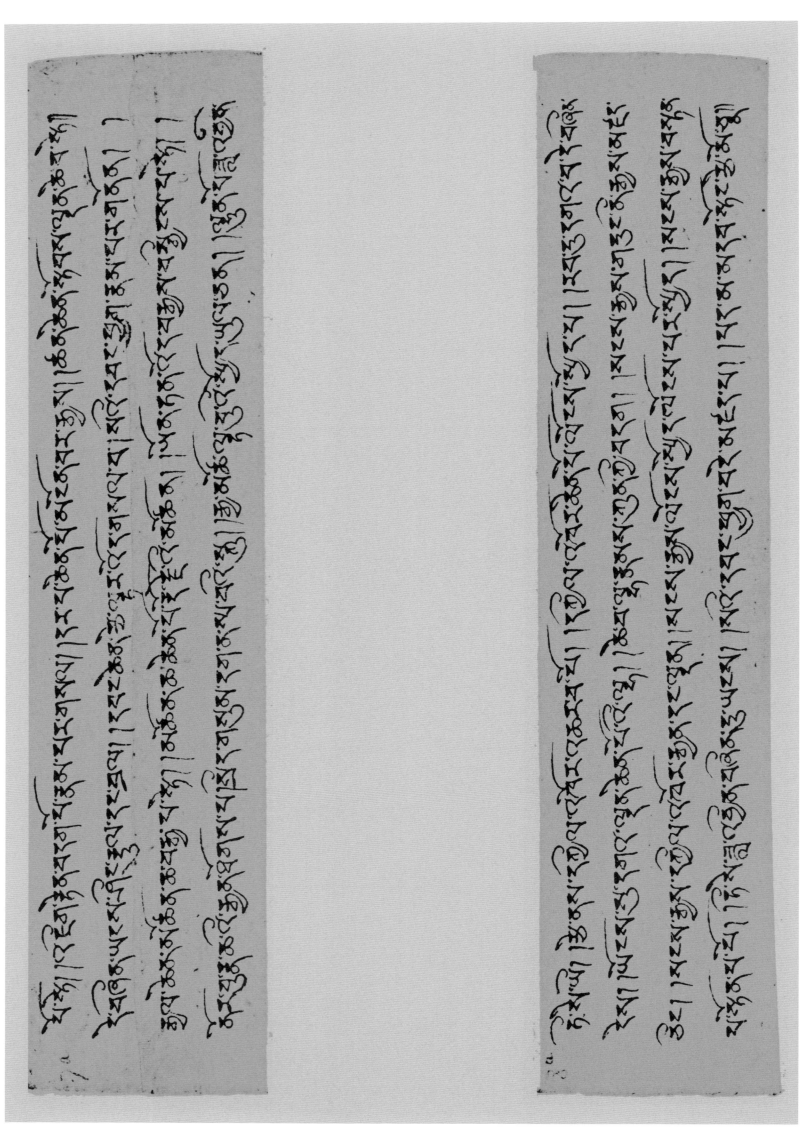

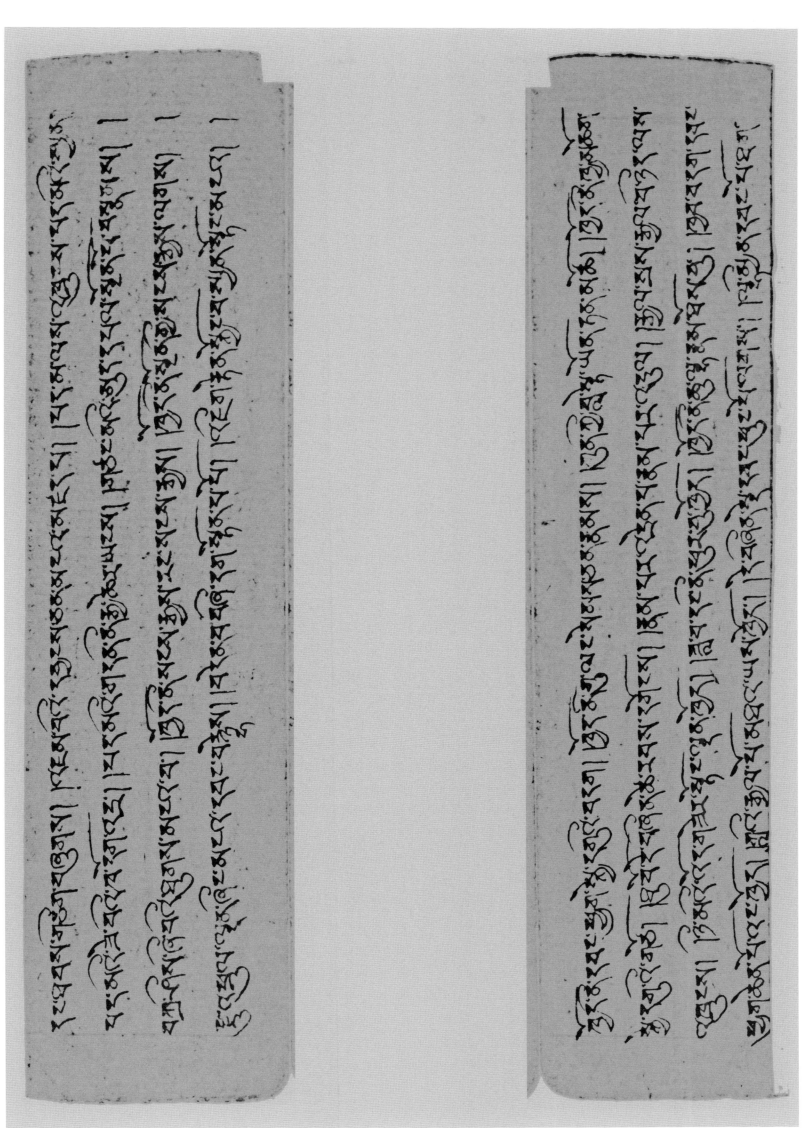

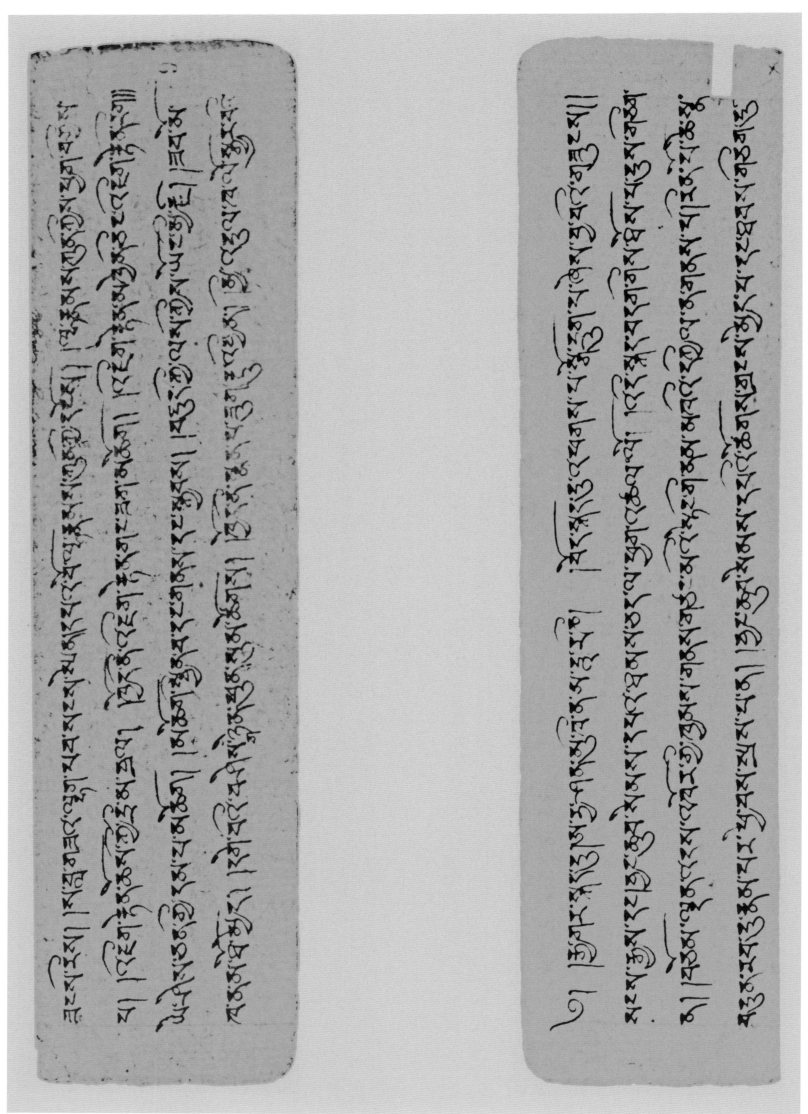

9.འཕགས་པ་འཇམ་དཔལ་གྱི་མཚན་བརྒྱ་རྩ་བརྒྱད་ཞེས་བྱ་བ།

10.འཕགས་པ་སྒོ་དྲུག་པ་ཞེས་བྱ་བའི་གཟུངས།

　　　9.聖文殊名號一百零八　　10.聖六門陀羅尼　　(25-10)

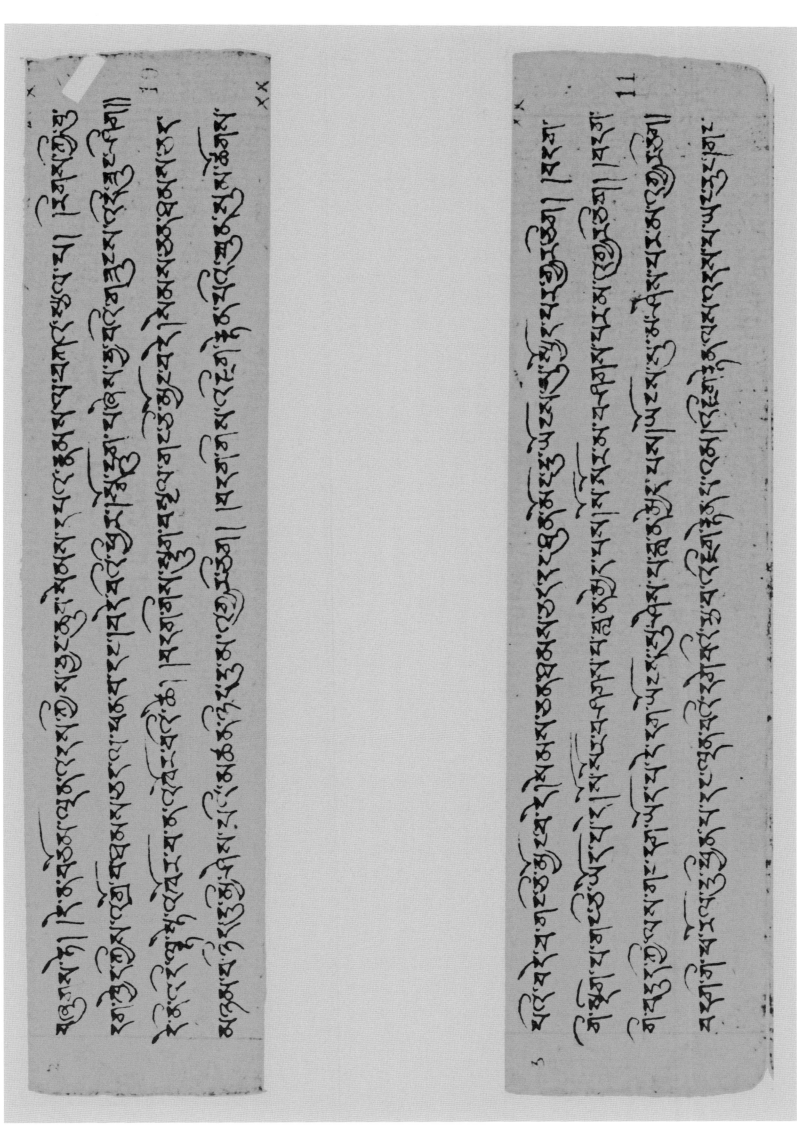

英 IOL.Tib.J.VOL.67　　10.འཕགས་པ་སྒོ་དྲུག་པ་ཞེས་བྱ་བའི་གཟུངས།
　　　　　　　　　　　10.聖六門陀羅尼　　(25-11)

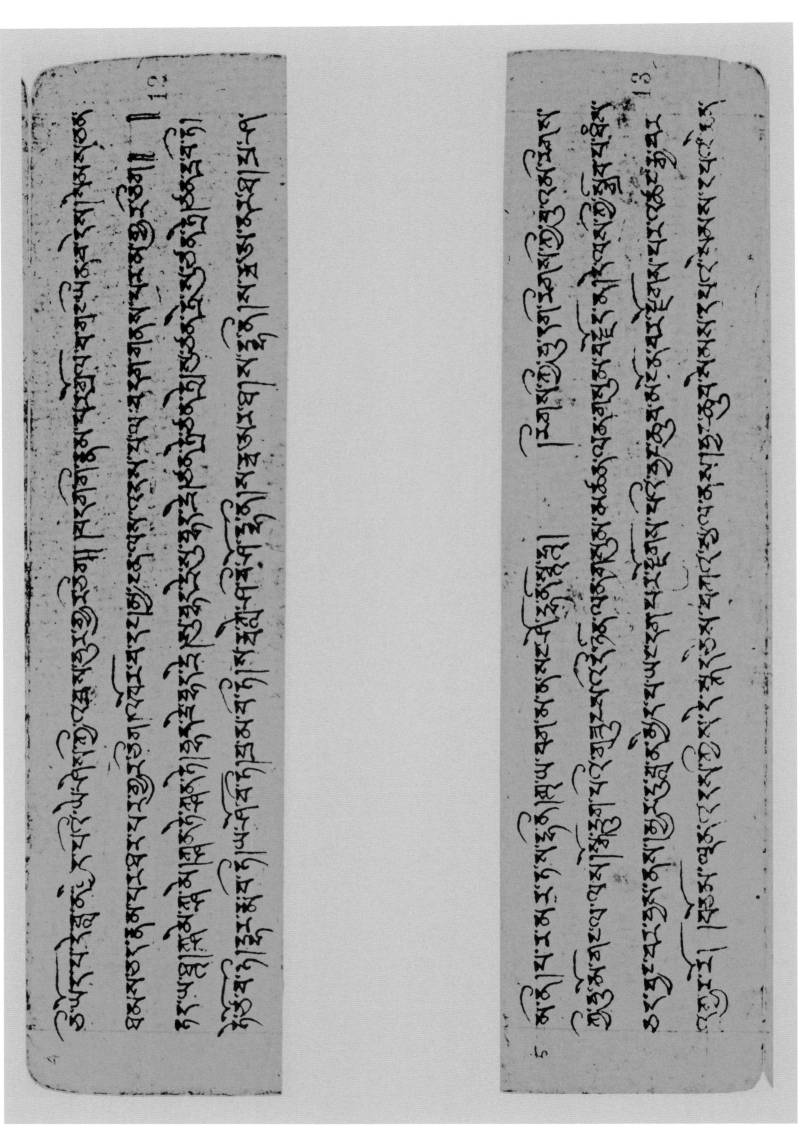

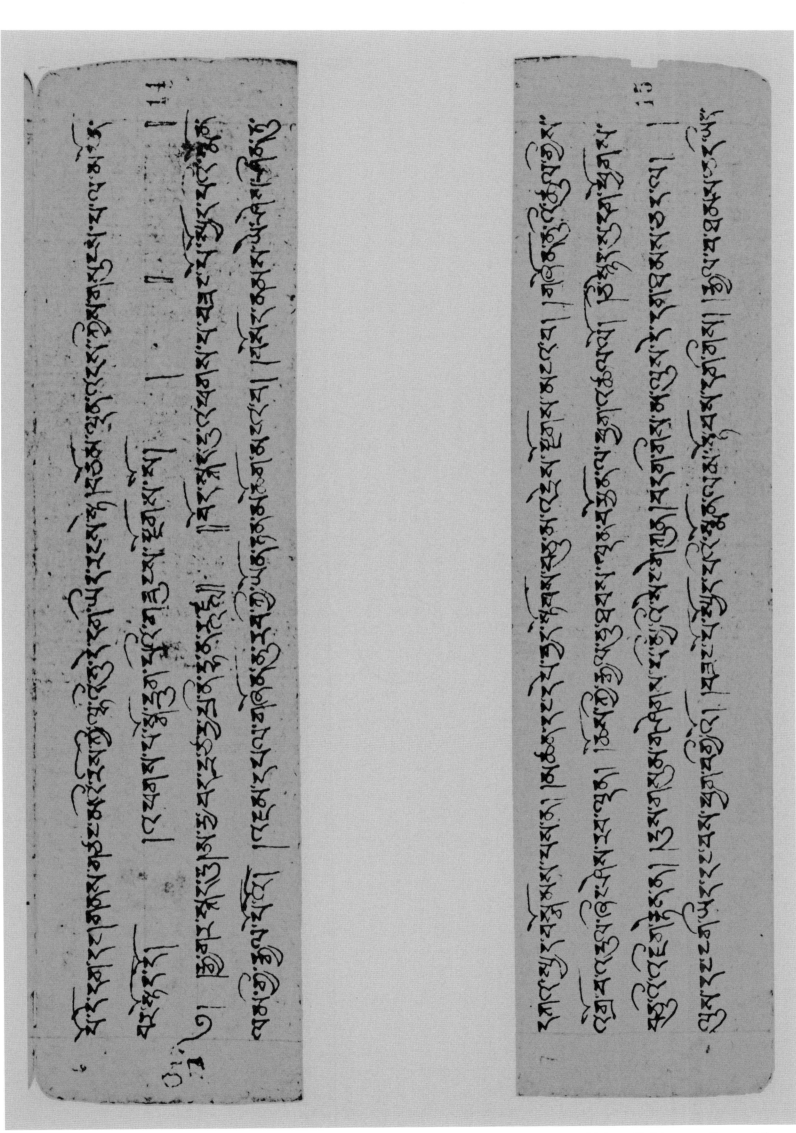

英 IOL.Tib.J.VOL.67 　　10.འཕགས་པ་སྒོ་དྲུག་པ་ཞེས་བྱ་བའི་གཟུངས། 　　4.འཕགས་པ་བཟང་པོ་སྤྱོད་པའི་སྨོན་ལམ་གྱི་རྒྱལ་པོ།

　　　　　　　　　　10.聖六門陀羅尼　　　4.普賢行願王經　　(25–13)

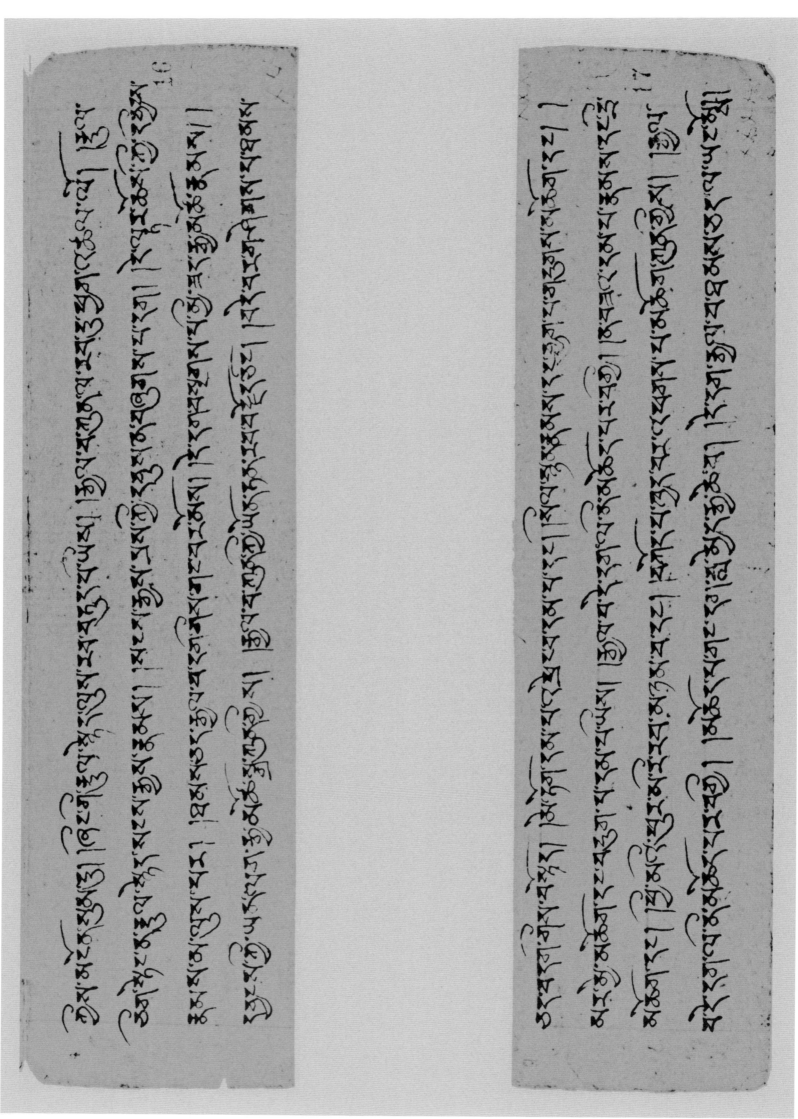

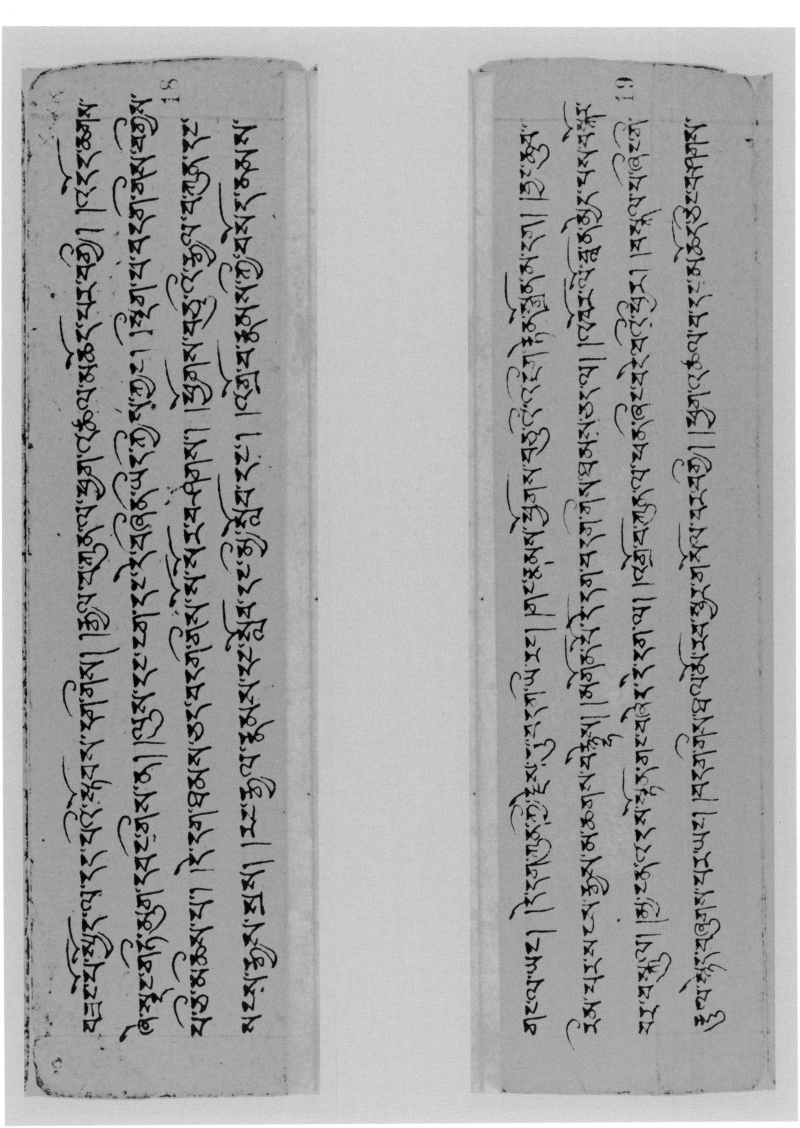

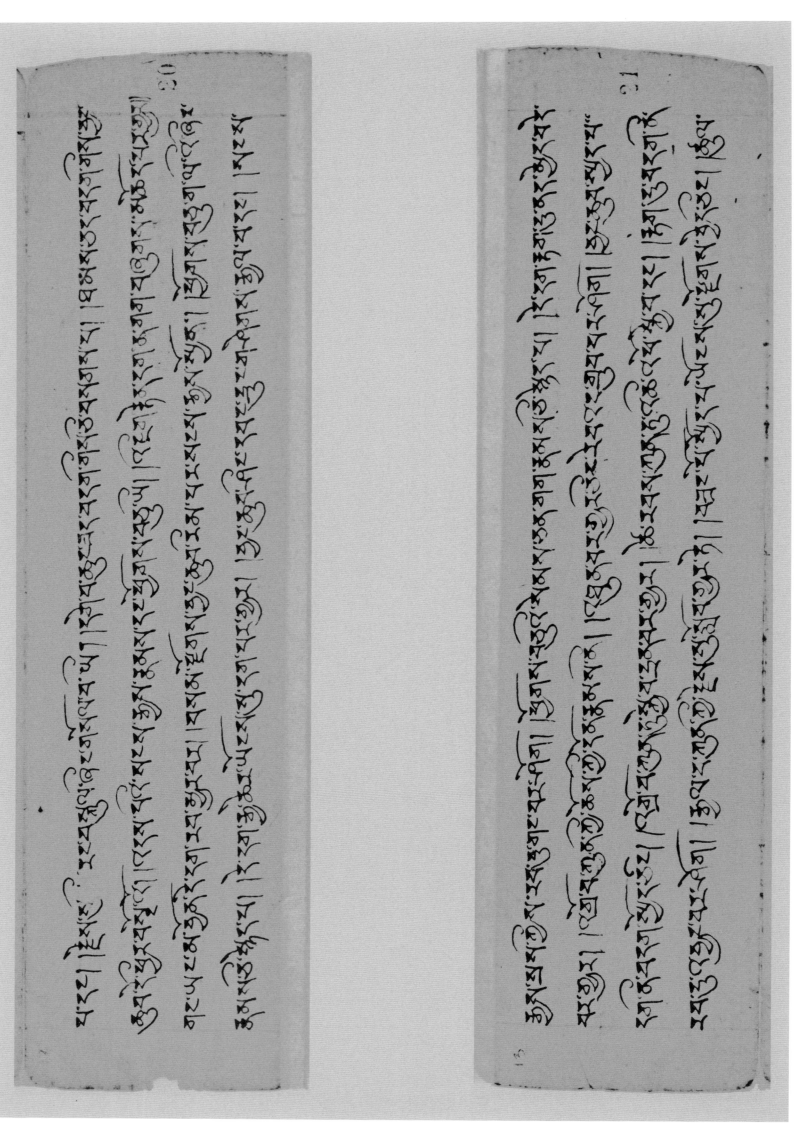

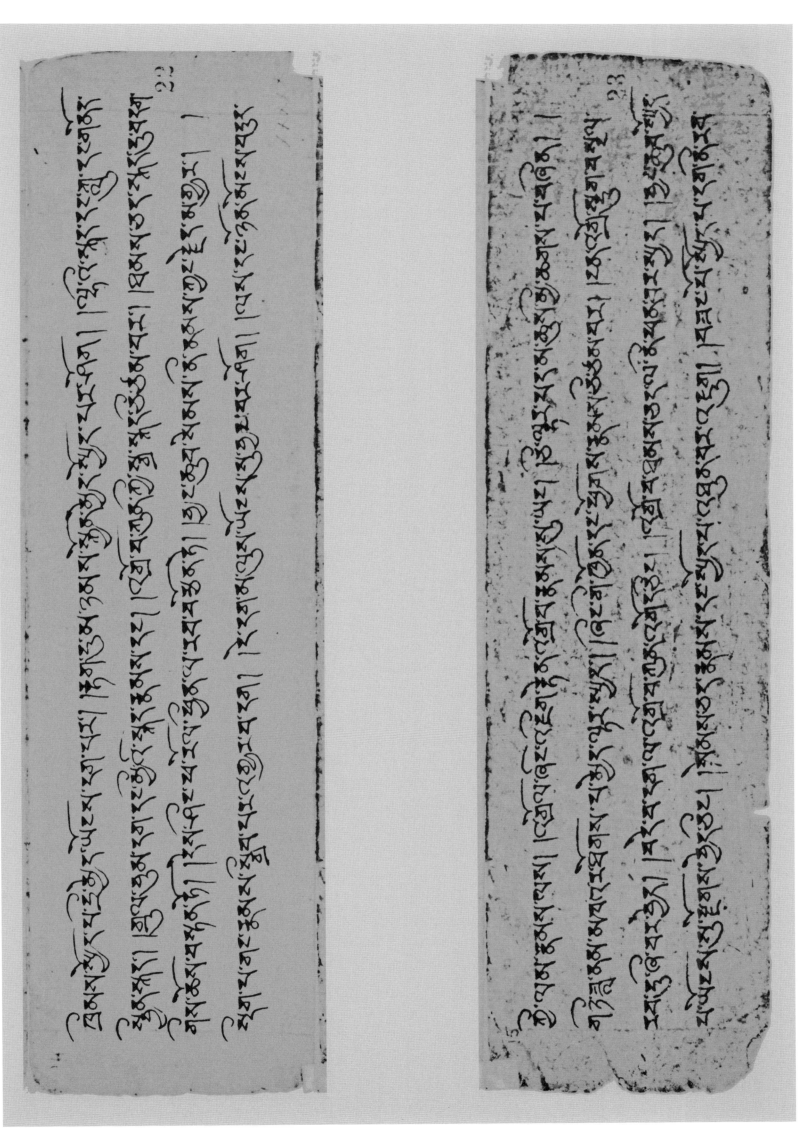

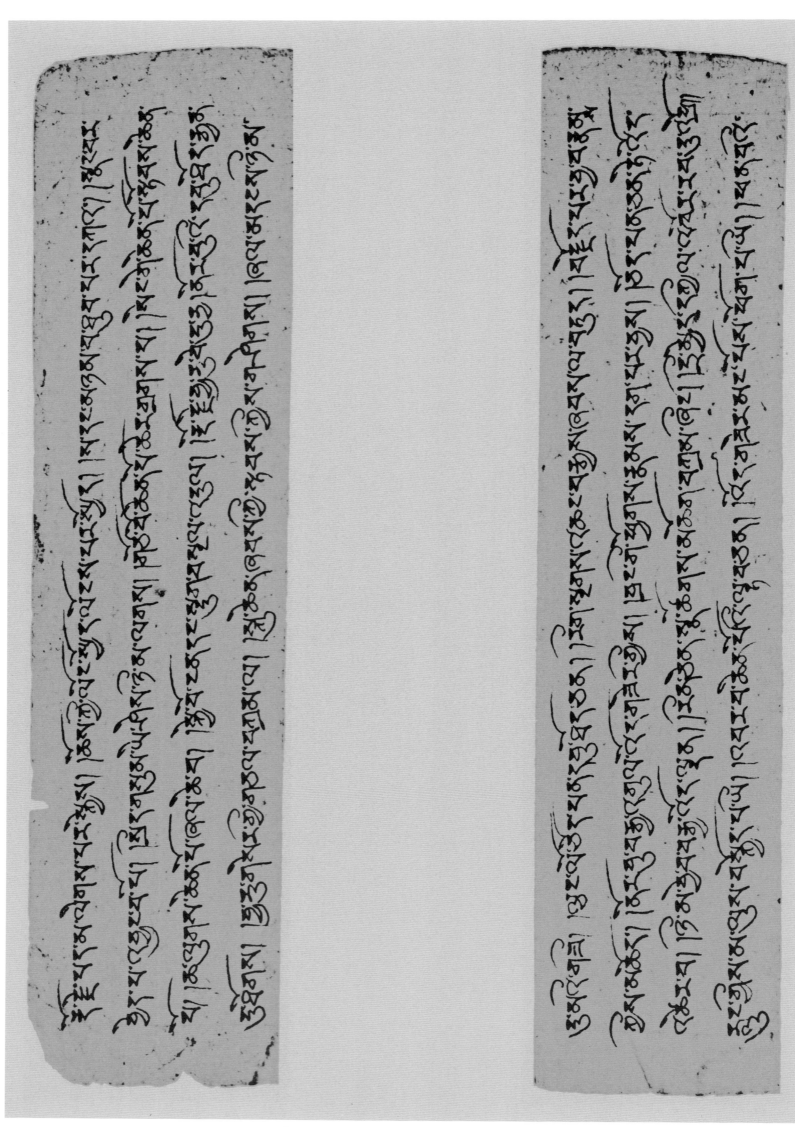

英 IOL.Tib.J.VOL.67　　8.འཕགས་པ་བྱམས་པའི་མཚན་བརྒྱ་རྩ་བརྒྱད་པ་གཟུངས་དང་བཅས་པ།

8.聖彌勒名號一百零八及陀羅尼　　(25-18)

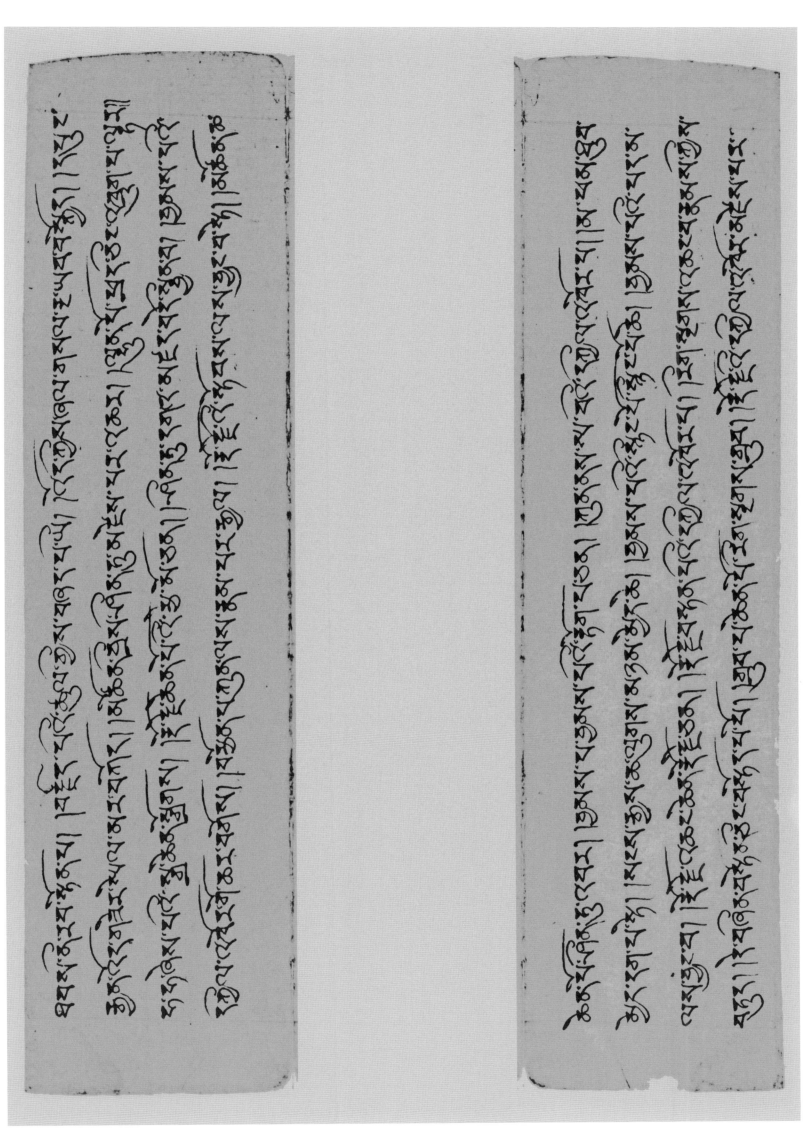

英 IOL.Tib.J.VOL.67　8.འཕགས་པ་བྱམས་པའི་མཚན་བརྒྱ་རྩ་བརྒྱད་པ་གཟུངས་དང་བཅས་པ།

8.聖彌勒名號一百零八及陀羅尼　(25-19)

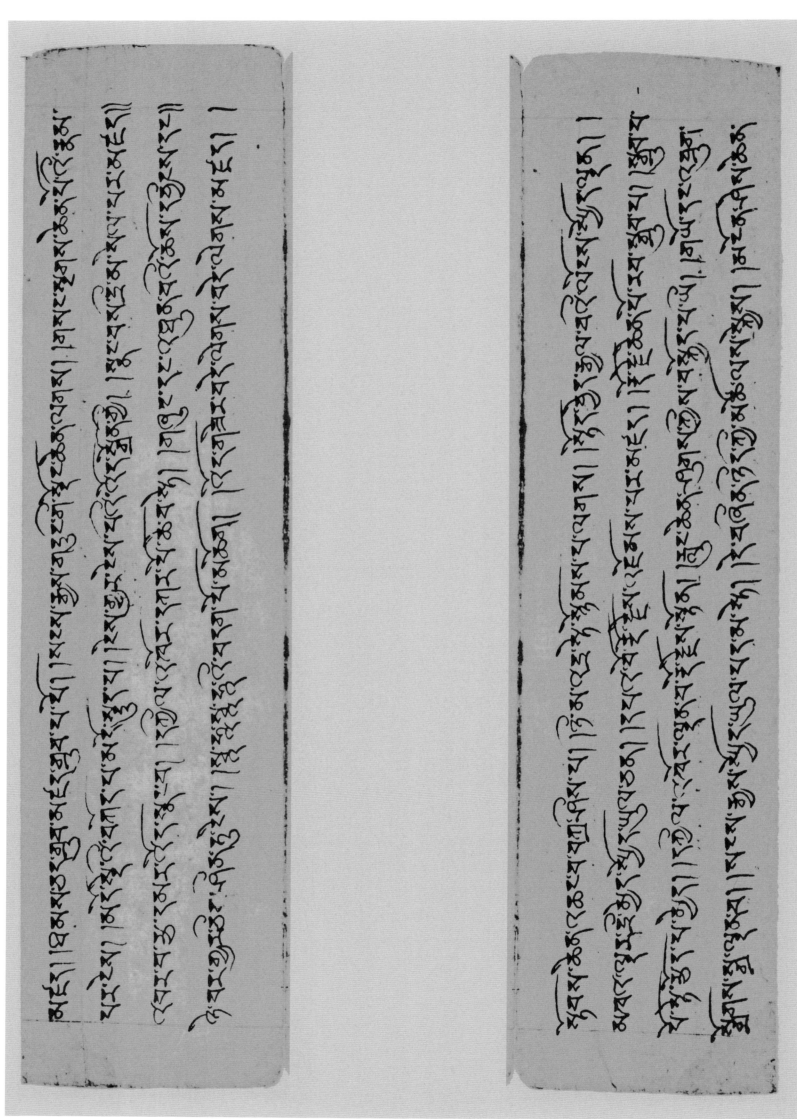

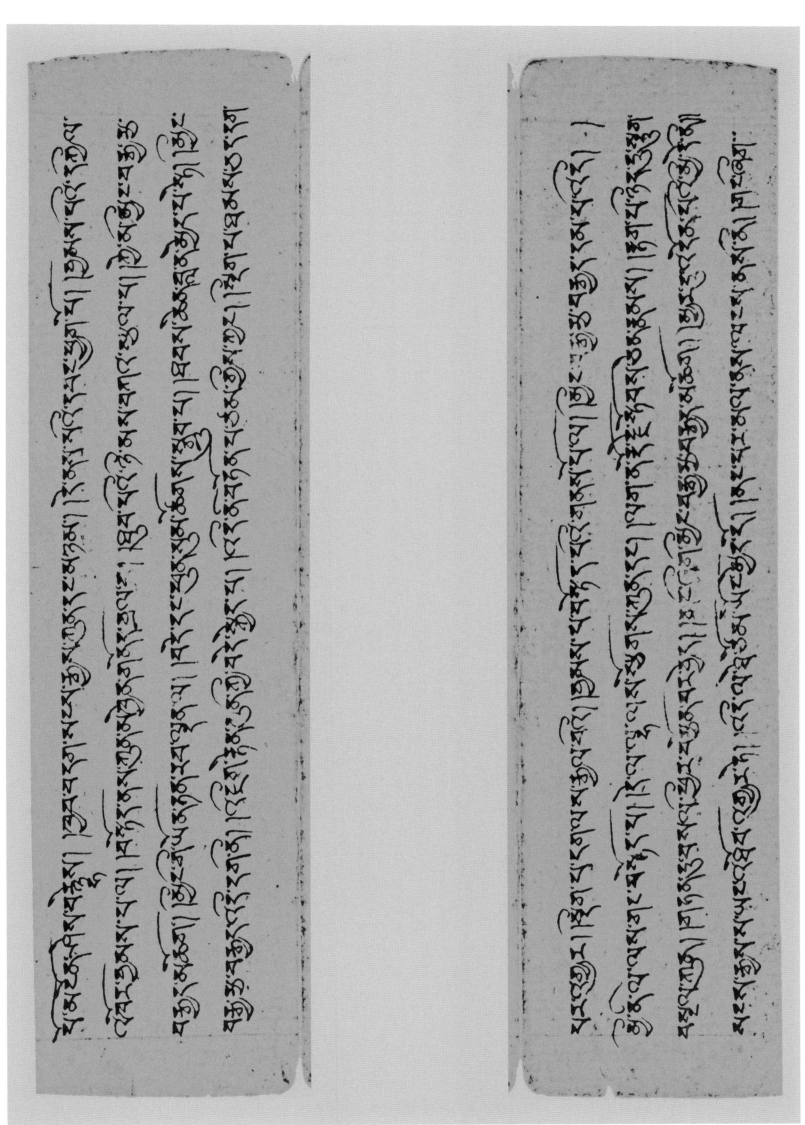

英 IOL.Tib.J.VOL.67　　8.འཕགས་པ་བྱམས་པའི་མཚན་བརྒྱ་རྩ་བརྒྱད་པ་གཟུངས་དང་བཅས་པ།

8.聖彌勒名號一百零八及陀羅尼　　(25–21)

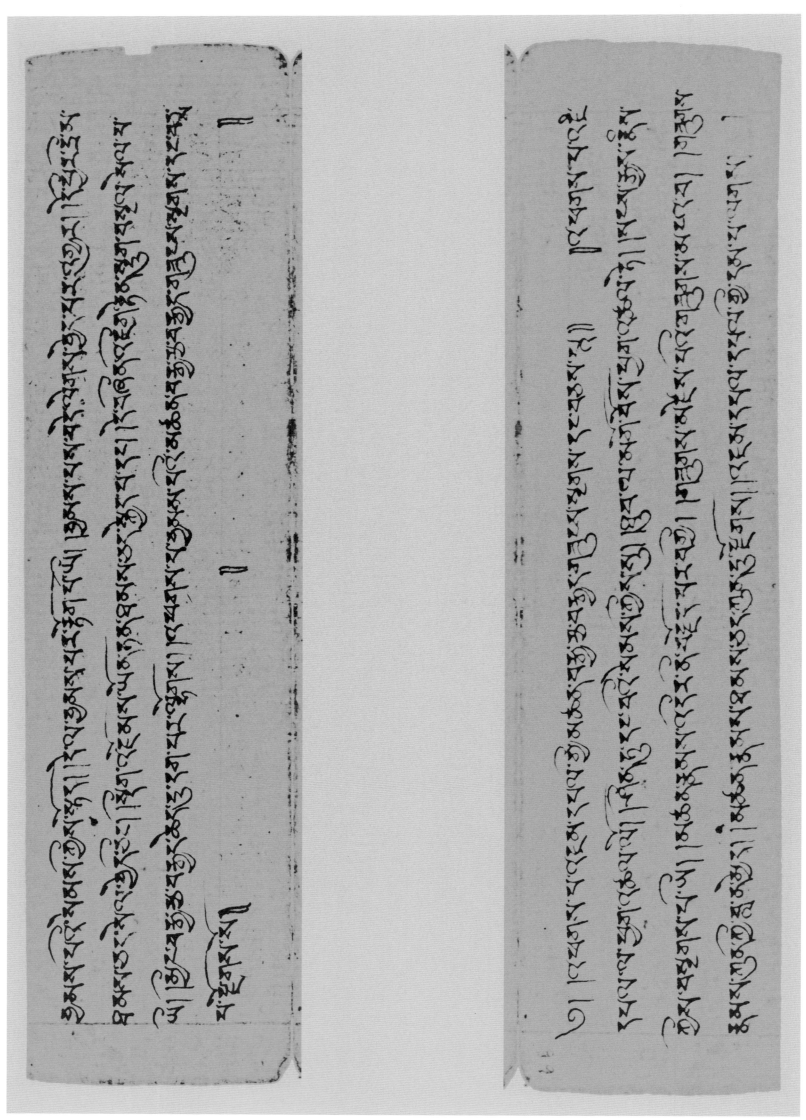

8.འཕགས་པ་བྱམས་པའི་མཚན་བརྒྱ་རྩ་བརྒྱད་པ་གཟུངས་དང་བཅས་པ།

11.འཕགས་པ་འཇམ་དཔལ་གྱི་མཚན་བརྒྱ་རྩ་བརྒྱད་གཟུངས་དང་བཅས་སོ།

8.聖彌勒名號一百零八及陀羅尼　　11.聖文殊名號一百零八及陀羅尼　　(25-22)

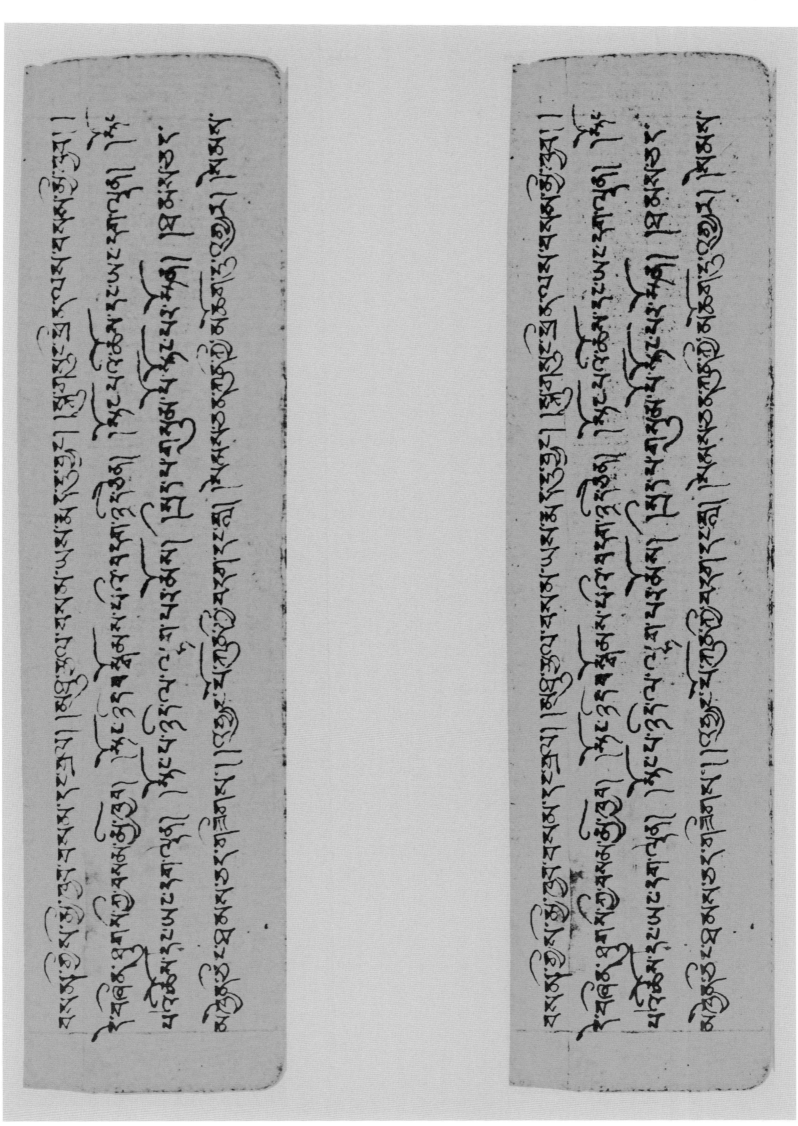

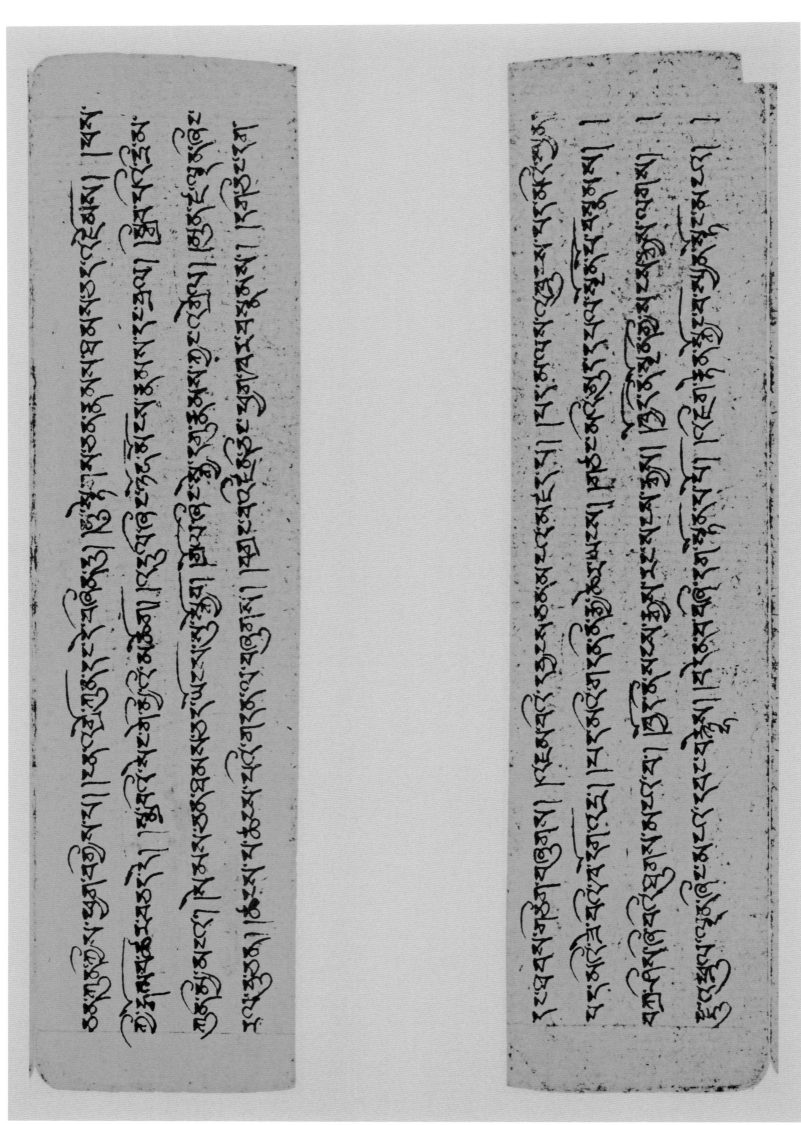

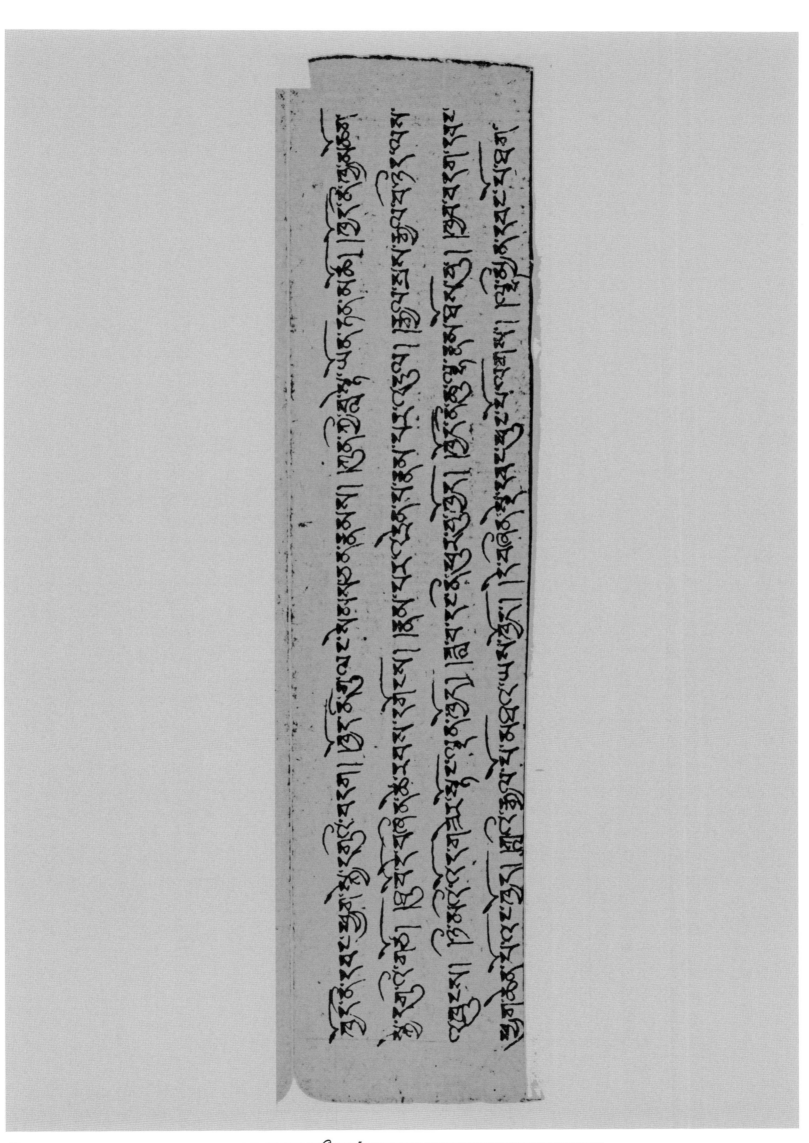

英 IOL.Tib.J.VOL.67   11.འཕགས་པ་འཇམ་དཔལ་གྱི་མཚན་བརྒྱ་རྩ་བརྒྱད་གཟུངས་དང་བཅས་སོ།

11.聖文殊名號一百零八及陀羅尼   (25–25)

དབྱིན་ཇིའི་རྒྱལ་གཞིར་དཔེ་མཛོད་ཁང་དུ་ཉར་བའི་ཏུན་ཧོང་དང་དཀྱུབ་སྟོངས་ཀྱི་བོད་ཡིག་ཡིག་ཆགས། ⑬

སྒྲིག་སྟོར་མཁན།

ནུབ་བྱང་མི་རིགས་སློབ་གྲྭ་ཆེན་མོ།

ཧྲང་ཧེ་དཔེ་རྙིང་དཔེ་སྐྲུན་ཁང་།

དབྱིན་ཇིའི་རྒྱལ་གཞིར་དཔེ་མཛོད་ཁང་།

པར་སྐྲུན་མཁན།

ཧྲང་ཧེ་དུས་རབས་པར་སྐྲུན་ཨ་ཀྲང་ཚད་ཡོད་ཀུང་སི།

ཧྲང་ཧེ་དཔེ་རྙིང་དཔེ་སྐྲུན་ཁང་།

ཧྲང་ཧེ་རིས་ཅིན་ལམ་གཉིས་པའི་སྒོ་རྟགས་ཨང་272 པ།

སྦྲག་ཨང་། 200020   བརྐུན་སྐྱེལ་སྒྲོག་འཕྲིན། (86-21) 64339287

www.guji.com.cn   guji1@guji.com.cn   www.ewen.co

དཔར་ཁང་།

ཧྲང་ཧེ་ལི་ཁྲ་པར་ལས་ཚད་ཡོད་ཀུང་སི།

དེབ་ཚད། 787×1092   1/8   དཔར་ཤོག 40   པར་བཅུག 16

2020 ལོའི་ཟླ་ 10 པར་པར་གཞི་དང་པོ་བསྒྲིགས།   2020 ལོའི་ཟླ་ 10 པར་པར་ཐེངས་དང་པོ་བཏབ།

དཔེ་ཀྲགས། ISBN   978-7-5325-9753-6/K.2904

རིན་གོང་། སྒོར་ 2200

TIBETAN DOCUMENTS FROM DUNHUANG AND OTHER CENTRAL ASIAN IN THE BRITISH LIBRARY
⑬

Participating Institutions
The British Library
Northwest University for Nationalities
Shanghai Chinese Classics Publishing House
Publisher
Shanghai Chinese Classics Publishing House
272 Ruijin Second Road. Shanghai, China 200020   Fax (86-21） 64339287
www.guji.com.cn
guji1@guji.com.cn
www.ewen.co
Printer
Shanghai PICA Colour Separation ＆Printing Co., Ltd.

8 mo 787×1092mm
printed sheets 40   insets 16
First Edition: Oct. 2020   First Printing: Oct. 2020
ISBN   978-7-5325-9753-6/K.2904
RMB 2200.00

圖書在版編目（CIP）數據

英國國家圖書館藏敦煌西域藏文文獻.13/
西北民族大學，上海古籍出版社，英國國家圖書館編纂.
－上海：上海古籍出版社，2020.10
ISBN 978-7-5325-9753-6

Ⅰ.①英⋯ Ⅱ.①西⋯ ②上⋯ ③英⋯ Ⅲ.敦煌學－文獻－藏語 Ⅳ.①K870.6

中國版本圖書館 CIP 數據核字（2020）第 167402 號

本書出版得到國家古籍整理出版專項經費資助

英國國家圖書館藏敦煌西域藏文文獻 ⑬
編 纂
西北民族大學　上海古籍出版社　英國國家圖書館
出版發行
上海古籍出版社
上海市瑞金二路 272 號
郵編 200020　傳真（86－21）64339287
網址：　www.guji.com.cn
電子郵件：　guji1@guji.com.cn
易文網：　www.ewen.co
印 刷
上海麗佳製版印刷有限公司

開本：787×1092　1/8　印張：40　插頁：16
版次：2020 年 10 月第 1 版　印次：2020 年 10 月第 1 次印刷
印數：001－150
ISBN　978-7-5325-9753-6/K.2904
定價：2200.00 元

མངའ་རིས་གུ་གེའི་རྒྱལ་རབས་དུས་ཀྱི་དགོན་སྡེ།

阿里古格王朝寺廟群

ཡུན་ཧོང་མོ་ཀོ་ཁའུ་ཡི་རུབ་ཁུལ་བྲག་ཕུག

敦煌莫高窟北區石窟

བྲམས་པ་འབུམ་སྐྱིང་དུ་བཞུགས་པའི་ཐང་རྒྱལ་རབས་དུས་ཀྱི་རྒྱལ་བ་བྲམས་པ།

永靖炳靈寺唐代彌勒大佛